U0683542

经世济民

诚信服务

德法兼修

"十四五"职业教育国家规划教材

国家职业教育物流管理专业教学资源库升级改进配套教材

高等职业教育在线开放课程新形态一体化教材

Logistics Management

国家职业教育
物流管理专业教学资源库

物流营销

（第四版）

主　编　胡延华

中国教育出版传媒集团

高等教育出版社·北京

内容提要

　　本书是"十四五"职业教育国家规划教材，也是国家职业教育物流管理专业教学资源库升级改进配套教材。

　　本次修订以立德树人为根本任务，以《职业教育专业目录（2021年）》《职业教育专业简介（2022年修订）》为依据，定位于现代物流企业的市场营销，在合理整合传统市场营销知识体系的基础上，围绕现代物流企业的市场营销职能和岗位工作，系统介绍了现代物流企业市场营销的基本原理、基本方法、基本策略和运作实务。本书共八章，分别为物流营销概述、物流营销市场调查与分析、物流目标客户选择、物流服务项目开发、物流目标客户开发、物流营销策略制定、物流客户服务管理和物流营销绩效评价。本书力求将现代物流营销理念、常用的物流营销技术、流行的物流营销工具引入体系和结构中，使之更具时代性、实用性和可操作性，为培养更多的应用型现代物流营销人才服务。

　　本书可作为高等职业教育专科、本科院校和应用型本科院校物流类专业的教材，也可作为相关从业人员的培训用书和业务参考用书。

　　本书配套建设了类型丰富的数字化教学资源，精选其中具有典型性、实用性的资源在教材中以二维码形式进行标注，供读者即扫即用。其他资源服务详见"郑重声明"页的资源服务提示。

图书在版编目（ＣＩＰ）数据

物流营销 / 胡延华主编. -- 4版. -- 北京 ： 高等
教育出版社，2023.8（2024.9重印）
　ISBN 978-7-04-060283-8

Ⅰ. ①物… Ⅱ. ①胡… Ⅲ. ①物资市场－市场营销学
－高等职业教育－教材 Ⅳ. ①F252.2

中国国家版本馆CIP数据核字(2023)第054473号

物流营销（第四版）
WULIU YINGXIAO

策划编辑	康　蓉	责任编辑	贾若曦	封面设计	张　志	版式设计	李彩丽
责任绘图	邓　超	责任校对	商红彦　吕红颖	责任印制	沈心怡		

出版发行	高等教育出版社	网　　址	http://www.hep.edu.cn
社　　址	北京市西城区德外大街4号		http://www.hep.com.cn
邮政编码	100120	网上订购	http://www.hepmall.com.cn
印　　刷	北京印刷集团有限责任公司		http://www.hepmall.com
开　　本	787mm×1092mm　1/16		http://www.hepmall.cn
印　　张	22.75		
插　　页	1	版　　次	2012年6月第1版
			2023年8月第4版
字　　数	500千字		
购书热线	010-58581118	印　　次	2024年9月第4次印刷
咨询电话	400-810-0598	定　　价	49.80元

"智慧职教" 服务指南

"智慧职教"（www.icve.com.cn）是由高等教育出版社建设和运营的职业教育数字教学资源共建共享平台和在线课程教学服务平台，与教材配套课程相关的部分包括资源库平台、职教云平台和App等。用户通过平台注册，登录即可使用该平台。

● 资源库平台：为学习者提供本教材配套课程及资源的浏览服务。

登录"智慧职教"平台，在首页搜索框中搜索"物流营销"，找到对应作者主持的课程，加入课程参加学习，即可浏览课程资源。

● 职教云平台：帮助任课教师对本教材配套课程进行引用、修改，再发布为个性化课程（SPOC）。

1. 登录职教云平台，在首页单击"新增课程"按钮，根据提示设置要构建的个性化课程的基本信息。

2. 进入课程编辑页面设置教学班级后，在"教学管理"的"教学设计"中"导入"教材配套课程，可根据教学需要进行修改，再发布为个性化课程。

● App：帮助任课教师和学生基于新构建的个性化课程开展线上线下混合式、智能化教与学。

1. 在应用市场搜索"智慧职教icve"App，下载安装。

2. 登录App，任课教师指导学生加入个性化课程，并利用App提供的各类功能，开展课前、课中、课后的教学互动，构建智慧课堂。

"智慧职教"使用帮助及常见问题解答请访问help.icve.com.cn。

2019年12月，教育部发布的《职业院校教材管理办法》明确指出，职业教育教材须"落实立德树人根本任务，扎根中国大地，站稳中国立场，充分体现社会主义核心价值观"。2022年5月1日，新修订的《中华人民共和国职业教育法》实施，从法律层面确认了职业教育的类型定位。建设体现立德树人的育人功能和职业教育类型特色的高质量教材成为新时代职业教育"三教"改革的新任务。随着物流产业转型升级，物流行业企业对物流人才的综合素养提出了更高的要求。为全面贯彻落实党的二十大报告指出的"构建全国统一大市场，深化要素市场化改革，建设高标准市场体系。完善产权保护、市场准入、公平竞争、社会信用等市场经济基础制度，优化营商环境"，体现《高等学校课程思政建设指导纲要》对财经商贸类人才培养的新要求，满足学生线上线下学习需求，突出职业教育类型特色，提高学生的专业素养，编者对《物流营销》教材进行了全面修订。修订后的教材主要特色如下：

1. 寓价值观引导于知识传授和能力培养之中，系统体现育人功能

党的二十大报告指出："育人的根本在于立德。全面贯彻党的教育方针，落实立德树人根本任务，培养德智体美劳全面发展的社会主义建设者和接班人。"本书以习近平新时代中国特色社会主义思想为指导，贯彻党的二十大精神，通过"知识目标、技能目标、素养目标"三维学习目标的构建，在保证现代物流营销理念、常用的物流营销技术和流行的物流营销工具知识体系、技能体系完整的前提下，对相关内容和案例进行了符合教学改革需求的编写，设置"行业洞察""社会担当""素养园地"等栏目，系统体现教材的育人功能，实现职业道德与专业素养全方位、全过程培养的目标。

2. 反映营销领域新发展、新技术、新动态，体现职业教育类型特色

本书依据教育部2021年3月发布的《职业教育专业目录（2021年）》和2022年9月发布的《职业教育专业简介（2022年修订）》，紧跟行业发展，构建科学合理的核心知识技能体系。本次修订更新完善了中国企业近三年在物流营销领域的最新案例，充分体现中国特色和时代特色。

3. 助力信息化教学模式，实现新形态一体化教材建设目标

党的二十大报告指出："推进教育数字化，建设全民终身学习的学习型社会、学习型大国。"随着移动互联网的高速发展，移动化、自主化学习成为新的学习方式。本书在智慧职教平台建设了在线开放课程，精选核心知识点和技能点建设了课件、微课、习题答案等类型丰富、内容新颖的数字化教学资源，具有系统性、生动

性和实用性等特点，实现了新形态一体化教材建设目标，推动线上线下混合式教学，方便学生自主学习。

　　本书由深圳职业技术大学胡延华教授担任主编，并负责全书所有章节的设计、编写和修订工作。本书在编写过程中参考了大量的文献，引用了多位专家、学者的著作和研究成果，在此一并表示诚挚的敬意和由衷的感谢！

　　由于编者的理论水平和实践经验有限，书中难免存在疏漏之处，恳请广大读者批评指正，以便再版时予以修正，使本书日臻完善。

编　者

2023年7月

第一版前言 <<<<<<<<<<<<

物流业融合了运输业、仓储业、货代业、快递业、配送业、信息业等，是复合型服务产业，是国民经济的重要组成部分，涉及领域广，吸纳就业人数多，促进生产和拉动消费的作用大，在促进产业结构调整、转变经济发展方式和增强国民经济竞争力等方面发挥着重要作用。

我国物流和国外发达国家的先进物流还存在较大的差距。这种差距既体现在技术、设备、网络等硬件上，也体现在政策、理论、理念、从业人员素质等软件上。我国经济的持续发展需要物流业的持续发展，而物流业的持续发展需要大批高技能物流人才的支撑。目前我国已经有700所高职院校开设了物流相关专业，学生规模超过6万人。在物流企业的岗位层次上，高职毕业生的核心竞争力在于其基层管理能力和营销能力。物流营销能力成为高职院校物流专业的一个重要发力点，而物流营销能力培养的一个重要载体是开设"物流营销"课程。

目前我国高职物流管理专业的物流营销课程的开设存在三大问题：

1. 从课程体系看，一些院校的物流管理专业缺乏物流营销课程

相当多的高职院校物流管理专业还没有意识到物流营销课程的重要性，还没有意识到物流营销能力对于物流企业成长、学生职业成长的重要性，因而没有开设物流营销课程。

2. 从相关教材看，存在名不副实、名称混乱、实操性不强的问题

（1）教材存在名不副实的问题。大部分物流营销教材理论性强，传统知识体系痕迹明显，而且基本上是讲普适性的市场营销，结构为市场营销的框架加物流的案例，物流成为营销的点缀，是营销带物流，营销是主体，物流成为附庸和配角。

（2）教材名称混乱。目前市场上的物流营销教材，名称各异，有市场营销、市场营销学、物流市场营销、物流服务营销、物流营销等，非常不规范。

（3）实操性不强。目前的物流营销教材实操性不够突出，缺乏实践导向、工作导向、项目导向，基本上无情境设置，物流营销的实战案例、实战工具很少。

3. 从师资看，物流营销课程师资严重缺乏

物流营销课程授课的教师基本上是营销专业的教师，他们懂营销，但很少有人懂物流，学生难以接触物流营销的案例，更难以学会物流营销的技能。

本教材的编写力求有所创新和突破，表现在四个方面：

1. 学校、企业、行业协会倾力合作，力求反映物流营销实践及其发展新趋势

本教材由深圳职业技术学院、陕西青年职业学院、湖南现代物流职业技术学院有丰富物流营销课程教学经验的一线专业教师，联合国内物流行业发展水平比较

高的深圳物流企业深圳中远物流、招商海运物流，得到深圳采购与供应链协会、深圳公路货运协会、深圳国际货运代理协会的大力支持，在广泛调研物流企业营销实践的基础上，形成编写大纲，选择匹配的经典案例，收集图片等配套资源，力求将物流营销理论与物流营销实践紧密结合，反映我国物流行业市场营销的创新和进步。

2. 项目引导、工学结合，让学生学以致用，切实培养学生的物流营销能力

在总体结构设计上，基于工作过程导向，完全遵循物流企业营销的实际流程"调研市场需求—选择目标客户—开发服务项目—接近目标客户—制订营销计划—控制服务质量—评估营销绩效"，依次展开；在每章的结构设计上，按照"设置任务情境—任务分析—流程分析—成果样本展示—成立项目小组—必要知识讲解—课堂练习"展开，并要求学生在调查的基础上课后完成项目报告，在下一次课堂上集体进行PPT演示，引导学生边学边做。

3. 案例导入，通俗易懂

在内容编排上，理论由浅入深，循序渐进，化解难点，使教者顺手，学者易学，有利于提高学生的学习效率，增进其学习兴趣。同时，大量的案例、相关知识小贴士，能够帮助学生更好地理解和掌握相关理论知识，熟悉相关的操作技能。

4. 重点培养学生创造性发现问题、解决问题的能力

以案例分析和精心设计的实训项目，在启发式教学、大量的教学互动中调动学习者的积极性和创造性，重点培养学生发现问题、解决问题、加强逻辑思维等职业核心能力。

本教材由胡延华、齐卫军、旷健玲、陈玉莲、彭德辉五位作者共同完成。其中，胡延华担任主编，齐卫军、旷健玲担任副主编。胡延华负责结构设计和整体要求制定及全书的统稿和润色工作，并负责第一、二、四、六、八章的编写，齐卫军负责第三章初稿的编写，陈玉莲负责第五章第一、二节初稿的编写，彭德辉负责第五章第三节初稿的编写，旷健玲负责第七章初稿的编写。

本教材是按照工作流程编写，这是一次创新尝试，我们的理论水平和实践经验有限，书中不足之处在所难免，敬请读者批评指正。

编　者

2012年5月

目录 <<<<<<<<<<<<

【素养目标】

● 在营销实践中培养团队合作意识和流程规范意识，不断提升自身综合素养

● 辩证认识竞争与合作的关系

● 顺应物流营销观念和物流营销理念的变迁，积极进行创新实践

【知识目标】

● 掌握物流营销的概念、核心术语、作用、原则和基本特点

● 熟悉物流营销观念和物流营销理念的发展脉络

● 掌握物流营销的流程

● 熟悉物流营销人员应具备的综合素质和专业素质

【技能目标】

● 能够根据调研的基本方法和程序，调研当地某个物流企业的物流营销案例

● 能够从物流营销核心术语、物流营销观念和理念、物流营销流程等角度分析和评价物流营销案例，撰写分析报告

● 能够在认识自身素养与物流营销人员素养差距的基础上，撰写个人物流营销素养分析报告

【思维导图】

```
                              ┌─ 物流营销的概念
           ┌─ 物流营销的概念、  ├─ 物流营销的特征
           │  特征、作用与原则  ├─ 物流营销的作用
           │                  └─ 物流营销的原则
           │
           │  物流营销观念和     ┌─ 物流营销观念的发展
           ├─ 理念的发展       └─ 物流营销理念的发展
物流营销概述 ┤
           │                  ┌─ 发现市场机会
           │                  ├─ 选择目标市场
           ├─ 物流营销的流程    ├─ 确定营销策略
           │                  └─ 管理营销活动
           │
           │  物流营销人员应     ┌─ 物流营销人员应具备的综合素质
           └─ 具备的基本素质    └─ 物流营销人员应具备的专业素质
```

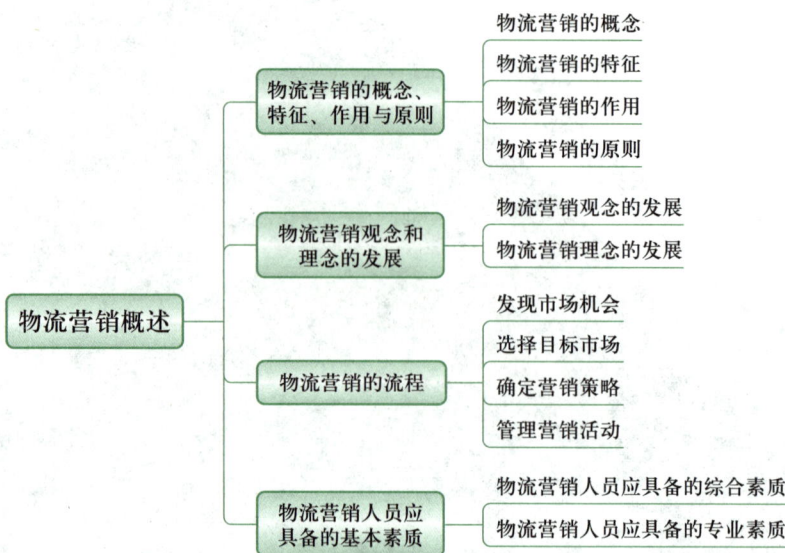

第一节 物流营销的概念、特征、作用与原则

引 导案例

天仙子送花：让老顾客得到特殊关爱

代送鲜花的天仙子物流公司（简称"天仙子"）发展较快。除了普通的生日送花、节日送花、结婚送花、商务礼仪送花外，天仙子推出的"鲜花天天开"和"每天送她一枝玫瑰"等特色服务也吸引了不少眼球。

如何让客户知道自己？天仙子本着"以诚为本、服务至上"的经营原则，真诚为消费者服务。天仙子重视特色经营和市场营销。独特的店面设计和店内装修，品种齐全的国内外花材、叶材，独特的花艺风格，都让花店与众不同。

天仙子注重市场调查，通过市场分析、统计来提供适销对路的产品，以鲜花、盆花、干花、工艺绢花和花器、婚庆、会议服务为主。为满足部分消费者的需求，可以专门为其布置厅堂，进行花艺设计；可以进行室外婚庆花艺设计与服务；可以进行会议花艺设计与服务。

天仙子员工重视消费者心理分析，从消费者的年龄、着装、交通工具、脸色等方面揣摩消费者的心理，推测判断消费者的受教育程度、生活方式及

消费观念等，从而有针对性地向他们推荐商品。

天仙子注重售后服务，主要体现在免费讲授花卉养护保鲜知识，经常访问客户，掌握其消费新要求、新动向，为客户及时更换新款鲜花等。

天仙子注重提供优惠服务和免费增值服务。在优惠服务方面，天仙子每天设置一款半价鲜花，每月设置一种半价应季主题鲜花，每订三次生日鲜花，半价优惠第四次生日鲜花。在免费增值服务方面，天仙子在店内摆放花艺书籍，让客户及时了解花卉时尚动态，尽早与国际花艺流行趋势接轨。店内经常进行花艺培训、花艺DIY，提高客户的花艺技术水平、知识结构和美学修养。

天仙子注重广告营销。面向附近社区，开展电话、电视、报纸、传单、口碑等营销，并根据年轻人的媒体偏好，采取微博、微信、短视频、直播等营销方式。另外，天仙子在高档商务区的上班时间免费赠送一些单枝鲜花，在社区路口下班时间赠送小束鲜花，也相当于进行广告投放。

如何留住顾客？除了鲜花的质量好、配送及时外，天仙子对老顾客采取了很多优惠措施。凡是老顾客都可享受上次订花费用10%的返还，并可以先送花后付款，所以订花人中有40%左右是老顾客。

天仙子还非常重视老顾客。有个在计算机公司工作的小伙子通过天仙子给女友送鲜花20多次。2022年中秋节的时候，小伙子的订花电话打晚了，天仙子的订单已经全部排满，但是为了不让这位老顾客失望，公司特别单独安排了车辆帮他送花，没有额外收取任何费用。

天仙子还建立了完整的客户管理数据库，既可以防范风险，又有助于更好地开展客户服务。

引导问题：

1. 按照物流运作的行业划分，天仙子属于运输、货运代理、仓储、配送、综合服务型物流企业中的哪类？按照物流企业完成的物流业务范围大小和功能划分，天仙子属于综合型物流企业、技能整合型物流企业、运输代理型物流企业、缝隙型物流企业中的哪类？

2. 天仙子作为物流企业，如何开展物流营销？采取了哪些具体措施？起到什么作用？天仙子为什么能够成功？

3. 根据天仙子的案例，谈谈你对物流营销概念的初步理解。

【课堂活动】

组织讨论，并请学生代表发言，教师总结。

一、物流营销的概念

（一）物流营销的基本概念

物流营销是指物流企业为了有效满足客户的物流需求而系统地提供服务概念、服务方案、服务行为，并为客户创造利益和价值的过程。

物流营销是物流必不可少的环节，是市场营销的组成部分，是市场营销在物流领域的具体应用和发展。

物流营销包括物流市场调查、物流市场细分、物流服务设计、目标客户开发、营销策略制定、服务质量控制、营销绩效评价等环节，需要完成相应的调查报告或计划制订和方案设计（见表1-1）。

表1-1　物流营销系统

序号	环节	成果体现形式
1	物流市场调查	物流环境调查报告、物流市场调查报告
2	物流市场细分	目标客户选择和定位报告
3	物流服务设计	物流服务设计方案
4	目标客户开发	客户开发计划
5	营销策略制定	物流营销策略组合方案
6	服务质量控制	物流客户服务总结报告
7	营销绩效评价	物流营销绩效评价方案和评价报告

一个物流企业只有进行了成功的营销，才能找到合适的客户，拿到订单，进而开始采购、运输、仓储、包装、配送等后续业务。可以说，物流营销是带动物流企业持续发展的火车头，如图1-1所示。

图1-1　物流营销是带动物流企业持续发展的火车头

（二）物流营销的基本术语

物流营销包含以下一系列基本术语。

1. 物流需要、物流欲望和物流需求

物流需要是指客户感受到的物流服务的匮乏状态，如个人、家庭、企业、政府等组织需要发送信件、邮寄包裹、运送货物等（见图1-2）。客户的这种物流需要不能被激发出来，而是客户自生出来的。

图1-2　物流需要是自生的：紧急向灾区快递帐篷和药品

物流欲望是指物流客户经由文化和个性塑造后，采取的满足物流需要的具体服务的愿望（见图1-3）。物流欲望可用满足物流需要的物流服务来描述，如发送一箱苹果，可采用邮寄、快递、快运等方式。

图1-3　物流欲望的差别：老年人爱上邮局，年轻人乐用快递

人们的欲望几乎没有穷尽，但是资源却是有限的。因此，人们不得不利用有限的购买力选择那些满意程度较高的物流服务。当有相应的购买力作为

后盾时，物流欲望就变成了物流需求（见图1-4）。如果物流客户能够支付的邮费较低，就可以选择中国邮政的普通包裹邮寄服务；如果物流客户能够支付的邮费较高，就可以要求快递公司进行航空快递。

图1-4　物流欲望向物流需求转变的关键是有无支付能力

区分不清物流需要、物流欲望和物流需求可能影响物流营销的效果。如净菜配送中心认为顾客需要一千克白菜，而实际上顾客需要的是把一千克洗干净的白菜送上门的服务。又如一个物流客户计划把一批手机从深圳运送到武汉，就自发产生了邮寄或运输的需要。他知道EMS的快捷性，因此想通过EMS寄送自己的物品，那么通过EMS送达货物就是他的欲望；当他能够支付得起EMS的费用时，通过EMS送达货物的欲望就转化为需求。物流营销人员的物流营销活动并不创造需要，需要早就存在于营销活动出现之前，而是影响人们的欲望，并通过提供适当的、符合人们购买力的服务来进一步影响需求。

2. 物流产品与物流服务

物流客户凭借物流产品与物流服务来满足需要与欲望。物流产品是能够满足人们某种物流需要的实体商品，如邮票、快件袋、包装箱、货笼等（见图1-5）。物流服务是能够用来满足人们物流需要的服务，如公路快运"定日达"、快递"定时达"、蜗牛慢递等（见图1-6）。

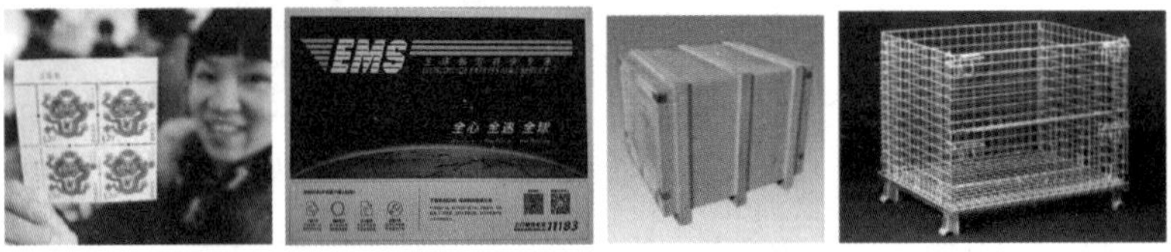

图1-5　物流产品：邮票、快件袋、包装箱、货笼

图1-6 物流服务：满足客户特殊需要的蜗牛慢递

物流产品和物流服务存在密切联系。有时完成物流服务必须借助一些物流产品，如完成快递服务需要快件袋和快递单。物流产品主要是为完成物流服务而设计、生产的，物流营销是围绕物流服务而非物流产品的营销。

3. 物流效用、物流成本和物流价值

物流效用是客户对物流服务满足其需要的整体能力（程度）的自我主观评价，可以分为地点效用、时间效用和占有效用（见表1-2）。

表1-2 物流效用的分类

效用类别	界定	举例
地点效用	物流服务在适当的地点能够让客户享受到所创造的效用	如图1-7所示，在露天货场和高档写字楼购买物流服务的地点效用有差别
时间效用	物流服务在适当的时间能够让客户享受到所创造的效用	如图1-8所示，在生日时间把鲜花送达朋友手中朋友能够感受到的效用
占有效用	取得某种物流服务导致占有某物品所有权所创造的效用	如图1-9所示，快递公司在最短时间内送到邮购的第一批iPod时邮购者感受到的效用

图1-7 在露天货场和高档写字楼购买物流服务

7

图1-8 在生日时间把鲜花送达朋友手中   图1-9 占有效用：我很快拥有了自己的iPod！

物流成本是指物流消费者为购买物流服务而必须支付的成本，包括货币成本、时间成本、体力成本和精神成本（见表1-3）。

表1-3 物流成本分类的定义和举例

物流成本分类	定义	举例
货币成本	为购买物流服务直接支付的货币	花10元快递1份合同
时间成本	为购买、享受物流服务花费的下单、等待、填单、付费的时间	网上下单花了2分钟，接到快递员配送电话后等了20分钟，结算花了1分钟
体力成本	为购买、享受物流服务消耗的体力	网上订购、到楼下拿快递、拆快递包装消耗了体力
精神成本	为购买、享受物流服务产生的焦急、等待、担心丢失等情绪	担心最喜欢的书售罄、路上污损、投递耽误而焦急等待、忐忑不安

物流价值是物流消费者比较自己获得的物流效用的价值与获得该物流服务而支付的费用之间的差额（见图1-10）。在同样的物流成本下，物流消费者认为得到的物流效用价值越大，物流消费者得到的物流价值就越大；在感受同样的物流价值的情况下，物流消费者希望以更低的物流成本来获得。

4. 物流交换和物流交易

物流交换是以某种资源为代价，从物流服务者那里取得所需物流服务的行为。

物流交换是一个过程，发生在一个时段。而物流交易则是一个事件，发生在一个时点，是物流交换的结果（见图1-11）。

物流营销的实质就是为诱发物流客户对某种物流服务产生预期的交易反应而采取的种种行为。

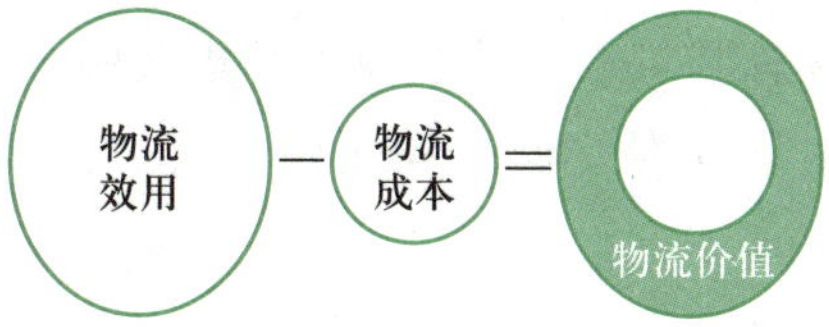

图1-10　物流效用、物流成本和物流价值的关系 　　　　图1-11　物流交换和物流交易的关系

5. 物流关系和物流网络

　　轻松、愉快、双方满意的物流交易会增进双方以后的交易往来，并有可能形成一种长期、稳定的物流业务关系。精明的物流企业会通过承诺不断提供高质量的服务和公平的价格，不断提高物流客户的价值预期，与有价值的客户、供应商和分销商在经济、技术、服务和社交等方面保持长期、互相信任、双赢的纽带关系，减少交易成本和时间，使交易协商惯例化，形成物流关系营销（见图1-12）。

　　物流关系营销的最终结果是形成一个物流营销网络。物流营销网络是由物流企业与它的所有利益相关者（包括股东、客户、员工、供应商、广告商、分销商、金融保险机构、债权人、竞争者、社区和政府等）建立互利的业务关系（见图1-13）。这样，就使得竞争在物流企业之间展开。物流企业与物流客户之间的单向营销转变为在网络之间展开，以更低的成本、更短的时间、更高的效率在更大范围内展开。

图1-12　物流关系营销 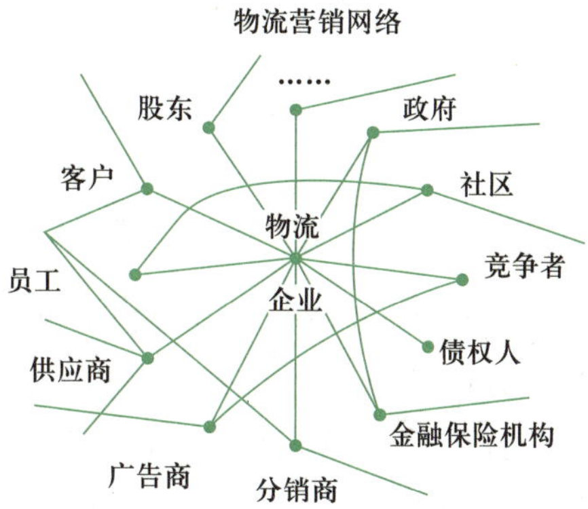　　　　　　　图1-13　物流营销网络

6. 物流市场、物流营销者和潜在物流顾客

物流交易的双方分别构成买者集合的买方市场（如需要仓库存货的客

户）和卖者集合的卖方市场（如拥有仓库的企业）。而且市场可能是与卖者交易的现实购买者（既有购买能力，又有购买意愿的客户）的集合构成的现实市场，也可能是由可能购买者（可能具有购买能力和购买欲望的客户）的集合构成的潜在市场。

物流营销是以满足物流客户各种物流需要为目的，通过物流市场变潜在交换为现实交换的活动。在物流交换双方中，如果一方比另一方更主动、更积极地寻求交换，则前者称为物流营销者，后者称为潜在物流客户或预期物流客户。如果买卖双方都在积极寻求交换，则双方都是营销者，形成双边营销。

对物流营销者而言，卖者构成物流行业，买者构成物流市场。物流行业与物流市场的关系如图1-14所示。物流卖方和物流买方有五种联系方式：物流卖方把物流服务以各种传播方式（如广告等）传递到物流市场；物流市场的需求者也可以向物流卖方传达自己的需求信息；物流卖方收到来自物流买方的货币和信息（买方的态度、偏好、消费习惯、消费数量、消费结构等销售资料）；物流卖方向物流买方提供物流服务。另外，物流卖方还可以通过营销中介、媒体与物流买方进行沟通。

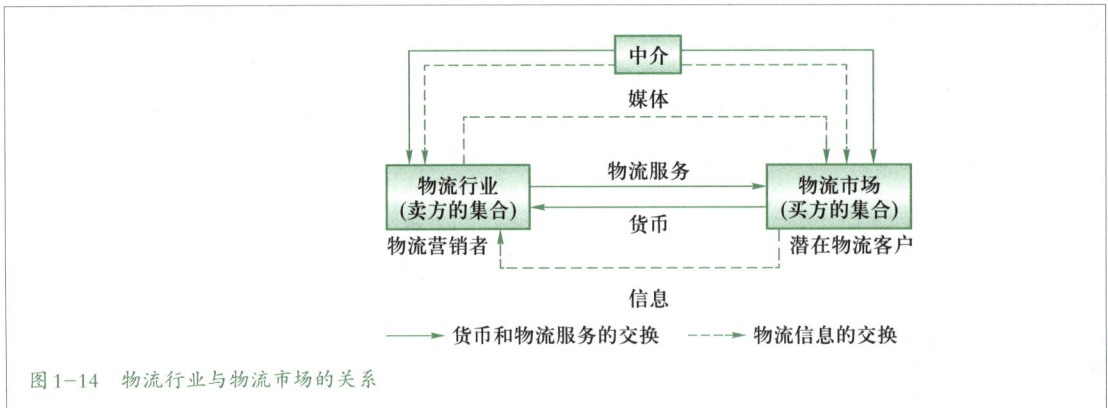

图1-14　物流行业与物流市场的关系

以物流市场的概念为基础，可以进一步理解物流营销的概念。物流营销是指通过对物流市场施加作用和影响，促使潜在客户转化为现实客户，潜在交换转化为现实交换，以满足物流客户对物流服务的需要的过程。营销的目的是满足人们的各种需要和欲望；营销的结果是将潜在交换转化为现实交易；营销的手段是对市场施加作用和影响。

二、物流营销的特征

物流营销最基本的特征就是发现物流客户并为需要物流服务的物流客户

提供有效的物流服务。作为现代服务业重要组成部分的现代物流企业的市场营销与传统的制造业、服务业的市场营销相比，既有服务营销的共性特征，也有物流营销的特性。

（一）物流营销作为服务营销的共性特征

1. 服务的无形性

有形产品常表现为一个物件，服务则表现为一方向另一方提供的行为、绩效或努力。服务是无形的，让人不能触摸或凭肉眼看见其存在，而只能感觉、体验、享受。如图1-15所示的透明物流，消费者得到的是可随时追踪、监控可视化的放心、可靠的服务，而非拿到手的礼品；消费者得到的仓储、运输服务也是无形的，能够看到的整洁的仓库、干净的运输车仅仅是服务的载体。服务的无形性意味着物流服务不可能在服务活动开始前进行有形展示，只有随着物流服务活动的展开而一步一步向客户展示。

2. 服务过程的客户参与性

任何服务的生产过程都与消费过程同时进行，即服务人员向客户提供服务的同时，客户也在消费服务，两者在时间、地点、过程中不可分离。这意味着，客户只有加入服务的生产过程才能最终消费服务，如客户直接参与物流规划（见图1-16），双方始终保持良好的沟通和协调。

图1-15 可随时追踪、监控可视化的透明物流　　图1-16 客户直接参与物流规划

3. 服务的差异性

服务的过程是客户同服务提供者广泛接触的过程，服务的质量不仅取决于服务提供者的素质和心理状态，而且与客户的行为、感受密切相关。即使同样的标准化服务，由于服务人员服饰和心理状态的不同，客户知识水平、兴趣和品位的不同，客户的评价也可能有很大差异。

4. 服务的不可储存性

服务的无形性和服务与消费的同时性，以及客户特质和需求的差异，使得服务具有不可储存的特性，一个物流项目的结束意味着物流服务的结束，要想得到同样的服务，只能重新购买。

5. 服务的无所有权转移性

在服务和消费的过程中，不涉及任何事物的所有权转移，消费者只是得到了物流服务带来的方便、快捷、舒服、美妙等感觉，而没有得到具体的物件。

（二）物流营销的特性

物流营销除了具有服务营销的共性外，还有自己的特性。

1. 物流营销对象的广泛性和差异性

物流营销对象非常广泛，差异很大，既有团体客户又有个体消费者，既有国内客户又有国际客户，既有大客户又有小客户，既有一次性客户又有长久性客户，既有单项服务客户也有综合服务客户。

2. 物流营销的服务增值性

物流营销和物流服务不仅能够支持生产经营活动价值的顺利实现，而且能够依靠创意的策划、先进的设备、便捷的信息传输、配套的资金融通能力、强大的供应链整合能力，产生巨大的新增价值，降低社会物流成本，提高社会物流效率，创造较大的经济价值与社会价值。

3. 物流营销的功能独立性

现代物流企业的营销活动是独立于物流企业内部功能活动（如人力资源、财务、后勤、行政等）的业务单元，具有独特的功能——通过市场调查、方案评估、服务项目开发与设计、营销网点与渠道选择、广告宣传与公共关系、客户咨询与关系管理、信息处理等为客户服务，同时促使物流企业本身适应环境变化，把握市场机遇，扩大市场占有率，在竞争中获得优势。

4. 物流营销的运作系统性

现代物流包括营销、采购、运输、仓储、流通加工、包装等功能，各物流运作功能之间存在相辅相成的有机联系。现代物流企业必须以营销为龙头，整合物流企业内部的采购、运输、仓储、流通加工、包装等基本作业的服务能力、物流运作系统设计的能力和物流系统管理的能力，通过系统的运作为客户提供系统的服务。在自身资源不能满足客户需求时，物流企业还需要整合其他社会物流资源。

5. 物流营销的竞争协作性

现代物流企业通过完善的物流运作系统来合理配置物流资源，提高物流服务能力和服务效率，创造更多的物流价值。但是，大多数现代物流企业的资源和能力相对于庞大的社会物流需求来说仍然有限。因此，现代物流企业在参与市场竞争活动时就必然需要通过协作来参与竞争（见图1-17）。

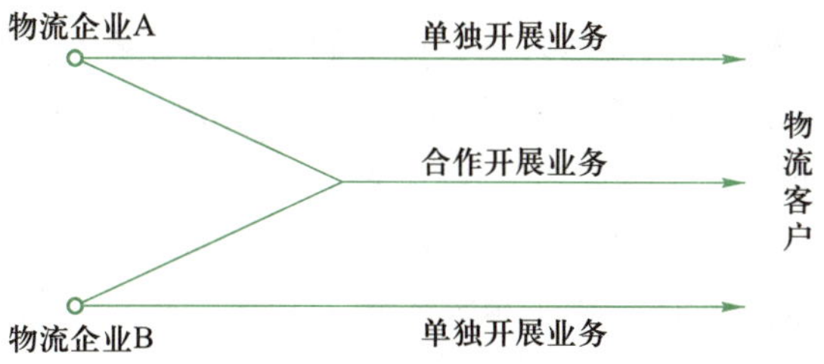

图1-17 竞争与协作关系示意图

三、物流营销的作用

物流营销的理论、方法、工具指导物流企业营销业务的开展。物流营销对社会、物流企业自身发挥着不同的作用。

（一）物流营销对社会的作用

1. 联结工商企业和消费者，形成物流网络

随着现代经济网络化的发展，企业竞争成为一种网络间的竞争，竞争优势也成为一种网络优势。物流营销引导物流企业以物流服务的方式，有效地联结了供应商、厂商、批发商和零售商，打造了一个集成商流、物流、信息流、资金流的物流网络（见图1-18），有效地推动了商品从生产到消费全程的顺利流动及信息的传递和资金的流动。

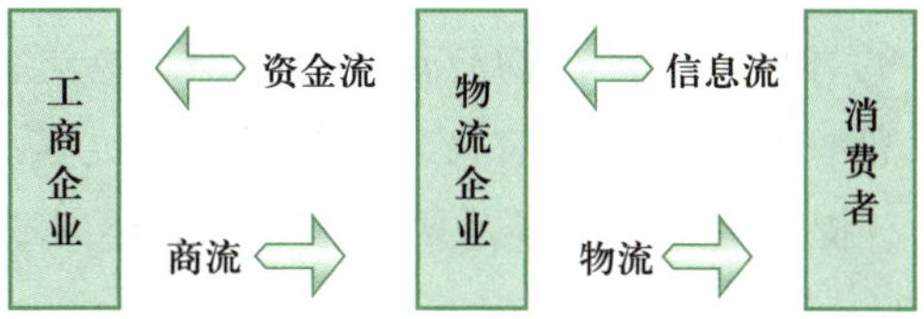

图1-18 物流营销打造物流网络示意图

2. 降低交易成本，节约运行成本

物流营销能够从四个方面降低交易成本，节约运行成本：通过形成伙伴间的信任关系，减少搜索成本和履约风险；通过物流营销和物流服务，使原来分散的物流节点和线路等要素之间偶然的、随机的关系变成了网络成员之间紧密且频繁的联系网络，减少了客户的交易成本及使用网络资源和要素的成本；物流企业借助精心策划的物流服务方案和适时运送手段，可以减少库存，改善相关企业、社会的现金流量；在物流营销和规模经营的影响下，工商企业业务外包能降低经营成本。

3. 改善资源配置，提高社会效益

物流营销获得的信息资源共享、优质的客户服务体系共享及资源共享条件下准时化、小批量配送系统和共同配送系统的建立（见图1-19），可在全社会范围内合理配置制造、商贸、物流企业的人、财、物、信息、时间等资源，提高物流资源的利用效率，产生改善商业物流环境、缓解交通压力、保护环境、提高大众生活品质等社会效益。

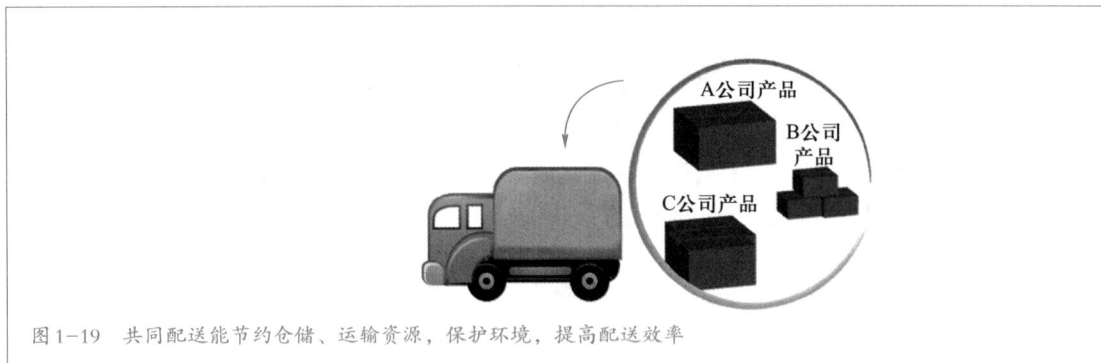

图1-19　共同配送能节约仓储、运输资源，保护环境，提高配送效率

（二）物流营销对物流企业的作用

1. 引导市场需求，提高营销能力

在竞争激烈的市场上，客户需求是推动物流企业发展的根本动力。没有市场需求，物流企业就失去了赖以生存的根基。当物流企业能够为客户提供灵活多样的服务，进而为客户创造更多的价值且制定良好的市场营销策略时，就会吸引更多的客户。而且在物流营销过程中，物流企业可以有效收集客户需求、市场信息、产品状况等信息，这既可以满足客户现有需求，也可以有针对性地设计、提供更适合市场需要的服务，引导市场需求。

2. 进行市场细分，实行差别经营

目前市场需求呈现多样化和分散化，物流市场也呈现差异化和个性化，物流营销可以通过收集的市场信息指导物流企业根据自身的资源优势，在市场细分中确定目标客户群，有针对性地实行差别化经营，求得生存和发展。如中国远洋运输（集团）总公司（简称"中远"）主攻远洋运输市场，中铁物流集团有限公司（简称"中铁"）主攻中国铁路长途运输市场。

3. 集中资源优势，减少投资风险

现代物流领域的设施设备（包括物流技术平台、运输设备、集中仓储配送中心、货场等）、信息系统等的投入较大，加上物流需求的不确定性和复杂性，使得投资风险较大。物流营销进行的市场调查、细分，可以减少盲目投资的风险，便于物流企业集中资源优势，实现资源优化配置，将有限的人

力和财力集中于发展核心竞争力。海尔以战略眼光把物流外包给海尔物流，集中优势资源强化其更加擅长的产品研发、质量监控和个性化服务，提升了海尔的核心竞争力。

行业洞察

海尔物流无一辆自有运输车

2022年，国内最大的家电制造企业海尔销售额达到3 506亿元人民币，在全国各个级别的市场总共拥有超过4万个销售终端。而庞大的销售额和广泛的网点布局同时意味着巨大的运输量，以及复杂的配送体系，这令海尔物流成为家电行业中订单数量最多、配送情况最复杂的供应链管理者。

但是，海尔物流自身却没有一辆运输车，全部运输车辆都依靠加盟，所有运输车上没有任何海尔标识。较繁忙的时候，同时跑在路上的加盟车多达1.6万辆。经过海尔物流信息系统的联结，这支队伍组成了中国家电物流行业规模化的一条配送供应链，海尔物流位于链主的位置，掌控整个运输队，在国内共拥有42个物流基地。海尔每年巨大的销售额形成的300多万份物流订单是海尔物流最大的靠山，庞大的配送规模令海尔物流能最大程度地压缩运输成本，低于同行。

对海尔物流来说，订单外包大大降低了物流投入，运输车辆的购买和维修成本、司机的工资和保险等都是巨额的开支。为了让这支队伍以统一的形象面对客户，海尔建立了一套培训和激励体系来管理这些加盟的货车司机，通过一周多的培训让他们在对客户提供物流服务时达到海尔的要求。同时，海尔有一套完善的客户调查体系，保证客户对每个司机的服务质量进行监督。例如，将司机分为"金牌司机""银牌司机"和"铜牌司机"三类，其中"金牌司机"是指准时送达率高、客户投诉率低的司机，每年有机会到青岛总部培训，其收入也高。

问题：

1. 为什么拥有庞大订单的海尔物流公司却连一辆自有的运输车都没有？海尔物流公司这样做的目的是什么？

2. 海尔物流公司是如何处理每天上万个订单的物流配送任务的？

3. 海尔物流公司是如何激励接受外包的货车司机的？

家电业的物流公司

海尔物流——由海尔集团全资成立，前身为海尔物流部门，第三方业务占10%，2010年被青岛新日日顺物流收购。

安得物流——美的控股，第三方业务占70%。

安泰达物流——中远海运、科龙、小天鹅合资，中远海运占60%的股份。

南方物流——主要与TCL合作，但后者不占股份。

4. 合理配置资源，提高物流能力

物流营销通过处理、分析获得的市场信息、客户信息，可以通过物流企业内部资源的合理配置和管理，提高物流能力，及时、优质地将货物配送到客户手中。

5. 围绕客户服务，提升企业形象

物流营销以客户为中心，在业务往来中可以通过便捷的网站、完备的设施、训练有素的员工、科学的策划、合理的设计、充分的交流、细致的服务，使客户在同行中脱颖而出，为企业在竞争中取胜创造有利条件，树立自己的品牌形象。如EMS、顺丰速运都是围绕客户服务树立了自己的品牌。

四、物流营销的原则

（一）规模原则

物流企业的效益取决于它的规模，所以进行市场营销时，首先要确定某个客户或某个客户群的物流需求具有一定的数量和集中度，然后再为他们设计、提供有特色的物流服务。

（二）合作原则

现代物流要求在更大范围内合理配置资源，但物流企业本身并不一定拥有完成物流活动的所有资源和功能。物流企业只有做好自身的核心物流业务，而将其他业务外包给其他物流企业完成或联合其他物流企业完成，才能最终完成物流服务，取得服务收益。合作需要物流公司在提供物流服务的过程中，与客户深入沟通、密切配合。合作还意味着物流公司各部门精诚团结，共同服务好客户。

（三）回报原则

对物流企业来说，市场营销的真正价值在于其为企业带来短期或长期利润的能力。取得回报是物流企业生存和发展的物质条件，是营销活动的动

力。而物流企业在营销活动中要回报客户，满足客户的物流需求，为客户提供价值，回报是维持市场关系的必要条件。因此，物流营销的目标是注重产出，以及物流企业在营销活动中的回报。

素 养园地

物流企业的慈善和公益并不违背回报原则

新冠疫情期间，众多物流企业捐钱捐物，对寄往疫区的抗疫物资免费运输。这种亏本的买卖是否划算？是否违背了物流营销的回报原则？

党的二十大报告指出：完善志愿服务制度和工作体系。捐钱捐物、免费运输是义举、壮举。物流企业的义举通过媒体宣传，传递了正能量，引起更多消费者的关注，消费者在以后的消费中会倾向于选用这些物流企业的服务。

所以，回报不一定紧随营销行动之后，也可能体现在未来一段时间内；回报的也不一定是利润，可能是口碑、声誉或品牌，是未来能获得更多利润的无形资源。对于企业而言，品牌是长期积累的结果。

第二节　物流营销观念和理念的发展

引 导案例

恒隆物流依托大数据智能化管理树立品牌

江苏恒隆物流有限公司（简称"恒隆物流"）通过大数据智能化管理，实现高效和个性化服务，赢得市场和客户的青睐。如客户在网上订舱出运平台输入需求，其需求便会进入该公司内部的公共平台，十余个分公司的员工按照内部管控机制进行流程协作，同时各业务进程也会反馈到订舱出运平台上，通过平台实现信息沟通和反馈。由于流程中有部分作业可以同步运行，避免了过去各分公司不能联合作业导致的流程中环节的堵塞，通过平台扁平化的联合操作，实现即时化和高效率化。利用网上订舱出运平台获取不同客户的需求，借助内部平台的扁平化管理运作达到为客户提供综合物流服务的目的。目前，恒隆物流已成为一家集国际货运代理、报关报检、长江及沿海外贸支线运输、保税仓储、国内外船舶代理、公路集装箱运输、件杂散货运输等于一体的综合型物流企业。

恒隆物流还针对外贸业务打造大数据平台，提供个性化服务。外贸业务的多样性对专业技能的要求非常严苛，稍有不慎就会产生重大损失和贸易纠纷。为此，恒隆物流委托专业软件公司开发了网上订舱出运平台和内部公共平台，平台之间的数据流转通过内部系统完成，避免多次人工干预转换。同时，设置了流转不可逆的操作和系统自动匹配校验。因此，规模化普通货物的管理由系统完成。加强客户管理，通过对不同客户需求的分析，根据不同客户的特点加以整理，在网上订舱出运平台上为客户创建相应的模板，使客户直接调取模板就可以将需求传达给工作人员。同时，将素质高、能力强的员工放到一线，对提出个性化要求的客户和货品特殊化的业务进行跟踪，让恒隆物流在专业性数据要求更高的货物（如危险品、超高超重箱、冷藏箱）等方面具有突出优势，承揽了很多其他公司不具备承接能力的业务，并为客户设计经济合理的物流方案，实现低成本的个性化服务。

物流营销观念和物流营销理念是开展物流营销的基本指导。只有了解物流营销观念和物流营销理念，才能更好地把握物流营销的方向。

一、物流营销观念的发展

物流营销观念是指物流企业在开展物流营销的过程中，在处理企业、客户和社会三者利益方面所持的态度、思想和观念。物流营销观念的发展经历了生产观念、产品观念、推销观念、市场营销观念、社会营销观念、战略营销观念六个阶段（见图1-20）。

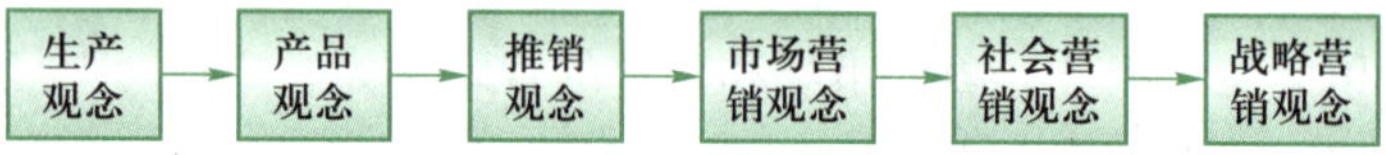

生产观念 → 产品观念 → 推销观念 → 市场营销观念 → 社会营销观念 → 战略营销观念

图1-20 物流营销观念的发展

（一）生产观念

作为传统的观念之一，生产观念认为：企业要以增加产品（服务）数量为中心，有什么产品（服务）就卖什么产品（服务）。

（二）产品观念

产品观念认为：客户总是喜欢优质、有特色的产品（服务），只要产品（服务）质量好、有特色，就会有广阔的市场前景，所谓"酒香不怕巷子深"。产品观念会导致"市场营销近视症"，把服务项目等同于需求，过度重视服务内容和服务质量，看不到市场需求及其变动，忽视竞争者的市场行为。如传统的储运企业提供的物流服务只是与货物交付相关的服务，如仓储运输、装卸搬运、包装、配送等，而实际上客户希望储运企业能够提供相关的原料质检、库存查询、库存补充、流通加工服务等。

（三）推销观念

推销观念是生产观念的发展和延伸。推销观念认为：消费者如有购买迟钝或抗拒购买的表现，消费者通常就不会购买本企业太多的产品（服务）。因此，企业必须大力开展推销和促销活动，刺激消费者更多购买欲望。但企业不能只注重推销企业所能够提供的产品（服务），而应提供市场、客户所需要的产品（服务）。

（四）市场营销观念

市场营销观念不是以企业现有的产品（服务）为出发点，而是以市场需求为起点思考问题，认为企业应该提供、销售客户需要的产品（服务）。这种观念认为，首先要确定物流市场上目标客户的各种需要，并且比竞争者更有效地提供目标市场期望的物流服务，进而比竞争者更有效地满足目标市场的需要，按此需要进行整体营销，实现盈利。

（五）社会营销观念

社会营销观念随着消费者权益保护运动而产生。若过分强调满足消费者需求和实现企业目标，有可能造成资源浪费和环境破坏，损害消费者和社会的整体、长远利益。如运输业发展满足了消费者提高运输效率的需要，尾气的排放却污染了空气。这就需要树立社会营销观念——企业提供任何服务时，不仅要满足消费者和用户的需求和欲望，符合本企业的特长，还要符合消费者和社会发展的整体利益和长远利益（见图1-21）。如运输公司根据客户地点、车辆条件、载重量等合理安排运输车辆并精心设计线路，减少车辆的空驶率和迂回次数，最大限度地降低因运输带来的空气污染。

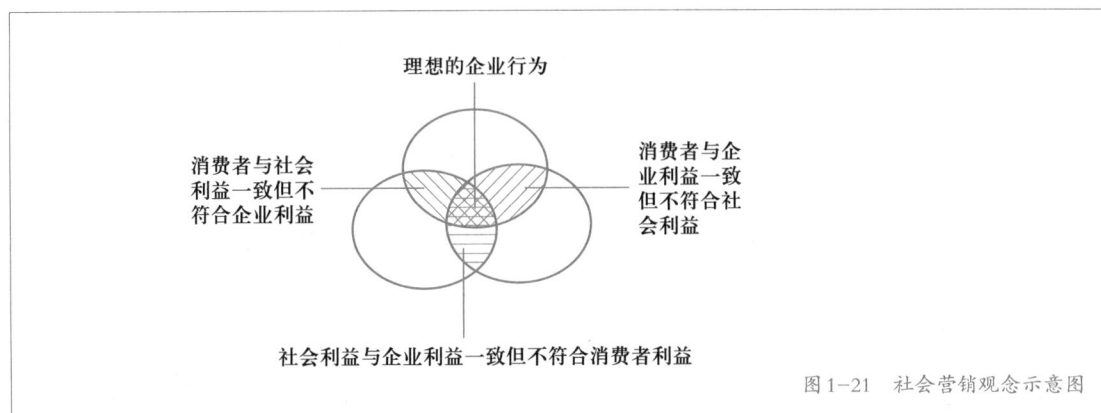

图1-21 社会营销观念示意图

（六）战略营销观念

战略营销观念就是用战略管理的思想和方法对营销活动进行管理，强调企业在目标市场上应通过战略管理创造竞争优势，向包括客户在内的所有参与者提供最大利益。战略营销观念强调方向性、长期性、创造性、协同性和参与者的共赢性，思考问题的层次更高，考虑的问题更全面、更系统，21世纪以来在物流界更流行。

二、物流营销理念的发展

20世纪80年代以来，随着市场营销学的研究不断深入，产生了许多新的营销理念，带动了物流营销理念的发展（见图1-22）。这些新理念对现代物流企业加强和改善营销管理，起到了重要的指导作用。

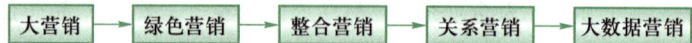

大营销 → 绿色营销 → 整合营销 → 关系营销 → 大数据营销

图1-22　物流营销理念的发展

（一）大营销——6Ps组合理论

物流企业营销活动的实质是一个利用内部可控因素适应外部环境的过程，即通过对产品、价格、渠道、促销四个基本策略（简称4Ps）的计划和实施，对外部不可控因素做出积极动态的反应，从而促成交易的实现，满足个人与组织的目标。但当存在贸易壁垒和地方保护时，物流企业的市场营销战略除了4Ps之外还必须加上两个P，即政治力量（political power）和公共关系（public relations），形成6Ps（见图1-23）。

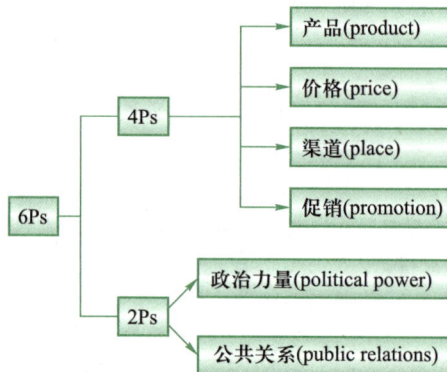

6Ps
- 4Ps
  - 产品(product)
  - 价格(price)
  - 渠道(place)
  - 促销(promotion)
- 2Ps
  - 政治力量(political power)
  - 公共关系(public relations)

图1-23　6Ps组合

大营销理论与传统市场营销理论的区别主要表现在三方面：① 企业可以影响周围的经营环境，而不仅仅是顺从和适应经营环境（如可以通过影响立法、法律诉讼、谈判、广告宣传、公共关系和合伙经营等影响环境变化）；② 企业的营销目标不仅是满足目标客户的需要，而且是运用各种力量去引导、改变和创造目标客户的需要；③ 手段从4Ps增加到6Ps。

（二）绿色营销

20世纪70年代，一场以保护环境、保护地球为宗旨的环保运动在全球兴起。随后，一种旨在改善生活质量的绿色消费观念应运而生，并最终促成了为消除和减少产品（服务）对人类生存环境的影响而展开的营销实践活动，即绿色营销。在绿色营销观念下，清洁生产、绿色包装和环保标志逐渐成为物流企业行为的约束机制，物流企业和物流服务的环保形象正逐渐成为物流企业市场定位与服务定位的决定性因素，成为市场营销成败的关键。

（三）整合营销

当公司所有部门、人员都能以客户利益为原则去协调和开展营销活动时，其结果就是整合营销。

管 理创新

海捷运物流供应链的整合营销

深圳海捷运物流供应链有限公司仓库的经理懂得，如果仓库是清洁和有序的，会有助于将参观的潜在客户转化为现实购买者；会计知道客户倾向于本公司，是因为客户对账单处理精确和电话咨询回答及时感到满意；行政人员知道客户倾向于本公司，是因为公司对客户上次考察的接待非常周到；广告策划人员知道客户倾向于本公司，是因为高速公路上那个富有创意的广告给他们留下了深刻印象。

整合营销理念应用于企业的市场营销活动中，主要体现为营销组合方案的整合和营销传播的整合（见图1-24）。在营销组合方案的整合中，每个要素的地位和作用都不相同，既要充分发挥各要素的作用，又要发挥总体协调的作用。营销传播整合则是综合、协调地运用广告、营业推广、公共关系、人员推销和直接营销等传播工具，以连续一贯的信息和战略定位，实现企业与客户的信息沟通，以达到刺激客户购买欲望，促成购买行动，扩大销售的目的。

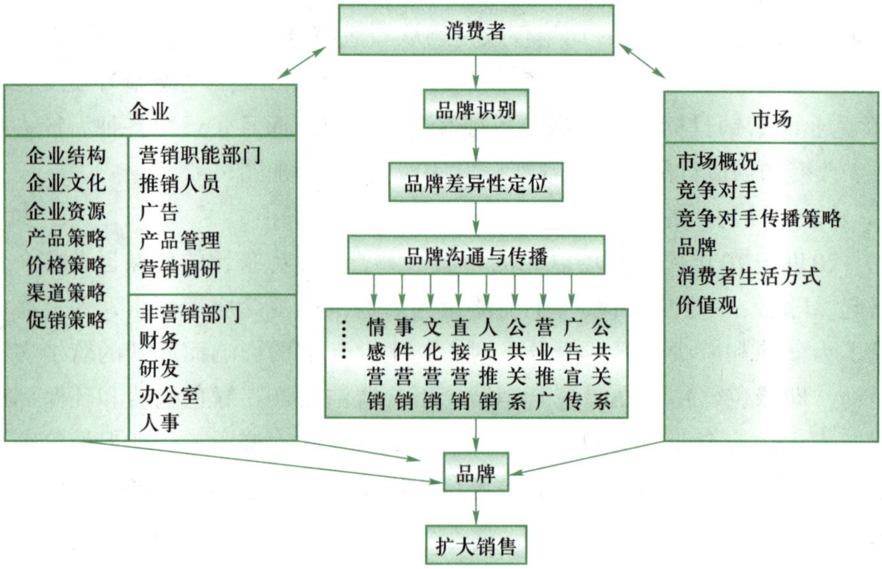

图1-24　整合营销示意图

（四）关系营销

随着新产品（服务）开发速度的加快和市场竞争的加剧，消费者的消费习惯更容易发生变化，其品牌忠诚度有所下降。关系营销就是为了使客户保持忠诚而诞生的新营销理念。关系营销把物流企业的营销活动看作一个企业与股东、资金融通者、消费者、供货商、分销商、竞争者、社区、政府机构及其他社会组织发生互动作用的过程，物流企业营销工作的目的是建立、发展和维系与这些利益相关者长期良好的关系，充分利用和强化各种形式的关系网络来开展营销活动。实际上，寻求熟悉关系来购买所需物流服务是一种普遍现象。关系网络是一种带有独立性、几乎不可转让的无形资源。

（五）大数据营销

大数据营销是指物流企业基于多平台的大量数据，依托大数据技术，应用于互联网广告行业的营销方式。依托多平台的大数据采集，以及大数据技术的分析与预测能力，物流企业能够更加全面、准确而及时地响应每个客户当前的物流需求，使广告更加精准有效，并进行个性化营销，进而带来更高的投资回报率。

大数据营销的核心在于让网络广告在合适的时间，通过合适的载体，以合适的方式，投放给合适的人。随着媒体形式的丰富和信息技术的完善，大数据营销也随之变革。在其发展过程中，企业营销体现出两种转变：一是从媒体导向到用户导向转变——过去基于大众媒体的统一化一次性媒体投放营销推广方式虽然到达率高、辐射面广，但是无法切实掌握受众的动向并控制对其后续的影响，必须转变为基于客户端的定制化跟进营销方式；二是从用户主观信息数据库到用户客观行为数据库转变——传统的数据营销基于市场调查的人工统计数据和其他用户主观信息，有助于物流企业细分消费者、确立目标市场，并进一步定位产品，但由于消费者主观判断的局限性，可能会误导相关营销人员做出偏离甚至错误的决策，应转变为通过物流企业的实际观测，能够全方位、多角度、精准、真实地反映用户需求及其他消费数据的用户客观行为数据库。随着信息挖掘技术的日趋完善，大数据营销已成为企业营销的一个重要手段。

大数据来源可分为两类：一是自有类数据，即物流企业基于自身网络平台开发和挖掘的数据；二是第三方平台类数据，即物流企业通过与门户网站、电商网站、搜索引擎、社交网站、移动支付等第三方平台合作取得的数据，如京东与腾讯达成的微信平台合作协议不仅弥补了京东在移动端的薄弱环节，更为其导入了可观的客户流量。

大数据营销的主要用途表现在三个方面：一是基于用户的需求定制改善产品（服务）；二是开展精准的推广活动；三是维系客户关系。

素 养园地

物流大数据营销讲求的"仁义礼智信"

物流大数据营销的核心在于让物流网络广告在合适的时间，通过合适的载体，以合适的方式，投放给合适的物流潜在客户。

要让物流大数据营销真正发挥作用，必须从"仁义礼智信"五个角度，加强监管，防止产生负面影响。

（1）从监管角度看，大数据作为一套分析理论及工具，具有自身优势，但应加强对大数据的监管，杜绝组织或组织中的个人掌握个人信息大数据后产生的垃圾短信和诈骗信息，让大数据信息用在正当途径上，让大数据干"仁"事。

（2）从经营角度看，物流大数据精准营销不能只对新客户笑脸相迎，而对老客户不闻不问，要做到"义"。无论是物流运营商，还是互联网企业，都应对客户一视同仁，服务均需体贴温馨。

（3）从客户感知角度看，物流大数据精准营销依据客户在网络世界的消费习惯而精准推送，有先知先觉般的"礼"待，但不定期弹出的广告又会带来无礼的打扰。

（4）从传播效果角度看，物流大数据精准营销广告因传播分散，缺乏品牌效应，反而很难树立品牌形象。可以通过建立分享群或建议客户朋友圈分享，让品牌具备智慧传播效果和圈层扩散影响。

（5）从传播执行和监测角度看，物流大数据精准营销广告要保证数据的"信"，避免新媒体领域的"数据造假"，虚假机器人制造流量，以及各平台虚报流量。

行 业洞察

中国物流集团的营销观念

2021年12月6日，经国务院批准，中国物流集团有限公司（简称"中国物流集团"）正式成立。中国物流集团由原中国铁路物资集团有限公司、中国诚通控股集团有限公司物流板块的中国物资储运集团有限公司、华贸国际物流股份有限公司、中国物流股份有限公司、中国包装有限责任公司5家企业组合而成。新组建的中国物流集团还同步引入中国东方航空集团有限公司、中国远洋海运集团有限公司、招商局集团有限公司作为战略投资者，形成紧密战略协同。

中国物流集团在发展、转型的过程中，不断及时转变营销观念，立足发挥自身的硬件优势和网络优势，积极拓展配送业务，以现有分布于全国各大中城市的仓库为据点，形成地域物流配送中心，并逐步建立完善的物流配送网络和配送业务流程，树立规范服务的形象，向现代物流产业进军。

为了让客户放心、满意地使用自己的配送服务，中国物流集团向客户提出了"配送及时、交接准确、反馈迅速、搬运安全、信誉可靠、网络服务"的承诺。"配送及时"，即接到配送单后，保证市内当天送达，200千米以内24小时内送达，600千米以内36小时内送达；"交接准确"，即由专业人员负责交接工作，保证货物和各种票据交接手续简单、准确；"反馈迅速"，即货物经分拣送达后，保证用快捷的通信方式通知客户确认；"搬运安全"，即实行绿色服务，不污染、不破坏货物包装，保证外包装破损率在1‰以下；"信誉可靠"，即由于中国物流集团原因发生的货损货差责任事故，按市价全额赔偿，同时客户还可选择是否由中国物流集团为货物代上保险；"网络服务"，即中国物流集团在全国多座城市实现联网改造，以降低空车率。

中国物流集团不仅在服务中认真履行承诺，而且针对不同的客户提供具体的个性化服务。例如，中国物流集团南一分公司在为海尔集团服务的过程中，库房温度和湿度保持在规定的范围之内，做到库房内地面和货物上无尘土；同时，保管员"日事日毕"，配送业务原则上当天任务当天完成，每天、每周、每月进行动态盘点并按时报告。又如，中国物流集团无锡公司在与张家港浦项不锈钢有限公司的合作中，为保证货物在运输途中的安全，车辆配备足够数量的"井"字形木架底座；卷板装载汽车后，加固并遮盖防雨篷布；装卸时使用软索，落地时上盖下垫；卷板装火车时，车皮地板上铺满草垫，并按客户规定方式装车；卷板与车皮间使用8号铁丝捆绑牢固，卷板与铁丝的接触部位全部使用橡皮垫加以保护。中国物流集团无锡公司在保证货物运输安全的同时，真正做到了让客户满意。再如，中国物流集团不仅为LG电子沈阳乐金有限公司的库存商品提供防雨、防盗、防潮、防鼠、防污染等基本保证，而且按照要求为该公司的一切业务资料保密，提供24小时快速、及时、准确的运输和装卸服务。

党的二十大报告指出：统筹网络信息体系建设运用。在配送业务领域迅速发展的同时，中国物流集团将全系统分散的仓库业务连成网络，加强信息化建设，以期实现物流配送网络和电子商务网的对接。同时，中国物流集团积极整合、重组、优化现有存量资产，使传统的仓储型仓库向区域性现代物流中心转型，向网络化、信息化、规模化的现代物流企业迈进。

问题：

1. 该案例包含哪些市场营销的基本术语、营销观念、营销理念？

2. "配送及时、交接准确、反馈迅速、搬运安全、信誉可靠、网络服务"的承诺体现了中国物流集团的哪些营销观念？

3. 参考中国物流集团的个性化服务，你能否列举其他物流公司的至少3种个性化服务方式？

第三节 物流营销的流程

引导案例

中远海运集团的市场营销过程

2015年1月4日，经国务院批准，中远集团与中海集团重组成立中国远洋海运集团有限公司（简称"中远海运集团"）。中远海运集团完善的全球化服务铸就了网络服务优势与品牌优势。航运、码头、物流、航运金融、装备制造、增值服务、数字化创新等上下游产业链形成了较为完整的产业结构体系。中远海运集团以精益求精及不断创新的服务精神为客户提供科学高效的物流方案和全面的物流运输服务，航线遍及六大洲。

新冠感染疫情暴发以来，为了应对国际航运市场的激烈竞争，减少疫情影响，中远海运集团采取了以下措施。

（1）对市场环境、消费者、同行、业内专家进行大量、严密的市场调查，获得了大量调查数据，在分析和预测的基础上，发现了一些市场机会，并对市场机会进行了评估，确定了若干个可行的市场机会。

（2）在若干个可行的市场机会中，通过准确的市场细分，中远海运集团结合自身条件和市场需求，把目标客户定位于直接客户和大客户，重点是跨国公司。

（3）在充分市场研究的基础上，根据目标客户的特点，中远海运集团运用营销组合策略，针对目标客户进行了营销组合设计，形成了营销组合方案：

① 在产品策略上，公司为了有效地满足客户的需求，对核心产品（如为货主提供符合其需要的位移）、一般产品（如舱位体积、位置、货物定位等）、期望产品（如船期、安全性、经济性和及时性等）、附加产品（如咨询、报关、报价等）、潜在产品（如多式联运等）进行综合考虑，提供整体产品（服务）。在运用整体产品理念的基础上，不断提高产品的质量并调整产品组合策略。例如，在三大东西主干航线——太平洋航线、欧洲航线、大西洋航线扩展产品线等。

② 在价格策略上，实施随行就市的定价方法，采取客户不同、季节不同则运价不同的策略。

③ 在分销渠道上，采取在全球设立分公司或办事处的方式，大力拓展直销渠道。

④ 在促销策略上，以人员推销为主，注重公共关系的开展。

（4）在营销组合设计的基础上，中远海运集团进行了有效的营销管理。

① 做好舆论宣传、组织调整工作。

② 按照计划，把营销组合方案具体化。

③ 推行目标管理，按照各职能部门的工作要求，将总目标层层分解，协调上下关系，创造条件，制定具体的实施方案和细则。

④ 建立健全的反馈系统，进行控制和协调，保证决策的全面实施。

中远海运集团经过持续的努力和运作，赢得了竞争优势，在一些主要航线上市场份额全面提升，总体经济效益明显好转。

引导问题：

1. 从中远海运集团的市场营销过程中，总结物流营销的基本流程。

2. 在发现市场机会、选择目标市场、确定营销策略、管理营销活动中，哪个环节更重要？

物流营销的基本流程包括发现市场机会、选择目标市场、确定营销策略、管理营销活动四个环节，（见图1-25）。

发现市场机会 → 选择目标市场 → 确定营销策略 → 管理营销活动

图1-25 物流营销的基本流程

一、发现市场机会

市场机会就是未满足的物流服务需求。物流企业可以通过两种方法来发现新的市场机会：非系统的方法和系统的方法。无论是采用哪种方法，都需要对市场需求进行分析和预测，明确所有在市场上销售的同类服务及其销量，估计现有消费者的需求规模，查找需求没有满足的市场空间。

（一）非系统的方法

非系统的方法包括阅读有关报纸和期刊，出席贸易展览会，考察竞争对手的服务，通过销售人员、互联网及其他方式收集市场情报，召开献计献策会，关注社会变化趋势等，从中注意不断变化的市场情况。

行业洞察

家庭结构带来的物流商机

当前的主要趋势之一是家庭结构趋于小型化，夫妇双方都要工作，这意味着双职工家庭缺少买菜时间，微波食品、半成品、冷冻食品、快餐、净菜配送业务（见图1-26）等自然产生，为很多物流企业提供了机会。物流企业开拓这样的新业务就能够生存、赢利。

民众对方便快捷的需求带来的物流商机

人们不想自己跑邮局寄送物品，上门服务的快递、快运诞生了；人们希望在家就能享用餐馆美食，外卖诞生了；人们不愿意出国，却愿意购买

图1-26　现代家庭结构变化带来的净菜配送商机

国外的商品，代购、海淘购物、跨境电商诞生了。2022年，我国快递业务量完成1 105.8亿件，同比增长2.1%；业务收入完成1.06万亿元，同比增长2.3%。

技术进步带来的物流商机

随着现代信息技术的发展，物联网、智能物流、智慧物流、智慧供应链等新的物流商机出现了。

根据中华人民共和国国家标准《物联网术语》（GB/T 33745-2017），物联网（Internet of Things，IoT）是指通过感知设备，按照约定协议，连接物、人、系统和信息资源，实现对物理和虚拟世界的信息进行处理并作出反应的智能服务系统。

智能物流是指利用条形码、射频识别技术、传感器、全球定位系统等集成智能化技术和物联网技术，通过信息处理和网络通信技术平台，广泛应用于运输、仓储、配送、包装、装卸等基本活动环节，使物流系统能模仿人的智能，具有思维、感知、学习、推理判断和自行解决物流中某些问题的能力，实现货物运输过程的自动化运作和高效率优化管理，提高物流行业的服务水平，降低成本，减少自然资源和社会资源消耗。

根据中华人民共和国国家标准《物流术语》（GB/T 18354-2021），智慧物流（Smart Logistics）是指以物联网技术为基础，综合运用大数据、云计算、区块链及相关信息技术，通过全面感知、识别、跟踪物流作业状态，实现实时应对、智能优化决策的物流服务系统。

智慧供应链即通过物联网、服务计算、云计算等信息计算与制造技术融合，构成智慧供应链平台，实现软硬件制造资源和能力的全系统、全生命周期、全方位的感知、互联、决策、控制、执行和服务化，进而实现人、机、物、信息的集成、共享、协同与优化，最终形成生态圈。智慧供应链经由初级供应链、响应型供应链、可靠供应链、柔性供应链发展而来。

（二）系统的方法

1. 环境持续监测法

市场机会往往在市场环境变化中出现，这是市场机会出现的一般规律。物流企业可以建立适当的营销信息系统，采取适当的措施，经常监视和预测企业营销环境（包括宏观环境和微观环境）的变化，从中寻找有利于企业发展的市场机会，回避或减轻不利于企业发展的威胁，甚至在一定条件下可以因势利导、化害为利。

2. 产品—市场矩阵法

物流企业可以通过对服务、市场的分析来寻找和发现机会，如利用产品—市场矩阵（见图1-27）进行分析。

	现有产品	新产品
现有市场	市场渗透	产品开发
新市场	市场开发	多元化

图1-27 产品—市场矩阵

（1）综合考虑现有服务的市场生命力、市场需求容量，以及竞争情况等，准确判断现有服务在现有市场上有无扩大销售的机会。如果物流企业尚未完全开发其现有服务的现有市场，就可以通过市场渗透即通过削价、扩大广告宣传、改进广告语言、增设商业网点等措施在现有市场上扩大现有服务的销售。包括：① 使现有客户增加购买量；② 激发潜在客户；③ 争取竞争者的客户。

（2）通过市场营销研究和市场细分了解不同购买者群体的需求情况和目前满足情况，在满足程度较低的子市场上，可能存在市场机会。物流企业可以通过市场开发，即增设新的商业网点或利用新分销渠道、加强广告促销等措施，在新市场上扩大现有服务的销售。包括：① 服务市场的重新定位；② 服务用途的新发现；③ 利用服务的国际市场生命周期进行市场转移等。

（3）通过开发新服务创造新的市场机会，即物流企业向现有客户提供不同品种、规格、包装、品牌的新服务或改进服务，更好地满足目标市场消费者群体多层次、多样化的需求。

（4）通过多元化经营创造新的市场机会，即在现有市场和现有服务以外开展新业务，扩大生产经营范围。物流企业可以通过收购、兼并其他行业的企业，或者在其他行业投资，跨行业生产经营，提供多种服务，寻找多元化经营的市场机会。

管理创新

绿农净菜配送公司的市场渗透、市场开发、服务开发和多元化经营

绿农净菜配送公司是一家区域化的蔬菜配送公司。该公司通过改进广告宣传和推销、短期削价、增设网点等方法在现有市场上扩大市场份额，这是市场渗透。该公司在新地区设立新的配送网点，并通过利用新分销渠道、加强广告宣传等方法，以扩大蔬菜配送在新地区的销售，这是市场开发。该公司改进配送车的颜色和配送人员的服装，提升服务规范化水平，增加配送的品种以满足市场需求，扩大销售，这是服务开发。该公司进入药品配送、家电配送、家具配送等领域，就属于跨行业的多元化经营。

3. 一体化法

一体化法即通过建立或收购与目前企业有关的业务寻找发展机会。如果物流企业所在行业或某项业务有发展前途，可将业务延伸到产、供、销各个环节，以增加销售和利润。一体化法包括后向一体化、前向一体化和水平一体化三种形式（见表1-4）。

表1-4　一体化法三种形式的比较

形式	内容	目的
后向一体化	收购、兼并原材料供应商	拥有或控制其市场供应系统
前向一体化	收购、兼并批发商、零售商，自办商业贸易公司	增强销售力量来谋求发展
	将自己的服务向前延伸，从事原由分销商经营的业务	
水平一体化	争取对同类企业的所有权或控制权，或实行联合经营	扩大经营规模，取长补短，共同利用某些机会

4. 多元化法

多元化法即增加对企业富有吸引力的业务，寻找多元化发展机会。如果企业所属行业缺乏有利的市场机会而在目前业务范围以外的领域发现了好机会，企业就可以结合自身的资源优势，扬长避短，采用多元化发展形式。多元化发展包括同心多元化、横向多元化、综合多元化三种形式（见表1-5）。

表1-5 多元化发展三种形式的比较

形式	内容	目的
同心多元化	以现有服务为中心向外扩展业务范围，发展同现有服务类似的新服务	吸引新客户
横向多元化	采用不同技术发展同现有服务无关的新服务	满足现有客户的多种需要，稳定现有客户
综合多元化	发展同企业现有技术、服务或市场毫无关联的新业务	吸引新老客户

小贴士

传统仓储企业的同心多元化、横向多元化和综合多元化

仓储企业运用现有的技术增加冷冻储存服务，吸引新客户，就可以实现同心多元化；仓储企业为了稳定现有客户，提供运输、包装、配送等新服务，就可以实现横向多元化；仓储企业可以考虑开辟新的业务领域，从事物流金融、物流房地产、物流信息、仓储软件开发等业务，实现综合多元化。

5.7 "O"研究法

7 "O"研究法是从消费者的购买行为中辨别新的市场机会，因为消费者的购买行为具有较大程度的可诱导性。消费者是非专家购买者，很难掌握各种物流服务知识，需要卖方的宣传、介绍和帮助，在购买什么服务，何时、何地购买这些服务等方面容易受企业营销的影响。消费者的复杂行为可以从购买者（occupants）——谁是消费者、购买对象（objects）——消费者购买什么、购买目的（objectives）——消费者为何购买、购买组织（organizations）——哪些消费者参与购买、购买行为（operations）——消费者怎样购买、购买时机（occasions）——消费者何时购买、购买地点（outlets）——消费者在何地购买这7个"O"入手分析。通过深入细致地研究消费者的购买行为，了解不同类型消费者的需要、偏好和特点，找到商机，从而发展对消费者有价值的服务和品牌，用具有吸引力和说服力的方法将服务和品牌有效呈现给消费者，并据此选定企业的目标市场，确定市场营销组合。

管理创新

盐田集装箱运输公司的7"O"研究

盐田集装箱运输公司提供集装箱运输服务，营销前必须分析研究以下问题：哪些人需要集装箱运输服务？目前消费者需要什么样的集装箱运输服务？消费者为什么购买这种集装箱运输服务？哪些人会参与集装箱运输服务购买行为？消费者怎样购买这种集装箱运输服务？消费者何时购买这种集装箱运输服务？消费者在何处购买这种集装箱运输服务？

二、选择目标市场

在选择市场机会的基础上，物流企业需要按照市场细分、确定目标市场、市场定位的顺序，选择自己的目标市场。

（一）市场细分

市场细分就是物流企业根据消费者的需求特性，把某一服务的整体市场划分为若干个消费者群体的市场分类过程。通过市场细分，物流企业可以有效地分析和了解各个消费者群体的需求满足程度和市场竞争状况，发现哪类消费需求已经满足，哪类消费需求满足不够，哪类消费需求尚无适销对路的服务去满足；发现细分市场哪些竞争激烈，哪些竞争较少，哪些尚待开发。而满足水平低的物流服务部分，通常存在较多的市场机会，销售潜力大且竞争者较少。结合资源状况抓住这样的市场机会，确立适合于自身发展的目标市场，并采取相应的营销战略，物流企业就可能迅速取得市场优势地位，提高市场占有率。

（二）确定目标市场

确定目标市场是指物流企业在市场细分的基础上，根据自身的实力、资源、核心竞争力，有选择地进入一个或多个物流细分市场，即物流企业的目标市场。这个市场有规模需求，而物流企业也有能力满足客户需要。

（三）市场定位

物流企业选定了自己的目标市场后，还需要进行市场定位。市场定位就是为了使某种物流服务在市场上，以及在目标消费者心目中占有明确的、突出的和必要的位置而进行决策。这样，物流企业可以选择和瞄准若干能为其服务的目标市场，有针对性地开展营销工作，以使其物流服务较顺利进入市场，取得较大的市场优势。

三、确定营销策略

营销策略即营销组合策略。物流营销组合，即物流企业针对目标市场的需要，对内部可以控制的产品（服务）、价格、分销、促销等各种营销因素进行优化组合和综合运用，以满足目标市场的需要，更好地实现物流企业的营销目标。

（一）产品策略

产品策略要求物流企业制定营销战略时，首先要明确物流企业自身能提供什么样的服务去满足客户的需求，包括服务的内容、质量、组合、品牌等。

（二）价格策略

价格策略是指物流企业通过对客户的调研和成本分析，按照一定的程序制定服务的市场价格，并考虑竞争者价格的变化和客户、市场环境的具体情况，选择一种能吸引客户的策略。

（三）渠道策略

渠道策略是指物流企业运用一定的市场分销渠道，将服务在适当的时间、地点以适当的价格提供给目标客户。

（四）促销策略

促销策略是指物流企业为了激发客户的购买欲望、影响他们的购买行为、扩大市场而进行的设法将企业服务信息顺畅地传递给可能买主的沟通、报道、说服、公共关系、广告宣传等一系列促进工作。

四、管理营销活动

管理营销活动是指对物流营销工作进行有效的组织、实施与控制。

（一）物流营销活动的组织

实施营销组合策略需要有效的营销组织，这个营销组织应达到三个要求：① 灵活性，即适应环境变化，随时调整，做出正确的反应；② 系统性，即物流企业的每一个部门都能互相配合，作为一个有机整体共同满足客户需要，共同完成物流企业的整体市场营销目标；③ 交互性，即信息迅速、准确、及时地在物流企业各部门之间、物流企业与客户之间传递。在组织成立前，要做好舆论宣传和充分沟通的工作。

（二）物流营销活动的实施

物流营销活动的实施，是指物流企业为实现其制定的营销组合策略而将营销策略和营销方案变成具体的、可操作的营销计划。这就需要营销系统中各级人员保持协调一致，营销部门与财务、生产、人力资源、采购等其他相关部门密切配合，将营销组合策略按照目标管理和项目管理的方法，结合各职能部门的工作要求，层层分解，层层落实，形成物流营销活动实施的具体措施和细则。

（三）物流营销活动的控制

在物流营销计划实施过程中，可能会出现很多意想不到的问题，需要一个控制系统（即监督、协调、反馈系统）来保证物流营销目标的实现和营销计划的全面实施。物流营销活动的控制包括年度计划控制、盈利控制和战略控制三种。物流企业年度计划控制主要是检查物流营销活动的结果是否达到了年度计划的要求，并在必要时采取调整和纠正措施；盈利控制是为了确定物流企业在各种物流服务、服务区域、最终消费者群体和分销渠道等方面的实际获利能力；战略控制是审查物流企业的战略计划是否有效地抓住了市场机会，以及是否同迅速变化的市场营销环境相适应。

第四节　物流营销人员应具备的基本素质

引导案例

一个高职物流毕业生的困惑

深圳某高职院校物流管理专业2022届毕业生杨俊，在校期间拿到了国家助理物流师资格证书、计算机一级证书、英语四级证书、货运代理资格证书，并连续三年获得二等奖学金，曾在苏宁、天虹、中远等公司有短暂的实习经历。他把大部分时间都用在了学习上，很少参加集体活动，也没有担任过学生干部。性格内向，见陌生人害怕且脸红、讲话紧张，交际能力差。投出去的简历，基本上能得到面试的机会，但往往在面试的第一关就被淘汰。直到2022年8月份才在父亲的帮助下进入一家公司实习。

而他的室友李立，成绩逊色于杨俊，但性格开朗，热爱体育运动，积极参与集体活动，担任过学生会副主席和篮球队队长，有很好的交际、组织、沟通、协调、管理能力，在校期间拿到了驾驶证。早在毕业前的3月份，就到深圳中远物流营销部门正式上班。

杨俊上班后还一直在纳闷：这究竟是怎么啦？为什么优秀学生找不到好工作？

引导问题：

1. 你如何解释杨俊的困惑？

2. 你认为高职学生在大学期间应主要锻炼综合素质还是训练专业素质？为什么？

3. 有物流企业领导认为综合素质比专业素质还重要，你认为呢？围绕这个问题，组织一场班级辩论赛。

党的二十大报告指出：加快建设国家战略人才力量，努力培养造就更多大师、战略科学家、一流科技领军人才和创新团队、青年科技人才、卓越工程师、大国工匠、高技能人才。加强人才国际交流，用好用活各类人才。高技能人才是现代物流高质量发展的重要支撑。物流营销人员是物流企业与市场、客户直接沟通的桥梁，直接决定物流营销的效果。而物流营销的效果是由物流营销人员的基本素质决定的，物流营销人员的基本素质包括综合素质和专业素质。

一、物流营销人员应具备的综合素质

综合素质的内容包括道德品质、公民素养、学习能力、交流与合作、运动与健康、审美与表现、现代信息技术运用等方面。我国企业用职业核心能力来判断一个求职者的综合素质。

职业核心能力是人们职业生涯中除岗位专业能力之外的基本能力，它适用于各种职业和岗位，是伴随人终身的可持续发展能力。

根据职业核心能力的内涵和特点，可分为方法能力和社会能力两大类（见图1-28）。方法能力是指个体有效利用具体和明确的方式、手段、方法的能力，主要指自我学习能力、信息处理能力、数字应用能力，是劳动者的基本发展能力。社会能力是经历和构建社会关系，感受和理解他人的奉献与冲突，并负责任地与他人相处的能力，包括与人交流能力、与人合作能力、解决问题能力、革新创新能力、外语应用能力。

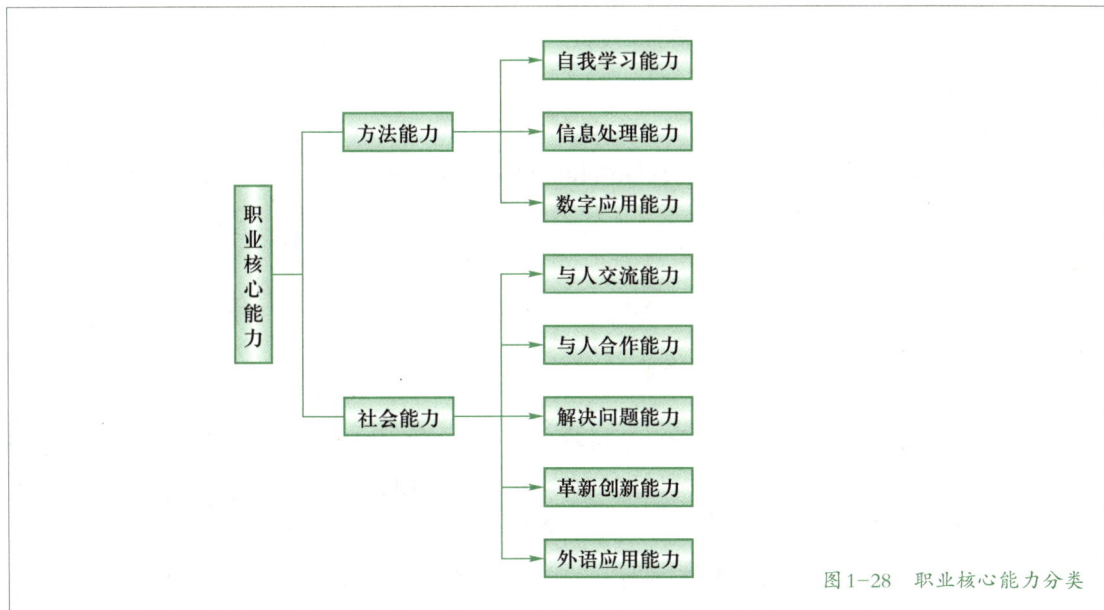

图1-28 职业核心能力分类

二、物流营销人员应具备的专业素质

专业素质是指从事社会职业活动必备的专业知识技能、心理素质和职业素养等特殊品质，主要包括以下五个方面。企业用专业能力来判断一个求职者的专业素质。

（1）扎实的理论基础。掌握物流营销理论的基础知识，熟悉物流营销领域的新理论、新观点、新技术、新工具、新模型，熟知物流营销实践领域的新动向。

（2）熟练的专业技能。能够独立、熟练地进行物流市场环境分析、物流市场需求分析、物流市场竞争环境分析、物流市场调查、物流市场预测、物流市场细分、物流市场定位，制定物流营销组合策略，进行物流客户服务和物流营销绩效评价。

（3）全面的业务能力。熟悉市场、主要客户和竞争对手，企业的生产经营情况、经营方针、营销策略、财务状况、企业文化，企业的服务项目和服务流程，每一道业务流程、业务环节和管理制度，以及与物流营销工作相关的、国内外的政策法规和国际惯例。

（4）健康的心理素质。有进取心和责任心，有团队合作意识与协作精神，能够承受挫折，正确看待自己和他人的优缺点和成绩。

（5）崇高的职业信仰。只要自己还从事着物流营销的工作，就保持敬业、爱业、乐业，把物流营销作为自己未来的职业方向、职业发展的目标，认真、有滋有味、富有创造力和激情地做好现在的每项平凡的具体工作，追求每项具体工作的质量，遵守工作的规程，注重细节完美，不管有没有人监督自己。

【课堂活动】

组织学生进行自我推销和面试的演练，推选有较强分析能力的学生发言。

<<<<<<<<< 任务实施 <<<<<<<<<<<<<<<<<<<

任务背景：

学生张粤好认为自己对物流营销还没有整体、深入的认识，希望通过调查一个企业的物流营销案例来增强感性认识。老师结合自己的课题，分配了一个企业的调查任务，给予一定的经费支持，并建议：和有兴趣的同学组团调查；在调查基础上撰写一份物流营销案例调查与分析报告，既有完整的案例，又有简短的点评。张粤好开始努力完成调查任务。

任务分析：

物流营销案例调查与分析报告要求学生能够利用物流营销的核心概念、物流营销的观念和理念、物流营销流程分析当地物流企业的营销案例，形成案例分析报告，制作PPT并演示。

要完成物流营销案例分析报告，项目小组需要在学习相关知识的基础上，进行物流营销案例调查和分析。首先需要明确调查对象，收集背景资料，拟定一个简单的调查提纲，在前期沟通的基础上，深入企业调查，形成完整案例。案例完成后，要加上点评，形成报告，并制作一个思路清晰、重点突出、语言简练的PPT进行演示汇报。

任务流程：

物流营销案例调查与分析报告任务流程如图1-29所示。

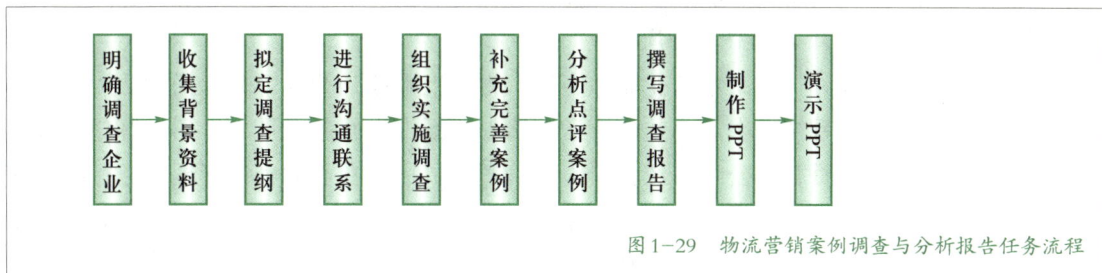

图1-29　物流营销案例调查与分析报告任务流程

任务要求：

● 每4~6人分成一组，分别成立项目小组，并选出项目经理。

● 在讨论的基础上确定调查对象。通过集体讨论，确定时间进度安排和任务分工，保证每个人都有具体任务及完成任务的时间要求和质量要求。

任务成果样本：

东方佳源冷链物流营销调查报告

深圳职业技术学院物流管理专业"东方佳源实业有限公司"（以下简称"东方佳源"）冷链物流营销调查小组为从个案了解深圳市冷链物流企业营销的现状，于2023年1月开展了实地调查。调查结果如下：

一、东方佳源的冷链物流营销

东方佳源创建于2001年，其总部位于深圳市南山区西丽镇，是华南区最大的专业商超冷链物流配送商和全国冷冻食品定点配送商，以多年物流从业经验成为珠三角商超冷链配送领域的头部品牌。公司现有45辆冷链运输车、230多名员工、12 000 m²专业食品储存仓库（其中冷冻库的库容23 200 m³，冷藏库的库容24 000 m³），目前每年有6亿元的配送量，出车量为3万多次。东方佳源冷链物流的营销主要体现在以下5个方面。

1. 准确定位

2001年年初，公司从同行许多物流企业"什么都想做，什么都做不好"的"大而全"的模糊定位中吸取教训，在市场细分的基础上，积极响应市政府"菜篮子"工程，准确地把公司定位于做专业商超配送管家，并以冷藏冷冻类产品配送为主线。

2. 整合资源

围绕新定位，东方佳源对人、财、物等资源进行重新配置，对原有配送网点进行整合，相继组建了西丽本部配送中心、福田配送中心、东莞配送中心，实现了车辆、人员、信息等所有资源的共享，形成了对深圳、广州、珠海、佛山、惠州、中山、东莞等城市配送市场"全线联动、全面推进"的战略进攻态势。公司还将在广州、中山、佛山、惠州等周边中心区域城市成立分公司和配送中心，以建立完善的珠三角冷链供应配送网络，实现规模经营。

3. 不断提高服务质量

东方佳源秉承"专业，专注，为民生服务"的宗旨，依托科学严谨的物流管理系统和专业高效的配送网络，不断提高服务质量，得到了客户的普遍认同和赞誉。公司有经验丰富的管理人员提供专业的仓储管理服务，全面实现信息化管理，精确控制库存，为客户提供24小时不间断的贴心服务，客户任何时间的出入库指令都能得到实时响应。每部车都配套有定位系统，保证了物流配送的准确、准时、高效。公司制定出以激励为导向的"部门费用考核机制"并严格执行，在工作中推行"效益管理"，注重调动员工的积极性，有效提高了各部门的工作效率，物流部的配送率高达99.5％以上。公司管理团队和配送团队由从业时间长、经验丰富的人员组成，建立了完善的工作流程、管理体系和管理制度，财务稳健、规范，并实行总公司和配送中心及分部门的财务管理责任制。在基层管理上，公司针对装卸工、配送员和司机文化程度不高的特点，进行"企业凝聚力"和"配送服务礼仪"等方面的培训，且实行准军事化管理，凡事注重执行第一，反馈第二，逐渐形成了一支听指挥、守纪律、重服务、懂礼貌、技术熟、留得住的专业商超配送队伍。公司在建立完善的管理制度和部门工作流程的基础上，按国际物流企业管理ISO 9000标准要求进行内部规范管理。

4. 抓住大客户

公司与沃尔玛、家乐福、好又多、华润万家、晨光乳业、益民食品、人人乐商业集团、双汇火腿、北京烤鸭、达能牛奶、武汉鸭脖、思念水饺、口口美、天津宽达、统一饮料、天谱乐食、精气神、雪龙牛肉、蒙牛雪糕、佑康食品、正海实业、金涛物流等大企业建立了密切的合作关系，为7-11、万店通便利店的保鲜品提供每日的配送供应，包揽了深圳市益民食品有限公司所有豆制品、全国连锁人人乐商业集团深圳及珠三角所有卖场水果、深圳市晨光乳业有限公司所有乳制品的配送，与小肥羊、思念、三全、伊利乳业、光明乳业等著名品牌商家的战略合作关系也正在建立中。

5. 注重统一宣传

公司在对外宣传上实现统一着装，且工服和车体广告在色调、标志和宣传语上保持一致。公司每年坚持参加深圳物博会、高交会，借国际化的平台宣传推广自己的服务和品牌。

二、东方佳源冷链物流营销评析

1. 从物流营销核心术语角度评析

物流营销核心术语包括物流需要、物流欲望和物流需求；物流产品与物流服务；物流效用、物流成本和物流价值；物流交换和物流交易；物流关系和物流网络；物流市场、物流营销者和潜在物流客户。

（1）成功之处和原因分析。东方佳源在市场细分的基础上，准确定位于"做专业商超配送管家"，并以"冷藏冷冻类产品配送"为主线，把握了中国南方物流客户对冷链物流新兴而巨大的需求，并整合自身资源，提供更优质的冷链物流服务，配送率高达99.5%以上，为客户提供了物流效用，节省了物流成本，创造了物流价值。在拓展物流关系和物流网络方面，东方佳源采取抓大客户的策略，有利于减少交易成本和时间，使交易协商惯例化和网络化，提高了营销的效率；在营销策略上注重统一宣传，借助深圳物博会的国际化平台宣传推广自己的服务和品牌，争取潜在物流客户，拓展物流市场，取得了明显的实效。

（2）不足之处和改进建议。东方佳源在构建由公司与所有利益相关者（包括股东、顾客、员工、供应商、广告商、分销商、社区和政府等）构成的互利的物流营销网络方面需要努力，以调动所有利益相关者的积极性。

2. 从物流营销观念角度评析

物流营销观念的发展经历了生产观念、产品观念、推销观念、市场营销观念、社会营销观念、战略营销观念六个阶段。东方佳源冷链物流营销的成功，从物流营销观念角度讲，在于东方佳源已经超脱单纯的生产观念、产品观念、推销观念，而开始有意识地运用市场营销观念、社会营销观念、战略营销观念，既有传统的不断提高服务质量、抓住大客户，又能准确定位、注重统一宣传。但在广告宣传方面，应该加强"做专业商超配送管家""冷藏冷冻类产品配送专家""华南地区最具影响力的专业冷链物流服务商"的定位宣传。

3. 从物流营销理念角度评析

物流营销理念的发展经历了大营销理论、绿色营销、整合营销、关系营销、大数据营销五个阶段。从物流营销理念看，东方佳源开始运用整合营销和关系营销，但在绿色营销和大数据营销上需要进一步努力。

4. 从物流营销流程角度评析

完善的物流营销的基本流程包括发现市场机会、选择目标市场、确定营销策略、管理营销活动四个环节。东方佳源冷链物流营销的成功，就在于遵循了这一流程，在发现华南这一空间巨大的冷链物流市场后，选择了有冷藏冷冻类产品需求的商场和超市作为目标市场，在营销策略上重点抓大客户，并通过精细的营销活动管理不断扩大市场份额。

技 能训练 <<<<<<<<<<<<< <<<<<<<<<<<<<<<<<<<<<<<<<<<<<<<<

实训项目1：物流营销案例调查与分析实训

实训目标：

物流营销案例调查与分析实训

通过实训，学生应能独立或分组展开调查，熟悉当地的物流企业及其营销案例，运用物流营销核心术语、物流营销观念和理念，简要分析物流营销的成败得失，能够梳理出物流企业的营销流程，提出改进建议，形成物流营销分析报告，并制作PPT进行演示。

环境要求：

物流企业或校外实习基地企业（能够自己找到允许调查的物流企业，学生自行联系；自己找不到允许调查的物流企业的，教师帮助联系、安排校外实习基地企业）。

情境描述：

振华物流公司营销部的刘经理接受了培养4名新员工的任务。刘经理以过去的成功案例为例，以文档、PPT或过程视频描述一个成功的物流项目调查的全过程。在此基础上，刘经理结合自己接受的另一项任务——对某个物流企业的新服务项目进行营销情况调查，请4人小组来参与完成。假如你就是4人小组中的一员，且被刘经理任命为组长，请组织调查，形成物流营销案例分析报告，并制作PPT进行演示。

工作流程：

收集背景资料—拟定调查提纲—提前沟通联系—组织实地调查—撰写调查报告—制作PPT—演示PPT。

操作步骤：

（1）通过网络搜索，凭借自己的社会关系或教师介绍，确定调查的物流企业，并收集该物流企业的背景资料、最近的营销案例。

（2）在背景资料和目标案例明确的基础上，拟定调查提纲。

（3）以电话、邮件等方式，与企业物流营销部门接洽，落实调查时间、对方接待人员、调查提纲、联系人及联系方式等。

（4）企业实地调查，弄清楚案例的背景、关键细节、营销步骤、营销手段和营销结果。

（5）进行必要的资料补充，形成一个完整的案例。

（6）从物流营销核心术语、物流营销手段、物流营销组织、物流营销流程的角度，分析物流营销案例中成功的原因和不足之处，并对不足之处提出改进建议。

（7）形成案例分析报告，并按照规范的格式排版。

（8）制作PPT。

（9）上台汇报交流，教师点评。

（10）进一步修改报告和PPT。

注：（1）~（8）在课堂外完成。

注意事项：

（1）注意电话和见面礼仪，做到彬彬有礼，尊重他人。

（2）注意交通安全和人身安全，一般两人或不超过4人为一个小组进行集体调查，互相关照、帮助，了解意外事件发生后的处理方法和程序。

（3）注重多种调查手段的结合利用，如查找网上资料、现场提问、追问、现场观察、与一线营销人员交流等，将需要获得的资料一次性弄清楚，返校后也可以通过电话问询需要进一步补充的资料。

（4）调查报告的结构、文字、排版应规范，应有封面、摘要和关键词、目录、正文、结语、参考文献、附录等完整的框架。

（5）PPT应有概括性和逻辑性，美观大方，演讲时间控制在10分钟以内。

（6）演示应分工，有人操作，有人演讲，演讲者应自信、大胆，演讲流畅，演示前应进行多次演练。

实训报告：物流营销案例调查与分析报告

（1）绪论。说明调查对象、调查目的、调查人员、调查时间、调查过程、调查方法、分析方法。

（2）正文。应有营销背景、营销组织、营销对象（物流服务项目）、营销目的、营销手段、营销策略、营销时间、营销过程、营销结果。

（3）案例评析。从物流营销核心术语、物流营销手段、物流营销组织、物流营销流程的角度，分析物流营销案例中成功的原因和不足之处，并对不足之处提出改进建议。

（4）结语。得出的结论、调查之外的收获、致谢。

（5）参考文献。按照著录规范，列出参考的文献。

（6）附录。附上一些必要的文件，如物流企业营销组织、营销组合策略、营销计划等资料。

个人物流营销素质分析实训

实训项目2：个人物流营销素质分析实训

实训目标：

通过实训，学生应能认识自身的综合素质、专业素质与物流营销人员素质的差距，结合物流营销素质自测软件的评价，分析个人物流营销素质的优势和劣势，针对劣势提出大学三年中的物流营销素质培养目标和改进计划，形成个人物流营销素质分析报告，并集体交流。

环境要求：

计算机房，装有Office办公软件和物流营销素质自测软件。

情境描述：

随着物流在经济中的地位日益重要和营销人员的职业前景日益广阔，成为一名成功的物流营销人员是许多高职院校物流专业毕业生的第一选择。但什么样的人会被物流企业营销总监或面试的资深物流营销人员接受呢？

物流企业营销总监比较看重以下几方面：一份标准、完善、重点突出的简历；良好的个人形象；积极、乐观、有社会责任感的个人态度；良好的个人沟通能力；对工作的激情；恰当的个人预期。

工作流程：

物流营销人员素质测评—分析测评结果—明确优势和劣势—制订改进计划—撰写个人物流营销素质分析报告—制作PPT—演示PPT—自我推销演练。

操作步骤：

（1）对照物流营销人员素质结构图，或通过物流营销人员素质测评表或测评软件，测评自己的物流营销素质。

（2）从定性分析和定量分析两方面分析自己的物流营销素质。

（3）明确自己已具备的素质、未具备的素质，找出优势和差距。

（4）针对差距或欠缺之处，提出个人物流营销素质的发展目标和改进措施。

（5）撰写个人物流营销素质分析报告。

（6）制作PPT。

（7）课堂演示交流。

（8）分组进行物流人员招聘和自我推销的对抗演练。

注：（2）~（6）在课堂外完成。

注意事项：

（1）物流营销人员素质测评仅仅是一个参考，有些测评可能并不准确，建议仅供参考。

（2）个人物流营销素质发展目标和改进措施要明确具体，改进措施可以形成一个大学三年的改进方案。

（3）分析报告的结构、文字、排版应规范，应有封面、摘要、关键词、目录、正文、结语、参考文献、附录等完整的框架。

（4）PPT应有概括性、逻辑性且美观大方，演讲时间控制在5分钟以内。

（5）课堂演示交流中不能攻击、讥笑他人的素质缺点。

（6）分组进行物流人员招聘和自我推销的对抗演练，推选1~2名表现突出的同学，到讲台上进行自我推销。

实训报告：个人物流营销素质分析报告

（1）绪论。说明分析目的、分析工具、分析方法、参照体系。

（2）正文。综合评价、已有素质分析、欠缺素质分析。

（3）改进措施。明确个人物流营销素质发展目标，针对欠缺素质提出改进措施。

同步测试 <<<<<<<<<<<<<<<<<<<<<<<<<<<<<<<<<<<<<<<<<<<<

一、单项选择题

1. 在物流交换的双方中，如果一方比另一方更主动、更积极地寻求交换，则主动者是（　　　）。

    A. 物流营销者　　　　　　　　　B. 潜在物流客户

    C. 物流市场　　　　　　　　　　D. 物流卖家

2. 物流效用、物流成本和物流价值的关系是（　　　）。

    A. 物流效用 − 物流成本＝物流价值

    B. 物流效用 × 物流成本＝物流价值

    C. 物流效用 + 物流成本＝物流价值

    D. 物流效用 ÷ 物流成本＝物流价值

3. 下列关于物流交换和物流交易的表述，正确的是（　　　）。

    A. 物流交换的结果是物流交易

    B. 物流交易的结果是物流交换

    C. 物流交换和物流交易是同一个概念

    D. 物流交换以物流交易为前提

4. 职业核心能力是人们职业生涯中除岗位专业能力之外的（　　　），它适用于各种职业和岗位，是伴随人终身的可持续发展能力。

    A. 基本能力　　　　　　　　　　B. 核心能力

C. 持续发展能力 D. 专业能力

5. 大数据营销是指物流企业基于（　　　　）的大量数据，依托（　　　　）技术，应用于互联网广告行业的营销方式。

A. 多平台、大数据 B. 单一平台、移动互联网

C. 多平台、人工智能 D. 单一平台、物联网

6. 依托多平台的大数据采集，以及大数据技术的分析与预测能力，物流企业能够更加全面、准确而及时地响应每个客户当前的物流需求，使广告更加精准有效，并进行（　　　　）营销，进而带来更高的投资回报率。

A. 大数据 B. 互联网

C. 大规模 D. 个性化

7. 大数据来源可分为（　　　　）类。

A. 2 B. 3

C. 4 D. 5

二、多项选择题

1. 下列表述中，正确的是（　　　　　　）。

A. 区别需要、欲望和需求三个概念对于深入有效地开展营销活动具有积极的意义

B. 物流营销活动并不创造需要

C. 物流需要存在于营销活动出现之前

D. 物流营销人员的物流营销活动影响人们的欲望，并通过提供适当的、符合人们购买力的产品和服务来进一步影响需求

2. 物流营销的原则包括（　　　　　　）。

A. 规模原则 B. 合作原则

C. 回报原则 D. 推销原则

3. 物流营销的基本流程包括（　　　　　　）。

A. 发现市场机会 B. 选择目标市场

C. 确定营销策略 D. 管理营销活动

4. 物流营销观念包括（　　　　　　）。

A. 生产观念 B. 产品观念

C. 推销观念 D. 市场营销观念

E. 社会营销观念 F. 战略营销观念

5. 物流营销理念包括（　　　　　　）。

A. 大营销 B. 绿色营销

C. 整合营销 D. 关系营销

E.大数据营销

6. 物流营销人员应具备的专业素质包括（　　　　　）。

A. 扎实的理论基础　　　　　B. 熟练的专业技能

C. 全面的业务能力　　　　　D. 健康的心理素质

E. 崇高的职业信仰

【素养目标】

● 通过开展物流营销市场调查，培养时间观念、规范观念、整体观念

● 通过物流营销市场调查方法的学习，掌握有效的信息采集渠道，树立"没有调查就没有发言权"的正确价值观

● 通过物流营销市场调查报告撰写学习训练，养成从受众或用户需求角度出发，撰写文案或进行沟通交流的习惯

● 通过物流营销市场分析，培养求真务实的工作精神和踏实严谨的工作作风

【知识目标】

● 熟悉物流营销市场活动与物流营销市场环境之间的辩证关系

● 熟悉物流营销市场分析的内容和物流营销市场分析报告的框架

● 掌握物流营销市场调查的信息渠道

● 熟悉物流营销市场环境调查的基本程序、基本方法和基本技术

● 掌握物流营销市场环境分析的流程、内容、方法和物流营销市场预测的方法和流程

【技能目标】

● 能够围绕调查对象进行资料收集，利用信息渠道获取进一步的信息，并运用SPSS软件进行数据统计分析处理

● 能够明确调查问题，制订物流市场调查计划并组织实施物流营销市场环境调查与分析

● 能够运用SWOT分析法分析当地某个物流企业或某类物流企业的营销实践

● 能够运用物流营销市场预测的方法进行物流营销市场某方面的预测，并进行市场竞争分析

● 能够撰写物流营销市场分析报告并制作PPT演示

【思维导图】

```
                                          ┌─ 物流营销市场环境调查的信息渠道管理
                        ┌─ 物流营销市场 ─┤─ 物流营销市场环境调查的程序管理
                        │   环境调查      └─ 物流营销市场环境调查的方法管理
物流营销市场调查与分析 ─┤
                        │                 ┌─ 物流营销市场分析的过程
                        └─ 物流营销市场 ─┤─ 物流营销市场分析的内容
                            分析          │─ 物流营销市场环境的分析方法
                                          └─ 物流营销市场环境分析的预测
```

第一节　物流营销市场环境调查

引 导案例

满意度调查助力深圳地铁不断改进服务

自2004年年底深圳地铁一期工程通车试运营以来，到2022年深圳地铁运营总里程达到547千米，深圳地铁不断丰富和完善现有布局，同时又在开拓新的地铁空白区域，站点密度进一步加大。

为了提升地铁服务质量，深圳地铁自2008年开始，每年都会花费15万元委托深圳职业技术学院物流研究所开展地铁满意度调查。经过实地调查和网络问卷调查，调查组提出了地铁出入口设置不尽合理，收费标准偏高，运营时间应适度延长，地铁与站台设施有待改进，原关外人口稠密地区的地铁覆盖度远远不足等问题，也给出了地铁卫生环境好，通风效果好，工作人员服务态度较好，列车运行平稳，列车发车间隔比较合理等优势。

调查组提出的问题，助力深圳地铁不断改进服务；市民给出的好评，也让深圳地铁看到了成效。每年的满意度调查和随后的改进，让深圳市民对深圳地铁的满意度不断提高，越来越多的深圳市民喜欢乘坐地铁出行。

引导问题：

1. 深圳地铁为什么不自己开展满意度调查？

2. 深圳职业技术学院物流研究所调查的主要内容是什么？为什么？

3. 深圳职业技术学院物流研究所从哪些渠道获得了信息？获得了哪些信息？

4. 深圳职业技术学院物流研究所的调查经过了哪些基本环节？采用了哪些调查方法？

任何物流企业的营销活动都是在一定市场环境下进行的，物流企业的营销行为既受自身条件的制约，又受到不断变化的外部条件的制约。制约和影响物流企业营销活动的内外部力量和因素的总和，就是物流企业营销的市场环境。物流企业只有主动地、充分地使营销活动适应市场环境，才能使营销活动产生最优效果，实现物流企业的营销目标。

物流营销市场环境按照环境的范围不同可以分为宏观营销环境与微观营销环境（见图2-1），按照影响的性质不同可以分为市场机会与环境威胁。物流营销市场环境具有客观性（客观存在，不以人的意志为转移）、多变性（随时间变化而变化）、差异性（不同国家、不同区域、不同企业面对的环境也不同）、相关性（各环境因素之间的互相影响和制约）。

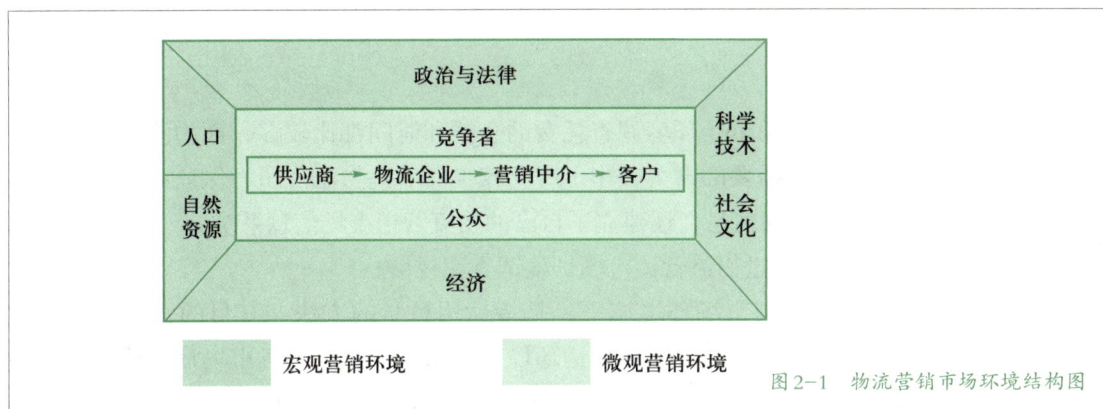

图2-1 物流营销市场环境结构图

与物流企业市场营销活动有关的各种内外环境的状态、特征及发展变化的所有消息、情况、资料和数据就是物流营销信息。物流营销信息按照产生的过程不同，可以分为原始信息和加工信息；按照信息产生的领域不同，可以分为内部信息和外部信息；按照信息的不同作用，可以分为计划信息、控制与作业信息、统计信息和支持信息；按照信息发生的时间顺序不同，可以分为先导信息、实时信息和滞后信息。

物流营销市场环境信息需要通过调查得来。物流营销市场环境信息的获得要通过一定的信息渠道，遵循调查程序，运用合适的调查方法和技术。

一、物流营销市场环境调查的信息渠道管理

物流营销市场环境调查的信息渠道管理就是根据调查对象和调查问题，选择合适的信息渠道。

信息渠道主要包括获得物流营销市场环境原始资料（第一手资料）的物流营销市场环境调查（见图2-2）和获得物流营销市场环境现成资料（第二

手资料——已出版、公布或可以拿到的第一手资料）的物流营销市场环境资料查询（见图2-3）。

图2-2　深入物流企业获得物流营销市场环境原始资料　　图2-3　到图书馆查阅文献资料以掌握物流营销市场环境的现成资料

物流营销市场环境调查耗费的金钱和时间都比较多，而物流营销市场环境资料查询需要的财力较小、时间较少。一些物流公司为保证在市场竞争环境中及时收集信息，还建立了自己的物流营销市场信息系统。

（一）通过物流营销市场环境调查获得信息

物流营销市场环境调查，是指运用科学的方法，有目的、系统性地收集、记录、整理有关市场营销环境的信息和资料，分析市场环境情况，了解市场环境的现状及发展趋势，为市场预测和营销决策提供客观、准确的信息。物流营销市场环境调查既可以由企业自己组织，也可以聘请专门的市场调查机构，还可以两者结合。

（二）通过物流营销市场环境资料查询获得信息

1. 物流营销市场环境资料查询的信息来源

物流营销市场环境资料查询的信息来源包括：报纸、行业出版物；新闻简报、统计年鉴；网页、网站；专业情报机构或行业资深人士；专业会议或会展；供应商、中间商、分销商、客户等。

2. 获得物流营销市场环境信息的方式

获得物流营销市场环境信息的方式包括：订阅或购买出版物；借阅、查询出版物；查阅自制剪报或储存的电子文档；网络查询；参会或参展；鼓励、奖励本企业营销人员、驻外机构、其他利益相关者收集、提供情报；装扮成顾客去拜访同行或购买竞争者的服务进行剖析。

（三）自建物流营销信息系统获得信息

一些物流企业为了获得稳定的信息，建立了物流营销信息系统。物流营销信息系统是一个以人为主导，利用计算机硬件与软件、网络通信设备，以及其他办公设备，进行物流市场营销信息的收集、存储、加工整理、传递、输出、更新和维护，支持物流企业高层决策、中层控制、基层运作的集成化人机系统。物流营销信息系统必须准备大量的数据（包括当前的和历史的、内部的和外部的、计划的和实际的）、各种分析方法、大量数学模型和预测、计划、决策、控制等管理功能模型。

物流营销信息系统一般设置信息收集、信息加工、信息存储、信息输出、信息使用、信息反馈六个子系统。六个子系统协调配合，构成了物流营销信息系统（见图2-4）。该系统应用了电子数据交换、计算机、人工智能和专家系统、互联网、通信、条形码和扫描仪等新技术。

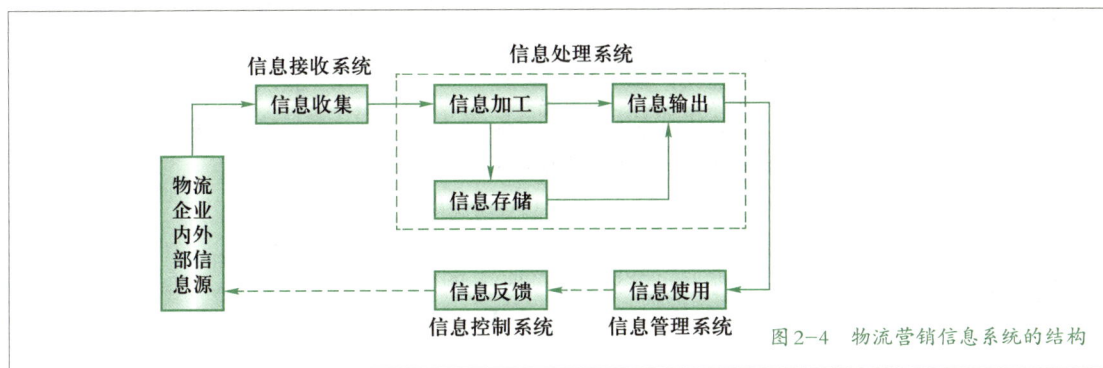

图2-4 物流营销信息系统的结构

从内容上看，一个完整的物流营销信息系统由内部报告系统、市场情报系统、市场调研系统和市场分析系统组成。

二、物流营销市场环境调查的程序管理

物流营销市场环境调查的程序管理就是强调调查要遵循科学的程序，因为物流营销市场环境调查是一项有组织、有计划的行动，只有按照一定的步骤才能达到预定的目标。物流营销市场环境调查一般按照如图2-5所示的程序进行。

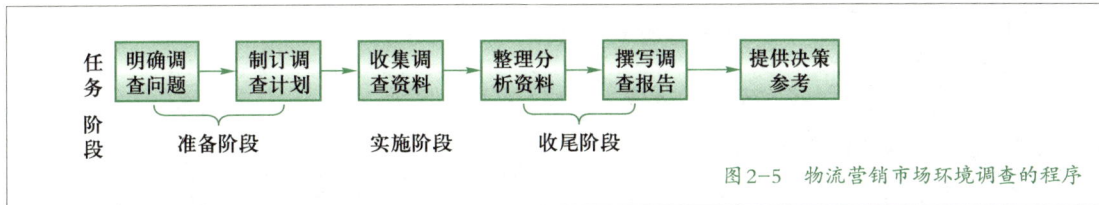

图2-5 物流营销市场环境调查的程序

（一）明确调查问题

物流营销市场环境调查首先要求物流营销市场人员明确调查主题，以明确的调查目标统领、协调整个调查工作。这需要在充分收集物流企业内外部

51

环境有关情报和资料的基础上，进行初步判断和分析，确定调查问题、调查方式和调查对象。调查问题的种类如表2-1所示。

表2-1　调查问题的种类

种类	内涵	重点	举例
探测性问题	在企业对市场状况不甚明了或对问题不知从何处寻求突破时，通过收集一些原始资料发现问题所在，以明确调查的重点	可以做什么？	运量下降的原因是物流企业的服务质量下降、新线路的分流还是竞争对手的蚕食？
描述性问题	对确定调查的问题通过深入、全面的分析，确认问题真相，并对问题的性质、形式、存在、变化等具体情况做出现象性和本质性的描述	是什么？	某物流公司的市场占有率究竟是多少？消费群结构怎样？
因果性问题	对导致研究对象存在或变化的内外部因素的相互联系和制约关系做出说明，并对诸多因素之间的因果、主从等关系进行定量与定性分析，指出调查对象产生的原因及其形成的结果	为什么？	快递企业投诉率居高不下，原因何在？
预测性问题	在调查研究的基础上，对市场的发展趋势及未来变化形态、变化原因、变化时间进行估算、预测	将来怎么样？	金融危机将导致宁波港明年的物流量降低多少？

（二）制订调查计划

确定调查问题后，需要制订调查计划表，编写调查项目建议书并报部门领导审批。调查项目建议书是对调查计划表主要内容的文字概括，如表2-2所示。一般在制订调查计划表之前，还需要填写如表2-3所示的市场调查申请表。

表2-2　深圳中远海运物流有限公司大湾区大件物流需求市场调查项目建议书

年　　月　　日

调查项目名称	大湾区大件物流需求调查
调查内容	珠江三角洲大件物流需求
调查时间	2022年7—10月
调查目的	了解情况，为决策提供参考
主持人	×××
信息来源	第一手资料、第二手资料
调查范围	珠江三角洲

续表

调查对象	物流市场环境、行业竞争、宏观政策、技术发展、物流需求、个性需求
调查方法	观察法、实验法、访问法和问卷法
调查工具	调查表、调查问卷、机械设备、电话、邮件、网络
调查方式	典型调查、重点调查、个案调查、抽样调查
调查组织	人员构成、分组、组长、总负责
人员动员	统一认识，明确任务
人员培训	明确调查组织者和调研员责任，统一行动
进度安排	7月初成立调查机构并进行动员和分工，7月中旬至8月进行抽样调查，9月完成典型调查、重点调查、个案调查，10月上旬完成调查报告，10月中旬进行专家意见咨询和修改，10月底提交领导
经费预算	4万元
备注	
市场经理意见	签名：　　　年　　月　　日
市场营销部经理意见	签名：　　　年　　月　　日

表2-3　深圳中远海运物流有限公司市场调查申请表

类别：　　　　　　　　　　　　　　　　　　　　　　　　日期：　　　年　　月　　日

申请部门		申请人		期望时间	
调查主题					
调查目的					
调查对象					
其他要求					
申请批示	申请部门签章： 日期：		调查部门签章： 日期：		营销总监签章： 日期：

说明：本表一式两份，申请部门一份，调查部门一份

在调查工作正式实施前需要进行非正式、试探性调查，如采用询问式调查，在对有关物流行业专家、物流企业家及小范围内的物流消费者和销售者进行访问后，确定是否需要进行正式调查。如果在试探性调查中就能获得满足主题需要的信息资料，就不需要正式调查。

（三）收集调查资料

收集调查资料是实施阶段的主要工作。调查资料从来源看包括第一手资料和第二手资料，从内容看主要包括市场、产业内部竞争、经济形势、政策法律等方面的信息。尤其要注意国家的有关法律法规、政策意见。国家和地方不断出台的利好政策，将对今后中国物流行业的发展产生重大影响。

（四）整理分析资料

收集到信息资料后，市场调查就进入整理分析资料阶段，即把调查了解的有关情况进行分类、审核、存档、制表、制作数据库（见图2-6），以提炼、加工有价值的信息资料并方便检索。市场信息资料的分析，可以采取定性方法（包括归纳分析、演绎分析、比较分析、分类分析、因果分析、系统分析等），也可以采取定量方法（包括描述性统计分析、推断性统计分析、建模分析等）。但一般来说，大量的数据应尽量采用量化方法，如数理统计方法或数学模型法等。

| 分类 | 审核 | 存档 | 制表 | 制作数据库 |

图2-6　资料整理的步骤

1. 分类

根据调查目标，将调查了解到的有关资料归类编号，把性质相同的资料整理在一起。分类原则是：便于查找、归档；各类之间有明显的差异和标志，相同或相似的资料应归于同类；引用的资料要注明出处；将分类资料编成不同代码，以供计算机处理。

2. 审核

审核的"四看"如表2-4所示。

表2-4　审核的"四看"

审核重点	审核标准
看准确性	资料来源是否可靠，引用是否得当，计算有无错误
看完整性	收集的资料和数据是否完整、齐全，有无重复或遗漏，并对短缺资料进行必要的估计推算
看可比性	引用数据的口径是否相同，历史资料是否合适，有无可比因素
看时间性	引用资料的时间是否连续、及时，以证明资料的连续性和可比性

3. 存档

选取有价值的资料，编号、存档。

4. 制表

将已经分类的资料系统地制作成各种一目了然的统计图表，以进一步对资料加以分析和利用。统计图表既有利于节省时间和篇幅，又可以集中问题，反映相互关系，便于研究和分析。图表主要采取两种形式：反映被调查对象的时间连续性，即调查对象在不同年份、不同月份之间接受同一物流服务的连续变化规律和趋势；反映调查对象接受不同物流服务在同一时间点上的结构和对比变化情况。

5. 制作数据库

应用Excel、Access制作数据库表格，便于实现对记录的添加、删除、查询、显示等功能。

（五）撰写调查报告

撰写调查报告要求调查人员根据资料分析，编写物流市场调查报告以提交、上报。物流市场调查报告是物流企业制定市场营销决策的重要依据，也是组织物流市场调查的主要目的。

物流市场调查报告的基本内容一般包括调查主题与问题、调查目的、调查主体与样本选择、调查地点、调查时间、调查途径与方法、调查步骤、调查组织、资料处理手段与过程、调查结论与建议（见表2-5）。物流市场调查报告虽然没有统一的格式，但一般应由以下七部分组成：封面、摘要与关键词、目录、正文、参考文献、目录和致谢。如果报告内容多，则应根据调查目的将报告分为主报告和专题报告。其中，主报告综合地反映调查方法、结论、建议等，专题报告则就某个方面或部分详细分析和研究。

表2-5　市场调查报告表

_____部经理：本部门自　　月　　日开始的（　　　　　　　　　　）市场调查，其结果报告如下。	
调查主题与问题	
调查目的	
调查主体与样本选择	
调查地点	
调查时间	
调查途径与方法	
调查步骤	
调查组织	
资料处理手段与过程	
调查结论与建议	

行业洞察

中国冷链物流发展前景广阔

近年来，随着中国社会的消费水平越来越高，消费者对食物消费的需求显著升级——食物种类繁多，食物营养价值更高。这些食物中的大部分都是生鲜类，需要在冷藏或冷冻状态下加工、储存、运输和配送，因此直接推动了中国冷链行业的迅速发展。2022年，中国冷链物流市场规模达到4 916亿元，同比增长7.2%。考虑到未来的增长趋势，预计到2025年，中国冷链物流行业的市场规模将进一步增长至约8 970亿元。这种增长趋势也反映在冷链企业的数量和规模上。

中国冷链物流相关企业注册数量一直呈上升趋势，特别是在2020年，受新冠疫情影响，冷链物流相关企业注册数量迅速上升至6 592家。从企业类型看，冷链物流企业以中小型企业为主，中小型企业占企业总数的99.28%，大型企业只占企业总数的0.72%。从区域分布来看，目前中国冷链物流企业的区域分布广泛，2022年冷链物流企业100强分布在23个省份，其中41个拥有在华东的业务基地。

三、物流营销市场环境调查的方法管理

物流营销市场环境调查的方法管理就是根据调查的问题选择合适的调查方法。调查方法对调查结果影响很大，必须精心选择。

（一）物流营销市场环境调查的基本方法

1. 观察法

观察法是指由物流调查人员根据物流营销市场环境调查的对象，利用眼、耳等感官直接观察或以各种仪器间接观察被调查者的行为、考察结果、收集资料的方法，是物流营销市场环境调查研究最基本的方法，可分为直接观察法、亲身经历法和测量观察法。如物流调查人员到深圳盐田港口通过货柜车流去观察新冠疫情对港口物流的影响就属于直接观察法（见图2-7），物流企业人员为了解服务人员的态度而以顾客身份亲身体验就是亲身经历法，物流公司通过收视率看广告效果就属于测量观察法。

图2-7 观察货柜车流

2. 实验法

由物流调查人员根据调查的要求，用实验的方式将调查对象置于特定环境下，对其进行观察以获得相应的信息。调查对象可以是物流服务的价格、品质、广告等。在可控条件下观察物流市场环境变化，能够揭示在自然条件下不易发生或发现的环境反应。例如，请消费者体验物流信息化平台并观察其反应或征询其意见，就属于观察法（见图2-8）。

3. 访问法

访问法又称询问法、直接调查法，可以分为结构式访问、无结构式访问和集体访问。从询问的内容看，访问法又可以分为事实询问、意见询问和理由询问。

图2-8 消费者体验物流信息化平台

结构式访问是按照设计好的、有一定结构的访问问卷进行的访问。物流调查人员要以相同的提问方式和记录方式进行访问。提问的语气和态度也要尽可能一致。

无结构式访问是没有统一问卷，由物流调查人员与被访问者自由交谈的访问。它可以根据调查的内容进行广泛的交流。例如，对物流服务的价格进行交谈，了解被调查者对价格的看法。

集体访问是通过集体座谈的方式听取被访问者的想法，收集信息资料。集体访问又可以分为专家集体访问和消费者集体访问。

4. 问卷法

问卷法是通过设计调查问卷，让被调查者填写物流调查表的方式获得信息。在调查中，将调查资料设计成问卷后，让接受调查的人员将自己的意见或答案填入问卷。在实地调查中，问卷法运用较广。

常用的物流营销市场环境调查问卷法包括定点街访、座谈会、电话访问、流动街访、深度访谈、邮寄调查、网络调查等（见图2-9至图2-15）。

图2-9 定点街访

图2-10 座谈会

图2-11 电话访问 　　　　图2-12 流动街访 　　　　图2-13 深度访谈

图2-14 邮寄调查 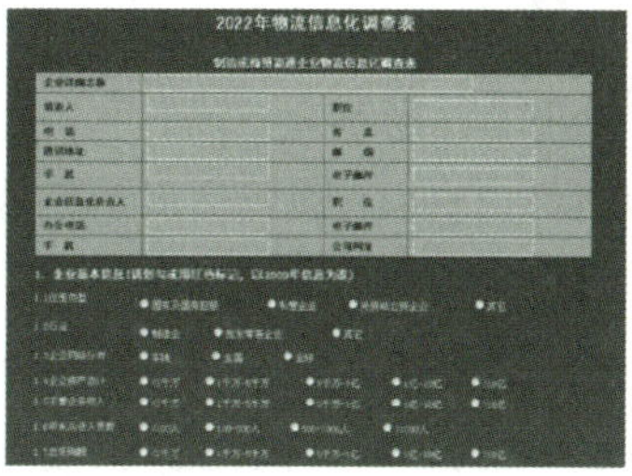　　　　　图2-15 网络调查

行业洞察

中国物流与采购联合会公路货运分会的物流市场调查

自2022年以来，新冠疫情叠加严峻的国际形势，对公路货运行业造成较大影响。国务院高度重视货运受阻、物流不畅问题，及时出台物流保通保畅政策措施，交通运行情况逐步好转。5月31日，国务院印发《扎实稳住经济的一揽子政策措施》，提出了六个方面33项具体政策措施及分工安排，并要求各部门抓紧推动落实。物流业特别是中小微物流企业和公路货运企业是政策支持的重点领域。其中，要求全面取消来自疫情低风险地区货运车辆的防疫通行限制，各地防疫政策相应做出调整。

为了解公路货运物流市场景气情况，研判未来发展趋势，中国物流与采购联合会公路货运分会组织会员单位开展了2022年公路货运物流市场景气度调查，反映行业总体运行情况，为下一步政策制定和企业经营提供决策参考。

为节约纸张，本次调查采取在中国物流与采购联合会公路货运分会会员群发布电子问卷的形式。除了调查问卷法，公路货运分会还组织了专家团队，采用文献法、比较研究法、个案研究法、电话访谈法，广泛收集相关信息。

　　本次调查共收到有效问卷210份。根据有效问卷的统计分析和专家团队的研究结果，最终形成了《2022年公路货运物流市场景气度调查报告》（简称《报告》）。《报告》认为：企业经营状况受到严重冲击；物流保通保畅取得积极成效；货运市场总体恢复稳定；货运市场需求依然不振；企业经营面临成本上涨、油价传导、资金短缺三大问题；稳经济政策仍待抓紧落实；行业市场预期不甚乐观。《报告》还就企业提出的一些普遍性问题，专门向有关部门反映，并提出了政策性建议。

（二）物流营销市场环境调查的基本技术

1. 问卷设计技术

问卷设计技术主要包括以下内容。

（1）问卷结构。物流营销市场调查问卷应包括被调查对象的分类、编号、题头、前言（开场白）、保密保证、调查的问题、结束语（致谢）等部分（见图2-16）。前言简短说明调查的目的与意义、调查组织者、填表要求，并感谢被调查者的合作，结束语应再次感谢被调查者的合作。

企业类型：　　　　编号：	被调查对象的分类、编号
深圳南山区工商企业物流需求调查表	题头
为了解本地客户的物流需求，我们招商物流有限公司组织了本次调查。调查对象为所有本地工商企业，调查时间为2022年7~10月。我们真诚邀请您或贵公司根据实际物流需求发表您的看法和观点。请直接在合意选项上勾选。	前言
调查结果绝对保密，请放心填写。	保密保证
1．您需要的物流服务内容是：A．生产商的原材料供应　B．零售商的配送业务　C．消费者的直接物流需求　D．网上销售的物流配送 　　2．您需要的主要运输方式是：A．公路　B．铁路　C．水路　D．飞机　E．管道 　　3．您最看重的物流服务品质是：A．安全性　B．时间性　C．经济性　D．舒适性　E．及时性　F．长期合作　G．综合性 　　……	调查的问题
感谢您或贵公司的填写。欢迎与招商物流有限公司开展合作！我们的客户服务电话是0755-26019121。	致谢

图2-16　问卷的结构

（2）问题类型。问题是问卷的核心部分，它直接决定了问卷的回收率、有效率和答案的准确率。问题的类型主要包括自由问答题、是非题、单项选择题、多项选择题、程度评定题（见图2-17）五类。

企业类型：　　　　　　　　　　编号：

招商物流有限公司客户满意度调查表

为全面了解客户对我们服务的满意情况，我公司组织了本次调查。调查对象为所有合作企业，调查时间为2022年7～10月。我们真诚邀请您或贵公司在百忙之中根据您的服务体验填写调查问卷。

本次调查问卷答案采取标尺形式，分数分为5级，级数代表：A—完全同意、B—比较同意、C—同意、D—比较不同意、E—完全不同意。　请标出选项。

1. 整体而言，您对我公司的物流服务感到满意。（若本题选E，请直接跳到第6题）　　　　　　　　　　　　　　　ABCDE
2. 您非常愿意向正在寻求物流服务的公司推荐我公司。　ABCDE
3. 我公司能及时履行约定的服务内容。　　　　　　　ABCDE
4. 我公司的服务价格很合理。　　　　　　　　　　　ABCDE
5. 我公司的物流服务有助于您的成本节约。　　　　　ABCDE
6. 您对我公司服务非常不满意的原因是＿＿＿＿＿＿＿＿。

感谢您或贵公司的填写。欢迎与招商物流有限公司开展合作！我们的客户服务电话是0755-26019121。

图2-17　程度评定题、跳题示例

（3）顺题与跳题。顺题是指按照题目的顺序，一题不漏地往后做。跳题是指在做题的过程中，如果选择特定的选项，需要跳过一些题目进行答题或直接结束（见图2-17）。

（4）题量与题义。问卷要简短，最好能在15分钟内回答完毕，以免被调查者厌烦。题义必须简单明了，避免使用语意模糊的问句；不要问需要仔细回忆才能回答的问题；提问的措辞或语气不能带有倾向性或暗示。

2. 抽样调查技术

物流企业在向被调查对象了解情况、收集信息时，不需要也没有必要对每个被调查对象进行调查，但也不能仅根据几个客户的情况就轻易下结论。为节省调查成本，要在保证调查科学性和可靠性的条件下，尽量减少调查对象数量，合理采用抽样调查。抽样可分为随机抽样与非随机抽样两大类。

（1）随机抽样。随机抽样保证每个个体被抽取到的机会都均等。因为随机抽样能够排除人们有意识的选择，所以抽出来的样本有很好的代表性。常用的随机抽样方式有简单随机抽样、分层随机抽样、分群抽样等。

简单随机抽样是指从总体N个单位中任意抽取n个单位作为样本，使每个可能的样本被抽中的概率相等的一种抽样方式。一般在市场调查范围有限、调查对象情况不明而难以分类或总体单位之间特性差异程度小时采用。简单随机抽样可分为重复抽样和不重复抽样，抽样的具体做法有直接抽选法、编号抽签法、随机数表法。

分层随机抽样是先将总体各单位按一定标准分成各种类型（或层），再根据各类型单位数与总体单位数的比例确定从各类型中抽取样本单位的数量，最后按照随机原则从各类型中抽取样本。分层随机抽样适用于总体单位数量较多、内部差异较大的调查对象，但需在了解总体各单位情况的基础上进行科学分类。如要了解某市400家物流企业的经营情况，可以采取分层随机抽样法抽取20家物流企业作为样本进行调查，其操作步骤如表2-6所示。

表2-6　分层随机抽样的操作步骤

步骤	工作内容
确定总体范围	确定某市400家物流企业
编排单位号码	为400家物流企业编号0~399
确定样本容量	20个
分类	按照物流环节分为运输企业、仓储企业、配送企业三类（假定第一类运输企业40家，第二类仓储企业200家，第三类配送企业160家）
确定分类中的抽样比例	第一类企业占总体的10%，按比例应抽取样本企业2家；依此类推
抽样	用简单抽样法或等距抽样法抽足20个样本

分群抽样是将总体按一定标准分成若干群组，然后按随机原则从这些群组中抽出几个群组作为群组样本，最后在群组样本中各自抽取样本进行研究。在物流营销市场调查中，分群抽样更多地体现在以市场地理区域作为分群标准，即区域抽样法。如一个全国性的城市物流消费者调查的具体分群抽样步骤如表2-7所示。

表2-7　分群抽样的步骤

步骤	工作内容
抽取群组样本	从全国城市中抽取5个城市作为群组样本
抽取二级群组样本	从5个城市的居民小区中抽取10个居民小区
抽取最后访问样本	从每个居民小区中抽取50户家庭

（2）非随机抽样。非随机抽样是根据调查目的与要求，按照一定标准来选择样本，在总体中不是每个个体都会被选作样本。常用的非随机抽样方式有任意抽样、判断抽样、配额抽样。

　　任意抽样也称便利抽样，是指随意性选择样本的抽样方式。街头调查法和空间抽样法是任意抽样最常见的方法。街头调查法是在街上任意找某个行人，将其作为被调查者展开调查（见图2-18）。空间抽样法是对某一聚集的人群，从空间的不同方向和方位进行抽样调查，如在家电送货柜台前任选需要送货者调查其对送货质量的期望（见图2-19），在劳务市场调查外来劳务人员从事快递业务的意愿等。一般来说，任意抽样法多用于市场初步调查（如探测性调查）或对调查情况不甚明了时。

图2-18　街头调查 　　　　　　　　图2-19　送货柜台前调查送货质量期望

　　判断抽样又称立意抽样，是指根据调查人员的主观经验，从总体中选择那些被判断为最能代表总体的单位作为样本的抽样方法。在调查人员对自己的研究领域十分熟悉，同时设计调查者对总体的有关特征相当了解的情况下，或总体较小而样本差异大，总体边界无法确定，研究者的时间与人力、物力有限时采用判断抽样。

　　配额抽样也称定额抽样，是指调查人员将调查总体按一定标志分类或分层，确定各类（层）单位的样本数额，在配额内任意抽选样本的抽样方式。配额抽样适用于调查者对总体的有关特征具有一定了解且样本数量较多的情况。

　　3. 数据分析技术

　　形成大量数据后，物流营销调查人员还应利用SPSS等专业统计软件进行数据整理、数据统计与数据分析，如观测量的排序，数据文件的转置、拆分、合并、分类汇总、加权处理，选择观测量等；频数分析、描述分析、交叉列联表分析、均值比较、方差分析、相关分析、回归分析、聚类分析等。

第二节　物流营销市场分析

经通快递公司市场营销环境分析和营销策略报告（目录）
华大物流研究所

一、绪论

（一）研究背景、研究目的和研究意义

（二）研究过程

1. 环境因素调查

2. 环境因素评价

3. 环境因素预测

（三）主要的研究方法

（四）报告的基本结构

（五）经通快递公司的发展概况

二、经通快递公司的外部环境分析

（一）快递行业情况分析

1. 快递行业现状概述

2. 快递行业技术发展趋势

3. 快递行业监管政策变迁

4. 快递行业市场发展预测

（二）快递行业竞争状况分析

1. 竞争对手基本情况

2. 竞争现状分析

（三）客户需求分析

1. 客户选择快递的标准

2. 客户决策购买过程分析

三、经通快递公司内部环境分析

（一）经通快递公司现状分析

1. 经通快递公司的组织结构和产品结构

2. 经通快递公司现有营销策略评述

（二）经通快递公司发展态势分析

1. 经通快递公司发展态势概述

2. 经通快递公司的财务分析

（三）经通快递公司营销策略问题诊断

四、基于SWOT分析的经通快递公司营销对策

（一）经通快递公司的SWOT分析

（二）产品策略

1. 产品

2. 产品组合决策

3. 品牌与品牌策略

（三）价格策略

1. 新产品定价策略

2. 折扣与让价策略

3. 心理定价策略

（四）渠道策略

1. 分销渠道类型

2. 渠道决策

3. 经通快递公司的渠道策略

（五）促销策略

1. 促销组合

2. 人员推销

（六）大客户管理策略

1. 经通快递公司当前的大客户管理策略及存在的问题

2. 经通快递公司大客户管理策略的调整措施

五、结论

引导问题：

1. 华大物流研究所对经通快递公司市场环境的研究过程经历了哪些阶段？外部环境分析主要分析了哪些对象？

2. 本报告主要采用了什么分析方法？什么是SWOT分析？

3. 华大物流研究所对哪些环境因素进行了预测？采用了哪些预测方法？

【课堂活动】

组织讨论，学生代表发言，教师总结。

一、物流营销市场分析的过程

物流营销市场分析是物流企业开展营销活动的基础和前提，是物流企业制定和实施具体营销策略的依据，有助于发现营销机会、规避威胁。

物流营销市场分析是一个动态过程，包括如图2-20所示的市场因素调查、市场因素评价和市场因素预测三个循序渐进、逐步深化的阶段。

```
市场因素调查 → 市场因素评价 → 市场因素预测
```

图2-20 物流营销市场分析过程

（一）市场因素调查

市场因素调查是物流企业根据营销目标，有重点地收集有关市场因素资料，以便掌握内外部、宏微观环境的第一手资料。这是物流营销市场分析的起点，所得资料的质量直接决定了后续分析活动的成败。

（二）市场因素评价

市场因素评价是物流企业对调查收集的有关市场因素资料进行筛选、整理、归纳和分析，以判断哪些市场因素对物流企业营销活动具有影响力，因势利导，把握市场机遇。如果某一市场因素对物流企业营销活动影响较大，则还需要做更深入的调查分析。

（三）市场因素预测

市场因素预测是物流企业对有关物流营销市场可能发生的变化和发展趋势做出估计，并作为制定营销策略的重要依据。这是进行物流营销市场分析的最终目标。

受主客观条件的限制，任何物流企业都不可能对各个物流营销市场因素一览无余，在分析研究物流营销市场环境时，必须运用自身的资源，明确目标，辨别各种因素的主次关系，运用正确的方法，取得实效。

二、物流营销市场分析的内容

（一）物流营销市场环境分析

物流营销市场环境分析的内容主要是物流营销市场宏观环境和物流营销市场微观环境。物流营销市场宏观环境是指对物流企业的营销活动有间接影响作用的一系列社会力量因素的集合。物流企业无法控制物流营销市场宏观环境的变化，这常常给企业带来机遇与挑战。物流营销市场微观环境是指与物流企业紧密相关，对物流企业的营销活动产生直接影响的因素集合，由物流企业及其周围的活动者组成，这些微观环境因素直接影响着物流企业为客户服务的能力。物流营销市场环境分析的详细内容如图2-21所示。

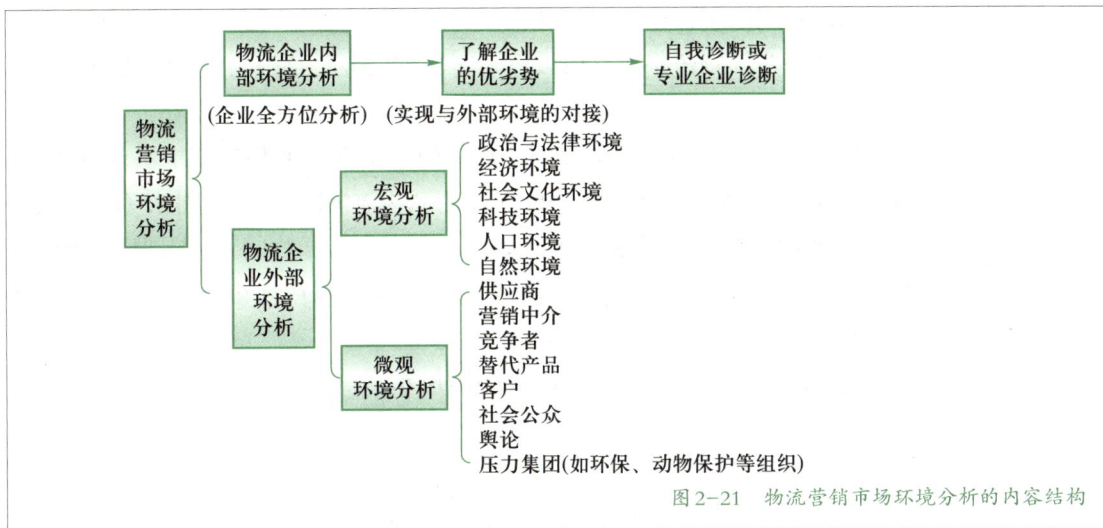

图2-21 物流营销市场环境分析的内容结构

（二）物流需求分析

按照来源的不同，物流需求可以分为供应链外部需求和供应链内部需求。供应链外部的客户群体虽然数量大，但是需求不稳定，难以成为物流企业的标准客户，但物流企业不能忽视。供应链内部的客户一般合作稳定，要求的服务有一定规律性，物流需求随着业务扩展而增加，有利于建立长期合作关系。供应链内部的物流需求如图2-22所示。

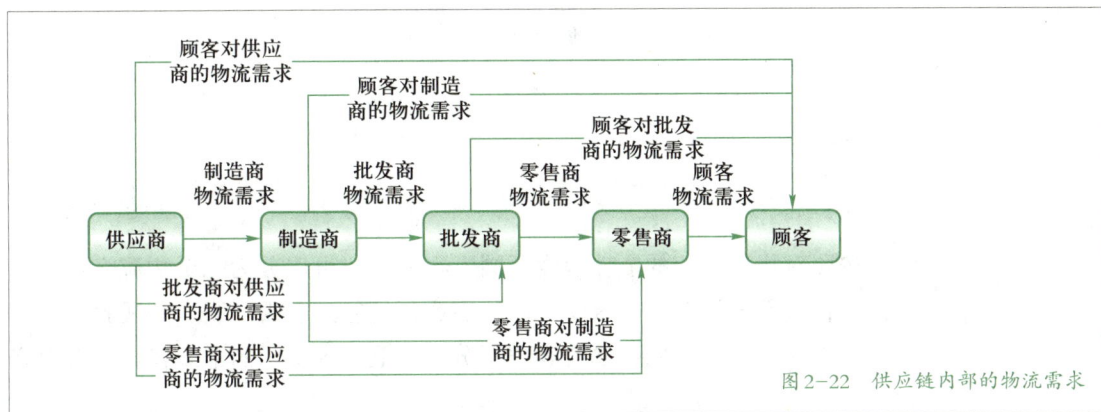

图2-22 供应链内部的物流需求

物流需求具有派生性（由衣、食、住等本源需求派生）、广泛性（人类克服时空障碍的需求始终存在）、多样性（不同主体提出的物流需求在形式、内容、数量、质量等方面差异大）等特征，受价格、经济发展水平、市场环境、物流供给、经济结构、需求者偏好、居民收入水平和消费结构等因素的影响。其中，价格是影响客户需求最主要的因素。

物流需求的主体包括资源型企业、制造型企业、批发型企业、零售型企业和物流企业。物流企业之所以也需要物流服务，是因为它们需要通过外包或联合服务来满足客户的需求。

物流需求类型包括均匀需求（如对快速消费品的物流需求）、周期需求（如夏季的冷饮物流需求、冬季的保暖用品物流需求）、加速需求（如小汽车的滚装运输需求）、一次性需求（如北京冬奥会吉祥物的物流需求）、随机需求（如新冠疫情导致的口罩物流需求、2022年台风"梅花"导致的东南沿海地区面包、瓶装水、方便面物流需求）等。

物流需求分析的主要内容如图2-23所示。

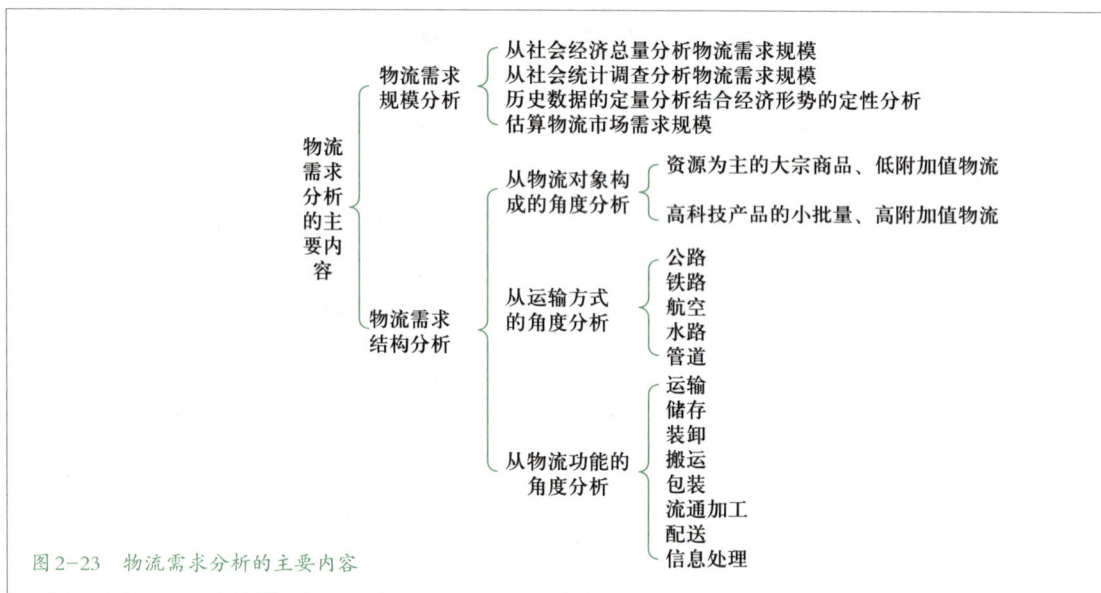

图2-23 物流需求分析的主要内容

（三）物流客户分析

按照对物流企业的依赖程度不同，物流客户可以分为完全物流客户、拥有部分物流系统的客户、接受外部物流业务的客户、需要联合开展服务的客户。根据客户价值不同，物流客户可分为如表2-8所示的常规客户、潜力客户、顶层客户三个层次。

表2-8 物流客户的层次

层次	物流企业与客户的关系	特征	地位
常规客户（一般客户）	企业让渡经济效益给客户，提高客户满意度，而客户主要希望从企业获得直接好处，以及满意的客户价值	经济型，讲实惠，看重价格、优惠	最主要的部分，直接决定企业的短期收益

续表

层次	物流企业与客户的关系	特征	地位
潜力客户（合适客户）	客户希望从与企业的关系中增值，从而获得附加的经济效益和社会效益	与企业建立伙伴关系或者战略联盟	核心、关键部分
顶层客户（关键客户）	除了希望从企业获得直接客户价值外，还希望从企业获得实现一定精神满足的社会效益（如成为VIP俱乐部成员）	关系稳定	数量不占多数，但对企业的贡献很大

1. 个体客户购买行为分析

个体客户需求具有多样性、发展性、可诱导性、伸缩性、可替代性和时代性等特征。

影响个体客户购买行为的因素包括个人因素（最直接的影响因素，如年龄与所处人生阶段、职业、经济状况、生活方式、个性）、心理因素（如动机、知觉、信念与态度）、社会因素（如生活群体、家庭状况、社会阶层、角色与地位）和文化因素（如风俗、习惯、伦理、道德）。

个人在一项购买行为的决策过程中可能充当发起者、影响者、决策者、购买者、使用者等角色。以个人为单位购买时，可能一人同时担任五种角色；以家庭为单位购买时，五种角色往往由不同的人担任。了解购买者在购买决策中的角色，并针对其角色地位与特征，采取有针对性的营销策略，能够较好地实现物流营销目标。

个体客户决策过程一般会经历如图2-24所示的五个阶段。

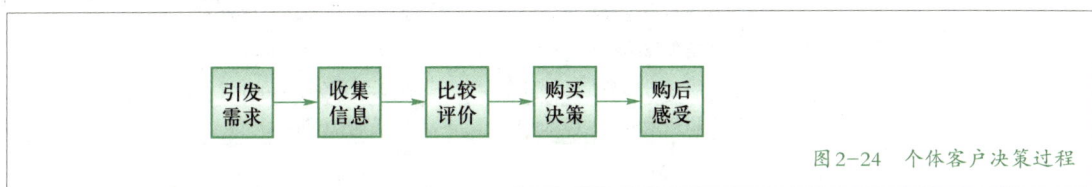

图2-24 个体客户决策过程

2. 组织客户购买行为分析

与个体客户市场相对应的是组织客户市场。组织客户市场是由各种组织机构形成的对物流服务需求的总和，通常由生产性客户、中间商客户和社会集团客户构成。组织客户市场的特点是：客户数量少但集中、购买规模大；需求波动大但价格弹性小；购买人员专业但参与决策的人数多、程序复杂；一般直接购买、分期付款。

影响组织客户购买行为的重要因素包括环境因素（如采购的需求水平、科技变革）、组织因素（如组织目标、战略、政策、程序、结构等）、人际因素（与服务的使用者、采购的决策者等人员的关系）、个人因素（采购者的年龄、职务、受教育程度、对风险的态度等）。

在组织客户的大宗购买活动中，除了专职的购买人员外，组织的领导者和部分专业人员也以发起者、使用者、影响者、决策者、购买者五种角色参与购买决策过程，并从不同角度影响购买决策。

组织客户决策过程一般会经历如图2-25所示的阶段。

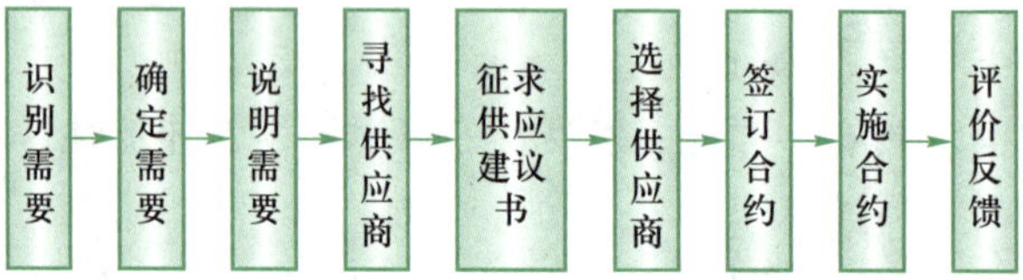

识别需要 → 确定需要 → 说明需要 → 寻找供应商 → 征求供应建议书 → 选择供应商 → 签订合约 → 实施合约 → 评价反馈

图2-25　组织客户决策过程

3. 客户购买行为模式分析

争取客户的最佳途径就是能比竞争者更加了解客户的需求及购买行为。越了解目前和潜在的客户，营销就越能有的放矢，满足客户需求。

客户的需求可以通过7W-7O进行分析，如图2-26所示。

该市场由谁构成？ (who)	⇒	购买者(occupants)
该市场购买什么？ (what)	⇒	购买对象(objects)
该市场为何购买？ (why)	⇒	购买目的(objectives)
谁参与购买行为？ (who)	⇒	购买组织(organizations)
该市场怎样购买？ (how)	⇒	购买行动(operations)
该市场何时购买？ (when)	⇒	购买时间(occasions)
该市场何地购买？ (where)	⇒	购买地点(outlets)

图2-26　7W-7O分析示意图

在了解客户需求的基础上，还需要深入了解客户的购买行为模式。客户的购买行为是在购买动机的支配下发生的，这一过程实际上是一个"刺激—反应"的过程，即客户由于受到各种刺激产生购买动机，最终的反应是发生购买行为。物流客户的购买行为模式如图2-27所示。

运用这一购买行为模式分析物流客户购买行为的关键在于物流企业认真调研客户对本企业策划的营销策略和手段的反应，了解各类客户对不同形式的服务、价格、促销方式的反应，恰当运用营销手段、方法、策略引导客户购买行为。物流企业对物流需求者的刺激可采用4Ps下合理的运输方案、库存方案、装卸方案、包装方案、配送方案、保管方案、信息服务方案进行，也可通过提供物流服务一体化解决方案进行。如果在物流企业的营销刺激之外，还有其他环境的刺激（如经济、政治、文化、法律、科技等环境），物流客户将综合考虑内在动机与外界刺激，形成接受物流服务的反应。在有物流服务反应的基础上，经过综合考虑自身特征及需求识别→信息收集→综合评价→决策偏好这一客户需求整合思维过程，最终形成购买决策。

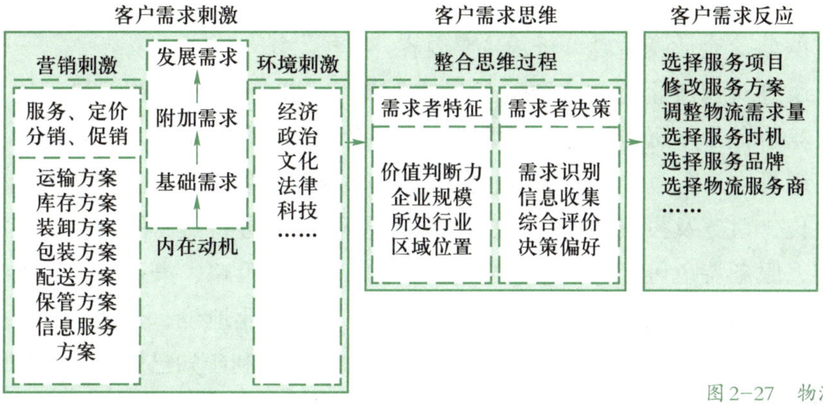

图 2-27　物流客户的购买行为模式

（四）竞争者分析

物流市场营销被现代物流企业日益重视的原因之一就是竞争者的存在。所以，物流企业既要了解客户需求，又要考虑竞争者的情况，同竞争者争夺客户。物流企业要采用科学的方法识别竞争者，分析竞争者的策略、目标、优势和劣势，以确定自己的竞争对策。

狭义的竞争者就是与本物流企业提供相同服务、不同品牌的所有企业，也就是日常市场竞争中遇到的竞争者。在市场竞争中，它们会给本企业带来较大的威胁；广义的竞争者是指那些与本物流企业争夺客户手中货币的所有组织和个人。物流竞争者按物流服务的替代性程度分类，可分为品牌竞争者、行业竞争者、形式竞争者、欲望竞争者；按竞争者在同一目标市场的市场份额、市场地位和竞争策略分类，可分为市场领导者、市场挑战者、市场追随者、市场补缺者；按竞争者特性分类，可分为强竞争者、弱竞争者、良性竞争者和恶性竞争者；按照竞争对本物流企业影响的大小、时间的紧迫性分类，可分为如图 2-28 所示的核心竞争者、中间竞争者、外围竞争者、潜在竞争者。

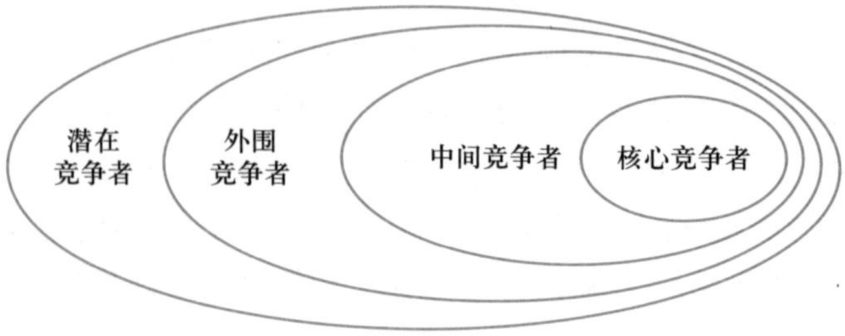

图 2-28　按竞争对物流企业影响的大小、时间的紧迫性的竞争者分类

1. 物流企业竞争者分析的主要内容

通过对物流企业的主要竞争者进行持续不断的信息跟踪，尽可能多地收集竞争者各方面的信息，就可以从竞争者的基本信息（竞争者概况、竞争者组织机构、竞争者创业团队、主要负责人背景、发展历史、市场份额、行业地位、财务及投资状况、服务研发情况等）、服务特点（服务项目、服务内容、服务特色等）、市场策略（服务策略、定价策略、渠道策略、促销策略）、主要客户（客户数量、客户名称、客户的行业地位、合同金额、合作时间、稳固程度）等方面进行分析。这些分析既有利于知己知彼，掌握竞争者的动态和意图，开展针对性营销，也有利于取长补短，改善自身在管理、研发、战略、营销策略等方面的管理，还有助于发现服务的市场空白，在细分市场上赢得机会。

2. 物流企业竞争者分析的具体内容和方法

（1）识别竞争者。物流企业首先要找出潜在竞争者和现实竞争者。竞争者存在于行业内的企业、相关行业的企业、能力相近的企业，以及新的可能产生竞争的企业之中。物流企业可以根据行业标准和市场标准来识别和判断竞争者。行业标准识别是指从同一群或同一类彼此相关的企业中寻找竞争对手，如一个提供配送服务的企业在同样提供配送服务的企业中找出主要的和次要的竞争者。而市场标准识别是指从一些力图满足相同客户群需求或服务于同一客户群的企业中寻找竞争者，如一家提供货运服务的航空公司把提供铁路货运、公路货运的企业选为竞争者就是按照市场标准来确定的。

识别现实竞争者和潜在竞争者的一种有效方法是价值网络分析法。该分析法认为，企业的竞争对手来自四个方面，如图 2-29 所示。

客户和供应商通过自己的发展可能在未来进入行业，从而成为竞争对手。两个业务上互补的企业，如仓储服务和运输服务供应商，随着竞争环境的变化，可能使自己的服务双向延伸，由互补企业变为直接竞争对手。

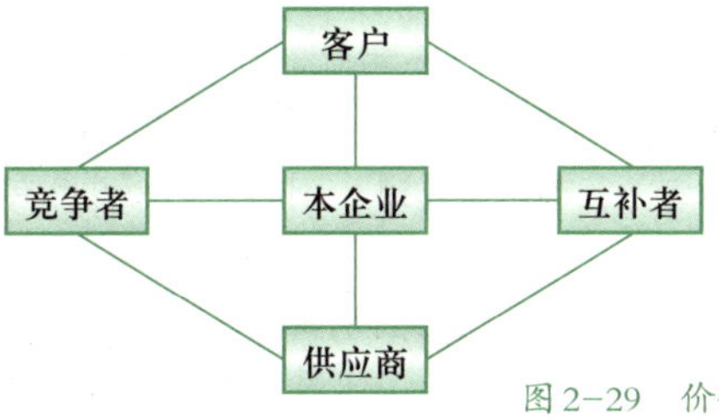

图 2-29　价值网络分析法下的现实竞争者和潜在竞争者

（2）判断竞争者战略。判断竞争者战略的有效方法是价值链分析法。它通过如下五个部分来分析竞争者的经营战略。

① 后勤业务。从企业内部的后勤保障运作中看竞争者企业内部如何运转，如供应商数量多少、能力高低、可靠程度、关系亲疏等。

② 服务设计。了解竞争者从服务创意设计到实现的过程，看竞争者服务的标准化程度、经营成本高低、服务投放市场速度快慢、服务提供能力强弱、员工技术和服务熟练程度、服务更新速度快慢等。

③ 营销。看竞争者如何销售和推广自己的服务，如何吸引客户，如何识别现有客户和未来客户的需求，对品牌开发的重视程度，市场沟通效果的好坏和对客户引导能力的高低等。

④ 供货。看竞争者的服务已经被客户订购后需要通过什么样的分销渠道让客户享受服务，如分销渠道的模式选择、与中间商的关系、与渠道服务机构的关系等。

⑤ 销售服务。看客户购买竞争者的服务后，竞争者给客户提供什么样的销售服务，如售前、售中和售后服务质量的优劣等。

（3）了解竞争者的目标。任何竞争者都以获得利润为目标，但基于规模、历史、经营管理状况等因素考虑，目标是长期利润还是短期利润，是利润最大化还是获得满意的利润，不尽一致。具体的战略目标更是多种多样、各有侧重，如提高获利能力，扩大市场占有率，成本领先，技术领先，服务领先等。了解竞争者的战略目标可以判断它们对不同竞争行为的反应。

（4）评估竞争者的实力。竞争者目标的实现取决于自身的资源和能力，这就需要从销量、市场份额、毛利润、投资报酬率、现金流量、新投资等最近的关键数据中辨认每个竞争者的优势与劣势。

（5）预测竞争者的反应模式。竞争者通常的反应模式包括从容型竞争、选择型竞争、强烈型竞争、随机型竞争四种。四种反应模式的比较如表 2-9 所示。摸清竞争者的反应模式有利于物流企业有针对性地选择自己的竞争策略。

表2-9　竞争者四种反应模式的比较

反应模式	表现	原因分析
从容型竞争	竞争者对某一特定竞争者的行动没有迅速反应或反应不强烈	对客户的忠诚度有信心；对竞争者主动行动的反应迟钝
选择型竞争	竞争者只对某些类型的攻击有反应，而不理睬其他类型的攻击	证明自己的抗衡能力，阻止竞争对手进一步深入实施有关策略
强烈型竞争	竞争者对所有攻击都做出迅速反应	向市场所有竞争对手显示实力与决心，使竞争对手望而却步
随机型竞争	竞争者在任何特定情况下不确定是否会做出反击	能承受某种竞争成本时就冲在前线，不能承受时就静观其变

三、物流营销市场环境的分析方法

分析物流营销市场环境很重要，选择合适的物流营销市场环境分析方法更重要。目前较常用的物流营销市场环境分析方法有SWOT分析法和三角矩阵图法。

所谓物流营销市场环境SWOT分析（见图2-30），就是将与物流营销市场密切相关的各种环境要素，即优势、劣势、机会和威胁等，通过调查列举出来，并依照矩阵形式排列，然后用系统分析的思想，得出对物流企业营销环境的综合判断，为企业制定营销战略服务。其基本原理为：对于企业外部环境要分析其产生的机会和威胁，对于企业内部环境要分析其优势和劣势。其中，机会和优势分别是外部环境和内部环境中的有利因素，企业应及时加以利用；威胁和劣势分别是外部环境和内部环境中的不利因素，企业应努力回避或改进。

strengths(优势)	weaknesses(劣势)
1. ……	1. ……
2. ……	2. ……
3. ……	3. ……
4. ……	4. ……
5. ……	5. ……
opportunities(机会)	threats(威胁)
1. ……	1. ……
2. ……	2. ……
3. ……	3. ……
4. ……	4. ……
5. ……	5. ……

图2-30　SWOT分析

（一）物流营销市场环境SWOT分析的基本步骤

物流营销市场环境SWOT分析的基本步骤如图2-31所示。

分析环境因素 → 构造SWOT矩阵 → 制定发展对策

图2-31　物流营销市场环境SWOT分析的基本步骤

1. 分析环境因素

外部环境因素既包括宏观环境因素，也包括除物流企业之外的微观环境因素。

对外部环境因素的分析着重于政治与法律环境、经济环境、科技环境、文化环境、人口环境和自然环境，以及供应商、营销中介、客户、竞争者、公众等对物流企业创造的机会和带来的威胁，可以分别运用如图2-32和图2-33所示的机会矩阵和威胁矩阵进行分析。

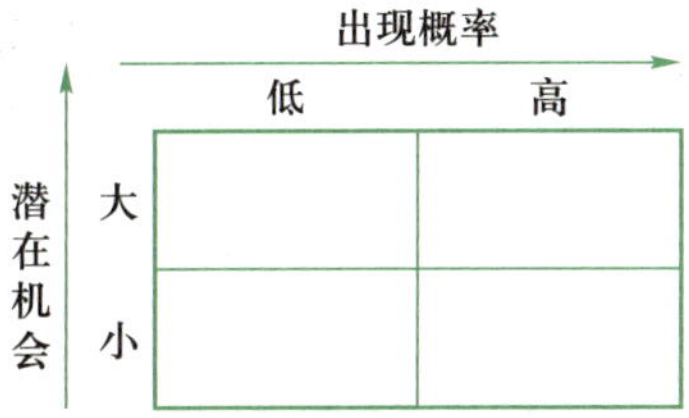

图2-32　机会矩阵

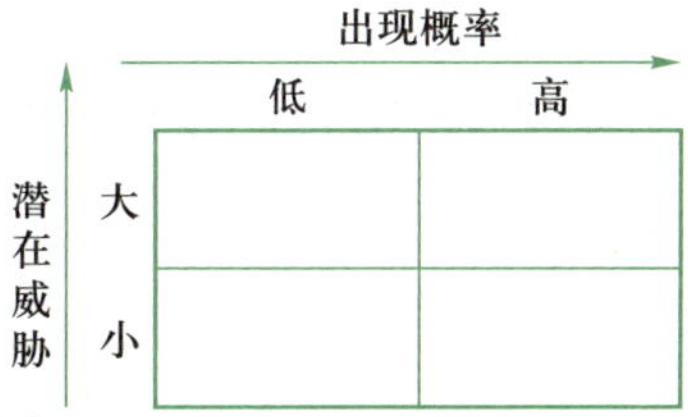

图2-33　威胁矩阵

机会的可利用性和威胁的严重性还可用如图2-34所示的三角矩阵图来观察。由于机会与威胁、优势与劣势不是绝对的，各自在一定条件下可相互转化，所以用虚线作为分界线，左三角为机会区，右三角为威胁区。机会区Ⅰ、Ⅱ、Ⅲ区域，环境机会大，其对应的威胁较小，是企业现实可利用或基本可利用的机会区，即现实机会区；Ⅳ、Ⅴ区域，虽然存在的环境机会较大，对应的威胁适中，但企业暂无足够的优势，可作为潜在机会区；Ⅵ区域，环境机会很小，而对应的威胁又很大，属不必采纳的机会区。

威胁区Ⅰ′、Ⅱ′、Ⅲ′区域，环境威胁大，对应着低机会区，为企业急需躲避或防御的现实威胁区；Ⅳ′、Ⅴ′区域，环境威胁较大，但企业已不存在明显劣势，且对应着较大的环境机会区域，可作为企业潜在的威胁区，注意监测其动向；Ⅵ′区域，虽然企业存在明显劣势，但环境威胁已很小，而对应的环境机会却很大，基本上不构成对本企业的威胁，可忽略不计。

对内部环境因素的分析着重于企业自身的资产规模因素、管理因素、业务因素、人力资源因素等相对于竞争者而言的优劣势。在分析时既要考虑到物流企业的历史与现状，也要考虑未来的发展。

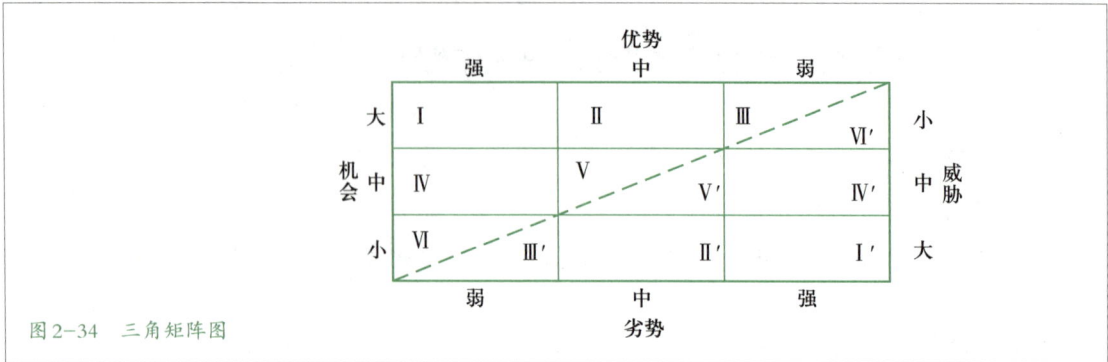

图2-34 三角矩阵图

2. 构造SWOT矩阵

将调查得出的各种因素根据轻重缓急或影响程度等排序方式，构造SWOT矩阵。在此过程中，将那些对物流企业发展有直接、重要、长远影响的因素优先排列出来，而将那些对物流企业发展有间接、次要、短暂影响的因素排列在后面，构造成SWOT矩阵，如图2-35所示。

	O(机会)	T(威胁)
S(优势)	SO分析	ST分析
W(劣势)	WO分析	WT分析

图2-35 SWOT矩阵

3. 制定发展对策

制定发展对策的基本思路是：发挥优势因素，克服劣势因素，利用机会因素，规避威胁因素；考虑过去，立足当前，着眼未来。运用系统分析的综合分析方法，将排列的各种环境因素相互匹配起来加以组合，得出一系列未来发展的可选择对策。这些可选择对策包括：优势与机会对策（SO对策）——利用内部的优势把握外部的机会，可以采取增长型战略，如开发新市场；优势与威胁对策（ST对策）——利用内部的优势规避或减轻外部威胁的影响，可以采取多元化战略，在多元经营的过程中寻找长期发展的机会；劣势与机会对策（WO对策）——分析妨碍利用外部机会的内部因素，进行内部调整，增强内部实力，利用外部机会改进内部弱点，应采取扭转型战略；劣势与威胁对策（WT对策）——内有劣势，外有威胁，应采取防御型战略，如业务重组、流程重组，设法规避威胁，消除劣势（见图2-36）。

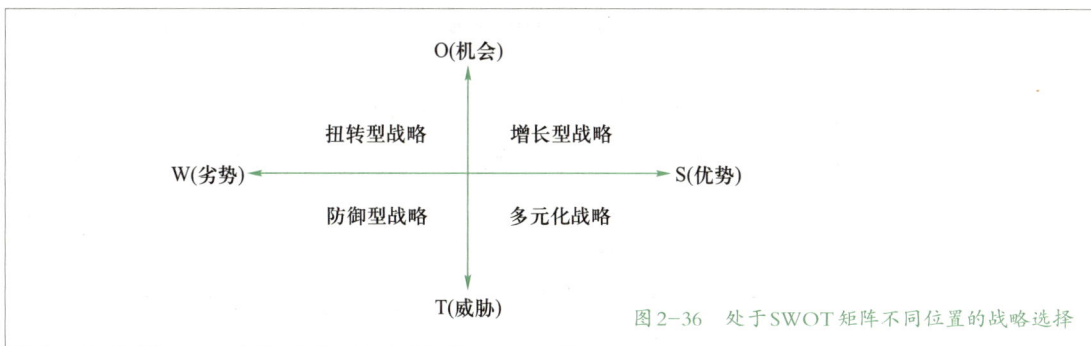

图2-36 处于SWOT矩阵不同位置的战略选择

（二）物流营销市场环境SWOT分析的应用实例

速通快递的SWOT分析如表2-10所示。

表2-10 速通快递的SWOT分析

优势	劣势
1. 物流增值性服务能力突出 2. 信息平台先进、强大，能够以信息平台为纽带，与客户建立长期合作关系，实现双赢或多赢 3. 管理团队有丰富的管理经验	1. 品牌知名度、市场知名度不高，市场份额小 2. 营销人员缺乏，未制定整体营销策略 3. 业务员都是新手，缺乏经验
机会	威胁
1. 快递行业需求量大，社会认知度高 2. 发展快速，高增长预期，发展潜力大 3. 国家出台物流产业的振兴政策，各地政府都在大力扶持物流产业发展，市场经营环境向好 4. 经济高速增长带动物流需求 5. 物流企业规模一般较小，规模大的企业不多，市场竞争者实力弱	1. 门槛低，存在多个低成本竞争者 2. 已经有一批知名企业，竞争压力大；物流业全部对外开放，外企进入加剧竞争 3. 一些快递企业不守信用，行业的社会认可度较低 4. 客户需求变化快，对物流增值服务要求较高 5. 物流经营初期投资大，退出成本高

四、物流营销市场环境分析的预测

物流营销市场环境分析的预测就是物流企业根据历史统计资料和市场调查获得的市场信息，对市场供求变化等因素进行细致的分析研究，运用科学的方法或技术，对营销活动及其影响因素的未来发展状况和变化趋势进行预测。营销预测是市场调查的延续和发展，预测结果可以指导物流企业的经营管理活动，为物流企业制定营销战略和营销策略提供可靠的依据。

物流营销市场环境分析的预测按照预测的时间长短，可以分为短期预测、中期预测和长期预测；按照主客观因素所起的作用不同，可以分为定性预测和定量预测；按照地理空间范围不同，可以分为国内市场预测和国际市场预测；按照经济活动的空间范围不同，可以分为宏观预测和微观预测。

（一）预测程序

无论哪一种类型的预测，采取什么样的预测方法，其程序基本都是相同的。预测程序如图2-37所示，预测各步骤的主要工作内容如表2-11所示。

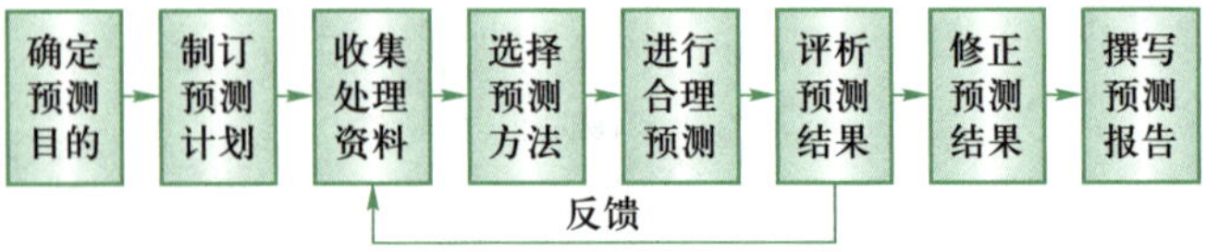

确定预测目的 → 制订预测计划 → 收集处理资料 → 选择预测方法 → 进行合理预测 → 评析预测结果 → 修正预测结果 → 撰写预测报告

反馈

图2-37 预测程序

表2-11 预测各步骤的主要工作内容

步骤	主要工作内容
确定预测目的	从决策与管理的需要出发，紧密联系实际需要与可能性，确定预测要解决的问题
制订预测计划	根据预测目的制订预测方案，包括预测的内容与项目、预测所需资料、准备选用的方法、预测的进程和完成时间，编制预测的预算，调配力量组织实施等
收集处理资料	根据预测目的，调查、收集与预测对象有关的历史的和当前的数据资料，掌握过去的情况和发展现状
选择预测方法	根据预测的项目选择适用的预测方法（定量预测或定性预测，短期预测或中长期预测，需要大量数据的预测或依赖个人经验和知识的预测），必要时利用多种方法同时进行预测，或以多种预测方法相互比较印证
进行合理预测	如果采用定性预测，就要把相关资料和问题交给预测人员进行分析和预测；如果采用定量预测，就要将收集到的数据输入模型，进行运算并求出结果
评析预测结果	将定量预测与定性预测的一般性结论进行对照，检查其合理性和可信度
修正预测结果	估计预测值的误差，进行微调。如误差较大，则采用其他预测方法或数学模型
撰写预测报告	准确记录预测目的、预测方法和参数、资料分析过程、最后结果，以及建议内容，做到数据充分、论证可靠、建议可行

（二）预测方法

常见的预测方法如图2-38所示。

1. 定性预测法

（1）一般预测法。与客户较近、较了解物流服务的一线销售员预测，逐级上报分析，最后由高层做出预测。

（2）专家会议法。专家会议法是指根据规定的原则选出一定数量的专家，按照一定的方式组织专家会议，发挥专家的集体智能结构效应，对预测

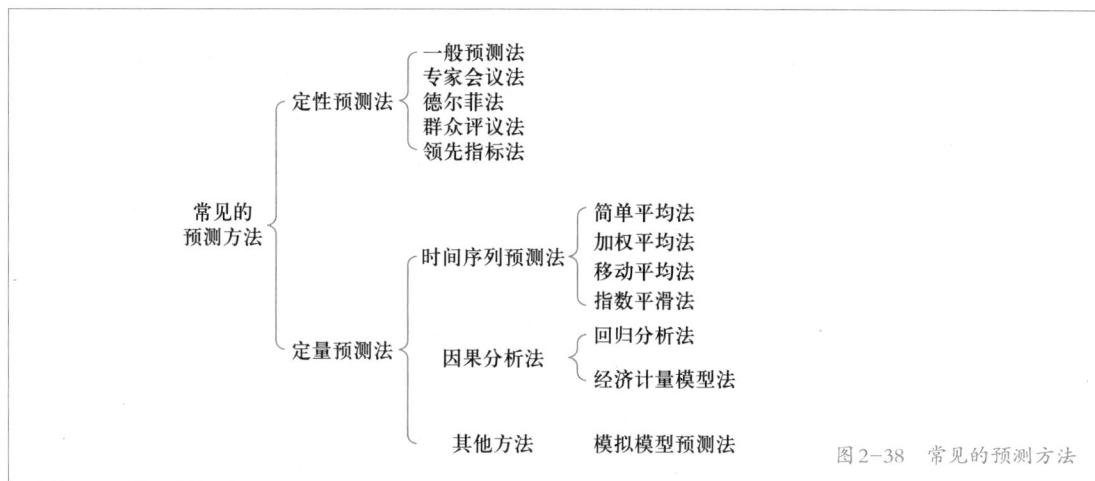

图 2-38 常见的预测方法

对象未来的发展趋势及状况做出判断的方法。头脑风暴法就是专家会议法的具体运用。专家会议法的优点是有助于专家们交换信息和意见，通过互相启发、思维共振，弥补个人意见的不足；缺点是心理因素影响较大。

（3）德尔菲法。在克服专家会议法缺点的基础上，产生了德尔菲法。德尔菲法采用背对背的通信方式征询专家小组成员的预测意见，经过几轮征询，使专家小组的预测意见趋于集中，最后做出符合市场未来发展趋势的预测结论，因此又称专家意见法。它具有匿名性、反馈性和收敛性的特点。

（4）群众评议法。由营销负责人把与市场有关或者熟悉市场情况的各种人员召集起来。首先，让他们对未来的市场发展形势或某种大的市场问题发表意见，做出判断；然后，将各种意见汇总起来，进行分析研究和综合处理；最后，得出市场预测结果。其优点是能够发扬民主、集思广益，缺点是不同的人由于知识、经验、岗位的不同导致对市场的认识千差万别。

（5）领先指标法。社会各种经济现象之间的内在联系是十分紧密的，表现在经济指标上为时序上的先后关系。领先指标法就是通过将经济指标分为领先指标、同步指标和滞后指标，并根据这三类指标之间的关系进行分析预测。领先指标法不仅可以预测经济的发展趋势，而且可以预测其转折点。

2. 定量预测法

（1）简单平均法。简单平均法（算术平均法）是指将一定历史时期内预测目标数值的算术平均数作为下期预测值的一种最简单的时序预测法。如某快递公司过去两年中，每年一月的平均出货量为22万件，目前经济形势没有大的变化，由此可以推测其明年1月的出货量也为22万件。

当没有明显的升降趋势时，用这种方法预测有一定合理性，预测值也较接近实际值。因此，简单平均法只适用于需求稳定的预测。

（2）加权平均法。如果过去的目标数值有明显的增长（或下降）趋势，使用简单平均法就不准确了。这就需要逐步加大近期实际目标数值在平均值中的权数，然后予以平均，确定下期的预测值。如某运输企业最近三个季度的车辆需求量为40辆、50辆、60辆，根据增长趋势分别赋予权重0.2、0.3、0.5，则下一个季度的车辆需求量为53（40×0.2+50×0.3+60×0.5）辆。

（3）移动平均法。移动平均法是指在简单平均法中用一组最近的实际数值代替较早的实际数值来预测未来一期或若干期预测目标数值的一种方法。当服务需求不存在快速增减且不存在季节性因素时，移动平均法能有效地消除预测中的随机波动，比较接近实际。移动平均法根据预测时使用的各元素权重的不同，可分为简单移动平均法和加权移动平均法。

简单移动平均法的各元素权重都相等。选取的时段数越多，则预测值越平滑，但一般选取4个时段。

简单移动平均法对数据不分远近，同等对待。但不同时期的数据信息对预测未来期内的预测目标数值的作用是不一样的，远期数值的影响力相对较低，故应赋予较低的权重，近期数值反映了需求的趋势，应赋予较高的权重。这就是加权移动平均法。

如某物流企业连续4个月的运输量分别为2万吨、2.1万吨、2.3万吨、2.4万吨，用简单移动平均法预测的第5个月的运输量就是 $2.2\left(\dfrac{2+2.1+2.3+2.4}{4}\right)$ 万吨，用加权移动平均法预测的第5个月的运输量（假定前4个月的权重分别为1/12、2/12、3/12、6/12）就是 $2.2917\left(\dfrac{2\times1+2.1\times2+2.3\times3+2.4\times6}{12}\right)$ 万吨。

（4）指数平滑法。简单平均法是对时间序列过去的数据一个不漏地全部加以同等利用；移动平均法不考虑较远期的数据，并在加权移动平均法中给予近期数据更大的权重；而指数平滑法则兼容了简单平均法和移动平均法的优点，不舍弃过去的数据，但是仅给予逐渐减弱的权数。

指数平滑法的基本公式是：

$$F_{i+1}=aD_i+(1-a)F_{i-1}$$

式中：F_{i+1}——第 $i+1$ 期的预测平滑值；

　　　a——平滑常数，其取值范围为［0，1］；

　　　D_i——第 i 期的实际值；

　　　F_{i-1}——第 $i-1$ 期的预测值。

如某物流企业1—2月的销售额分别为200万元和180万元，如果a分别为0.2、0.6，用指数平滑法预测的结果如表2-12所示。

表2-12　指数平滑法预测实例

月份	月销售额/万元	指数平滑值	
		a＝0.2	a＝0.6
1	200		
2	180	200	200
3		196	188

（5）回归分析法。时间序列预测中的简单平均法、移动平均法或指数平滑法都只是对一些表面的数据进行简单处理，靠数据说话，但并未反映事物间的因果关系，因此是一种形式上的预测，准确性不高。通过寻找变量间的因果关系并将其定量化，就可以根据定量关系来预测某一变量的未来值。回归分析法就是根据历史资料反映的事物间的关系和变化规律确定参数和回归方程式而做出预测。根据自变量的个数可分为一元回归和多元回归；根据所研究问题的性质可分为线性回归和非线性回归。

回归分析法的基本步骤如图2-39所示。

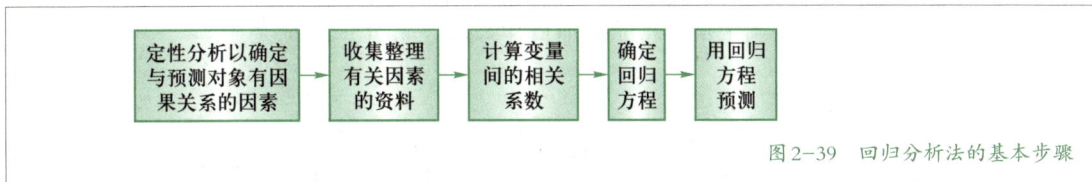

图2-39　回归分析法的基本步骤

（6）经济计量模型法。经济计量模型法是将相互联系的各种经济变量表现为一组联立方程式，以描述整个经济的运行机制，利用历史数据对联立方程式的参数值进行估计，根据制定的模型来预测经济变量的未来数值。用经济计量模型法预测的一般程序如图2-40所示。

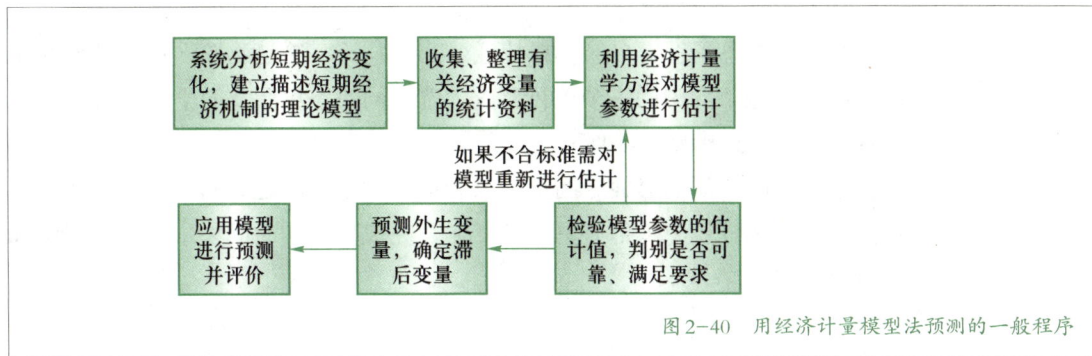

图2-40　用经济计量模型法预测的一般程序

任务背景：

迅达物流以运输业务起家，2022年鉴于快递市场、药品物流、冷链物流、快速消费品物流、配件物流的兴起和旺盛的市场需求，准备进入其中一个领域。但未经详细的市场调查，迅达物流也不敢贸然进入。现在董事会需要通过市场调查来为决策提供依据，批准了10万元调查经费，并希望两周内看见调查报告。请制订一个市场调查计划，并组织实施，形成物流营销市场分析报告。

任务分析：

要完成物流营销市场分析报告，首先，需要明确调查对象（选择5个调查对象中的一个），然后通过一定的信息渠道，按照物流营销市场环境调查的基本程序，运用物流营销市场调查的基本方法和技术获取环境信息；其次，按照物流营销市场环境的分析流程，针对物流营销市场分析的内容，应用物流营销市场环境的分析方法，进行物流营销市场环境分析和预测；最后，撰写物流营销市场分析报告。

任务流程：

物流营销市场分析实训项目任务流程如图2-41所示。

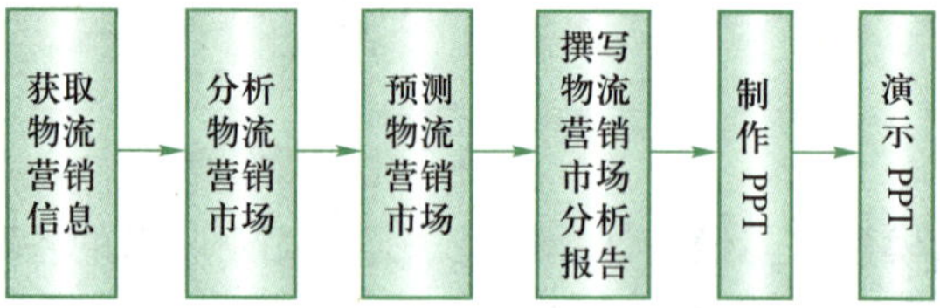

图2-41 物流营销市场分析实训项目任务流程

任务要求：

● 根据熟悉程度，自愿选择快递、药品物流、冷链物流、快速消费品物流或配件物流市场中的一个进行调查。选择同一市场调查的学生，每4~6人分为一组，并选出项目经理。

● 在讨论的基础上确定调查对象。集体讨论，确定时间进度安排。进行任务分工，保证每个人都有具体的任务及完成任务的时间要求、资金保证和质量要求。

任务成果样本：

按照任务流程完成的项目作业成果见成果样本，正文的主要内容摘要如下。印刷精美的《深圳冷链物流市场调查报告》主要内容包括封面、摘要、目录、正文、参考文献、附录、致谢。

深圳冷链物流市场调查报告（摘要）

一、引言

1. 调查问题与调查目的

为了解深圳冷链物流市场发展的现状和存在的问题，美研物流产业智库管理顾问公司（以下简称"美研"）与深圳市交通运输委员会合作，2022年9—11月对深圳冷链物流市场进行了调研。

2. 调查机构简介

美研是一家区域性的战略顾问公司，在珠江三角洲运输和物流行业有很强的咨询服务能力，在珠江三角洲有12个办事处，专业顾问超过480人。深圳市交通运输委员会是深圳交通运输行业的主管部门，负责全市的交通运输（公共交通、轨道交通、道路交通；道路、港口、水运、空港、物流及地方事权内的航空、铁路）管理，负责拟订交通运输发展战略和行业发展规划和实施方案，参与制定与交通运输行业相关的经济政策和调控措施，组织拟订有关地方技术规范并监督实施。

3. 调查时间与调查地点

调查时间：2022年9—11月。

调查地点：深圳。

4. 调查的步骤、组织安排和进度安排

（1）调查的步骤。民众冷链基本认知调查—相关企业调查—专家咨询。

（2）组织安排。美研和深圳市交通运输委员会联合成立领导小组，由双方领导担任，下设办公室，设办公室主任。办公室下设秘书组（负责联系企业与专家、招募调查员、统计数据和承担必要的后勤工作）、培训组（负责培训调查员）、调查组、报告撰写组（负责调查问卷、调查提纲、调查报告的起草），各组设立正副组长。

（3）进度安排。9月6日前，完成调查问卷和调查提纲初稿；9月10日前，征求专家意见；9月12日前，修改定稿；9月14日前，确定调查的对象；9月16日前，确定调查企业的调查人员和调查方式；9月17—24日，招募调查队员；9月25—30日，培训调查队员；10月8—20日，调查；10月21—31日，数据统计与分析；11月15日前，完成报告初稿；11月25日前，征求专家意见；11月30日前，修改定稿。

5. 调查对象和调查样本

调查对象：调查70家涉及冷链的企业。

调查样本：客户（需方生产企业）调查餐饮、超市、食品和饮料、医药4个行业的68家企业；第三方物流企业（供方）调查19家企业，其中包括外国冷链提供商、生产与流通企业冷链部门、新兴的深圳冷链公司、传统的深圳运输与仓储企业转型的冷链企业。

6. 调查方法和资料处理手段

（1）调查方法。面对面访谈及电话访谈。

（2）资料处理手段。建立数据库，并运用SPSS软件进行分析处理。

二、深圳冷链物流市场发展现状

1. 深圳冷链物流市场规模

2. 深圳冷链物流市场结构

3. 深圳冷链物流市场总体发展水平

4. 深圳冷链物流市场主要需求方

5. 深圳冷链物流市场主要供给方

三、深圳冷链物流市场发展中存在的问题（略）

四、进一步发展深圳冷链物流市场的对策（略）

五、结语（略）

技 能训练

实训项目：物流营销市场调查实训

迅达物流原先从事运输业务，现在鉴于冷链物流、药品物流、回收物流、配件物流的兴起和旺盛的市场需求，准备进入其中一个领域。但没有做过详细的市场调查，迅达物流也不敢贸然进入。现在董事会需要通过市场调查来为决策提供依据。请选择一个市场，制作物流营销市场调查计划表并组织实施，形成物流市场分析报告。

物流营销市场调查实训

实训目标：

通过实训，学生应能熟悉物流营销市场环境调查的程序，能够组合运用物流营销市场环境调查的方法和技术，制作物流营销市场调查计划表，并能够组织和实施调查，能够运用SPSS软件进行数据处理，能够按照物流营销市场分析的流程，针对物流营销市场分析的内容，应用SWOT分析法进行市场环境分析，能够运用有关信息和预测方法进行预测，能够撰写物流市场分析报告并用PPT演示。

环境要求：

（1）调研环境。物流企业或校外实习基地企业（能够自己找到允许调查的物流企业，学生自行联系；自己不能找到允许调查的物流企业的，教师安排校外实习基地企业并联系好）。

（2）课堂环境。机房预装SPSS软件，网络畅通，学生能够上网查阅资料；有能够演示、播放的多媒体和投影系统。

情境描述：

天地华宇物流有限公司（简称"天地华宇"）在"定日达"业务推出之前做了大量的市场调查，形成了市场调查报告。经过市场调查，天地华宇在明确调查问题—制订调查计划—组织调查实施—资料收集整理—数据统计分析—市场预测分析—市场竞争SWOT分析的基础上，形成了市场调查报告。公司高层通过这份报告，认为"定日达"需求者众多，市场前景广阔，于是大胆投入，一年后取得了巨大成功。

现在，一家从事运输业务的物流公司迅达物流准备进入冷链物流、药品物流、回收物流、配件物流的其中一个领域，请运用所学物流营销市场调查的相关知识，策划一个市场调查方案，制作物流营销市场调查计划表并组织实施，形成物流市场分析报告。

工作流程：

工作流程如图2-42所示。

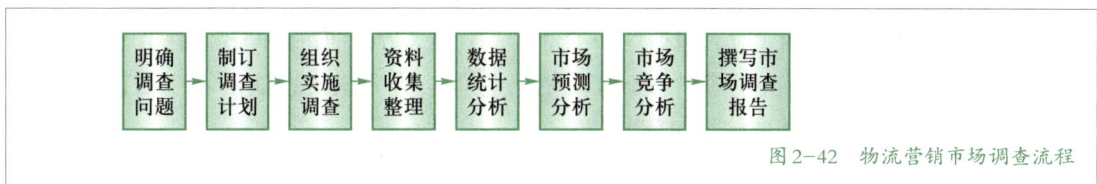

图2-42　物流营销市场调查流程

操作步骤：

（1）通过网络或凭借自己的社会资源查找，或通过教师介绍，确定调查的物流企业，以及调查涉及的细分市场。

（2）制订调查计划，明确信息渠道、调查对象、调查方法、调查工具和调查方式。

（3）组织实施调查。

（4）收集调查资料和数据。

（5）进行资料和数据的整理，并运用SPSS软件进行数据分析。

（6）运用预测方法、技术和流程，进行一些关键因素的预测。

（7）运用合适的方法和工具，对物流需求、物流客户、竞争者进行分析，应用SWOT分析法，分析该企业的竞争形势。

（8）形成物流市场分析报告。

（9）按照规范的格式排版并制作PPT。

（10）上台汇报交流。

（11）学生交流收获与心得，教师点评。

（12）学生进一步修改报告和PPT。

注：（11）（12）在课堂外完成。

注意事项：

（1）应首先明确细分市场和调查问题。

（2）调查计划要详细，信息渠道、调查对象、调查方法、调查工具和调查方式要明确并说明理由。

（3）实施调查要明确组织机构、进度安排和质量要求。

（4）资料、数据要保证全面、真实。

（5）在应用SPSS软件进行数据处理的过程中，要认真、仔细，避免出错。

（6）预测结果最好应用多种方法进行检验。

（7）运用SWOT分析法时一定要注意：优势和劣势是自身的优势和劣势，机会和威胁是外部环境因素对企业自身的机会和威胁。

（8）物流营销市场调查报告的结构、文字、排版应规范，应有封面、摘要、关键词、目录、正文、结语、参考文献、附录等完整的框架。

（9）PPT应有概括性和逻辑性，美观大方，演讲时间控制在10分钟以内。

（10）演示应具体分工，有人操作、有人演讲；演讲者应自信、大胆、流畅；应控制演示时间。

实训报告：物流营销市场调查报告

（1）绪论。说明数据和资料来源、分析方法、分析工具、分析过程。

（2）正文。分析结果、趋势预测结果、结论、建议。

（3）参考文献。按照著录规范，列出参考文献。

（4）附录。附上一些必要的统计图表。

<<<<<<<<< 同 步测试 <<<<<<<<<

一、单项选择题

1. 与物流企业市场营销活动有关的各种内外环境的状态、特征及发展变化的所有消息、情况、资料和数据就是物流营销（　　　）。

A. 信息
B. 环境

C. 系统
D. 资料

2. 物流营销市场环境调查的程序是（　　　）、制订调查计划、收集调查资料、整理分析资料、撰写调查报告、提供决策参考。

A. 明确调查问题
B. 确定调查目标

C. 寻找受访人员
D. 落实调查工具

3. （　　　）即在企业对市场状况不甚明了或对问题不知从何处寻求突破时，通过收集一些原始资料发现问题所在，以明确调查的重点。

A. 探测性问题
B. 预测性问题

C. 描述性问题
D. 因果性问题

4. （　　　）是物流营销市场环境调查研究最基本的方法。

A. 观察法
B. 实验法

C. 访问法
D. 问卷法

5. 物流营销市场环境调查的基本技术主要是（　　　）、抽样调查技术和数据分析技术。

A. 问卷设计技术
B. 问卷包装技术

C. 问卷发放技术
D. 问卷回收技术

6. 抽样可分为随机抽样和（　　　）。

A. 非随机抽样
B. 任意抽样

C. 分层抽样
D. 分群抽样

7. 物流营销市场环境分析的内容主要是（　　　）和物流营销市场微观环境。

A. 物流营销市场宏观环境
B. 物流营销市场中观环境

C. 物流营销市场国际环境
D. 物流营销市场社区环境

8. SWOT中的O是指（　　　）。

A. 优势
B. 劣势

C. 机会
D. 威胁

二、多项选择题

1. 物流营销信息系统的子系统包括（　　　　　　）、信息使用和信息反馈。

A. 信息收集
B. 信息加工

C. 信息存储
D. 信息输出

2. 信息渠道主要包括（　　　　　）。

A. 物流营销市场环境调查
B. 第一手资料

C. 物流营销市场环境资料查询　　　D. 第二手资料

3. 物流营销市场分析是一个动态过程，包括了市场因素（　　　　　　　　）三个循序渐进的阶段。

A. 调查　　　　　　　　　　　　B. 评价

C. 预测　　　　　　　　　　　　D. 报告

4. 常用的物流营销市场环境的分析方法包括（　　　　　　　）。

A. SWOT 分析法　　　　　　　　B. 三角矩阵图法

C. SPSS　　　　　　　　　　　　D. 排序法

【素养目标】

- 在物流市场细分中学会理性客观地分析问题，并树立创新意识

- 在物流目标市场选择中要遵照既定标准，发挥竞争优势

- 在物流市场定位中要考虑制约因素，扬长避短，充分发挥团队效能

【知识目标】

- 掌握物流市场细分、物流目标客户选择及物流市场定位的理念、概念、依据、原则

- 熟悉物流市场细分及物流目标客户选择的方法

- 熟悉物流营销市场战略的STP

- 熟悉物流企业目标市场选择的模式

- 掌握物流市场细分、物流目标客户选择及物流企业市场定位的步骤

- 了解罗马尼亚方法

【技能目标】

- 能够根据物流市场细分的依据、步骤和方法进行物流市场细分

- 能够按照物流目标市场选择的标准、方法和策略，进行物流目标市场选择

- 能够运用物流企业市场定位确立的依据、步骤和策略进行物流企业市场定位，撰写物流企业目标客户选择报告，并制作和演示PPT

【思维导图】

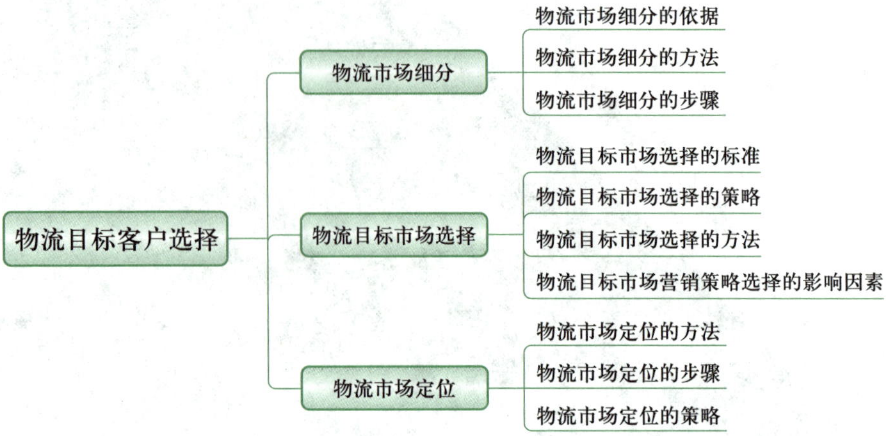

物流目标客户选择
├─ 物流市场细分
│   ├─ 物流市场细分的依据
│   ├─ 物流市场细分的方法
│   └─ 物流市场细分的步骤
├─ 物流目标市场选择
│   ├─ 物流目标市场选择的标准
│   ├─ 物流目标市场选择的策略
│   ├─ 物流目标市场选择的方法
│   └─ 物流目标市场营销策略选择的影响因素
└─ 物流市场定位
    ├─ 物流市场定位的方法
    ├─ 物流市场定位的步骤
    └─ 物流市场定位的策略

借助现代营销市场环境分析和预测工具，物流企业将发现新的市场机会，进而设计出新的市场开发项目。物流企业面临的问题是如何从若干目标市场中优选出较符合企业目标与开发能力的一项作为开发任务。市场细分、目标市场选择、市场定位构成企业营销战略的要素，被称为营销战略的STP，其步骤如图3-1所示。

S(市场细分)
market segmentation
1. 确定细分变量和细分市场
2. 描述细分市场的轮廓

T(目标市场选择)
market targeting
3. 评估每个细分市场的吸引力
4. 选择目标细分市场

P(市场定位)
market positioning
5. 为每个目标细分市场确定可能的定位概念
6. 选择、发展、传播定位概念

图3-1　STP步骤

第一节　物流市场细分

引 导案例

物流市场细分的胜利
经过数十年的发展，物流行业正在摆脱过去大而全、小而全的经营模式，逐步走向市场细分的道路。目前，物流行业已经细分成采购、仓储、运输、配送、快递、快运、小件包裹等不同的小行业。虽然许多物流企业希望在更广阔的物流市场上开拓发展空间，但不少物流企业确实在更小的细分市场上取得了成功，顺丰速运就是一个很好的例子。

顺丰速运作为国内的快递物流综合服务商，已初步具备为客户提供一体化综合物流解决方案的能力，不仅提供配送端的物流服务，而且延伸至价值链前端的产、供、销、配等环节，从客户需求出发，以数据为牵引，利用大数据分析和云计算技术，为客户提供仓储管理、销售预测、大数据分析、金融管理等一揽子解决方案。在快递领域，顺丰速运把业务经营范围仅限于更为轻便的信件快递服务，而且并不像其他快递公司那样兼做代收货款和贵重物品快递。而正是这样一个不起眼的市场，顺丰速运却取得了较大成功。目前，顺丰速运快递的文件与包裹的比例为5∶5。

引导问题：

1. "市场细分的胜利"说明了什么？
2. 在学校所在区域能看到哪些物流企业受益于市场细分？
3. 你认为物流市场细分该如何入手？物流市场细分与普通商品市场细分有哪些异同？

【课堂活动】

组织讨论，并请学生代表发言，教师总结。

物流市场细分是指根据物流需求者的不同需求和特点，将物流市场划分成若干个不同的子市场。经过分类，同一个子市场内部的物流需求者都具备相同的消费需求和消费模式等，而不同子市场的需求者则存在明显差异。物流市场细分是选择目标市场的前提和基础，而只有在选择目标市场的基础上，才能采取相应的市场营销组合策略。

物流市场细分的目的是挖掘重要客户，了解客户的需求特征，改进现有服务的设计，寻找新的服务机会和某一服务的可能目标市场，树立更好的品牌和企业形象等。物流市场细分的核心和实质就是细分物流客户的需求，通过物流市场细分将具有相同需求特征的客户划为一个客户群体，并界定不同客户群体的需求，以识别物流服务的优先性。如果某种物流服务需求在市场中没有得到充分满足，物流企业即可将此作为差异化的市场机会，并提供与需求相适应的物流服务，以创造差异化的竞争优势。

物流市场细分实施的关键在于确定适当的细分依据，采用科学合理的细分方法和细分步骤。

一、物流市场细分的依据

物流市场细分主要基于两个理论依据：一是客户需求的差异性，由于客户偏好、欲望和购买行为的多元化而产生；二是企业资源的有限性，只有将有限资源投入某个具体市场，才能进行有效的市场竞争。因此，物流市场细分是物流企业获取最佳经营业绩的基础。

因不同物流市场消费者的特点、客户的企业规模和实力、区域发展规划，以及客户对现代物流的理解等不同，客户对物流服务的要求千差万别。既然物流市场消费需求的差异性是物流市场细分的理论依据，那么以下几项构成消费需求差异的因素都可以作为物流市场细分的具体依据。

（一）地理位置

物流需求直接受到各地区产业布局、区域经济和城镇化的影响。不同地区物流产业的发展、市场需求、竞争状况、政策条件、行业标准等都各有特点，从而对物流企业的市场细分产生重要影响。按照物流市场的地理位置进行细分，可以分为国际、国内、区域以及跨区域物流市场。

在较成熟的物流市场上，物流企业往往会有比较清晰的地域定位，如区域物流、全国性物流、国际性物流、全球化物流。

（二）行业对象

按照行业对象的不同，可以将物流市场细分为汽车物流、家电物流、IT物流、零售物流、医药物流、石化物流、农产品物流、冷链物流等。

（三）客户业务规模

客户业务规模的差异直接影响物流企业的盈利能力、合作期限、物流服务质量、增值服务种类。按照客户业务规模，物流市场可细分为大客户市场、中等客户市场和小客户市场。大客户是企业重点挖掘的对象。

（四）物品属性

物流的对象千差万别，具有不同的物理属性和化学属性，这些属性对物流成本、物流技术和物流管理都产生影响，对物流服务也提出了不同要求。由此，物流市场可分为普通商品物流市场与危险品物流（见图3-2）市场、常规物流市场与冷链物流（见图3-3）市场等。

图 3-2　危险品物流　　　　　　　图 3-3　冷链物流

（五）物流环节

商品从生产者传递到消费者，一般要经历一个非常复杂的物流过程，包括储存、运输、装卸、搬运、流通加工、配送等多个环节。由此，物流市场又可细分为运输物流、仓储物流、配送物流等。

（六）其他

除了上述常用的细分标准外，物流企业还可以结合自身特点、客户特征和资源条件进行细分，如根据客户特征，将物流市场细分为外资物流市场、合资物流市场和内资物流市场等；根据不同客户的外包动因，将物流市场细分为关注成本型物流市场、关注能力型物流市场、关注资金型物流市场，以及复合关注型物流市场等；根据物流对象的体积和重量不同，将物流市场细分为大件物流市场、小件物流市场等；根据客户的时间要求不同，将物流市场细分为特快件物流市场、快件物流市场、一般件物流市场等。

二、物流市场细分的方法

目前常用的物流市场细分的方法有两类：按照影响物流消费者需求的因素进行物流市场细分的因素分析法，包括单一因素法、主导因素排列法、综合因素法、系列因素法、产品—市场方格图法；按照涉及物流客户服务需求的系统要素进行物流市场细分的系统分析法，主要是"5W1H"法。

（一）因素分析法

1. 单一因素法

单一因素法是指物流企业根据影响物流消费者需求的某项单一因素进行物流市场细分，如按照物流消费者所处的地理区域来细分，可以分为区域内物流市场、区域外物流市场、国际物流市场；按照物流消费者的产品属性细分，可以分为生产资料物流市场和消费资料物流市场（其他细分案例见图3-4）。

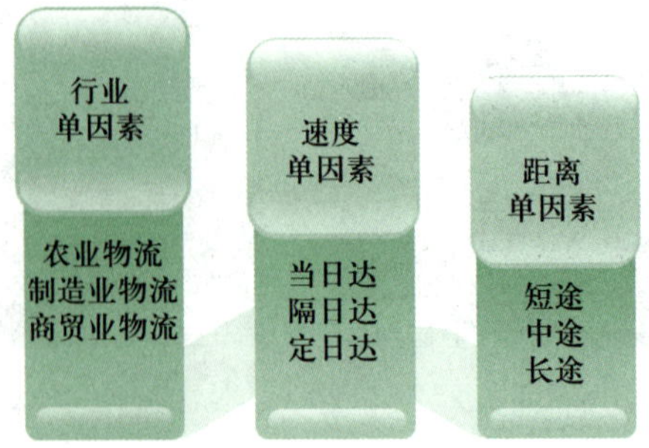

图 3-4　单一因素法示例

2. 主导因素排列法

主导因素排列法是指一个细分市场的选择存在多个因素时，可从物流消费者需求的特征中寻找和确定主导因素，然后与其他因素有机结合，确定细分的目标市场。如对于会展物流，参展商考虑的主导因素是及时、安全，运输成本相对次要，必要时可选择航空运输。而对于一般大宗物品，运输成本是消费者考虑的主导因素，水运成为首选。表 3-1 的服装物流就选择以职业和收入作为主导因素。

表 3-1　主导因素排列法示例：以服装物流为例

年龄	性别	职业	收入	教育	婚姻	住地	气候
婴儿		农民	高	文盲		城市	寒带
儿童	男	工人		小学	未婚	郊区	亚寒带
青年		学生	中	中学		乡镇	温带
中年	女	教师		大学	已婚	农村	亚热带
老年		军人	低			山区	热带
		干部					
		其他					

3. 综合因素法

综合因素法是指将影响消费者需求的两种或两种以上的因素综合后进行细分，所涉及因素无先后顺序和重要与否的区别。如同时按照物品属性和地理区域两个因素来细分物流市场可得到如表 3-2 所示的结果。

表3-2 综合因素法细分物流市场应用示例

货物类型	地理区域		
	区域	跨区域	国际
普通货物	细分市场1	细分市场2	细分市场3
特殊货物	细分市场4	细分市场5	细分市场6

4. 系列因素法

系列因素法是指细分市场所涉及的因素通常是多项的，但各因素之间先后有序，由粗到细，由浅入深。以系列因素法举例说明物流市场细分与客户选择的关系，如表3-3所示。以系列因素法进行物流市场细分，细分的过程是一个比较、选择细分物流市场的过程，并且后一阶段的细分是在前一阶段选定的物流细分市场中进行的。

表3-3 系列因素法细分物流市场示意表

地理区域	客户行业	物品属性	物流作业
区域物流	农业	生产资料	联合运输
跨区域物流	制造业		直达运输 中转运输 甩挂运输
国际物流	服务业	生活资料	集装运输

5. 产品—市场方格图法

产品—市场方格图法是按照物流服务项目和目标客户群两个因素的不同组合来细分物流市场。如表3-4所示，针对企业物流的五个环节，即供应物流、生产物流、销售物流、回收物流及废弃物流，需要对应的物流解决方案，按照国际、国内两类目标客户群，就可以划分出10个细分市场。

表3-4 产品—市场方格图法应用示例

目标客户群	物流解决方案				
	供应物流解决方案	生产物流解决方案	销售物流解决方案	回收物流解决方案	废弃物流解决方案
国际物流目标客户群	A_{11}	A_{12}	A_{13}	A_{14}	A_{15}
国内物流目标客户群	A_{21}	A_{22}	A_{23}	A_{24}	A_{25}

商品市场细分主要以客户需求的产品特征为基础，物流市场细分则主要以客户的物流需求和物流作业对象的物流特征为基础，这些因素主要包括购买关系性质、订货和账单送交方式、运送和服务支持、订单内容、运送内容等。如海南一家大型热带水果配送公司利用客户订货特征、物流运送要求和客户规模作为主要因素进行物流细分，而深圳一家电子通信产品配送公司则主要根据客户的订货方式（如紧急订货和正常订货）、运送要求等进行物流细分。

（二）系统分析法

按照系统理论，围绕物流服务项目，通过系统探究5个"W"、1个"H"共6个市场细分变量并寻求答案，以此细分物流市场，即物流市场细分的"5W1H"法。

（1）who，即哪些客户、什么样的客户购买物流服务？可以列举客户的一般统计资料，如企业名称、注册资本、经营范围、业务特色、行业特点及市场区域等。

（2）what，即客户需要什么样的物流服务项目？要按照物流服务项目列举一份详细的清单，包括储存要求、包装特性、运输距离、配送频率、流通加工，以及信息沟通方式与方法等。

（3）why，即为什么买？客户对物流服务的基本期望乃至特殊期望是什么？如何打动客户？

（4）when，即什么时间买？客户对服务时间有何具体要求和详细界定？

（5）where，即什么地点买？客户了解信息的渠道、沟通渠道、网点设置、便利性如何？

（6）how，即如何买？包括结算方式、支付方式、合同内容、试用期长短等。

围绕物流服务项目，将需要了解的以上客户信息资料全部列举出来后，可以分别从每一项中选择某些鲜明特征进行整合（见图3-5），最后确定某类物流市场为自己的目标市场。

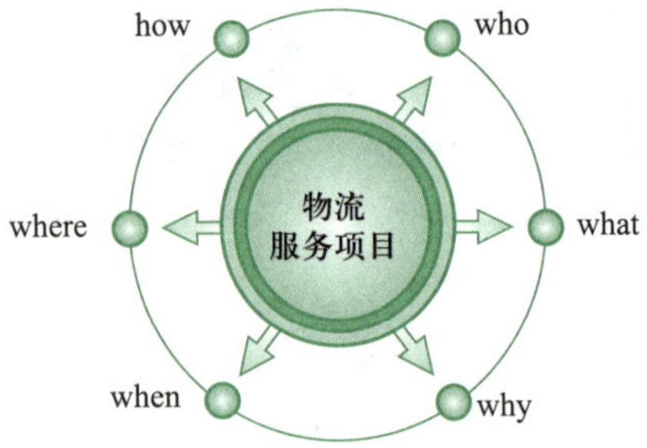

图3-5　物流市场细分的5W1H法

此外，物流企业也可以采用矩阵法对物流目标市场进行细分，如选用物流市场的吸引力和物流企业的强势项目作为矩阵变量，把各种潜在的目标细分市场放进一个二维矩阵中进行分析研究。

管 理创新

中国邮政速递物流在细分市场中发展

中国邮政速递物流股份有限公司（简称"中国邮政速递物流"）是经国务院批准，由中国邮政集团有限公司作为主要发起人成立的中国经营历史最悠久、网络覆盖范围最广的快递物流综合服务供应商。

中国邮政速递物流的邮政寄递服务业务包括函件业务、包裹业务、订销报纸业务、订销杂志业务、汇兑业务，快递业务包括国际快递业务、异地快递业务、同城快递业务等。从邮政寄递服务的主要业务情况来看，由于现代通信技术、智能手机、计算机及无线网络的普及，加上市场竞争加剧等多方面因素的冲击，函件、包裹、订销报纸、订销杂志等主要邮政寄递服务业务量逐年递减，而快递业务量则随着中国经济增长和人民生活水平的提高而迅速增长。

中国邮政速递物流分析了自身的优势、劣势和市场机会，重点选择了一些细分市场用心经营，其中包括：

（1）高考录取通知书市场。2005年，教育部和国家邮政局联合发出通知，明确提出学生的高考录取通知书需要使用中国邮政的EMS或者挂号信邮寄，还特别强调一定要使用国家邮政局监制的信封，收到录取通知书的时候封面上有显眼的"EMS中国邮政特快专递服务"字样。不仅是高考录取通知书，高考试卷的押运也是由中国邮政速递物流完成的，中国邮政速递物流服务了高考从开始到结束的全程。

（2）月饼邮寄市场。党的二十大报告指出："中华优秀传统文化源远流长、博大精深，是中华文明的智慧结晶。"中秋节是中国人最重要的节日之一，中秋节吃月饼更是中国的传统习俗。针对月饼邮寄市场，中国邮政速递物流在全国范围内推出了"思乡月"节日专递业务，即客户在中秋节期间通过在中国邮政速递物流公司购买价格超过80元的月饼，EMS免费邮寄全国。在这一细分市场之外，中国邮政速递物流还可以拓展春节、重阳节等礼品邮寄市场。

（3）国际快递市场。面对电子商务和跨境电子商务发展的大机遇，中国邮政速递物流开展了一项国际、国内邮政小包业务服务，经济实惠，可寄达全球230多个国家和地区各个邮政网点。

（4）特色农产品快递市场。直播带货促使一批有特色的农产品销往全国乃至全世界。中国邮政速递物流早在2014年3月就启动了EMS"极速鲜——源产地直通车"平台，借助中国邮政航空有限责任公司的航空网络，统一组织，全网联动，支撑特色生鲜农产品项目的发展，目前已经在全国开展相关业务。

三、物流市场细分的步骤

完整的物流市场细分流程如图3-6所示。

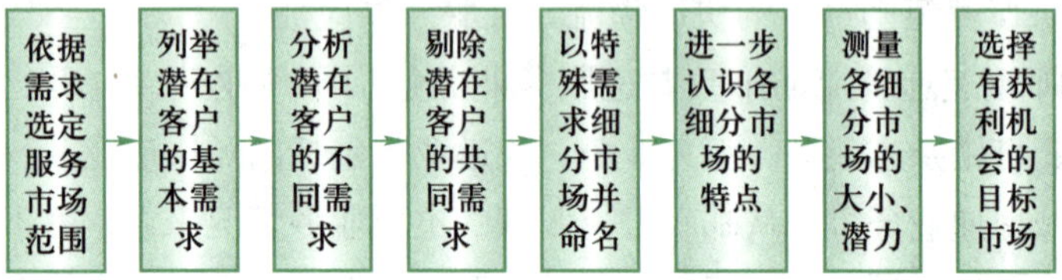

依据需求选定服务市场范围 → 列举潜在客户的基本需求 → 分析潜在客户的不同需求 → 剔除潜在客户的共同需求 → 以特殊需求细分市场并命名 → 进一步认识各细分市场的特点 → 测量各细分市场的大小、潜力 → 选择有获利机会的目标市场

图 3-6 物流市场细分的流程

1. 依据需求选定服务市场范围

物流企业应明确自己在某行业中的服务市场范围，并以此作为制定市场开拓战略的依据。

2. 列举潜在客户的基本需求

物流企业应对潜在客户的基本需求进行深入细分，逐项分类列举。在选择细分变量时，既要考虑物流客户作为一般市场客户的人口特征、行为特征和心理特征，又要考虑物流客户的特殊性。

3. 分析潜在客户的不同需求

企业应对不同的潜在客户进行抽样调查，并对所列需求变数进行评价，了解潜在客户的共同需求。

4. 剔除潜在客户的共同需求

企业应对潜在客户的共同需求进行剔除，以找到潜在客户的特殊需求。

5. 以特殊需求细分市场并命名

客户需求的特殊性便于区分目标市场，并通过命名划分为标准的细分市场。

6. 进一步认识各细分市场的特点

继续深入挖掘标准细分市场的特征，使得特征指标可以量化。

7. 测量各细分市场的大小、潜力

物流企业在调查、分析细分市场的基础上，对目标市场特征指标的现实

性大小、未来发展情况进行正确评估和预测。评估指标包括市场规模和增长潜力、市场吸引力（衡量指标是成本和利润），以及企业本身的目标和资源。同时，任何目标市场都是风险与机会共存的，评估细分市场要对风险与机会进行综合评估，以选择实现风险与机会最佳平衡的细分市场。测量细分市场的步骤如图3-7所示。

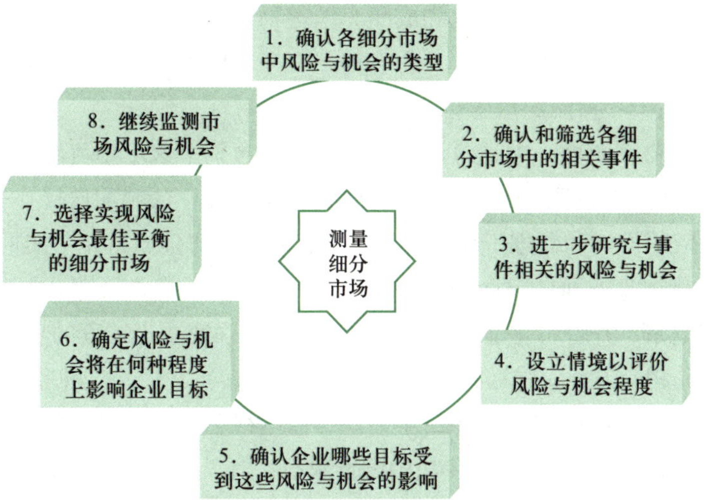

图 3-7　测量细分市场的步骤

8. 选择有获利机会的目标市场

对目标市场的获利机会进行综合评价，选择获利机会较大者作为目标市场，并制定相应的物流营销策略。

第二节　物流目标市场选择

引 导案例

中远海运物流的目标市场选择

中国远洋海运物流有限公司（简称"中远海运物流"）是我国规模较大的第三方物流企业，以"做最强的物流服务商，做最好的船务代理人"为奋斗目标，致力于为国内外广大客户提供现代物流，国际船舶代理，国际多式联运，公路货运代理，空运代理，集装箱场站管理、仓储、拼箱服务，铁路、公路和驳船运输，项目开发与管理及租船经纪等服务。中远海运物流总部在北京，下设大连、北京、青岛、上海、宁波、厦门、广州、武汉八个区域公司；在国内29个省、自治区、直辖市建立了300多个业务网点，形成了功能齐全的物流网络系统。中远海运物流凭借国际化的网络优势，在细分市场的基础上，重点开拓了汽车物流、家电物流、项目物流、展品物流，为客户提供高附加值的服务。

在汽车物流方面，按照提供服务的方式和客户需求的差异，中远海运物流确定了汽车零部件采购物流和成品车销售物流两大细分市场。其中，汽车零部件采购物流主要为一汽—大众、神龙汽车等厂家服务，为沈阳金杯提供"零公里成品车"物流配送服务。

在家电物流领域，中远海运物流建立了包含整个家电物流项目的管理和策划、厂区仓储管理、干线运输、各地中转库管理、区域配送操作平台，提供整个供应链设计和管理工作。客户主要有海尔、海信、科龙、澳柯玛等。

在项目物流方面，中远海运物流主要开发了长江三峡、秦山核电站、江苏田湾核电站、齐鲁石化、上海磁悬浮轨道梁等国家重点工程的项目物流。

在展品物流方面，中远海运物流目前正以北京、上海、广州为重点地区开发跨境的会展物流业务，如2022年中央广播电视总台北京冬奥会转播设备物流服务、"神舟"五号返回舱参加中国首次载人航天飞行展物流服务、德国企业参展中国国际进口博览会物流项目、中法文化旅游年相关活动物流服务等。

引导问题：

1. 中远海运物流选择了哪些目标市场？为什么？
2. 中远海运物流的客户有什么基本特征？
3. 举例说明汽车物流、家电物流、项目物流、展品物流。

【课堂活动】

组织讨论并请学生代表发言，教师总结。

物流目标市场是指物流企业在细分物流市场的基础上，经过评价和筛选确定的作为企业的经营目标而开拓的特定市场。物流目标市场选择是指物流企业从有希望成为自己的服务对象的若干个目标市场中，根据一定的要求和标准选择其中某个或某几个目标市场作为可行的经营目标的决策过程和具体决策结果。

选择和确定物流目标市场，明确物流企业的具体服务对象，对物流企业任务和目标的落实产生重大影响，是物流企业制定营销战略和策略的基本出发点。任何企业拓展市场，都应在细分市场的基础上发现可能的目标市场并对其进行选择，因为并非所有细分市场和可能的目标市场都是物流企业愿意和能够进入的。物流企业只有扬长避短，找到有利于发挥本企业现有优势的目标市场，才能制定有效的营销战略和策略。

一、物流目标市场选择的标准

物流企业选择目标市场的标准有以下几方面：

（一）细分市场需求规模大

需求规模是指细分市场中客户的多少及客户购买的物流服务数量的大小。如果没有一定的物流需求规模，市场增长率不高，物流企业就不能体现行业优势，该市场也就无法构成现实的市场和企业的目标市场。

（二）细分市场发展潜力大

发展潜力是指细分市场的增长能力。物流市场发展潜力可以用市场潜量来表示。市场潜量是指在一个既定条件下，整个行业营销达到极限时市场需求的总量。市场潜量等于购买者数量、每个购买者的平均购买数量与服务的单位价格的乘积。物流细分市场有良好的发展前景和潜力，可以支撑物流企业的稳定发展。

（三）细分市场有足够的结构吸引力

结构吸引力意味着长期盈利能力的大小。物流市场具备适当规模和增长潜力，并不意味着能给企业带来收益，特别是长期盈利。决定物流市场是否具有长期盈利能力的结构性因素主要有竞争者数量和质量、市场进入门槛和退出障碍、替代服务出现的可能性和数量、客户议价能力。如细分市场已有很多竞争者，则该市场就缺乏吸引力。

（四）符合物流企业的目标和实力

理想的目标市场还必须结合物流企业的目标和实力来考虑。有些细分市场虽然规模足够、潜力诱人，但如果不符合物流企业自身的发展目标，或者企业在人员、资金、装备技术、管理水平上不具备相当的实力，就只能放弃。

因此，物流企业在选择目标市场时，应遵循企业既定的发展方向，发挥企业的竞争优势，保证服务项目、市场和技术三者紧密关联，使企业获得更好的经济效益。

二、物流目标市场选择的策略

物流目标市场选择可按照"由面至线，由线至点"的方法，逐步缩小目标市场范围，最后确定物流企业的目标市场。

物流目标市场选择的策略包括物流目标市场范围策略和物流目标市场营销策略。

（一）物流目标市场范围策略

1. 密集单一市场策略

物流企业只选择一个细分市场，只提供一种形式的物流服务，供应唯一的客户群，进行集中营销（见图3-8），就属于密集单一市场策略。这是一种相对简单的目标市场进入方式，如仅为化工企业提供有毒物品的物流服务。选择这一模式一般基于以下考虑：① 企业具备在该细分市场从事专业化物流经营或取胜的优势条件；② 限于资金能力只能经营一个细分市场；③ 该细分市场中没有竞争对手；④ 准备以此为出发点，取得成功后向更多的细分市场扩展。

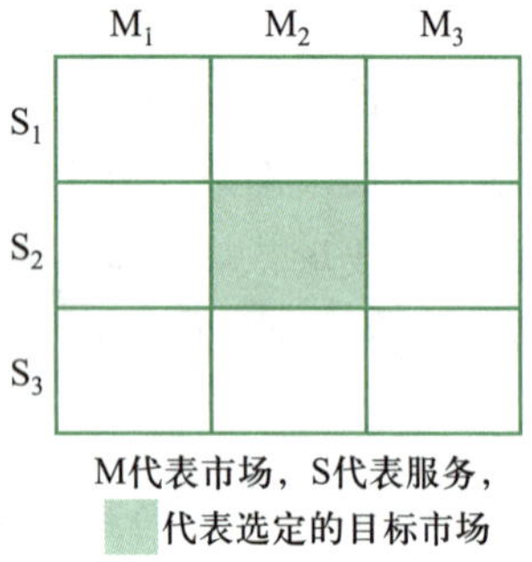

图3-8　密集单一市场策略示意图

密集单一市场策略的优点是，企业能更好地了解目标市场的客户需求，更好地服务目标市场，在市场上建立良好信誉；企业在细分市场上处于领导地位，将获得较高的投资收益。但由于投资过于集中，这种策略的风险较大。该策略一般适用于小型物流企业或初次进入市场的物流企业。

2. 服务专业化策略

服务专业化策略是指物流企业针对各类客户的需求，只提供一种形式的物流服务（见图3-9），如某配送中心专门从事生鲜食品配送，为超市、酒店、餐饮店、食品加工企业提供生鲜食品配送的服务。

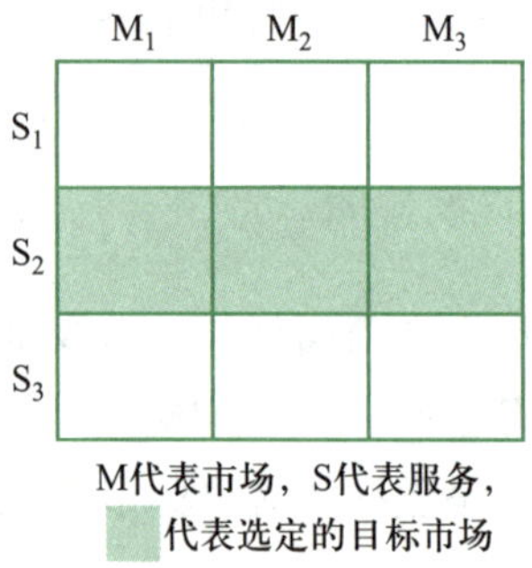

图3-9　服务专业化策略示意图

服务专业化策略的优点在于，企业专注于提供某种物流服务，有利于形成和发展物流作业和物流技术上的优势，在该领域树立形象；企业可以通过这种策略，摆脱对个别市场的依赖，降低经营风险；在某种服务方面树立良好的声誉。缺点是当该服务领域出现一种全新技术时，物流服务销售量有大幅下降的危险。

3. 市场专业化策略

市场专业化策略是指物流企业向同一客户群提供不同种类的物流服务（见图3-10）。市场专业化提供的物流服务种类众多，能有效分散经营风险。但由于市场专业化策略集中于某类客户，当这类客户需求下降时，企业也会遭遇收益下降的风险。

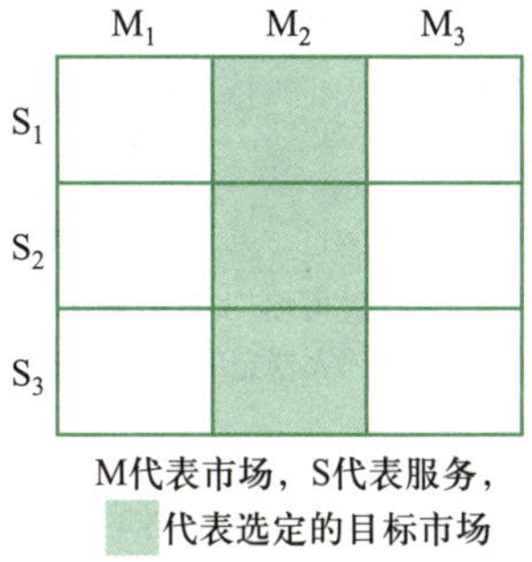

图3-10　市场专业化策略示意图

市场专业化策略的优点是有助于物流企业发展和利用与客户之间的关系，降低交易成本，树立良好形象。

4. 有选择的专业化策略

有选择的专业化策略是指物流企业选取若干个具有良好盈利潜力和结构吸引力，且符合企业的目标和资源的细分市场作为目标市场，针对各个不同的客户群提供不同的物流服务（见图3-11）。所选择的专业化细分市场与其他细分市场之间联系较少。

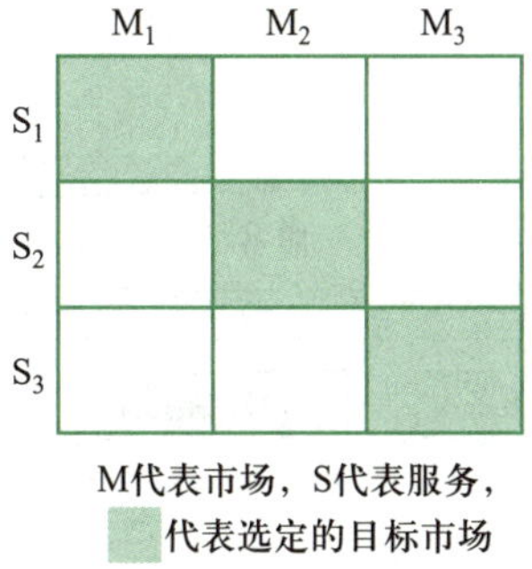

图3-11　有选择的专业化策略示意图

103

这种策略的优点是通过多元化经营，有效分散风险，即使某个细分市场盈利不佳，也可以在其他细分市场取得盈利。采用有选择的专业化策略的企业，应具有较强的资源和营销实力。

5. 完全覆盖市场策略

完全覆盖市场策略是指企业利用各种服务满足不同客户群体的需要，即物流企业选择全面进入所有细分市场，为所有客户群提供他们所需要的各种物流服务（见图3-12）。实力雄厚的大型物流企业选择这种策略，一般都能取得良好的效果。

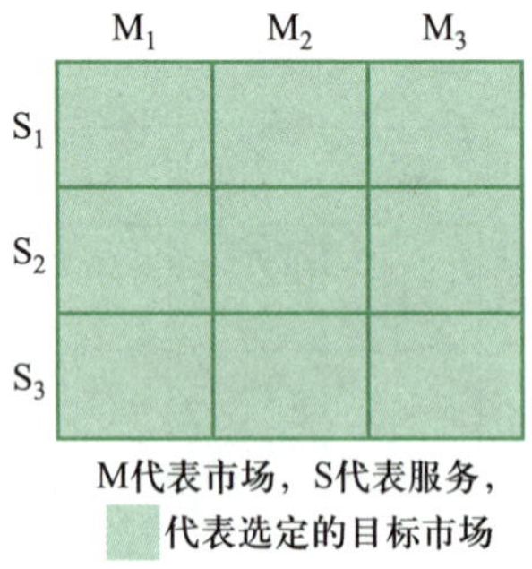

图3-12　完全覆盖市场策略示意图

（二）物流目标市场营销策略

在确定了物流目标市场的范围策略之后，物流企业应根据所选目标市场采取相应的营销策略。物流目标市场营销策略包括无差异营销策略、差异营销策略、集中营销策略及一对一营销策略四种。

1. 无差异营销策略

如图3-13所示，无差异营销策略就是物流企业将市场看成一个整体，不做细分，把整体市场作为目标市场。只考虑市场需求的共性，而不考虑其差异，运用一种服务、一种价格、一种推销方法吸引尽可能多的客户。如EMS、顺丰速运采取的就是无差异营销策略，只提供一种快递方式，全国统一价格，无论何时何地。

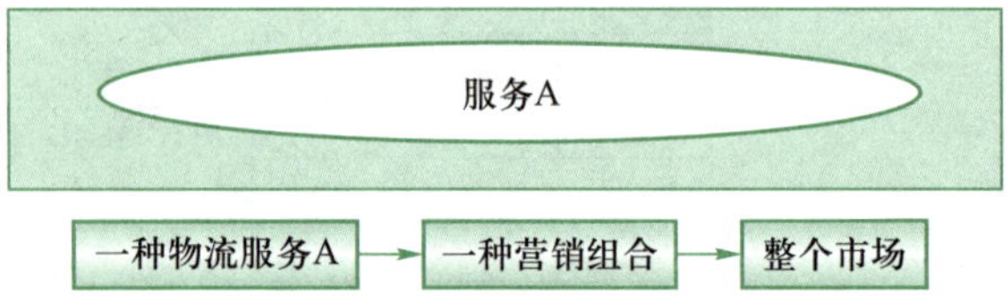

图3-13　无差异营销策略示意图

无差异营销策略的显著优点在于成本的经济性，即有助于节约新项目设计和市场开发成本。另外，有利于企业摆脱对个别市场的依赖，降低风险，同时有利于充分利用企业资源。

无差异营销策略适用于那些适应性强、差异性小且有广泛需求的物流市场。但是，在买方市场逐渐形成的情况下，这一策略的不足之处是由于过分强调无差别，而不能满足不同客户的需求，可能会最终被市场淘汰。

2. 差异营销策略

差异营销策略即把整个市场分成若干个细分市场，选择两个或两个以上的细分市场作为目标市场，分别设计不同物流服务形式的营销策略（见图3-14）。该策略建立在客户需求具有异质性的基础上，物流企业针对不同细分市场设计不同的物流活动，采取多品种经营模式。同时，采取不同的促销方式，根据该细分市场的销售渠道制定不同的价格。对物流企业来说，将客户按照一定的细分标准进行细分并从中做出选择，可以使企业经营的物流服务更有针对性，更能满足不同客户群体的个性化需求。

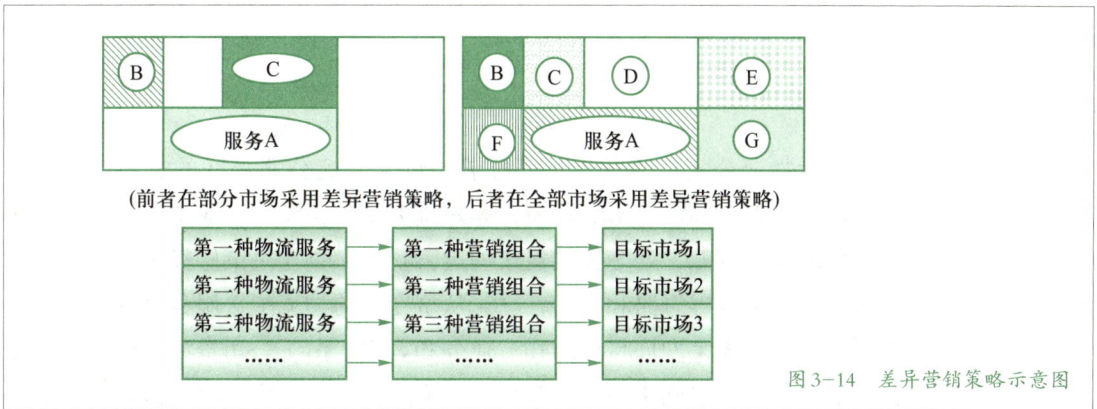

（前者在部分市场采用差异营销策略，后者在全部市场采用差异营销策略）

第一种物流服务	→	第一种营销组合	→	目标市场1
第二种物流服务	→	第二种营销组合	→	目标市场2
第三种物流服务	→	第三种营销组合	→	目标市场3
……		……		……

图3-14　差异营销策略示意图

差异营销策略能满足各类客户的不同需求，对企业而言，有助于发挥潜力，扩大销路，增加盈利，有助于提高企业的竞争力和应变能力，树立良好的企业形象。差异营销策略适用于经营多种物流业务且实力雄厚的大中型物流企业。该策略也有运营成本特别是市场开发、维持费用高和受限于企业资源的局限性。

3. 集中营销策略

如图3-15所示，集中营销策略就是在细分后的市场上，选择一个或少数几个细分市场作为自己将要为之服务的目标市场，集中企业的人力、财力、物力进行精耕细作，实行专业化服务。采用这种策略的企业对目标市场有较深的了解，它追求的不是在较大市场上占有较大的市场份额，而是力争在较小市场上占有较大的市场份额，往往反而能争取到较高的投资收益率。

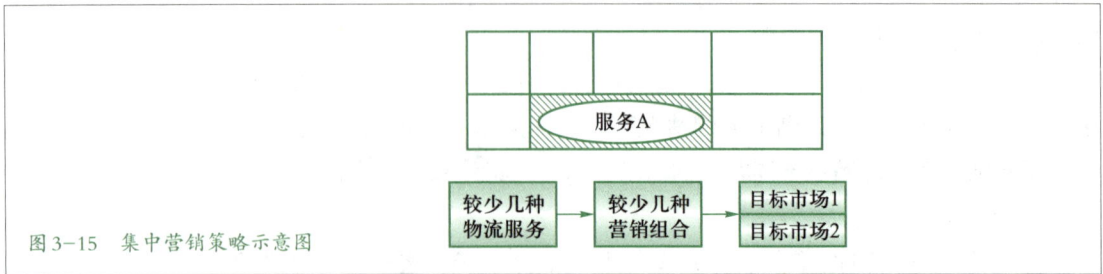

图3-15 集中营销策略示意图

对一些资源有限、实力不够雄厚、新进入市场的物流企业来说，采用这一策略是为了更深入地了解细分市场的需求，实现专业化经营，在局部市场创造出独特的优势。但是，这种策略风险较大。由于企业的全部资源与力量均集中在一个或少数几个细分市场上，一旦目标市场风云突变，就可能出现经营危机，使物流企业陷入困境。

管 理创新

顺达物流公司的集中营销策略

顺达物流公司成立初期，面临着与许多物流公司一样的难题：公司客户数量虽然多，却没有形成规模，客户流失率大；没有形成十分稳定和可积累的特定客户资源，处于比较粗放的运营状态。企业决策层经过一段时间的调整，梳理了发展思路和方向，立志从事专业的物流配送服务，并舍弃了一些不符合公司未来发展目标的物流业务和客户。由于公司资源有限，难以覆盖整个市场，初步确定为本地某果汁厂家进行配送。果汁物流流量大、附加值低、行业竞争激烈、保质期短，顺达物流公司集中人力、物力、财力，采用集中营销策略，为其提供了灵活多变的专业化物流服务。同时，公司还承担了本地快速消费品的配送，克服了果汁配送季节性需求波动大的缺点。公司在这一细分市场上不断做大做精，形成了集运输、仓储、配送、分销、代收货款于一体的系列物流服务，从而在较小的市场中占有了较大的市场份额。

无差异营销策略、差异营销策略、集中营销策略三种目标市场营销策略由于理论基础和指导思想不同，各有利弊，也有各自不同的适用范围（见表3-5）。选择目标市场营销策略时，必须全面考虑企业面临的各种环境因素和现有条件，如企业规模和原料供应、服务项目类似性、市场类似性、服务项目生命周期、竞争的目标市场等。

表3-5　三种目标市场营销策略对比表

	无差异营销策略	差异营销策略	集中营销策略
理论基础	成本的经济性	客户需求异质性	经营的专业化
指导思想	客户需求相同	不同细分市场应采取不同的营销策略	突破一点取得成功
优点	1. 减少生产成本 2. 节约促销费用 3. 减少营销投入 4. 减少生产成本	1. 能更好地满足客户需求 2. 减少经营风险 3. 提升企业形象及市场占有率	1. 集中资源优势 2. 局部市场成功率高
缺点	1. 适用项目较少 2. 市场竞争激烈 3. 易受竞争企业攻击	1. 增加营销成本 2. 资源配置不能有效集中	1. 市场区域小 2. 经营风险较大
适用范围	企业实力强	企业实力强	企业实力不强
	服务项目同质性高	服务项目同质性低	服务项目同质性低
	市场同质性高	市场同质性低	市场同质性低
	服务项目处于投入期	服务项目处于成长期或成熟期	服务项目处于衰退期
	竞争者采用无差异营销策略	竞争者采用差异营销策略或无差异营销策略	竞争者采用差异营销策略

4. 一对一营销策略

市场细分的最后一个层次是细分到单个客户并实施定制营销，即一对一营销。一对一营销策略是市场细分的高境界即精细化策略。物流市场的一对一营销策略推行的是一对一和量身定制的物流服务，可以根据客户的需求做到个性化的服务。

实施一对一营销策略时，由于目标较为单一，易于深入了解客户需求，做到量体裁衣、服务专业化。一对一营销能最大程度地提高客户满意度和忠诚度，因而受到物流大客户的青睐。即使像中远物流这样的大企业，其营销部门针对不同大客户采取的也是专人负责，一对一营销。

管 理创新

一对一营销——中外运为米其林量身定做物流方案

中国外运股份有限公司辽宁公司下属海运分公司为米其林项目实行了一对一营销，根据米其林标书上提出的物流要求，在距离米其林工厂5千米处设立符合客户要求的仓库，并配备近万平方米的弹性使用库房；配备高素质的仓库管理人员，安装 MK 仓储管理软件，建立仓储物流管理信息系统；为米其林配备专用的货车，负责短途运输；配备集卡车队和厢式货车队进行国内配送运输，利用为米其林提供进口物流服务的集卡车队完成出口运输；所有车辆上配备定位系统，实行 24 小时监控，保证运输的安全性、准时性和低成本。

寻求适合本企业的目标市场选择策略是一项复杂多变的工作。物流企业内部条件和外部环境在不断发展变化，经营者要不断通过市场调查和预测，掌握和分析市场变化趋势与竞争对手的动态，扬长避短，发挥优势，把握时机，采取适应市场变化趋势的灵活策略，争取发展壮大。

三、物流目标市场选择的方法

物流企业划定目标市场范围后，还需要对目标市场进行量化分析和综合评价，最终选定目标市场。典型的量化分析方法是罗马尼亚方法。该方法不受细分物流市场数量和评价标准的限制，评价过程规范，可以利用计算机处理。特别适用于大型的、综合性的目标市场评价和项目选择。

罗马尼亚方法的步骤如图 3-16 所示。

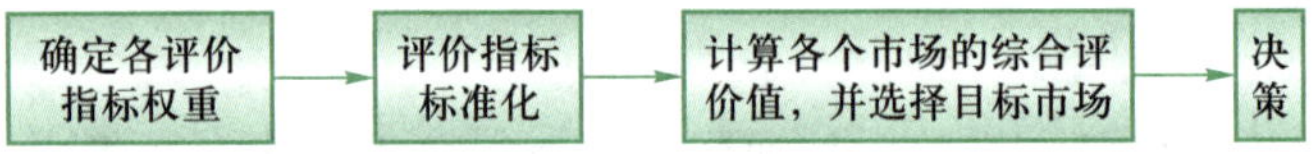

图 3-16　罗马尼亚方法的步骤

以下用罗马尼亚方法对某物流公司的目标市场进行选择。该物流公司面对三个不同的服务细分市场，各个市场五个具体指标的数据如表 3-6 所示。

表 3-6　某物流公司在三个细分市场的销售数据统计表

指标符号	指标	甲市场	乙市场	丙市场
M_1	单位服务售价/元	5 000	3 600	2 000
M_2	单位服务成本/元	3 600	2 600	1 200
M_3	流动资金周转速度/天	300	150	400
M_4	单位服务净收益/元	1 200	1 004.50	800
M_5	销售增长率/%	12	18	6

第一步：确定各评价指标权重——采用专家意见法。

评价指标的权重一般由专家综合评价后给出，假设该案例中专家给出的权重如表3-7所示。

表3-7　专家意见权重汇总表

评价指标/M_i	M_1	M_2	M_3	M_4	M_5
指标权重	0.24	0.13	0.24	0.31	0.08

第二步：评价指标标准化。

评价指标标准化即把各种指标的实际值换算成相对分值，公式如下：

$$X_{ij} = 99 \times (B_{ij} - C_i)/[(A_i - C_i) + 1]$$

式中：

X_{ij}——j市场的i指标分值（换算后的值）。

B_{ij}——j市场的i指标分值（换算前的值）。

A_i——i指标的最优值，当i指标是正指标，即越大越好时，$A_i = \max\{B_{ij}\}$；

当i指标是反指标，即越小越好时，$A_i = \min\{B_{ij}\}$。

C_i——i指标的最劣值，其确定方法与A_i正好相反。

如上例，乙市场的单位服务净收益指标的换算过程是：

$$X_{42} = 99 \times (1\ 004.5 - 800)/[(1\ 200 - 800) + 1] = 50.5$$

综合计算结果如表3-8所示。

表3-8　各项指标换算后的分值表

指标	权重	甲市场	乙市场	丙市场
M_1	0.24	1	47.2	100
M_2	0.13	1	42.3	100
M_3	0.24	40.6	100	1
M_4	0.31	100	50.5	1
M_5	0.08	50.5	100	1

第三步：计算各个市场的综合评价值（D_j）。

市场的综合评价值计算公式如下：

109

$$D_j = \sum_{i=1}^{5} M_i X_{ij}$$

式中，M_i——i指标的权重。

根据表3-8的数据，甲、乙、丙三个细分市场的综合评价值计算结果如表3-9所示。

表3-9　各细分市场综合评价值表

细分市场	甲	乙	丙
综合评价值 D_j	45.15	64.49	37.63

第四步：决策。

因为 D_j 反映的是细分市场的综合优势值，越大越好，在表3-9中，甲市场的综合优势值最大，因此选择甲市场作为企业的目标市场。

对于物流企业，将上例中的单位服务售价、单位服务成本、单位服务净收益分别用具体物流服务项目的单位收费、单位成本、单位净收益替换，也可以运用罗马尼亚方法计算其细分市场的综合优势值，并做出目标市场选择决策。

四、物流目标市场营销策略选择的影响因素

（一）企业实力

企业实力是选择目标市场营销策略时要考虑的首要因素。物流企业的实力由其运营规模、技术力量、财务能力、经营管理能力等构成。如果物流企业实力较强，有可能占有较大的市场，则可采用差异营销策略或无差异营销策略；如果实力有限，无力覆盖整个市场，则宜采用集中营销策略。

（二）市场差异性

要明确目标市场同质性的高低，即目标市场是同质市场还是异质市场。如果目标市场客户需求、购买行为等方面相似程度高，则宜实行无差异营销策略；反之，如果客户的需求偏好、态度、购买行为等差异较大，则宜采用差异营销策略或集中营销策略。

（三）物流服务的差异性

在物流目标客户看来，不同物流企业提供的物流服务存在差异性或同质性，企业要清楚地知道物流服务在客户看来同质性的高低。目标市场同质性高，可采用无差异营销策略；同质性低，可采用差异营销策略或集中营销策略。

（四）物流服务项目所处的市场生命周期

处于市场生命周期不同阶段的物流服务项目，需要根据各阶段的特点，分别采用不同的目标市场营销策略。

（五）市场竞争状况

竞争者的数量、实力和市场容量是物流企业确定目标市场营销策略时应考虑的重要因素。当竞争者较少或实力较弱时，可采用无差异营销策略；反之，则应选择差异营销策略或集中营销策略。

（六）竞争对手的策略

物流企业之间选择何种营销策略存在博弈行为，可以根据竞争对手实力强弱及采用的营销策略选择自身的营销策略。如当强大的竞争对手采取无差异营销策略时，相对较弱的企业可采取集中营销策略或差异营销策略。

上述影响因素，是物流企业选择目标市场营销策略时需要考虑的一般因素。对于具体物流企业，应在实践中根据企业内外部环境和实际经营状况灵活运用，并有所侧重。

第三节　物流市场定位

引导案例

德邦重新定位自己——做中国"精准物流领导者"

德邦快递是国家5A级物流企业，主营国内公路零担运输业务、空运代理和快递，是行业内的标杆企业。公司秉承"承载信任、助力成功"的服务理念，重品牌，讲诚信，以较快的增长速度在中国物流行业迅速崛起。

德邦快递始创于1996年，致力于成为以客户为中心，以大件快递为核心业务的物流企业，其业务涉及快递、快运、整车、仓储与供应链等多元业务的综合性快递、物流供应商，为跨行业的客户提供综合性的快递与物流选择，是行业内的标杆企业。2018年1月16日，德邦物流在上海证券交易所正式上市。同年7月2日，德邦物流正式更名为德邦快递，并推出大件快递产品——大件快递3~60 kg。2022年7月28日，京东物流旗下京东卓风实现了对德邦控股的控制，从而间接控制德邦控股所持有的公司66%的股份。

作为物流行业的传统企业，德邦快递在20多年的时间里曾进行多次战略调整：2001年进入快运市场，并率先在行业内推出"卡车航班"，迅速占领了零担物流的中高端市场；2013年开始战略转型并布局快递业务；2018年再度选择战略转型，重点开拓大件快递业务，并将品牌更名为"德邦快递"。截至2022年年底，德邦快递在中国拥有超过3万家服务网点，覆盖大部分市县，其中143个转运中心面积超过180万 m^2，并拥有超过1.5万辆运输车辆。

【课堂活动】

组织讨论，并请学生代表发言，教师总结。

物流企业的市场定位是指物流企业根据市场竞争状况和自身的资源条件，建立和发展差异化优势，以使自己的服务及企业在客户心目中形成区别并优越于竞争者的独特形象，所以也称为竞争性定位。

物流市场定位的目的就是要彰显企业物流服务品质，如服务的独特性、时效性、可靠性、灵活性、安全性、经济性等，从而形成与众不同的独特形象。

物流市场定位为物流服务差异化提供了机会，使企业及其服务在客户心目中占有一席之地，形成特定的形象，从而影响购买决定，因此物流企业必须尽可能使自己的服务和企业本身具有十分显著的特征。

物流企业市场定位的内容一般包括客户定位、服务定位、企业定位、竞争定位四个方面。

物流市场定位依据的原则一般从服务使用者的类型、客户得到的利益、使用场合和用途、服务特点四个方面来考虑。通常，物流企业市场定位应满足以下原则：

（1）重要性，能向相当数量的客户出让较高价值的利益。

（2）明晰性，其定位的差异性是其他企业没有的，或者该企业以一种醒目的、明晰的方式提出。

（3）优越性，该定位表现的差异性优于通过其他途径获得的相同利益。

（4）可沟通性，该差异性是可以沟通的，是客户看得见的。

（5）不易模仿性，该差异性是其他竞争者难以模仿的。

（6）可接近性，客户有能力购买该差异性。

（7）盈利性，企业将通过该差异性获得利益。

以此为基础，物流企业市场定位要重点体现以下服务特征：

（1）以"客户"为中心的物流服务精神。

（2）以"降低客户的经营成本"为根本的物流服务目标。

（3）以"伙伴式、双赢策略"为标准的物流服务模式。

（4）以"服务社会、服务国家"为价值取向的物流服务宗旨。

一、物流市场定位的方法

物流企业推出的每种服务项目都需对其特色和形象进行明确定位。物流市场定位的方法有以下几种。

（一）根据服务项目定位

物流服务项目定位是物流企业市场定位的核心，也是决定企业经营成败的关键。根据服务项目定位的不同方法，可细分为依据服务项目特色定位和依据服务项目功能定位。

1. 依据服务项目特色定位

依据服务项目特色定位是根据服务项目的自身特征来明确它在市场中的位置。在具体定位时，可以把形成服务项目内在特色的特征要素作为定位的依据，如服务质量、档次、面向客户的层次、价位等。

2. 依据服务项目功能定位

为传统物流服务项目开发新的作业功能，或对其功能进行拆分、合并，是物流企业适应市场变革、实现物流现代化的必然要求。我国传统流通业、仓储业、交通运输业、邮政业，正是通过服务项目功能的重新定位焕发出新的生机的。

（二）根据服务水平定位

按照二八定律，企业将占客户数目20%却能带来80%利润的那部分客户作为重点客户，并按照重点客户的服务要求设定服务水平。另外，市场竞争激烈、可替代性强的物流市场可以通过增值服务来稳定客源。

（三）根据主导区域定位

物流企业由于自身资金投入能力、管理水平、运营成本、客户要求的约束，只能将有利于发挥企业优势的区域作为主导区域和业务覆盖范围。

（四）根据客户关系类型定位

客户关系类型分为普通合作伙伴关系和战略合作伙伴关系。对于两类客户，分别采取不同的市场定位，对服务项目、服务水平设定不同的内容和档次。

（五）根据竞争者定位

根据竞争者的特色与市场地位，结合企业自身的发展需要，可以采取相同定位，将物流市场定位于与竞争者相同的地域、服务项目及服务水平，也可以采取差异定位，定位于与竞争者相区别的不同属性或利益。

二、物流市场定位的步骤

市场定位就是调查研究影响市场定位的因素（识别潜在竞争优势），以及选择竞争优势和战略定位的过程。市场定位的步骤如图3-17所示。

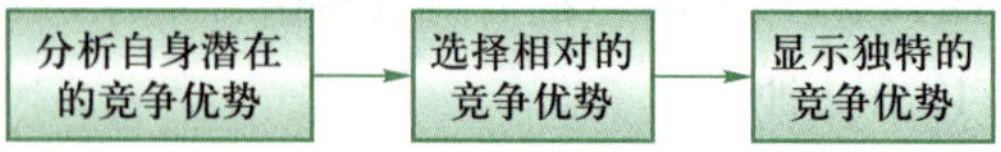

图3-17　市场定位的步骤

分析自身潜在的竞争优势 → 选择相对的竞争优势 → 显示独特的竞争优势

（一）分析自身潜在的竞争优势

物流企业分析自身潜在的竞争优势，可以通过分析竞争者、分析市场、明确自身潜在的竞争优势三个环节。

1. 分析竞争者

通过与市场客户需求和自身经营实力的比较，分析竞争对手具备的优势和劣势。

2. 分析市场

分析客户需求乃至潜在需求，了解其需求的方向、规模、水平等特点，以及目前需求的满足程度。

3. 明确自身潜在的竞争优势

对照竞争对手的竞争能力，结合客户的需求及其满足情况，明确企业自身潜在的竞争优势。

（二）选择相对的竞争优势

各个物流企业的竞争优势都是相对的，物流企业可供选择的相对竞争优势包括以下五个方面。

1. 技术优势

对物流企业来说，技术优势不仅体现在物流装备技术水平、信息化建设水平上，而且体现在管理能力上。

2. 价格优势

价格优势建立在企业规模经营、不断提高经营效率的基础上。低价能够使物流企业在与同行的竞争中处于优势地位。价格优势有时取决于企业的发展战略选择，如低价渗透策略有利于拓展市场，而高价和高端化定价策略有利于树立企业形象。

3. 质量优势

服务质量和服务方式优于竞争对手，能提高客户满意度。

4. 渠道优势

合理通畅的经营渠道在节约业务运作成本的同时，更加方便客户购买和享受物流服务。

5. 服务优势

物流服务包括业务合作前期、业务实施过程中的服务，以及售后服务，服务优势体现在全面性和贴近客户。

（三）显示独特的竞争优势

选定的竞争优势不会自动地在市场上显示出来，物流企业需要进行一系列宣传促销活动，与选定的目标市场进行有效沟通，准确地向市场传播企业的独特竞争优势，争取在客户心目中留下深刻印象。具体步骤包括：建立与市场定位相一致的形象，让目标客户知道、了解并熟悉企业的市场定位，对市场定位产生认同、喜欢和偏爱；通过强化目标客户的印象、保持目标客户的了解、稳定目标客户的态度、加深目标客户的感情，巩固与市场定位相一致的形象；及时纠偏，矫正与市场定位不一致的形象（见图3-18）。

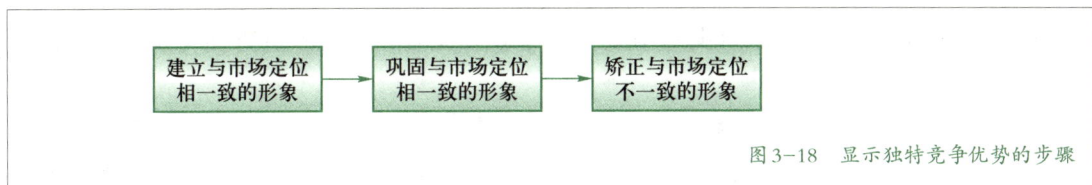

图3-18　显示独特竞争优势的步骤

三、物流市场定位的策略

根据物流企业的市场地位，定位策略可分为以下几种：

（一）市场领先者定位策略

市场领先者是行业中在同类服务项目的市场上市场占有率最高的企业。市场领先者通常采取扩大市场需求总量、保护原有市场占有率和设法在原有基础上提高市场占有率三种战略。

（二）市场挑战者定位策略

在相同行业中，当居次位的企业实力很强时，往往以挑战者的姿态出现，攻击市场领先者和其他竞争者，以获得更大的市场占有率。这就是市场挑战者定位策略，也叫迎头定位策略。挑战者的挑战目标可以分为以下三种：攻击市场领先者、攻击与自己实力相当者、攻击地方性小型企业。在确定了战略目标和进攻对象后，挑战者还需要考虑采取哪些进攻战略。一般有五种进攻战略可以选择：正面进攻战略、侧面进攻战略、包围进攻战略、迂回进攻战略、游击进攻战略。

（三）市场跟随者定位策略

市场跟随者定位策略是指那些在市场上处于第二、第三甚至更低地位的企业，居于次要地位，参与竞争但不扰乱市场局面，跟随市场领先者开拓市场，模仿市场领先者的服务项目开发和营销模式，力争在共处的状态下求得尽可能多的利益。这类企业一般规模较小，实力也较弱，既无法与市场领先者抗争，也无法完全做到避开强有力的竞争对手，只能跟随市场领先者，采取模仿、追随的定位策略以在激烈竞争的市场中占有一席之地。采用市场跟随者定位策略有以下三种战略可供选择。

1. 紧密跟随

物流企业在各个细分市场和营销组合方面尽可能模仿市场领先者，不与市场领先者发生直接冲突。

2. 距离跟随

跟随者在目标市场、服务创新、价格水平和分销渠道等主要方面追随市场领先者，但仍与市场领先者保持若干差异。

3. 选择跟随

物流企业在某些方面紧跟市场领先者，在另一些方面又发挥自己的独创性。

（四）市场补缺者定位策略

市场补缺者定位策略是指物流企业专注于市场上被大企业忽略的细小部分，在这些小市场上通过专业化经营来获取最大限度的收益，在大企业的夹缝中求得生存和发展的定位策略。选择这种策略的企业的主要战略是专业化市场营销，即在市场、客户、渠道等方面实行专业化。

<<<<<<<<<<<< **任** **务实施** <<<<<<<<<<<<<<<<<<<<<<<<<<<<<<<<<<<<<<<<

任务背景：

迅达物流经过详细的市场调查，决定进入某省的快递市场和冷链物流市场。但究竟选择快递市场和冷链物流市场各自的哪些细分市场及其目标客户，公司高层心里没底。公司决定和学校开展合作，进行项目外包。学校接下这个任务后，决定组织学生成立相应的项目团队，分别或集中完成调查任务。在调查的基础上，要求学生每组撰写一份物流企业目标客户选择报告，既要有市场细分的依据、方法、步骤，也要有对选定的细分市场及其目标客户的简短描述。

任务分析：

要完成物流企业目标客户选择报告，就需要对物流企业目标客户进行调查和分析。首先需要明确调查对象（分类组合，确定调查哪几家目标客户），在此基础上，通过收集一些背景资料，拟定一个简单的调查提纲，在前期沟通的基础上，深入行业、企业和主管部门调查，并根据调查展开、补充、完善调查报告，说明如何进行市场细分及市场细分的理由，如何进行目标市场选择及选择的理由，如何进行市场定位及市场定位的理由。这样，一个物流企业目标客户选择报告就完成了。

任务流程：

物流企业目标客户选择报告任务流程如图3-19所示。

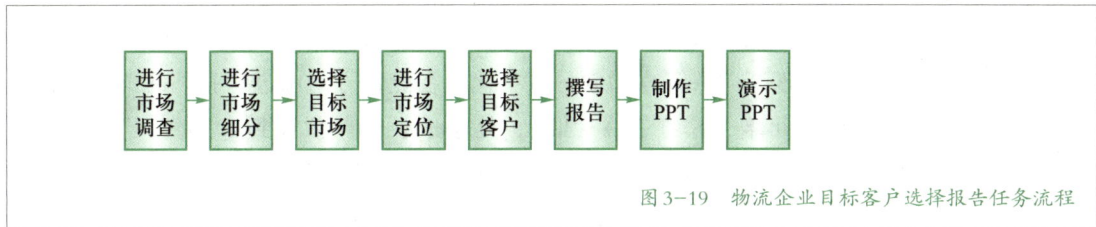

图3-19　物流企业目标客户选择报告任务流程

任务要求：

● 根据熟悉程度，自愿选择调查快递市场或冷链物流市场。选择同一市场的学生，每4~6人分为一组，并选出项目经理。

● 在讨论的基础上确定调查对象和时间进度安排，进行任务分工，保证每个人都有具体的任务和完成任务的时间要求。

任务成果样本：

顺丰海鲜快递细分市场目标客户选择报告

一、绪论

为了解中国目前海鲜快递的发展现状和趋势，顺丰速运组织了一个项目团队，在2023年5—6月进行了全国大城市海鲜快递市场抽样调查。大城市样本选择了北京、上海、深圳、广州、武汉、南京、郑州、济南、沈阳、大连、杭州、宁波12个城市。在对大城市海鲜快递需求进行调查的同时，项目团队还走访了12个城市的交通运输局和市场监督管理局，了解相关的管理制度。

调查主要采用直接访问法、文案调查法和专家访谈法。调查的数据应用SPSS软件进行分析，预测时应用德尔菲法进行定性预测，应用指数平滑法和因果分析法进行定量分析。

二、当前海鲜快递市场的规模、发展趋势和主要客户群体分析

随着中国经济的高质量发展、人民收入水平的提高和对海鲜消费能力的增强，海鲜快递呈现出加速发展的趋势。2020年，全国海产品产量达3 314.4万吨，同比增长近1%，其中天然海产品产量达1 179.1万吨，占海产品总量的35.6%；人工养殖的海产品产量达2 135.3万吨，占海产品总量的64.4%。

2021年，全国海产品产量达3 160.1万吨，2022年达3 236万吨。

我国沿海地区分布着数量众多的海鲜水产养殖基地。商品鱼基地（如渤海）主要养殖的海产品包括小黄鱼、带鱼、海参、鲍鱼、扇贝等，东海的带鱼、大黄鱼产量都占全国产量的90%以上，乌贼产量超过全国产量的80%。浅海滩涂养殖基地（如渤海、黄海）的海带产量占全国的4/5以上。因此，海鲜快递既带动了不同沿海地区的交换性消费，也带动了沿海地区向内地大城市的单一输出型消费。

从全国范围来看，海鲜餐饮行业正在经历巨大变革，除了消费群体年轻化外，还逐渐向着降本增效的数字化、智能化方向前进。我国海鲜餐饮行业市场规模年增长率在10%~30%，处于成长期。预计到2030年，"00后"和中产阶层消费群体将成为推动海产品消费的中坚力量。

进入2023年，海产品电商领域获得更多的发展机遇，同时也给养殖业带来一些实质性的变化。我国在海鲜消费水平遥遥领先其他国家。人口与中国相当的印度，每年的海鲜消费量只有中国的1/13。而人口约为中国1/4的美国，海鲜消费量只有中国的1/9。所以不论是消费总量还是人均消费量，我国在全世界范围内都是排名前列的。

海鲜快递的主要客户群体包括两类：一是批发市场、商场超市、餐饮企业及其他大企业的采购；二是通过电商渠道、亲朋渠道推动的家庭快递。

三、客户选择建议

目前海鲜快递在国内的关注度还比较低，但已经有大连海参等成功案例。随着人们消费水平的提高和消费习惯的养成，对海鲜快递的需求也将越来越大。

建议顺丰速运利用自己的品牌、渠道和技术，全方位切入，服务各类客户，率先抢占市场、培育市场，再在市场中站稳高端市场。这种定位的理由有三方面：一是中国海鲜的始发地集中，各地又在纷纷打出自己的区域品牌、搞大型促销活动，能够保证规模效应；二是经常消费海鲜的客户比较有经济实力，回款有保证；三是海鲜包装、运输所涉及的设备比较高端，能够彰显顺丰速运的物流服务品质和品牌效应。

四、结语

目前，国内还鲜有物流公司认识到海鲜快递的价值，发现海鲜快递市场是一种市场细分创新，进入海鲜快递市场也需要勇气和智慧。只要定位准、动手快、团队精，相信顺丰速运能够在这个领域迅速发展。

技能训练 <<<<<<<<<<<<<<<<<<<<<<<<<<<<<<<<<<<<<<<<<<<<<<<<<<<<<<<<<<<<<

实训项目：物流企业目标客户选择实训

根据物流企业目标客户选择流程，在市场调查后，需要选择一个细分市场进入。为此，必须进行市场细分、选择目标市场、市场定位。

实训目标：

让学生掌握市场细分、选择目标市场、市场定位的流程和方法，能够撰写物流企业目标客户选择报告，并制作和演示PPT。

环境要求：

（1）校外实习基地要求。有两家以上校外实习基地或校企合作企业（快递企业、冷链物流企业至少各有1家），保证所有小组都有企业可以调查（如果校外实习基地或校企合作企业较少，则全班同学进行一次集体调查；如果较多，则每个小组可以调查一家企业）。

（2）校内环境要求1。拥有45套桌椅的教室、一台计算机、投影系统。

（3）校内环境要求2。拥有45套计算机和桌椅的实训室、一台教师用计算机、投影系统。

情境描述：

迅达物流公司原先从事运输业务，2022年经过对快递、药品物流、冷链物流、快速消费品物流、配件物流等市场的详细调查，作出战略决策，决定进入该省的快递市场和冷链物流市场。但究竟选择快递市场和冷链物流市场各自的哪些细分市场作为具体目标市场，公司高层尚难定夺。公司决定和学校开展合作，进行项目外包。学校物流管理专业接下这个任务后，决定组织学生成立相应的项目团队，分别或协同完成调查任务，在调查基础上要求每个团队撰写一份迅达物流公司目标客户选择报告。既要有选择的过程，包括选择的依据、方法、步骤，也要对选定的细分市场及其目标客户有一些简短的点评。

前提工作是进行每组4~5人的分组（也可自愿组合），分组后确定本次实训的项目经理，项目经理组织分工，并首先落实调查的企业。调查的企业可以通过网络搜索，也可以是自己社会关系中的资源、教师介绍的校外实习基地或校企合作企业。

工作流程：

如图3-19所示。

操作步骤：

（1）收集校外实习基地所在的物流企业创业初期的市场定位、目前的市

物流企业目标客户选择实训

119

场定位或市场定位转型的相关资料。

（2）收集该物流企业目标客户群，并查询与其客户群类似的企业，对比迅达物流公司的现有条件，确定拟调查企业群的范围（选定2~3家企业作为重点调查对象）及其背景资料，拟定调查提纲。

（3）以电话、邮件等方式，与待调查企业相关部门进行接洽，落实调查时间、对方接待人员、调查提纲、联系人及联系方式等。

（4）依照选择目标市场的标准，分析制约迅达物流公司目标市场选择的因素，实地调查企业，利用物流目标市场选择的方法和策略，为迅达物流公司选定目标市场并进行市场定位。

（5）进行必要的资料补充，形成一个完整的调查报告。

（6）制作PPT。

（7）上台汇报。

（8）学生交流收获和教师点评。

（9）学生改进报告和PPT。

注：（1）~（6）、（9）在课堂外完成。

注意事项：

（1）外出调查要注意人身安全，必须结队成行。

（2）调查前必须制订调查计划，明确信息渠道、调查对象、调查方法、调查工具和调查方式等。

（3）收集的调查资料和数据应完整、可靠。

（4）市场细分、市场选择、市场定位既要面向市场，也要适当考虑企业的实际情况。

（5）报告应按照规范的格式排版。

（6）PPT应多利用图、表，少堆砌文字，并注意字体、色彩的搭配和美观。

（7）PPT演示前先要自己设定演示时间，确保演示不超时。

（8）PPT演示前先要熟悉内容，争取讲得流利、自信。

实训报告：物流企业目标客户选择报告

（1）绪论。说明调查对象、调查目的、调查人员、调查时间、调查过程、调查方法、分析方法。

（2）正文。调查的过程，数据资料的处理，调查的结论：目标市场有哪些，市场如何定位。

（3）结语。得出的结论、调查之外的收获。

（4）附录。附上一些必要的文件，如调查问卷、专家访谈提纲等资料。

同步测试 <<<<<<<<<<<<<<<<<<<<<<<<<<<<<<<<<<<<<<<<<<<<<<<<<<<<<<

一、单项选择题

1. 物流（　　）是指根据物流需求者的不同需求和特点，将物流市场划分成若干个不同的子市场。

  A. 市场定位   B. 目标市场选择

  C. 市场细分   D. 品牌定位

2. 下列不属于物流市场细分依据的是（　　）。

  A. 物品属性   B. 客户业务规模

  C. 地理位置   D. 购买行为

3. 对于一些资源有限、实力不够雄厚、新进入市场的物流企业来说，一般采用（　　）营销策略。

  A. 无差异   B. 差异

  C. 大量   D. 集中

4. 物流企业采用无差异营销策略的显著优点是（　　）。

  A. 适应市场能力强   B. 提高市场占有率

  C. 成本的经济性   D. 满足客户需求程度高

5. 物流市场定位的目的是（　　）。

  A. 明晰企业经营方向   B. 准确研判物流市场

  C. 彰显企业物流服务品质 D. 明确企业目标客户

6. 选择目标市场和物流市场细分的关系是（　　）。

  A. 先选择目标市场，再对物流市场进行细分

  B. 物流市场细分和选择目标市场同时进行

  C. 物流市场细分是选择目标市场的前提和基础

  D. 市场细分是目的

7. 有助于物流企业发展和利用与客户之间的关系，降低交易成本，树立良好形象，属于物流目标市场范围策略中的（　　）。

  A. 密集单一市场策略   B. 市场专业化策略

  C. 完全覆盖市场策略   D. 有选择的专业化策略

8. 应用罗马尼亚方法选择物流目标市场，关于综合优势值正确的说法是（　　）。

  A. 越大越好   B. 大小不重要

  C. 越小越好   D. 因时而异

9. 物流目标市场范围策略中，通过多元化经营，有效分散风险，即使某

个细分市场盈利不佳，也可以在其他细分市场取得盈利的是（　　　）。

　　A. 密集单一市场策略　　　　　　　B. 有选择的专业化策略

　　C. 完全覆盖市场策略　　　　　　　D. 市场专业化策略

二、多项选择题

1. 物流市场细分的核心和实质就是（　　　　　　　）。

　　A. 细分物流客户的需求

　　B. 将具有相同需求特征的客户划为一个客户群体

　　C. 界定不同客户群体的需求

　　D. 识别物流服务的优先性

2. 物流市场细分的理论依据包括（　　　　　　　）。

　　A. 客户需求的同质性　　　　　　　B. 客户需求的差异性

　　C. 企业资源的有限性　　　　　　　D. 营销目标的差异性

3. 物流市场细分的方法包括（　　　　）。

　　A. 因素分析法　　　　　　　　　　B. 系统分析法

　　C. 产品—市场方格图法　　　　　　D. 5W1H法

4. 物流目标市场范围策略包括（　　　　　　）和有选择的专业化策略。

　　A. 密集单一市场策略　　　　　　　B. 服务专业化策略

　　C. 市场专业化策略　　　　　　　　D. 完全覆盖市场策略

第四章 物流服务项目开发

【素养目标】

● 在物流服务项目开发中，树立诚信理念

● 在构思物流服务项目时，培养善于把握机遇、勇于创新的职业精神

● 在设计物流服务项目时，树立环保意识和降本增效意识

【知识目标】

● 掌握物流服务项目的基本概念、特征及开发的意义

● 熟悉物流服务项目的开发方式和开发程序

● 掌握物流服务项目的开发策略

【技能目标】

● 能够掌握物流服务项目的开发方式和程序，调研当地物流企业或某类物流企业的物流服务项目开发的具体案例

● 能够运用物流服务项目的开发策略，评析当地物流企业或某类物流企业的物流服务项目开发实践

● 能够撰写物流服务项目开发策划书并制作和演示PPT

【思维导图】

```
                          ┌─────────────┐      物流服务和物流新服务
                          │ 物流服务和    │
                          │ 物流服务项目  │      物流服务项目
                          └─────────────┘

                                            识别客户需求

                                            识别服务项目

┌─────────────┐           ┌─────────────┐   进行项目构思
│ 物流服务项目开发 │─────────│ 物流服务项目的 │
└─────────────┘           │ 开发流程     │   选定服务项目
                          └─────────────┘
                                            完善项目方案

                                            物流项目开发

                                            物流服务项目设计的增值策略

                          ┌─────────────┐   物流服务项目设计的方法策略
                          │ 物流服务项目的 │
                          │ 开发策略     │   物流服务项目设计的战略策略——"绿化"策略
                          └─────────────┘
                                            物流服务项目设计的路线策略
```

随着经济发展，科技进步，消费者主体意识的觉醒，消费需求的变化，市场竞争的加剧，加之物流服务生命周期的客观存在，物流企业要想取得成功，绝不能仅仅依靠现有的物流服务项目，而必须开发新的物流服务项目。

第一节　物流服务和物流服务项目

引 导案例

更安全、更绿色、更智慧的 2022 年北京冬奥会物流服务

2022 年北京冬奥会的顺利举办离不开完善的物流服务。冬奥会物资保障涉及北京市、河北省张家口市两地三赛区 40 余个场馆、55 个业务领域、28 个类别。确保数量庞大、品类繁杂的冬奥会物资存储安全可靠，物流服务过程做到科技赋能、节能降耗、绿色环保，是冬奥物流的努力方向，也必将助力物流产业成为拉动国内经济增长的重要引擎之一。

1. 技术与创新确保冬奥会物资存储安全可靠

位于首都国际机场附近的天竺综合保税区的 2022 年北京冬奥会和冬残奥会主物流中心于 2021 年 2 月 1 日正式启用。作为北京冬奥会首个启用的非竞赛场馆，这里不仅是比赛期间所需物资分拨、配送、通关协调及物流总体配送计划编制等服务保障工作的枢纽，而且存储着各种办赛物资。主物流中心占地面积4.5万m²，总建筑面积8.1万m²，其设计采用"2＋1＋1"的建造模式，分为南北A、B两片库区，均超过3万m²，并由1个盘道和1个卸货平台相连。货运车辆可通过东侧盘道直接到达各层卸货平台，高效快捷，可满足赛事举办期间高频率、大规模的物流需求。主物流中心二层库区被划分为红黄两色，红色区域存放的是单独存储的境外物资，这些物资在入库前都要经过防疫消杀和检测，确保安全；黄色区域存放的是境内物资，入库前也要经过严格的消杀作业。

疫情防控无小事，面对新冠疫情，如何在物流工作高效运转的同时确保防疫安全？靠的是技术与创新。在智能仓储区的一角，一排一人多高、两边都可以打开的红色智能配送双面快递柜非常显眼。快递员在一边投件，运动员在另一边取件，实现了投递和取件全程无接触。两地三赛区的16个比赛场馆的23组双面快递柜都是由京东物流负责安装的。这是设计上的创新。占地面积超600 m²的智能仓储区，5台装卸物品的自动引导车（Automated Guided Vehicle，AGV）24小时不间断运作。仓库内有AGV负责装卸赛事所需各项物资，仓库外有无接触智能配送设备负责冬奥会物资的运输配送，由此确保了防疫安全。这是物流新技术在冬奥会物流中的集成应用。

2. 让绿色物流融入低碳冬奥

在主物流中心的大门口，不时有绿色牌照的新能源运输车辆停靠，接受安检后驶入主物流中心，并然有序地移入、调拨、运输物资。在主物流中心内，所有叉车和货车都是新能源电动车，货物打包使用的塑料膜、纸箱、纸板、木板等均采用可复用材料，拆封后可继续使用。小到一双冰鞋、一张桌椅，大到大型赛事物资的协调配送，都体现了"绿色低碳"的理念。张家口赛区率先使用了氢能源货车，北京赛区全部使用新能源货车，赛事物资运送真正做到了低碳环保。

北京冬奥会的家具设计也融入了节能减排的元素。几乎所有家具都采用了可折叠和可堆叠的设计，有些桌椅还能够调节高度，以满足冬奥会和冬残奥会运动员的不同需求。可折叠和可堆叠的家具款式易于搬运，这在一定程度上节约了运输空间，降低了物流运输的碳排放量。仅此举措，就能将家具物资的整体面积减少75%，降低约50%的运输量。

为确保奥运会正常举办，一般情况下，国际奥委会不赞成过多采取直送场馆的物流方式。但考虑到我国是制造业大国，供应链优势明显，北京冬奥会组委会物流部科学制订计划，在确保供应安全的基础上，加大了供应商直送场馆的比例。供应商直送场馆，既减少了二次运输及相关的装卸搬运，又节约了仓储空间，还提高了物流效率。往届冬奥会仓储空间达40 000 m²以上，而北京冬奥会仓储空间仅 20 000 m^2，且保留了一定空间可保障后续紧急仓储需求。

3. 冬奥物流引领中国物流产业高质量发展

作为中国第一家、全球第七家服务奥运会的物流企业，京东物流主要为北京冬奥会和冬残奥会主物流中心、各竞赛场馆、训练馆、非竞赛场馆及其他指定地点的场馆、冬奥村提供物流计划制订、仓储管理、分拣、装卸搬运、简易包装等服务，也负责为奥林匹克转播服务公司提供货架、托盘等存储设备和叉车、地牛等物流设备，并协助奥组委为各国代表团提供专人、专车的行李运输服务。

在服务赛事的过程中，京东物流实现了供应链模式创新，打通了物资配送上下游供应链，做到化繁为简、集约配送，让整个赛事物资供应实现高效可控；物流管控平台创新，为赛事物流构建了智能仓储管理系统，对主物流中心和相关场馆的物资管理进行实时监控和智能调度，确保物流畅通；现场作业管理创新，通过利用无接触配送、智能配送设备，广泛使用新能源汽车，践行绿色低碳理念。

北京冬奥会为我国物流业带来了全球高水平服务的参考指标，必将为物流产业高质量发展注入新活力。一方面，奥运物流对物流的精准度、敏捷性和安全性等方面提出了更高要求，使物流企业必须提供更高标准的物流服务，尤其要在管理创新、供应链可视化、物流智能化等方面下功夫；另一方面，奥运物流除了要在物流相关设施与设备等硬件上实现"绿色化"外，还要在路线规划、库存管理、配送效率、物流成本、回收物流等"软件"方面下功夫，实现奥运物流全方位、多维度的低碳化发展。党的二十大报告指出：完善支持绿色发展的财税、金融、投资、价格政策和标准体系，发展绿色低碳产业，健全资源环境要素市场化配置体系，加快节能降碳先进技术研发和推广应用，倡导绿色消费，推动形成绿色低碳的生产方式和生活方式。经过北京冬奥会的历练，中国物流产业将进一步加快智慧化、数字化、低碳化和供应链化的发展进程，实现高质量发展。

引导问题：

1. 北京 2022 年冬奥会物流服务具有哪些特征？这些特征是如何体现出来的？

2. 分析为什么北京 2022 年冬奥会为我国物流业带来了全球高水准服务的参考指标，也必将为物流产业高质量发展注入新的活力？

一、物流服务和物流新服务

1. 物流服务

物流服务就是通过提供有效的供给，从质和量上满足服务需求者的需求。物流服务的最终目的是为服务需求者提供一种需求可得性的保证。这种保证包括两个方面：能力保证——物流企业拥有服务需求者期望的物流服务能力；品质保证——物流企业能够提供满足服务需求者所需质量要求的服务。

根据不同的划分标准，物流服务有不同的种类（见表4-1）。

表4-1　物流服务的种类

划分依据	物流服务的种类
物流活动的类型和功能要素	运输、配送、仓储、流通加工、装卸搬运、包装和信息
物流技术的形态	物流硬件服务和物流软件服务
物流服务的内容	基本服务和延伸服务

2. 物流新服务

物流新服务是指物流企业根据用户需求的变化或者自己对于未来用户需求的预测推出的在服务形式、服务内容上不同于以往的物流服务。物流新服务既可以根据用户的需求被动推出，也可以由物流企业根据对未来用户需求的预测主动推出。物流新服务既包括完全创新的物流服务，也包括已经存在但进入新市场的物流服务、有所改进和提高的物流服务、形式变化的物流服务、服务线扩展的物流服务。

物流行业对物流新服务的开发方式主要有引进物流技术、自行研究与技术引进相结合、自行设计物流项目三种。

二、物流服务项目

物流服务项目是一种为创造和提供特定物流服务作业而在既定资源约束下开展的一次性和独特性的物流服务工作。不同物流服务项目的共同特性包括目的性（为实现特定的组织目标服务）、独特性（产出物和活动都有独特之处）、一次性（项目有始有终但只有一次）、制约性（受各种资源和条件的制约）、不确定性或风险性（有意外损失或收益的可能性）。当物流服务项目实施后，进入不断重复的常规性物流服务作业阶段时，物流服务项目就转化成物流服务运营。

物流服务项目根据其不确定性或风险性，可以分为开放性物流服务项目、半开放性物流服务项目、半封闭性物流服务项目、封闭性物流服务项目四类。四类物流服务项目的比较如表4-2所示。

表4-2　物流服务项目的分类

项目类别	风险与多要素集成管理要求	信息缺口	举例
开放性物流服务项目	很高	高于50%	新服务开发、入市
半开放性物流服务项目	较高	30%~50%	改造物流配送线路
半封闭性物流服务项目	较低	10%~30%	大型文体活动物流服务
封闭性物流服务项目	很低	低于10%	工厂内部物流

第二节　物流服务项目的开发流程

引导案例

达成物流为客户设计物流服务项目

达成物流股份有限公司（简称"达成物流"）创建于1988年，经过30多年的发展，已成为以公路快运、城际配送、仓储服务、铁路运输、金融物流、航空海运、国际货运代理及物流方案策划等为主营业务的第三方物流公司。公司在物流服务方面成功的秘诀之一是利用自己的运输与仓储优势，为客户设计物流服务项目。

1. 达成物流为上汽设计物流服务项目

上海汽车集团股份有限公司（简称"上汽"）与大众汽车（中国）投资有限公司合资组建了上海大众动力总成有限公司，并建造了一个现代化的汽油发动机生产基地（娄塘发动机生产基地）。达成物流闻讯后经过认真分析研究，在征得上汽赞同并愿意与其合作的情况下，在距离发动机工厂10余千米处建造了一座与之配套的仓储中心，全面负责该厂生产所需要的全部物品（主要是零配件）的分送及集中作业，为上汽在娄塘的生产经营提供强有力的后勤保障服务，使达成物流的运输、运输代理、仓储及技术服务等业务特长得以充分发挥。

2. 达成物流为上海大众设计物流服务项目

达成物流按照上海大众汽车有限公司（以下简称"上海大众"）的生产特

点，投入1 300万元设计建造了一座面积达9 000 m²的仓储中心。仓储中心负责上海大众零配件集散，主要工作是对上海大众协作厂运来的零配件进行验收、存储、配送等。上海大众的协作厂、供应商达300余家，与交货有关的服务都交由仓储中心负责。收货后将零配件重新包装并装入特制的箱内，通过运载工具送到工位，由工人组装车辆。上海大众对仓储中心的供货有严格的要求。由于两个单位的业务运作都由计算机相互连接成网进行控制作业，所以，当上海大众的计算机发出指令后，仓储中心2小时左右就会供货到工位，衔接非常紧密，从未出现过差错。生产厂家享用这样的物流服务系统，可以专门致力于组装式生产，而不需要自行建立耗资巨大的仓库，仓储及配送业务均由物流企业为之服务。供需双方各自专业化经营，在互相依存中彼此受益。

一个完整的物流服务项目开发的流程，大致要经过六个阶段，如图4-1所示。

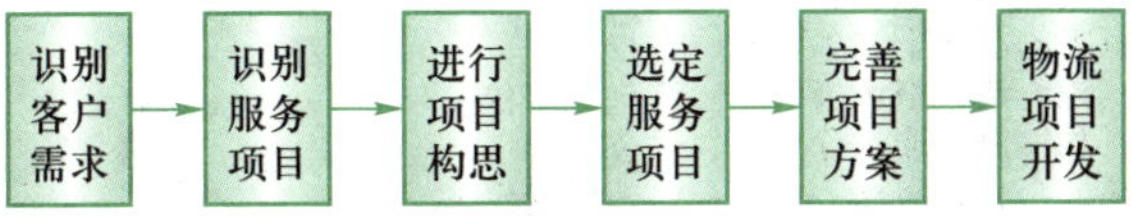

识别客户需求 → 识别服务项目 → 进行项目构思 → 选定服务项目 → 完善项目方案 → 物流项目开发

图4-1　物流服务项目开发流程

物流项目开发后，如果市场试销成功，物流企业就可以开展批量服务。企业的高层管理者如果对物流新服务项目开发结果感到满意，就应着手通过包装和营销策略组合把这种新服务项目品牌化。

一、识别客户需求

物流服务项目是为物流客户设计的，因此必须首先了解并识别客户的物流需求。识别物流需求始于物流需求、问题或机会的产生，目的是以更好的方式来实现客户期望的目标。物流企业需要通过收集信息和资料进行调查和研究，最终确定客户的物流需求，并对客户需求用语言或文字详细论述。如进入深秋，大批客户具有把冬衣及时、安全地从南方运送到北方的需求。

二、识别服务项目

识别服务项目是指面对客户的物流需求，物流企业从可能的物流项目方案中选出一种项目方案来满足这种需求。如果客户要求及时、安全地从南方向北方运送一件冬衣，在多种方式中，包裹邮寄可能比较合适。

三、进行项目构思

项目构思又称项目创意，是指物流企业为了满足物流客户提出的物流需求，在符合物流客户系列限制条件的基础上，为实现物流客户预定的目标所做的开发新服务项目的设想。

虽然并非所有设想都能变成现实的物流服务项目，但寻求尽可能多的物流服务创意却为开发物流新服务项目提供了较多的机会。物流新服务项目的创意主要来源于客户、专家、竞争对手、企业销售人员、经销商和企业高层管理人员等。另外，创意奖励机制也会激励企业员工寻求新的创意。

项目构思一般分为如图4-2所示的准备、酝酿和调整完善三个阶段。项目构思的方法可参见本章第三节第二部分的"物流服务项目设计的方法策略"。

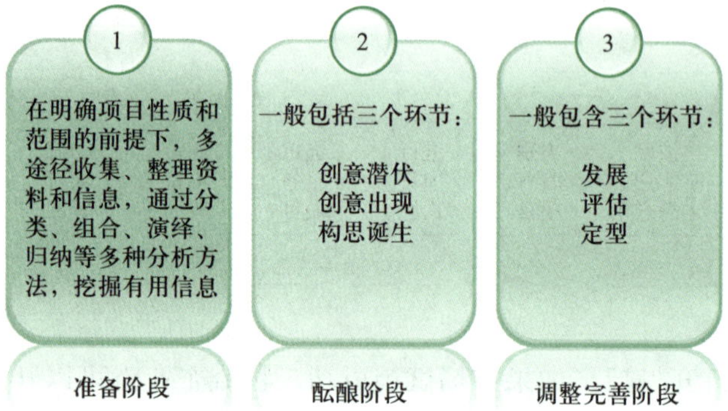

① 在明确项目性质和范围的前提下，多途径收集、整理资料和信息，通过分类、组合、演绎、归纳等多种分析方法，挖掘有用信息	② 一般包括三个环节： 创意潜伏 创意出现 构思诞生	③ 一般包含三个环节： 发展 评估 定型
准备阶段	酝酿阶段	调整完善阶段

图4-2　项目构思的三阶段

四、选定服务项目

选定服务项目即筛选服务项目。对于在项目构思阶段获得的创意，物流企业必须根据自身的资源、技术和管理水平等进行评估，研究其可行性，筛选出可行性强的创意，淘汰不可行或可行性低的创意，使有限的资源集中于成功概率较大的创意上。筛选创意一般考虑两个因素：一是物流新服务创意能否与物流企业的利润目标、销售目标、销售增长目标、形象目标等战略目标相适应；二是企业有无足够的资金能力、技术能力、人力资源来开发这种创意并成功销售。

五、完善项目方案

经过筛选后保留下来的物流服务创意，还要通过服务方案发展阶段和服务方案测试阶段进一步发展成为物流服务方案。

（一）服务方案发展阶段

服务方案发展阶段主要是将物流服务的构思转化成操作性强的物流服务方案，需要从宗旨、理念、目标、实现目标的条件和资质，仓储、运输和配送等各环节的标准化业务流程，方案实施的时间表，以及工程、技术、经济各方面的条件和情况，报价、服务承诺、质量保证体系、组织结构、管理规章制度、人员培训、岗位设立和企业文化等方面进行清晰描述。

（二）服务方案测试阶段

服务方案测试是指用文字、图形和模型等将服务方案予以展示，以观察目标客户的反应，检验服务方案符合客户要求、满足客户需要或欲望的程度。通过服务方案测试，要系统、精练和创新地说明物流新服务项目的特征，满足的需要及程度，推出的理由，客户购买的可能性，客户发现和喜欢新服务项目独特利益的可能性，潜在客户群。

六、物流项目开发

物流新服务项目设计方案确定后，物流企业研究与开发部门、工程技术部门及营销部门就可以把这种服务方案转变为可以提供的服务，进入试服务阶段。只有在这一阶段，以文字、图形及模型等描述的服务设计才能变为具体服务。如果物流服务概念不能成为技术上和商业上可行的物流服务，就意味着服务开发所耗费的资金将全部付诸东流。如果市场试销成功，物流企业就可以开展批量服务，甚至考虑把这种新服务品牌化。

第三节　物流服务项目的开发策略

引 导案例

顺丰速运的增值服务

顺丰速运的增值服务如下：

（1）保价服务。在运输途中，如遇托寄物丢失或损坏，按照保价金额和托寄物实际价值的投保比例，结合托寄物的实际损失予以赔偿。

（2）包装服务。为了更好地保障快件安全，顺丰为客户提供更专业、环保、便捷和高效的包装服务。

（3）代收货款服务。顺丰按照卖方与买方达成的交易协议，为寄件客户提供快捷的货物专递，同时向收件客户收取货款并按约定时间转交至寄件客户。

（4）保鲜服务。为了保障生鲜类快件的配送时效和商品质量，实现同类产品优先中转、优先派送、禁止投柜。

（5）签单返还。应寄件客户要求，顺丰在成功派送快件后，将需要收件客户签名的收条或收货单等单据返还寄件客户。

（6）送货上楼。为客户提供足不出户、大件货品送货上门的服务，解决大件货品上楼的收货顾虑。

（7）验货服务。如买家向卖家退货，顺丰按照卖家指令向买家揽件时，可按照卖家同步提供的验货清单，核验买家退货物品是否与验货清单一致。一致时正常揽收，不一致时向卖家回传验货失败信息。

（8）定时派送。客户预先指定快件到达时间（到件后7天内的某个时间）或者要求快件到达后暂不派送，顺丰收到通知后再安排派送。

（9）特殊入仓。若地址为特殊区域（如码头、机场、物流公司/中心/仓库、保税区和海关监管区、会展中心等），需要顺丰提供除收派件之外的额外服务（例如排队等候、预约入仓、按指定流程派件、轮候验收、垫付费用等），鉴于手续烦琐加大派送难度，顺丰需按标准收取相关服务费，以减少客户沟通成本及提高派送时效。

（10）装卸服务。基于客户需求，提供将货物装上运输工具或从运输工具卸下（不含分类码放、拆箱、上架、上楼等个性化操作）的服务。

（11）安装服务。基于客户需求，为客户提供家具、家电、晾衣架、智能锁、卫浴等安装、拆卸、维修等相关服务。

（12）转寄/退回。按照客户要求将快件转寄到新的目的地，或退回客户指定地址。

（13）密钥认证服务。寄件客户出于保障自身交易及货物安全等特殊场景需要，在基本收寄服务的基础上，要求使用指定密钥派送，即系统动态发出密钥或由寄件客户指定的密钥，对收件人完成验证后再进行交付。

物流服务项目设计除了要注意流程合理和技术可行外，也应关注设计策略，具体策略包括增值策略、方法策略、战略策略和路线策略。

一、物流服务项目设计的增值策略

物流服务的关键是提供物流增值服务。物流增值服务是指借助完善的信息系统和互联网，发挥专业物流管理人才的经验和技能，在完成物流基本服务的基础上，根据客户需要提供的创造出新价值的各种延伸服务。目前，向客户提供增值服务已经成为物流企业提升核心竞争力的重点。

物流具有包装、装卸搬运、运输、储存保管、配送、流通加工、信息处理等基本功能。前五种属于基本服务；后两种属于增值服务（见图4-3），能够满足客户的特定需求（如帮助客户预测订货量），显著增加客户价值。增值服务具有从属性（从属于物流基本服务）、创新性（满足客户需要而过去没有）、增值性（最先推出新的物流增值服务可获得高额利润）和进化性（增值服务经过一定时期的激烈竞争也会变成基本服务）。

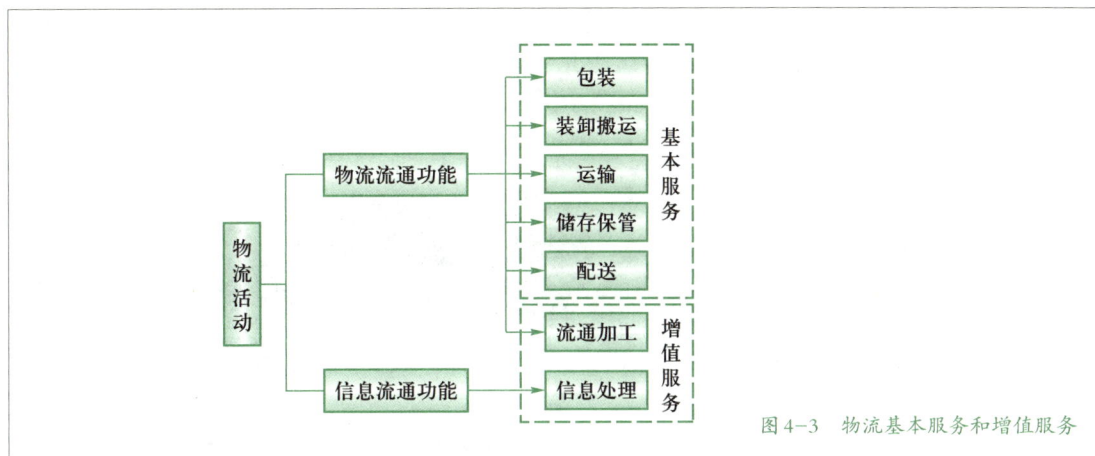

图 4-3 物流基本服务和增值服务

（一）物流增值服务的设计方向

1. 增加便利性

为客户提供简化流程、减少环节、简化手续、简化操作的服务，如提供一条龙、门到门的运输服务，网上下单，提供完备的操作或作业提示，24小时营业，可视化追踪等。

管 理创新

中远海运物流"门到门"的中石油物流解决方案

中远海运物流有限公司（简称"中远海运物流"）与中海集装箱运输股份有限公司（简称"中海集运"）共同成立项目工作组，在相关口岸成立营销、操作、服务小组，根据客户需求制定完整的"门到门"物流解决方案，采取三车皮进港装港发运、公路散货车入港装箱发运、集卡到门发运、集卡装箱班列发运、散货车装班列发运等组合物流运输模式，构建和中石油匹配的网络运营体系，为中石油提供全程的海上运输和内陆配送服务。先期开展中石油北方至华南七个港口运输流向的固体化工集装箱运输服务，承担由北方大连、营口口岸以集装箱整箱海运运输至华南广州、湛江、深圳、海口、汕头、厦门、福州等地仓库或中石油客户。在成功运作的基础上，中远海运物流和中石油加强协同，开展更广泛的合作。

2. 加快反应速度

市场瞬息万变，现代流通过程加快，客户要求物流企业建立一体化信息网络，设计便捷的流通渠道，提高物流系统的快速反应能力，如依托物联网能够加快物流企业的反应速度（见图4-4）。

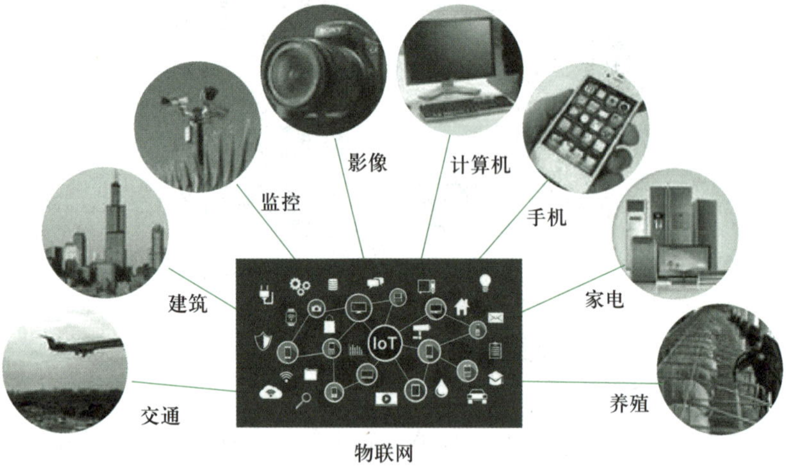

图4-4 物联网示意图

3. 降低服务成本

越来越多的企业特别是电子商务企业，要求物流服务商采用比较适用且投资较少的物流技术和设施设备，或推行物流管理技术，如射频识别技术（RFID）（见图4-5和图4-6）、物联网技术等，提高效率，降低成本。

图4-5 利用RFID迅速获取商品信息 　　　　图4-6 RFID取代条形码技术

4. 开展延伸服务

延伸服务包括向前延伸和向后延伸。开展市场调查与预测、代为采购、订单处理属于向前延伸；配送、咨询、教育与培训、货款回收与结算属于向后延伸。

5. 提供全程服务

以物流企业先进的设备、科学的管理、分布广泛的物流网点为基础，为物流客户提供全程物流服务。如中储物流能够为客户组织全国性及区域性的仓储、运输、加工包装、分销、国际货运代理、供应链管理等服务，进行综合、全过程的物流服务；铜马物流能够提供从接单到回单的全程服务（见图4-7）。

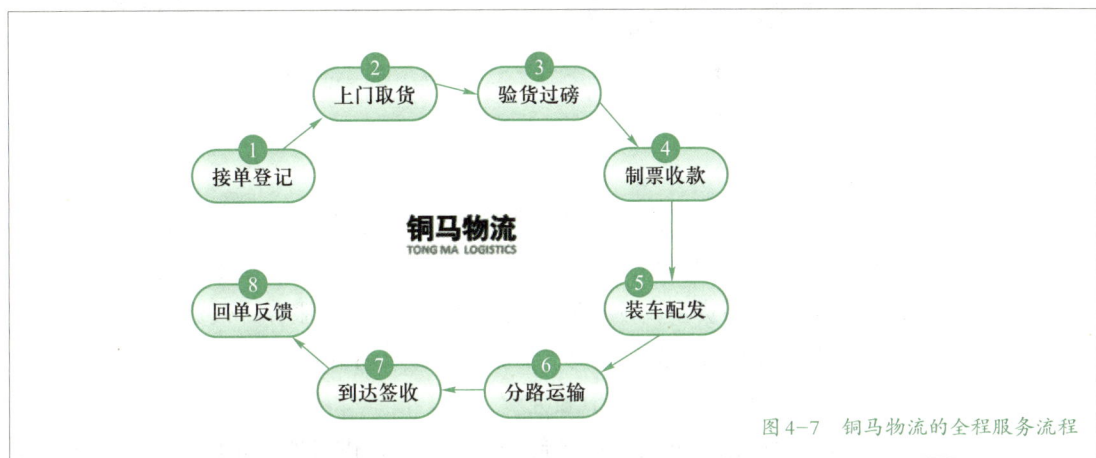

图4-7 铜马物流的全程服务流程

6. 进行项目服务

物流企业为重大基础设施或展会、运动会等提供专门的物流服务，如为北京冬奥会运输设备，为三峡水电站运输大转轮（见图4-8和图4-9）。

图4-8 北京冬奥会主物流中心

图4-9 三峡水电站物流：运输大转轮

（二）物流增值服务的发展途径

1. 仓储型增值服务

仓储型增值服务包括：为客户提供货物检验（见图4-10）、安装组装、简单加工服务，重新包装和产品组合服务（见图4-11），打价格标签或粘贴条形码服务，低温冷藏等特殊服务，存货查询服务，以及建立缓冲仓库等。

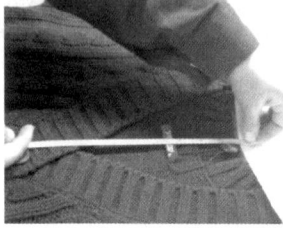

图4-10　货物检验服务　　　　图4-11　重新包装和产品组合服务

2. 配送型增值服务

配送型增值服务包括：物流费用结算和代收货款服务；根据商品进货、出货信息预测未来的商品出入库量和市场需求的服务；物流系统设计咨询服务，作为物流专家为货主设计物流系统；合作伙伴评价服务，代货主评价运输商、仓储商及其他物流服务供应商；物流教育与培训服务；协同配送服务等。

3. 国际货运代理型增值服务

国际货运代理型增值服务包括：为客户提供订舱（租船、包机、包舱）、托运、仓储、包装、监装、装卸、集装箱拼装拆箱、分拨、中转及相关的短途运输服务；报关、报检、保险服务；内向运输与外向运输的组合服务；多式联运、集运的物流一体化服务（见图4-12）；维护、维修等相关的物流操作服务；货运代理设计服务；货运代理咨询服务；情报信息服务；在线追踪采购订单、集装箱服务。

图4-12　国际货运代理型增值服务：多式联运和中转运输服务

4. 物流咨询增值服务

物流咨询增值服务主要包括：制定战略规划，组织结构与制度设计，物流市场调查，营销策划与管理，企业诊断，物流人才的培训与管理等。

5. 金融增值服务

物流服务中的金融增值服务包括：仓单质押融资服务，货物质押融资服务，信用担保融资服务等。

6. 承运人型增值服务

承运人型增值服务包括：全程追踪服务，电话预约服务，车辆租赁服务等。

7. 信息型增值服务

信息型增值服务包括：向供应商下订单，并提供相关财务报告；接受客户订单，并提供相关财务报告；运用网络技术向客户提供在线数据查询和在线帮助服务。

（三）为客户提供增值服务的路径

1. 借助先进技术，实现增值服务

先进技术能够大大提高效率，为客户带来增值服务。如借助无线互联网技术、射频识别技术、自动引导小车技术、搬运机器人技术、电子识别和电子跟踪技术、智能交通与运输系统集成技术、线路优化技术等，都能提高物流运作效率。

2. 借助信息资源，实现增值服务

基于信息技术应用产生的大量信息资源，是向客户提供增值服务的强有力支撑。信息技术支撑的信息系统能够实现与客户的高效沟通、互动，而信息系统积累的信息资源能够为客户提供有价值的信息服务，实现物超所值。

3. 对症下药，提供一体化的物流解决方案

我国物流企业大多是从传统的储运、货代企业转型过来的，擅长运作单项服务内容，但缺乏将多个单项服务内容有机组合起来的经验。这客观上要求物流企业尤其是第三方、第四方物流企业向一体化物流解决方案供应商转变，能够站在供应链全局的高度为客户提供量身定做的物流解决方案，并通过专业经验、技能、商业资源与信息技术的整合应用，为客户提供个性化的解决方案。

4. 借助金融服务，实现增值服务

目前，融资难仍是制约中小企业发展的瓶颈。一旦供应链资金紧张，相关企业的运行就很困难。有实力的物流企业提供的物流金融、供应链金融、物流产业金融等服务，成为物流供应链中重要的增值服务。

社会担当

绿色物流、低碳生活，顺丰打造可持续发展的供应链服务

自2020年开始，顺丰在全国大中城市启动"'箱'伴计划""'益'起'纸'造美好"活动，投放了数十万个限定版创意快递纸箱，激发用户动手对旧纸箱进行改造，传递变"废"为宝的环保理念。快递纸箱的内侧设计了示意线条，客户按照提示把快递箱拆开平铺，沿着示意线裁开，很快就制作成一个置物架。

低碳环保，既要传递理念，更要有实际行动。

在绿色包装方面，顺丰研发了标准循环箱、集装容器、循环文件封等多种循环快递容器，通过搭建顺丰循环运营平台进行数据管理，积极联合各利益相关方打造快递包装循环生态圈。顺丰还启动了"丰景计划"，对包装进行技术改造，打造减量化快递绿色包装。

在绿色运输方面，顺丰持续投放新能源物流车辆，并探索天然气车辆的推广应用。同时，积极响应国家"公转铁"号召，减少干线车辆发货，并注重打造低能耗、高效率"绿色机队"。

在绿色转运方面，顺丰积极打造绿色产业园，降低快递中转对环境的污染，合理进行仓库空间布局，提高快递中转效率与节能效益。同时加强可再生能源利用，实施可再生能源计划，减少温室气体的排放。顺丰在合适的场地推进屋顶分布式光伏建设，加大清洁能源电力使用。

顺丰不仅关注自身运营中的碳排放管理，而且希望绿色价值延伸至供应链，倡导并携手上下游的伙伴和客户，成为"零碳路上的合作伙伴"。在"绿色能量"线上平台，消费者通过绿色低碳行为（如使用环保包装等）可以获得"绿色能量"，利用这些"绿色能量"可以兑换环保礼品、优惠券等，从而鼓励消费者共创低碳生活。

为推动员工绿色生活，实现个人"碳中和"，顺丰上线了"顺丰森林"应用程序，让低碳理念渗入企业文化，引导更多人参与"碳中和"，共创人类美好未来。顺丰志愿者可以在程序上测算一定时间内直接或间接产生的温室气体排放总量，通过植树造林的形式，抵消自身产生的二氧化碳排放量，实现二氧化碳"零排放"。

2021年6月5日是第50个世界环境日，顺丰当天发布了业内首份"碳目标白皮书2021"，提出在2021年基础上，在2030年实现自身碳效率提升55%，实现每个快件包裹的碳足迹降低70%，打造气候友好型快递。未来，顺丰将坚持以科技创新，持续提升自身资源利用效率，减少各业务环节的碳

排放，并期待与合作伙伴携手共进，通过科技赋能，推动行业绿色转型升级，共同承担保护地球家园的责任。

二、物流服务项目设计的方法策略

物流服务项目设计是一种创造性的活动，无固定的模式或现成的方法可循，但仍有一些常用的方法可以借鉴、参考。

（一）项目混合法

根据项目混合的形态，项目混合法可分为项目组合法和项目复合法。项目组合法就是把两个或两个以上项目相加，形成新项目。这是常采用的较简单的方法。物流企业为了适应市场需要，往往将企业自有或社会现存的几个相关项目联合相加成一个新项目，但经过组合后的项目基本上仍保留原有被组合项目的性质。例如，运输加仓储、仓储加配送、多式联运（见图4-13、图4-14和图4-15）等。项目复合法就是将两个以上的项目，根据市场需要复合形成一个新的项目。项目经过复合后可能变成性质完全不同的新项目。例如，整合物流过程而形成的电商供应链一体化（见图4-16）。

图4-13 项目组合：运输加仓储　　　图4-14 项目组合：仓储加配送

图4-15 项目组合：多式联运

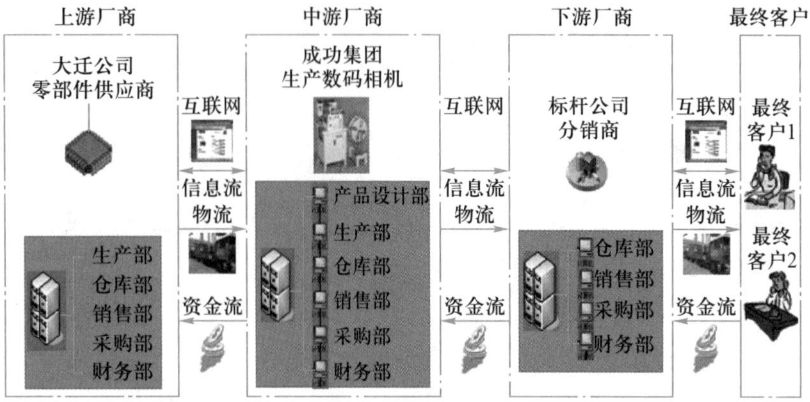

图4-16 项目复合：电商供应链一体化

（二）比较分析法

比较分析法是指项目设计者通过对自己掌握或熟悉的某个或多个特定项目（既可以是典型的成功项目，也可以是不成功的项目）进行纵向分析或横向联想比较，从而挖掘和发现项目投资的新机会。比较分析法是将现有项目从内涵和外延上进行研究和反复思考，因而比项目混合法要复杂些，而且要求项目设计者具有一定的思维深度，掌握大量有价值的信息。

（三）集体创造法

一个成功的项目设计涉及的问题和因素很多，需要广博的知识、大量的商业信息，以及多方向、多层次的思维。因此，单靠个人往往很难顺利地完成项目设计。发挥集体的力量，依靠群众的智慧进行项目设计就成为项目设计的必由之路。集体共同创造，可以扬长避短；不同思维观点相互交织碰撞，可以相互启发，从而取得完善的项目设计方案。集体创造法通常包括如下几种：头脑风暴法、多学科法、集体问卷法、逆向头脑风暴法、创新法（包括信息整合创新、聚集式创新、发散式创新、逆向式创新）。

（四）现代化法

现代化法是指在迅速变化的高科技时代，不断在原有的服务线或服务项目中增加现代化因素，如收货短信通知、车辆跟踪定位、无线互联网技术、射频识别技术等，提高物流效率，方便客户。

（五）差异化法

差异化法是指物流企业在提供物流服务的过程中，通过服务品质、服务创新、服务特性、品牌塑造、配销通路等体现服务项目或企业的独到之处，为物流客户提供别具一格的物流服务线或物流服务项目，取得差异化优势，使客户甘愿接受较高的价格。这就是人们通常所说的"人无我有，人有我精，人精我新"。实现物流服务差异化的方法如表4-3所示。

表4-3 实现物流服务差异化的方法

差异类别	举例
功效	隔夜达、次晨达、定日达、精准卡航
客户定位	顺丰速运对地方公司实行直接管理，在丢失率和破损率等关键指标上远低于其他快递公司，逐渐获取并稳固了快递市场中的高端客户群体
服务对象	顺丰速运尽量只接信函和小件这样的"零售"包裹，少接那些"批发"的大件
服务内容	在基本服务内容和增值服务内容上表现差异
服务流程	大学新生开学或毕业生离校时，一些托运公司等客上门，但宅急送却率先提出"上门为学生服务"
服务人员	一些快递公司可能在人才市场上招几个员工就能开张，而规范的公司却要聘用受过良好训练的人才服务客户，而且选派高素质、高级别的服务人员为重要客户服务
服务工具外形	通过对服务过程中使用的仓库、车辆、标志、颜色等进行差异化设计，区别于其他物流企业
服务中使用的工具、材料	一些企业率先使用可回收材料制成的新托盘、可折叠的货架、绿色包装材料等
营销策略	在价格策略、分销策略、广告宣传策略、门店环境策略、人员推销策略、公共关系策略等方面体现不同
品牌	通过服务品质、服务特性彰显品牌形象
价格	对高端客户收取高价，对中低端客户收取低价
文化	管理规范的快递公司倡导清廉文化，确保客户货物的安全性
服务环境	服务网点的位置、装修的档次、服务的温馨程度不同，导致客户体验不同
服务渠道	国内大多数快递公司利用加盟制来实现营业网点扩张，而顺丰速运和中国邮政则利用自己的直营网络，宅急送则形成"内网＋外网"的网络结构
服务标准	一些大型物流公司有自己的服务标准，而一些小型物流公司可能根本就没有服务标准，不同员工的服务差异很大
服务手段	传统物流公司的服务手段较原始、单一，而现代物流公司的服务先进且综合，手段多样

三、物流服务项目设计的战略策略——"绿化"策略

社会担当

中外运不断践行绿色发展理念

中国外运股份有限公司（简称"中外运"）成立于2002年，2019年在上海证券交易所上市，是招商局集团有限公司（简称"招商局"）控股的子公司，物流业务的统一运营平台和统一品牌。中外运以打造世界一流智慧物流平台企业为愿景，聚焦客户需求和深层次的商业压力与挑战，以高效的解决方案和优质的服务持续创造商业价值和社会价值，形成了以专业物流、代理及相关业务、电商业务为主的三大业务板块，为客户提供端到端的全程供应链服务方案。

中外运顺应经济社会发展趋势，坚持可持续发展，促进企业、社会与环境的和谐发展，积极履行社会责任。2021年，中外运进一步完善了董事会领导下的环境治理结构，并将环境治理融入企业日常经营管理中。

中外运始终严格遵守空气污染治理、污水排放、能源消耗、废弃物处理等相关法律法规，严控污染物排放，避免造成环境污染。同时，深入实施以智慧物流推动绿色发展战略，贯彻党的二十大报告提出的"坚持可持续发展，坚持节约优先、保护优先、自然恢复为主的方针，像保护眼睛一样保护自然和生态环境，坚定不移走生产发展、生活富裕、生态良好的文明发展道路"，严防生态环境风险，杜绝环境污染事件，强化节能减排，有力推进可持续发展。

2021年，中外运建立了以董事会为治理层，节能减排工作领导小组为管理层，各相关部门及子公司为执行层的三级节能减排监管架构，扎实推进节能环保工作体系化、制度化和规范化。

管理创新

安徽天长建成国内首个低碳物流园区

在皖江示范区"两翼"之一的滁州市天长市汊涧镇境内，建成了国内首个低碳物流园区——安徽益民低碳物流园区。该园区规划首次提出"低碳物流园区"的概念，并融入园区的功能设计，按照低碳标准对道路、运输、仓储、包装、建筑、办公、照明、绿化、水循环、屋顶设计等各个环节进行有针对性的规划设计，对于节能降耗、提高经济运行质量和推动物流行业绿色发展，具有重要的现实意义。

问题：

1. 通过益民低碳物流园区的实践，你是如何理解物流企业的绿化策略的？

2. 实施绿化策略的中国物流企业多吗？为什么？

3. 你所在城市或附近有无绿化策略实施得比较成功的物流企业？举例说明其具体绿化策略措施。

物流服务绿化策略，即物流企业提供的是绿色物流服务，实现绿色物流营销。绿色物流是指在物流过程中抑制物流对环境造成危害的同时，实现对物流环境的净化，使物流资源得到充分的利用，实现经济效益、社会效益和环境效益的统一和可持续发展。绿色物流以绿色消费为前提，以绿色观念为指导，以绿色法制为保障，以绿色科技为支撑。绿色物流也能够增强服务的竞争力，提高物流企业的经济效益，提升企业形象和品牌知名度（见图4-17）。

图 4-17　绿色物流已经成为众多物流企业的追求和一种社会行动

绿色物流包括物流作业环节和物流管理全过程的绿色化。从物流作业环节来看，包括绿色包装、绿色运输、绿色装卸、绿色流通加工、绿色仓储、废弃物循环物流等。从物流管理全过程来看，主要是从环境保护和节约资源的目标出发，改进物流体系，既要考虑正向物流环节的绿色化，又要考虑供应链上的逆向物流体系的绿色化。

物流企业要实现物流服务绿色化，可以通过八个策略来实现。

（一）集约资源策略

绿色物流的本质就是集约资源。集约资源也是物流业发展的主要指导思想之一。通过整合现有资源、优化资源配置，物流企业可以提高资源利用率，减少资源浪费。

（二）绿色包装策略

绿色包装可以分解为包装材料的绿色化（如尽量采用可降解材料制成的包装）、包装方式的绿色化（尽量合理简化包装）、包装作业过程的绿色化（包装模数化、包装的大型化和集装化、采用通用包装和周转包装、对包装材料梯级利用和对废弃包装物再生处理、开发环保包装材料和包装器具）。绿色包装可以提高包装材料的回收利用率，有效控制资源消耗，避免环境污染。

（三）绿色运输策略

运输过程中的燃油消耗和尾气排放，是物流活动造成环境污染的主要原因之一。实施绿色运输策略可以从四个方面入手：一是采用绿色运输方式，尽量减少公路运输的比例；二是采用环保型运输工具，采用节能型或使用清洁燃料的动力机车，注重对运输车辆的养护，减少能耗及尾气排放；三是构建绿色物流网络，在对运输线路合理布局与规划的基础上，通过缩短运输路线、提高车辆装载率等措施，减少无效运输，实现节能减排；四是采用绿色货运组织模式，如采用甩挂运输，实施共同配送，采取复合一贯制运输方式，尽量采用第三方物流，降低车辆出动次数和行驶里程。

（四）绿色仓储策略

绿色仓储策略主要包括两方面：一是仓库合理选址，以利于节约运输成本；二是仓储科学布局，使仓库得以充分利用，实现仓储面积利用的最大化，减少仓储成本。

（五）绿色流通加工策略

在流通加工的分散切割、计量、分拣、组装、价格贴付、标签贴付、商品检验等环节中，可以通过三方面的措施实现绿色流通加工：一是变消费者加工为专业集中加工，以规模作业方式提高资源利用效率，减少环境污染，如冷冻仓库集中帮助屠宰场进行生肉切割、包装，以减少分散切割、包装带来的能源浪费和空气污染；二是集中处理消费品加工中产生的边角废料，以减少消费者分散加工造成的废弃物的污染，如净菜配送公司通过对蔬菜集中加工，可减少居民分散加工导致的垃圾丢放及相应的环境治理问题；三是合理设置流通加工中心，减少运输和配送成本。

（六）绿色装卸管理策略

实施绿色装卸管理策略主要包括：在装卸过程中进行正确装卸，避免因货品的损坏造成资源浪费及废弃物污染；消除无效搬运，提高搬运的有效性，合理利用现代化机械，保持物流的均衡顺畅。

（七）废弃物循环物流策略

废弃物循环物流策略主要包括：建立废弃物的分类收集、运输、包装与存储、回收加工及最终处理链条，加速废弃物的处理。

（八）绿色信息策略

物流企业应围绕绿色物流，及时收集、整理、储存、利用相关信息，促进物流服务和物流营销的绿色化。

在具体的执行策略上，物流企业还可以积极参与 ISO 14000 环境管理体系标准认证，用国际标准来规范自身的物流行为，塑造绿色物流形象，进而增强在国际市场上的竞争能力。广州新邦物流有限公司是我国国内最先开始实施 ISO 14000 环境管理体系标准认证的第三方物流企业。

四、物流服务项目设计的路线策略

（一）领先策略

领先策略是指物流企业在激烈的竞争中采用新理念、新原理、新技术优先开发全新物流服务项目，先入为主，抢占市场先机。

领先策略开发的物流服务项目大多属于原创设计。领先策略的项目开发投资数额大，研发工作量大，新物流服务项目实验时间长。

（二）超越自我策略

超越自我策略是指物流企业在自己已有物流服务项目的基础上进一步创新、改进物流服务项目。

超越自我策略要求物流企业注重研究消费需求和原有物流服务项目，拥有超越自我的气魄和勇气，并拥有强大的技术和研发团队作为支撑。

（三）紧跟策略

紧跟策略是指物流企业钊对市场上已有的物流服务项目，进行仿造或局部的改进、完善或创新，但基本原理和结构与已有服务相似。

采用紧跟策略的物流企业跟随既定物流服务项目的先驱者，以求用较少的投资得到成熟的定型服务，然后利用其特有的市场或价格方面的优势，同早期开发者进行竞争。

（四）补缺策略

物流市场上总存在未被满足的需求，为一些物流企业留下了发展空间。这就要求企业详细地分析市场上现有消费者的需求，从中发现尚未被满足的需求，开发适合这类需求的物流服务项目。

任务实施 <<<<<<<<<<<<<<<<<<<<<<<<<<<<<<<<<<<<<<<<<<<<<<

任务背景：

迅达物流经过详细的市场调查，决定进入某省的商务信函快递市场或冷链物流市场。但进入细分市场后提供什么样的物流服务，市场上已经有什么样的服务，公司高层想了解得详细、深入一些，并在此基础上提出自己的物流服务项目。公司决定与学校开展合作，进行项目外包。学校物流管理专业承担这个任务后，决定组织学生成立相应的项目团队，在深入调查的基础上完成物流服务项目设计任务，撰写物流服务项目开发策划书。

任务分析：

要完成物流服务项目开发策划书，就要了解物流服务和物流服务项目的特征和种类，分析物流服务项目开发的必要性和可行性，并按照物流服务项目开发的方式、方向和流程，结合物流服务项目的开发策略，设计、策划新的物流服务项目，在此基础上撰写物流服务项目开发策划书，并制作、演示PPT，向他人介绍、展示新的物流服务项目。

任务流程：

本项目任务流程如图4-18所示。

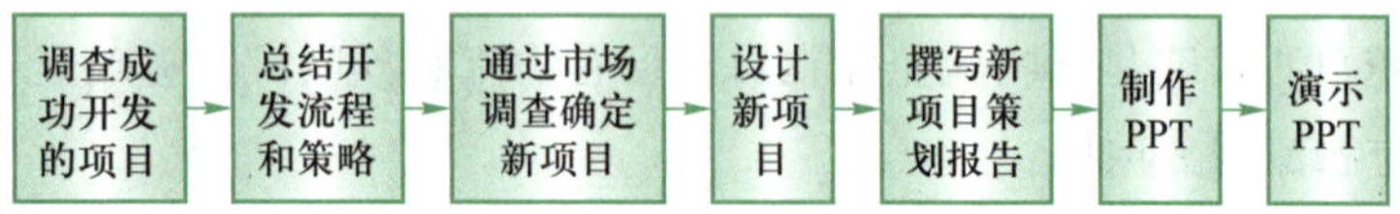

图4-18 新物流服务项目开发策划任务流程

任务要求：

根据熟悉程度，自愿选择调查商务信函快递市场或冷链物流市场。选择同一市场调查的学生按每组4~6人分组，并选出项目经理。

任务成果样本：

顺丰速运2022年预制菜寄递服务项目开发方案

预制菜是指以农、畜、禽、水产品为原料，并配以辅料，通过预处理而制成的成品或半成品，通常采用冷冻或真空等方式进行包装保存，只需简单烹饪便可轻松享用。

1. 顺丰速运2022年预制菜寄递服务项目开发背景

（1）从消费者的角度看。近年来，随着生活节奏日益加快，家庭结构逐渐小型化，我国居民用餐需求逐步向便捷化发展。预制菜简化烦琐的买菜、洗菜、切菜、烹饪等各种步骤，既融合了品质，又融合了口感，较为适合当下年轻消费群体的生活方式和消费习惯。与此同时，疫情等因素也激发了居民自己下厨的需求，迫使传统餐饮企业寻求新的增长点。在这样的背景之下，烹调方便、省时省力的预制菜受到了越来越多消费者的欢迎，行业发展势头迅猛。

（2）从餐饮企业的角度看。预制菜可以减少餐饮企业的人工成本，提高出餐效率，保证口味稳定，提升食品安全质量保障水平。另外，随着近年来餐饮业劳动力和租金成本的增加，对B端的需求越来越强劲。由于具备较高的标准性和便捷性，预制菜市场逐渐火热。2022年中国预制菜市场规模达4 196亿元，其中80%是B端市场，未来五年有望达到万亿规模。预制菜已成为饭店和餐饮企业扩大盈利空间、提高市场竞争力的新引擎。

（3）从技术的角度看。随着保鲜技术的快速发展，以速冻为代表的冷链物流的发展和以中央大厨房为代表的区域配送中心的日益成熟，预制菜在技术上已经没有实质性的技术障碍，但处于起步期的预制菜行业也面临着不容忽视的痛点和挑战。首先，预制菜从技术研发到设备生产都难以实现集约化、集成化，以致运营成本难以下降。其次，预制菜商品的有效期较短且订单分散，导致冷链运营成本提高，单一仓储难以满足多场景化的配送需求。此外，预制菜需要冷链运输，对温度控制要求很高，稍有疏忽，就会造成食品安全隐患，运输时间和储存温度也会影响预制菜的口味。

（4）从国家政策上看。自2023年1月8日起，对新型冠状病毒实施"乙类乙管"，国家需要稳经济、稳就业、促发展、促消费。随着各项助企纾困政策的落地实施和消费市场的复苏，我国餐饮行业需要积极转变经营理念，不断修炼内功，大力创新产品和服务，特别是围绕健康养老、外卖外送、年轻群体居家消费等新趋势，围绕服务乡村振兴、发展特色产业的国家战略，推动预制菜消费需求快速增长。

2. 市场调查识别客户群体

顺丰速运为顺利进入预制菜寄递服务市场，开展了市场调查。调查发现，有预制菜寄递服务需求的主要是三类人群。

第一类是30~50岁的女性。现代城市生活节奏快、工作压力大，即便是朝九晚六，到家后也没有充裕的时间烹饪口味丰富的菜肴。既想要吃得好，又想要吃得健康，还不想要麻烦的烹饪，标准化制作的预制菜就成为这类人群的选择。

第二类是60岁以上的老年人。这类人群有一个特点：线上不活跃，线下"抢破头"。他们每天做饭很麻烦，但又没有养成点外卖的习惯，于是超市的预制菜就成为他们的首选。

第三类是B端商家。传统餐饮企业的菜品初加工、调味、烹饪，都是在终端厨房进行的。这些操作如果难以标准化，不仅效率低下，而且成本较高。而使用预制菜，不仅能够减少后厨员工数量、缩减后厨面积，并且基于集中采购与损耗降低等优势能有效节约成本，还能满足顾客的口味、营养和就餐体验需求。例如，海底捞旗下的蜀海供应链，不仅有底料加工厂，还有食品加工和蔬菜基地，生产出来的预制菜品，不仅满足自身的业务需要，还能服务外部的餐饮连锁门店。而西贝莜面村推出的"到家功夫菜"，三十多道菜都是做熟后速冻到-40 ℃的环境中，二次加热后仍然能够最大程度还原菜品口感。预制菜味道好坏各有各的说辞，但是安全、高效是有保证的。

3. 深入调研识别客户需求

30～50岁的城市女性对预制菜品寄递服务的需求比较稳定，但大部分人通过就近采购的方式实现，不需要寄递服务。

目前60岁以上老年人线上采购不活跃，但未来采用线上采购、需要寄递服务的比例会稳步上升。

有鉴于此，顺丰速运把目前自己的业务突破口寄托在B端商家。作为试点，顺丰速运在多个省市以饭店、餐饮协会为平台，参与当地的预制菜供需对接会。

4. 根据B端客户需求，以技术创新和品牌底蕴设计预制菜寄递服务项目

2022年8月26—28日，第四届齐鲁厨师艺术节暨首届山东预制菜供需对接会在烟台举行。顺丰速运在本次活动上发布了2022年预制菜寄递行业解决方案，打通预制菜产业的全链路，解决行业痛点，助力山东预制菜行业高质量发展。

顺丰速运以一体化、全场景物流解决方案帮助打造新鲜安全的预制菜。具体包括以下两方面：

（1）为了让消费者吃上新鲜、安全、美味的预制菜，并促进餐饮行业健康、可持续的发展，顺丰速运加大资源投入，首创行业全链路、一体化物流解决方案，打造食品溯源系统和全程仓储运输温湿度实时可视化监控系统，实现从"菜篮子"到"菜盘子"。

（2）针对预制菜的行业痛点，顺丰速运打造了统仓共配和B2C全渠道一盘货两大解决方案：统仓共配解决方案可通过统仓多温串点共配、智能排线及全程实时温控，实现多商家、多商圈共同运作；B2C全渠道一盘货解决方案则可实现全渠道库存共享，统仓运作，统一入库、存储、分拣、打包、配送，加快商家库存周转速度，缓解库存压力并降低备货成本。

5. 顺丰速运新鲜安全的预制菜一体化、全场景物流解决方案的优势

顺丰速运推出专业的预制菜寄递方案，及时解决制约行业发展的物流痛点，助力餐饮企业实现高质量发展，并进一步打开乡村振兴的新局面。

目前，许多菜品烹饪过程复杂，导致餐饮企业出餐速度和翻台率均不高，这严重影响了消费者的就餐体验。预制菜可以大幅度缩减备餐工序和时间，减少消费者等待时间，提高顾客满意度。顺丰速运围绕预制菜产品供应链需求，打造专属预制菜寄递服务，有助于餐饮企业充分发挥预制菜的优

势，减少厨房面积和人员数量，通过供应链转型赋能实现降本增效，在租金及人力成本不断上涨的背景下，赢得市场竞争优势。

此外，预制菜串联起上游原材料产地，中游加工处理厂和下游消费者，是推进一二三产业融合发展和实体产业振兴的重要载体，是实现农业高附加值发展的有效路径，也是农民"接二连三"增收致富的新渠道，对促进消费升级和乡村振兴具有重要意义。

顺丰速运为什么选择在山东打响自己全国预制菜寄递服务的第一枪？因为山东是我国重要的产粮区，同时鲁菜是八大菜系之一，享誉全国，使得山东在发展预制菜方面拥有天然的优势。山东省政府高度重视预制菜产业发展，明确提出支持预制菜等特色产业发展。作为山东预制菜的重要合作伙伴，顺丰速运积极接洽当地饭店、餐饮协会，深耕鲁味特色菜系及预制菜品的物流服务业务，入驻并参与山东预制菜展洽会，与当地大型酒店、知名菜系品牌、预制菜生产加工及流通企业建立联系，推动物流配套合作洽谈，布局线上寄销、直播寄销等多场景的配送服务，并同步完成配套仓储及冷链物流模式落地实施，可直接承接预制菜的店配、城配，以及线下大宗批发商品的物流运输。

6. 顺丰速运大力推广新鲜安全的预制菜一体化、全场景物流解决方案

为了推广这项新业务，顺丰速运实施"全民皆兵"策略：每一名员工都是市场开发员。顺丰速运不仅给快递员先行确立了激励机制，从事其他业务的员工也可以投入到小件业务的拓展之中。

未来，顺丰速运将继续发挥在冷链资源、仓储运输等方面的优势，深耕预制菜行业，以山东预制菜为参照，帮助全国各地打造预制菜区域性品牌，让更多的消费者能够品尝到具有地方特色的美味预制菜，并为促进当地产业升级和乡村振兴做出更大的贡献。

技 能训练 <<<<<<<<<<<<<<<<<<<<<<<<<<<<<<<<<<<<<<<<<

实训项目：物流服务项目开发实训

本章的实训项目是在调查同类物流服务项目的基础上设计出新的物流服务项目，形成物流服务项目设计方案，并制作和演示PPT。

实训目标：

通过实训，学生应能够根据物流服务项目的开发方向和开发策略，设计物流服务项目，撰写物流服务项目设计策划书并制作和演示PPT。

环境要求：

（1）调查环境要求。物流企业或校外实习基地企业（学生自行联系允许

调查的物流企业；不能找到允许调查的物流企业的学生，由教师为其安排并联系好校外实习基地企业）。

（2）课堂环境要求。拥有45套计算机和桌椅的实训室（能够上网查阅资料，有多媒体）、一台教师用计算机和投影系统。

情境描述：

迅达物流公司一直做传统运输，企业目前发展稳定，积累了一定的资金和资源，但是感觉到需要拓展新业务，有开发新服务的意愿。请利用所学物流服务项目开发相关知识，为企业制定物流新服务项目设计方案，并组织实施。

工作流程：

如图4-18所示。

操作步骤：

（1）收集市场上类似物流服务项目的资料、拟开发物流新服务项目的企业的背景资料。

（2）在背景资料和调查目标明确的基础上，拟定调查提纲。

（3）以电话、邮件等方式与相关企业物流营销部门进行接洽，落实调查时间、地点、对方接待人员及联系方式等。

（4）企业实地调查，明确类似物流服务项目开发的背景、消费者的需求特征、项目设计的流程和关键细节、项目推广策略和推广结果。

（5）进行必要的资料补充，形成一个完整的物流服务项目设计策划书，包括：类似物流服务项目的对比研究；从增值策略、方法策略、战略策略、路线策略四方面评价原有的物流服务项目设计；提出新物流服务项目设计思路和创新点，并形成一个较完整的策划方案。

（6）制作PPT。

（7）上台汇报。

（8）学生交流收获和教师点评。

（9）学生进一步修改完善物流服务项目设计策划书和PPT。

注：（1）～（6）、（9）在课堂外完成。

注意事项：

（1）外出调查要注意人身安全，必须结队成行。

（2）调查前必须制订调查计划，明确信息渠道、调查对象、调查方法、调查工具和调查方式等。

（3）收集的调查资料和数据应完整、可靠。

（4）案例应完整，并附带案例评析和经验总结。

（5）新物流服务项目设计思路应有所创新。

（6）物流服务项目设计策划书应按照规范的格式排版，有封面、摘要和关键词、目录、正文、结语、参考文献、附录等完整的框架。

（7）PPT应多利用图、表，少堆砌文字，具有概括性、逻辑性等特征，并注意字体、色彩的搭配和美观。

（8）PPT演示前先要自己设定演示时间，多次演练，确保不超时。

（9）演示应分工，有人操作，有人演讲，演讲者应非常熟悉演示内容，争取讲得流利、自信。

实训报告：物流服务项目开发报告

（1）绪论。介绍物流服务项目策划背景、设计时间、开发人员、进度安排；为进行新项目策划而调查的范围、时间、对象、方法和资料处理手段、工具、方式，经费预算等。

（2）目前已有的同类物流服务及其优缺点分析。介绍同类物流服务项目的名称、开发企业、存在的主要优缺点等，并从增值策略、方法策略、战略策略、路线策略四方面评价原有设计。

（3）新物流服务项目。提出新物流服务项目设计的思路，介绍新物流服务项目相对于已有同类服务项目的独特之处、面向的新细分市场或新客户群。

（4）物流服务项目开发的主要策略。介绍在开发过程中体现或应用的增值策略、方法策略、战略策略、路线策略。

（5）结论和建议。完成新物流服务项目的设计，形成一个比较完整的策划方案，并提出营销建议和未来展望。

（6）参考文献。按照学术规范，列出必要注释和参考文献。

（7）附录。

（8）致谢。

同步测试 <<<<<<<<<<<<<<<<<<<<<<<<<<<<<<<<<<<<<<<<<<

一、单项选择题

1.（　　）物流服务项目是指项目环境、条件和活动等方面不确定性很低的物流服务项目，这种物流服务项目的风险性很小。

　　A. 开放性　　　　　　　　　　B. 半开放性

　　C. 封闭性　　　　　　　　　　D. 半封闭性

2.（　　）是指面对客户的物流需求，物流企业从可能的物流项目方案中选出一种项目方案来满足这种需求。

　　A. 进行项目构思　　　　　　　B. 识别服务项目

    C. 选定服务项目　　　　　　　　D. 完善项目方案

3. (　　) 是指物流企业在自己已有物流服务项目的基础上进一步创新、改进物流服务项目的策略。

    A. 领先策略　　　　　　　　　　B. 超越自我策略

    C. 紧跟策略　　　　　　　　　　D. 补缺策略

4. (　　) 是一种为创造和提供特定物流服务作业而在既定资源约束下开展的一次性和独特性的物流服务工作。

    A. 物流服务运营　　　　　　　　B. 物流服务项目

    C. 物流服务操作　　　　　　　　D. 物流服务工作

5. 物流活动的基本服务不包括 (　　)。

    A. 包装　　　　　　　　　　　　B. 流通加工

    C. 装卸搬运　　　　　　　　　　D. 储存保管

二、多项选择题

1. 一个完整的物流服务项目开发的流程，大致要经过识别客户需求、识别服务项目、(　　　　　) 等阶段。

    A. 进行项目构思　　　　　　　　B. 选定服务项目

    C. 完善项目方案　　　　　　　　D. 物流项目开发

2. 物流服务项目设计的策略包括 (　　　　　)。

    A. 增值策略　　　　　　　　　　B. 方法策略

    C. 战略策略　　　　　　　　　　D. 路线策略

3. 物流增值服务的设计方向主要包括 (　　　　　)、提供全程服务和进行项目服务。

    A. 增加便利性　　　　　　　　　B. 加快反应速度

    C. 降低服务成本　　　　　　　　D. 开展延伸服务

4. 物流服务项目设计的路线策略包括 (　　　　　)。

    A. 领先策略　　　　　　　　　　B. 超越自我策略

    C. 紧跟策略　　　　　　　　　　D. 补缺策略

5. 物流企业实现物流服务绿色化的策略包括集约资源策略、(　　　　　)、绿色运输策略、绿色装卸管理策略、废弃物循环物流策略。

    A. 绿色包装策略　　　　　　　　B. 绿色仓储策略

    C. 绿色信息策略　　　　　　　　D. 绿色流通加工策略

第五章 物流目标客户开发

【素养目标】

● 在物流目标客户开发的过程中，培养与不同个性的客户融洽沟通的职业素养

● 在巩固物流老客户的过程中，培养细心观察、勤于思考的职业素养

● 在投标争取客户的过程中，注重标书的细节处理，树立强烈的时间观念，学会合法维权

【知识目标】

● 掌握开发物流新客户的流程与方法

● 掌握巩固物流老客户的流程与方法

● 熟悉物流项目招投标的过程与标书的制作方法

【技能目标】

● 能够在调查的基础上撰写物流新客户开拓方案，并根据方案，运用开拓物流新客户的流程与方法，实施新客户开拓

● 能够在调查基础上撰写物流老客户维护方案，并根据方案，运用巩固物流老客户的流程与方法，进行有效跟踪、投诉处理、客户关系维系，以巩固物流老客户

● 能够熟练制作标书并进行投标

【思维导图】

```
                                        ┌── 开发物流新客户的流程
                            ┌─ 开发物流新客户 ─┤
                            │                  └── 开发物流新客户的基本方法
                            │
                            │                  ┌── 巩固物流老客户的流程
  物流目标客户开发 ─────────┼─ 巩固物流老客户 ─┤
                            │                  └── 巩固物流老客户的基本方法
                            │
                            │  以投标方式获得    ┌── 制作物流服务项目标书
                            └─  物流客户     ───┤
                                                └── 物流服务项目投标
```

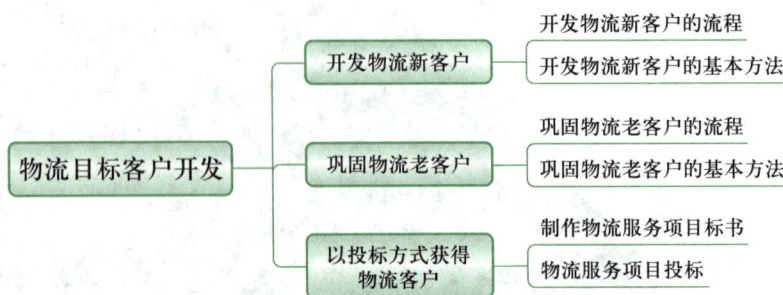

物流企业在市场调查、市场细分的基础上，根据客户需求设计出物流服务项目，接下来最重要的任务就是与客户沟通交流，或以投标方式确定物流客户，获得订单。物流企业营销人员既要与老客户交流，维系老客户，又要不断开发新客户，同时要注意通过投标方式获得订单。

第一节　开发物流新客户

引导案例

极兔的客户开发

极兔速递有限公司（简称"极兔"）进入中国时，借助资本力量，与强大的合作方联手，敢于忍受巨额亏损低价竞争，从2020年3月起的零基础到2021年1月突破两千万订单，只用了十个月，成为国内订单量第六的快递公司。但单量遇到瓶颈，传统合作伙伴拼多多开始扶持其他快递公司，补贴被政府限制。情急之下，极兔通过并购破局。2021年9月，极兔以约68亿元的价格收购百世集团中国快递业务。2022年前5个月，极兔单量在3 500万~3 700万单之间徘徊。6月，其业务量峰值到达4 000万单，短暂超过申通快递，成为全国第四，形成目前中国快递领域的"一顺三通一达一兔"格局。

业务量的猛增，表明极兔收购百世快递国内业务完成"两网融合"，客户开发取得了成功。

补贴是抢夺客户和订单的有效方法。极兔进入中国前储备了80亿元现金，除了对基础设施的投资，大部分资金都被用于补贴发件人，以更低的价格寄件。极兔投入大量补贴，在不同地区以低于当地快递30%~50%不等的价格揽收快件抢夺客户，在浙江义乌等快递主产区一度创造了最低价格0.8元发往全国，通过渗透定价策略实现了最快的客户增长。

在潜力市场设置专门的市场开发人员，实现一对一贴身服务。为了争夺更多的客户，在浙江、广东等产粮区，极兔网点开始增设专门的市场开发人员，实现一对一客户跟踪，了解客户需求，制定差异化合作方案，进而实现"两网融合"后新极兔规模效应的最大化。

同时，在"服务体验、时效、差异化产品成为新竞争要素"的大环境下，极兔速递始终坚持质与量并行。融合后的新极兔网点开始恢复早会和周会复盘，更加注重服务质量，从数据来看，近几个月来，极兔在国家邮政局申诉平台的申诉率持续低于行业平均水平，已进入"稳量求质"阶段。

但在争取新订单上，极兔并不比竞争对手们更有优势。顺丰速运和京东物流在时效和服务上占据优势，中通快递和圆通速递在网络、成本结构、产品多样性、交付体验上优于极兔，极兔目前提供的产品依然局限于经济型快递服务。

引导问题：

1. 极兔的客户开发主要从哪几个方面展开？
2. 极兔的客户开发效果如何？
3. 服务质量的提升将对极兔的客户开发产生怎样的影响？

成功开发新客户应把握流程和方法两个方面。

一、开发物流新客户的流程

新市场、新客户的开发是每个物流企业及营销人员必须面对和解决的现实问题。新市场开发的成效与质量的好坏，对一个企业的成长及营销人员的个人能力提升至关重要。作为一个物流营销人员，开发物流新客户应按照如图5-1所示的流程去进行。

收集客户资源 → 接近与识别客户 → 拜访与推销洽谈 → 处理客户异议 → 促成交易 → 签订合同 → 履行合同和维护客户关系

图5-1 开发物流新客户的一般流程

（一）收集客户资源

营销人员开发新市场，事前的准备非常重要，知己知彼才能百战不殆。

知己是指自己已经准备充分，谈判时才能有的放矢；知彼是指对于客户情况的掌握。常用的寻找客户的方式和方法包括以下四种。

1. 资料分析法

寻找有物流需求的客户，可通过统计资料、黄页、各类网站、专业展会、专业报纸、专业期刊等收集资料，并对资料进行分析来实现。资料分析法收集的物流客户相对广泛、数量较多。其中，行业统计资料可从国家相关部门的统计报告、行业统计数据中查找，也可以根据有关生产企业和商业企业公布的资料统计。

2. 合作伙伴推荐法

通过自己的合作伙伴推荐其客户或同行，可以获取其他有类似物流需求的客户信息。

3. 营销人员人际网络拓展法

根据六度空间理论（也称小世界理论，原理见图5-2），最多通过六个人就能够认识世界上任何一个陌生人，此即人际网络拓展原理，如图5-3所示。因此，物流营销人员可以通过自身拥有的社交网络来寻找潜在客户。在物流营销人员的熟人圈中，有些人可能需要物流服务，或者他们知道谁需要物流服务。在寻找客户的过程中，物流营销人员的任务就是沟通，让他人了解自己的工作，通过这种快速扩大的涟漪效应找到自己的潜在客户。协会、俱乐部等行业人士及展会策划人员背后有庞大的客户网，物流营销人员和他们建立密切的关系，能够迅速拓展人际网络，打开营销通道。

图5-2　六度空间理论 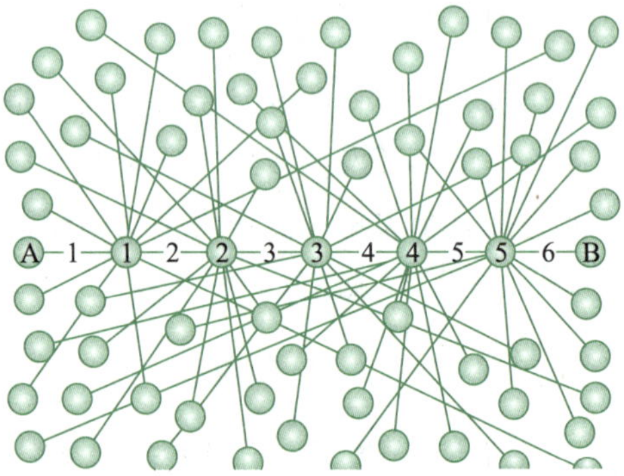　　　　图5-3　人际网络拓展原理

4. 客户主动上门获得法

受物流企业形象、声誉的影响，一些客户会慕名主动接洽、上门。物流营销人员可以记录客户的联系方式，后续跟进，获得客户详细信息。

（二）接近与识别客户

找到潜在的物流客户之后如何接近客户，接近物流客户应做些什么？接近客户的效果，一定程度上决定了物流销售的成败。所以在接近和拜访物流客户前，物流营销人员需要做好充分的准备，详细了解客户的状况，掌握物流销售重点，做到有效拜访。接近与识别客户阶段的主要工作是：物流营销人员通过网络、电话或信函等，接近物流潜在客户，收集物流客户资料；识别物流目标客户，判断是否值得进一步接触，为有效地进一步接触物流客户做准备。

物流营销的准备工作包括调查和了解客户相关信息。客户相关信息包括：采购物流服务的决策流程；关键人物的职位；客户组织结构；各种形式的联系方式；区分客户的使用部门、采购部门、支持部门；了解客户的具体使用维护人员、管理层和决策层；物流是自营还是外包；客户业务情况；客户所在行业的基本状况；竞争对手资料。这些客户背景资料可以帮助物流营销人员在拜访时设计营销方式和主题，有的放矢。

（三）拜访与推销洽谈

在了解物流潜在客户基本资料的情况下，需要深入接触客户，充分了解客户的物流需求，并针对客户需求设计物流服务解决方案。通过与潜在客户的关键人物面对面接洽，能有效了解客户的物流需求信息，因为物流服务相对而言比较复杂，通过电话或信函进行物流服务项目的推广有时不能很好地表达清楚，需要登门拜访。而在真正需要登门拜访前，首先应该明确拜访的目的，这样才能在接近客户的较短时间内有适当说辞及佐证材料，并能迅速提供相关的信息，有效地向客户传递物流服务价值。而拜访的理由主要有：① 引起客户的兴趣；② 建立人际关系；③ 了解客户目前物流的状况；④ 了解客户目前物流服务存在的主要问题；⑤ 推介本企业物流服务的优势；⑥ 介绍自己的企业；⑦ 征求同意进行进一步的调查工作，以制作建议书；⑧ 邀请客户参观展示。

以合理的理由拜访成功后，物流营销人员需要把握客户的物流需求，顺势进行物流服务的说明和展示，并提出物流服务建议。

整个拜访与推销洽谈阶段应按照开场白→指出客户需求或期望→有针对性地介绍物流服务的步骤进行。

1. 开场白

开场白的礼仪首先是问候，然后感谢客户接受拜访。开场白的关键是引起客户注意，调动客户积极性。

2. 指出客户需求或期望

依据调查资料，陈述客户目前的状况，指出客户目前期望解决的问题点或期望得到满足的需求。

3. 有针对性地介绍物流服务

在交谈中，物流营销人员需要明确客户关心什么，发掘客户的特殊需求，并有针对性、有重点地介绍自己推销的物流服务的特性及优点，强调能够满足客户的特殊需求，或解决客户的特殊问题。所以物流营销人员必须掌握将物流服务的特性转换为客户利益的技巧，具体可以分为如图5-4所示的三步。在物流服务推介时，最好运用销售辅助物，如幻灯片、成功物流策划案例、报道成功案例的报纸和杂志等。

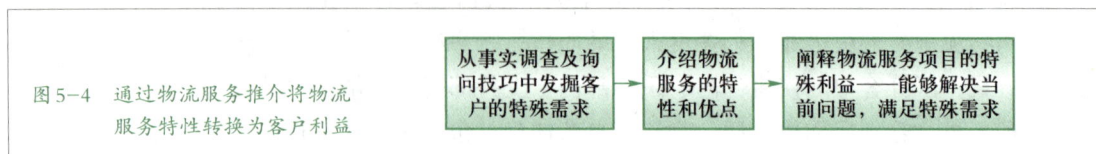

图5-4　通过物流服务推介将物流服务特性转换为客户利益

从事实调查及询问技巧中发掘客户的特殊需求　→　介绍物流服务的特性和优点　→　阐释物流服务项目的特殊利益——能够解决当前问题，满足特殊需求

从初次接触客户到切入主题的这段沟通交流的时间，需要注意三点：① 打开潜在客户的心理防线，改变客户的主观性和防卫性，先让客户产生信任感，接着引起客户的注意，然后引发客户的兴趣；② 销售商品前，先进行有效的自我介绍，让客户认可自己；③ 设计自我形象，以良好的外在形象和内在形象去开展营销。

（四）处理客户异议

在物流营销的每个环节，接触的物流客户都有可能提出异议。物流营销人员越是懂得异议处理的技巧，就越能冷静地化解客户的异议。

客户异议是指在销售过程中，客户对物流营销人员的不赞同、提出质疑或拒绝。异议可以分为真实的异议、虚假的异议、隐藏的异议三种，具体表现如表5-1所示。

表5-1　客户异议的分类和表现

异议分类	表现
真实的异议	1. "我们现在的物流供应商已经做到了两个小时内送达，你们四个小时内送达就没有什么优势了。" 2. "条形码技术能够改为RFID吗？"
虚假的异议	1. 客户找借口敷衍而不想诚意地会谈，如"我没有时间！" "这种运输服务功能不是早就有了吗？" "我马上要开会，我们以后再联系！" 2. 营销人员解说产品时，客户面带不以为然的表情。
隐藏的异议	以真实的异议或虚假的异议来争取达成隐藏异议解决的有利环境，如客户希望降价却顾左右而言他： 1. "最近你们的服务质量好像有点下降。" 2. "3月份的货损同比提高了5%！" 3. "上个月出现了三次送货不及时。你们在管理上是不是出现了问题？"

冷静分析客户的异议，能够从异议判断出客户有无需要、对方案的接受程度，从而获得更多的决策信息。异议的产生可能由客户引起，也可能由物流营销人员引起。

异议来自客户方面的原因有三种：① 理性原因，如因信息不充分或缺乏经验而理解错误；② 感性原因，如出于情感或心理上的不满或恐惧；③ 战术性原因，如通过寻找不存在的缺陷或扩大不足来进行策略性的试探。

异议来自物流营销人员可能是由于物流营销人员欠缺沟通技巧造成的。物流营销人员导致的客户异议种类及表现如表5-2所示。

表5-2 物流营销人员导致的客户异议种类及表现

序号	产生客户异议的原因	具体表现
1	无法赢得客户的好感	举止和态度让客户产生反感
2	做了夸大不实的陈述	为了说服客户而以不实的说辞哄骗客户
3	使用过多的专业术语	说明物流服务时使用过于高深的专业知识让客户认为自己无法使用
4	事实调查不正确	引用不正确的调查资料
5	不当的沟通	说太多或听太少，无法把握住客户的问题点
6	物流服务展示失败	展示失败会立刻遭到客户的质疑
7	姿态过高让客户词穷	处处与客户争辩，让客户感觉不愉快

物流营销人员在与客户交流过程中应注意聆听客户的言辞，区分异议的类型，不可用夸大不实的话来处理异议。处理异议应把握四个原则：① 与客户会面前做好充分的面对异议的准备（客户异议标准应答语的产生流程见图5-5）；② 选择恰当的时机；③ 争辩是销售的第一大忌；④ 要给客户留面子。

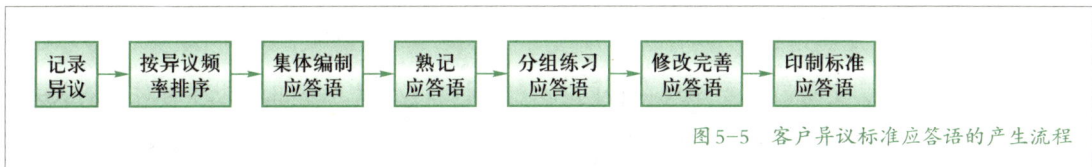

记录异议 → 按异议频率排序 → 集体编制应答语 → 熟记应答语 → 分组练习应答语 → 修改完善应答语 → 印制标准应答语

图5-5 客户异议标准应答语的产生流程

情 境再现

物流销售如何给客户留面子？

客户的意见无论是对是错、是深刻还是幼稚，物流营销人员都不能表现出轻视的样子，如不耐烦、轻蔑、走神、东张西望、绷着脸、耷拉脑袋等。而应该双眼正视客户，面部略带微笑，表现出全神贯注的样子。并且，物流营销人员不能语气生硬地对客户说："您错了""连这您也不懂"；也不能显得比客户知道得更多："让我给您解释一下……""您没搞懂我说的意思，我是说……"。这些说法都抬高了自己，贬低了客户，会挫伤客户的自尊心。

（五）促成交易

在物流服务销售过程中，物流服务的说明、展示及解决异议等只是物流营销的辅助工具，目的是用来和客户达成协议。但在物流营销中存在一个有趣的现象：那些没有被打动的客户没有进一步产生购买行为的原因是"物流营销人员没有请求我们这样做"。也就是说物流营销人员在实践中之所以没有积极促成交易，有的是因为物流营销人员害怕提出成交要求后，如果客户拒绝会破坏洽谈气氛；有的是因为物流营销人员希望客户先开口；有的是因为物流营销人员在多次碰壁后放弃了继续努力而功亏一篑。

情 境再现

今天是您第一次要求我们订货

一位物流营销人员多次前往一家公司推销物流服务。

一天，该公司物流采购部经理拿出一份早已签好的合同，物流营销人员愣住了，问客户为何过了这么长时间才决定购买，客户的回答竟是："今天是您第一次要求我们订货。"

启示：绝大多数客户都在等待物流营销人员首先提出成交要求。即使客户主动购买，如果物流营销人员不主动提出成交要求，买卖也难以成交。所以，物流营销人员必须在适当时机主动提出成交要求。

（六）签订合同

交易最后要体现在合同上。合同要写清双方该如何处理与对方的关系，以及各自特定的职责。内容条款应包括：确定法律责任，如责任的界定、知识产权的保护、保密条款和适用法律；界定双方的运营关系；服务范围；订购流程；管理流程；价格；支付条款；绩效水平的评估；合同中止；奖励和激励条款；财务惩罚等。

（七）履行合同和维护客户关系

物流服务是无形的，服务质量的高低取决于各服务环节处理能力的高低，以及客户对物流服务的体验。履行合同条款，注重服务细节及客户体验。通过优质的物流服务维系客户信心，巩固客户关系，为开发更多的业务奠定基础。

二、开发物流新客户的基本方法

（一）收集客户资源阶段的方法

要开发新客户，应首先找出潜在客户，而潜在客户必须多方寻找。如何开拓更多的客户？下面的十种方法能有效开拓潜在客户。

1. 五步原则法

当物流营销人员遇到一个陌生人走进自己的五步范围时，应该友好而热情地自我介绍，递上名片。由此，物流营销人员认识了一个几乎不可能认识的人，得到一名潜在的客户，并被推荐给其他潜在客户。

2. 连锁介绍法

连锁介绍法是指物流营销人员恳请现有客户介绍未来潜在客户的方法，又称黄金客户开发法。例如，一个物流营销经理目前拥有10个客户，该物流营销经理请每个客户为他介绍2个潜在客户，很快就有了30个客户。如果这30个客户每人再介绍2个客户，很快就有了90个客户，以此连锁反应，客户群将迅速扩大。

3. 人际网络拓展法

物流企业的经营也可以看作物流人际关系的经营，人际关系是物流企业和物流营销人员的另一项重要资产。物流营销人员的人际关系越广，接触潜在客户的机会就越多。

4. 电梯人际拓展法

每次在电梯里遇见一个陌生人的时候，都同他打招呼，交换名片，并在一周内同他电话联系或见面。假定一天有3次机会，一年将结识超过1 000个新朋友，而其中就有部分人能够为自己介绍业务。

5. 内部继承法

物流营销人员可从前任的物流营销人员手中接收有用的客户资料，详细掌握各项资料的细节。

6. 购买客户资料法

一些机构提供批量客户的资料，可以通过购买的方式获得。

7. 直接拜访法

直接拜访能迅速掌握客户的状况，效率较高，同时能磨炼物流营销人员的销售技巧，并培养选择潜在客户的能力。

8. 直邮法

直邮（direct mail，DM）指通过直邮的媒体进行寄递而创造客户的一种广告方式。现代"大直邮"不仅指邮政的商业信函广告，而且包括邮送广告、企业形象邮件（企业明信片、拜年卡、邮资信封）、手机短信广告、互联网邮箱广告、俱乐部营销广告（含线上论坛互动、线上线下活动、会刊交流、各种优惠服务）等。直邮能够帮助物流企业迅速接触大量客户。

9. 电话拜访法

电话能够突破时间与空间的限制，是较经济、较有效率的接触客户的工具。物流营销人员若能规定自己每天找出时间至少打5个电话给新客户，一年下来能增加超过1 800个与潜在客户接触的机会。

10. 展示联系法

物流服务展会、行业会议是获取潜在客户的重要途径之一。物流营销人员需要安排好专门的人在这些场合收集客户资料和客户兴趣点，并现场解答客户的问题。

（二）接近及识别客户阶段的方法

在接近客户阶段，可采用问题接近、介绍接近（自我介绍法、服务介绍法、托人介绍法）、好奇接近、演示接近等方式接近客户。在物流销售技巧中，初次面对客户时的话语称为接近话语。接近话语的展开步骤如图5-6所示。

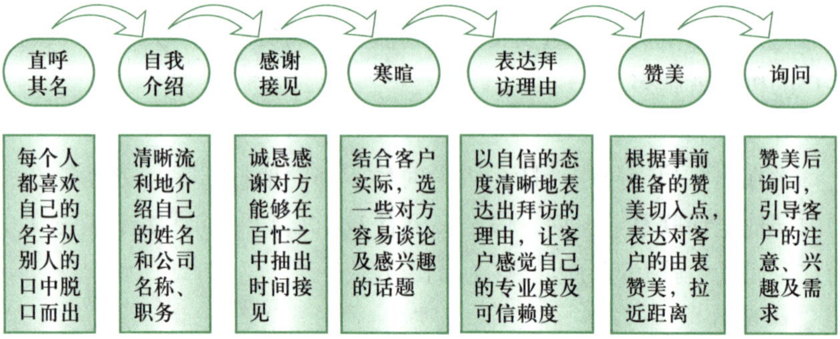

直呼其名	自我介绍	感谢接见	寒暄	表达拜访理由	赞美	询问
每个人都喜欢自己的名字从别人的口中脱口而出	清晰流利地介绍自己的姓名和公司名称、职务	诚恳感谢对方能够在百忙之中抽出时间接见	结合客户实际，选一些对方容易谈论及感兴趣的话题	以自信的态度清晰地表达出拜访的理由，让客户感觉自己的专业度及可信赖度	根据事前准备的赞美切入点，表达对客户的由衷赞美，拉近距离	赞美后询问，引导客户的注意、兴趣及需求

图5-6 接近话语的展开步骤

情境再现

王维正如何拜访张总经理

王维正电话预约后，提前5分钟到达张总经理办公室门口。敲门并得到"请进"邀请后，王维正以稳健的步伐走向张总经理，轻轻地行礼致意，视线放在张总经理的鼻端，向张总经理深深地点头行礼，面带微笑。

王维正一边递名片一边自我介绍："张总，您好。我是大华物流公司的销售人员王维正，请多多指教。"

张总："请坐！"

王维正："谢谢，非常感谢张总在百忙中抽出时间与我会面，我一定要把握住这么好的机会。"

张总："不用客气，我也很高兴见到你。"

王维正："张总，您的理念确实反映了贵公司经营的特征，独树一帜，也很有远见。我相信贵公司在提高服务效率、注重服务质量方面不遗余力，已经做得非常好。我向张总报告我公司最近推出的一个快递方案，非常适合贵公司这样有大量文件需要外送的公司采用。"

张总："新的快递方案？"

王维正："是的。张总平常那么注意提高服务效率和质量，我相信张总对于如何保证快递安全性、时效性知道得一定很多，不知道目前贵公司有哪些保证快递安全性、时效性的措施？"（先夸奖，再询问）

……

在识别客户阶段，可以通过MAN法则识别客户（见图5-7）。

图5-7 MAN法则

潜在客户应该具备MAN法则的特征，但在实际操作中，会碰到更多的情形，应根据具体状况采取如表5-3所示的物流营销对策。如果潜在客户欠缺了MAN法则的某一条件，仍然可以开发，只要应用适当的策略，便能使其成为企业的新客户。

表5-3　MAN法则识别潜在客户的不同情形及物流营销对策

序号	客户MAN类型	物流营销对策
1	M+A+N	是有望客户，理想的销售对象
2	M+A+n	可接触，配上熟练的销售技术，有成功希望
3	M+a+N	可接触，但要设法找到具有决策权的人
4	m+A+N	可接触，需调查其业务状况、信用条件等，给予融资
5	m+a+N	可以接触，应长期观察、培养，使之具备另一条件
6	m+A+n	
7	M+a+n	
8	m+a+n	非客户，停止接触

注：购买能力大用M表示，购买能力小用m表示；有购买决策权用A表示，无购买决策权用a表示；需求量大用N表示，需求量小用n表示。

（三）推销洽谈阶段的方法

当顺利做了开场白，引起客户注意，并陈述能带给客户一般利益的同时，物流营销人员要探究出自己能提供给客户的提高效率、降低成本、增值服务、售后服务、付款方式等特殊利益，哪些是客户真正需求的。这些真正的需求可通过状况询问法、问题询问法、暗示询问法三种事实调查方法加以确认。

1. 状况询问法

为了解对方目前的状况，所做的询问都称为状况询问。状况询问的目的是经过询问，了解潜在客户的物流运作状况及可能的心理状况。日常生活和工作中，状况询问法常常会被用到。

情 境再现

状况询问法示例

1. "您公司的货物如何包装？"
2. "您公司的货物主要销往哪些省份？"
3. "贵公司的物流业务外包了哪些？"

2. 问题询问法

问题询问是指对客户进行状况询问后，为了探求客户的不满、不平、焦虑而提出的问题，也就是探求客户潜在需求的询问。

情 境再现

问题询问法示例

营销人员："您公司货物主要销往哪些省份？"（状况询问）

客户："华中，华北都有。"

营销人员："是不是公司自己负责运输？"（状况询问）

客户："不是啊！外包了。"

营销人员："现在物流服务商的服务质量如何？是不是有服务不到位的地方？"（问题询问）

客户："嗯，总是丢货，有时还不准时。"

启示：经过问题询问，能使物流营销人员找出客户不满意的地方，知道客户有不满之处，这样将有机会去发掘客户的潜在需求。

3. 暗示询问法

发觉了客户可能的潜在需求后，可用暗示询问的方法提出对客户不平不满的解决方案。

情 境再现

暗示询问法示例

物流营销人员："保证有不低于98%的准时率，不高于2%的货损率，同时价格还要低，这样的物流服务您认为怎么样？"

专业的物流营销人员应该能熟练地交叉使用以上三种询问方式，对客户进行合理的引导及提醒，使客户将潜在需求不知不觉地说出。

一旦发现了客户的潜在需求，物流营销人员可立即自信、坚定地展示物流服务，证明能满足客户的需求。这时，需配合一定的沟通表达技巧。除了针对客户的需求和期望组织好物流服务项目的描述外，还需要配合一定的肢体语言，通过自己的手势、语调和表情，让客户充分理解。

管 理创新

专业配送车G10正是为贵公司量身定做的！

营销人员："陈经理、李主管，你们好。感谢陈经理及李主管能将时间拨出来听我介绍，同时要再次感谢陈经理及李主管能协助我对贵公司配送车的使用现状做调查，让我能提出更适合贵公司的建议方案。

"一辆好的配送车，能比同型货车增加21%的载货空间，并节省30%的上下货时间。根据调查显示，贵公司目前配送的文具用品体积不大，但大小规格都不一致，并且客户多为一般公司，客户数量多且密集，属少量多次进货的形态，一趟车平均要装载50家客户的货物，因此上下货的频率非常高，挑选费时，并常有误拿的情形发生。如何正确、迅速地在配送车上拣取客户订购的商品，是提高效率的重点。这点是否陈经理及李主管也能同意？"

陈经理："对，如何迅速、正确地从配送车上拿出下一家客户要的东西是影响配送效率的一个重要因素。"

营销人员："另外，配送司机一天中大部分时间都在驾驶位上，因此驾驶位的设置要非常舒适，这是配送司机们一致的心声。李主管也提到，由于配送车每天长时间在外行驶，安全性绝对不容忽视。一辆专业配送车的设计，正是要满足上面这些功能。

"本公司新推出的专业配送车G10，正是为满足客户对提高配送效率的要求而专门开发设计出来的。它除了比一般同型货车多出15%的空间外，并设计有可调整的陈放位置，您可以依空间大小的需要，调整出0到200个置物空间，最适合放置大小规格不一的配送物，同时能进行编号，依号码迅速取出配送物。贵公司目前因为受制于取货及放置的不便，平均每趟只能配送给50个客户，若使用此种型号的配送车，您可调整出70个储物空间，经由左、右及后面活动门按编号迅速取出客户所要的东西。

"配送车的驾驶座，有如活动的办公室。驾驶座的位置调整装置能依驾驶人员的特殊喜好，调整出最适合的位置。座椅的舒适度绝对胜过一般内勤职员的椅子，并且右侧特别设置了一个自动抽取式支架，能让配送员书写报表及单据，使配送人员感到企业对他们的尊重。

"由于配送车在一些企业并非专任司机使用，而是采取轮班制，因此，车子的安全性方面的考虑更重要。G10型专业配送车有保护装置、失误动作防止装置、缓冲装置等。计算机安全系统控制装置能预先防止不当的操作带给人、车的危险，能使配送车驾驶人员自己导致的车祸意外降至最低。贵公司的配送人员也常轮班、换班，使用本车能得到更大的安全保障。或许有人会说，万一安全系统出现故障而不知道，不是更危险吗？这个问题非常好，因为在设计时也有人提出过，我们的解决方法是，若安全系统发生故障，配送车一发动，就会有'哔哔'的声音发出。"

陈经理："G10型专业配送车，听起来不错，但目前我们的配送车还没到公司规定的汰旧换新的年限，况且停车场也不够。"

营销人员："陈经理说得不错。停车场地的问题，的确给许多成长中的企业带来一些困扰。贵公司业务在陈经理的领导下，每年增长15%，为了配合业务增长，各方面都在着手提升业务效率。若您使用G10型专业配送车，每天平均能提升您20%的配送量，也就是您可以减少目前1/5的配送车辆，相对地也可以节省1/5的停车场地。虽然贵公司的配送车目前仍未达到规定的使用年限，汰旧换新好像有些不合算。的确，若是您更换和目前同类型的车，当然不合理，可是您若采用G10型专业配送车，不但能因增加配送效率而降低整体的配送成本，还能节省下停车场地的空间，让贵公司两年内无须为停车场地操心。据我初步了解，目前贵公司50辆配送车中有10辆已接近汰旧换新年限，请陈经理先同意选购10辆G10型专业配送车，旧车我们会以最高的价格估算并回收。"

问题：

1. 该营销人员是如何阐述物流公司的利益点的？

2. 该配送车最大的优势在哪里？

3. 请将三段式陈述中的"三段"分别找出来。

（四）处理客户异议阶段的方法

1. 忽视法

忽视法就是当客户提出一些和眼前的交易毫无直接关系的反对意见，并不是真正想要获得解决方案时，物流营销人员只要面带笑容地同意即可。只要让客户满足了表达的欲望，就可采用忽视法，迅速地引开话题。

情 境再现

忽视法常使用的表述示例

1. 微笑点头，表示"同意"或表示"已经听了您的话"。

2. "您真幽默！"

3. "嗯！真是高见！"

4. "不错！"

5. "您的观点倒是很新颖。"

2. 补偿法

当客户提出的异议有事实依据时，物流营销人员应该承认并欣然接受，强力否认事实上是不明智的。同时，物流营销人员要给客户一些心理补偿。如客户认为价格过高，物流营销人员可提出：我们物流服务的价值与售价一致，物流服务的高质量对客户是很重要的。客户可能要求服务的优点越多越好，但真正影响客户购买与否的关键点其实不多，补偿法能有效地弥补物流服务本身的弱点。

情 境再现

补偿法示例：物有所值的成本

潜在客户："这个物流服务项目的设计方案很独到，节约了大量的时间，可惜价格太高了。"

营销人员："您真是专业，别人不能做的我们都做到了，单价仅比同行略高。"

3. 太极法

太极法取自太极拳中的借力法则。当客户提出某些不认同的异议时，物流营销人员立刻回复："这正是我认为您要购买的理由！"即物流营销人员能立即将客户的反对意见直接转换成他必须购买的理由。

情 境再现

太极法示例：正是广告提高了您的利润

代理商："贵公司把太多的钱花在做广告上，为什么不把钱省下来作为折扣，让我们的利润好一些？"

营销人员："就是因为我们投下大量的广告费用，客户才会被吸引过来，这不仅能节省您的销售时间，而且您能顺便销售其他服务，您的总利润还是最大的！"

4. 询问法

询问法在处理异议中扮演着两种角色：一是通过询问，把握住客户真正的异议点；二是通过询问，直接化解客户的反对意见，如有时物流营销人员也能通过向客户提出反问的技巧，直接化解客户的异议。

情 **境再现**

询问法示例：难道您希望我们给的服务也打折？

客户："我希望您价格再降10%！"

营销人员："刘总经理，我相信您一定希望我们给您百分之百的服务，难道您希望我们给的服务也打折吗？"

5. "是的……如果"法

当意见被直接反驳时，客户内心总是不愉快的，甚至会被激怒，尤其是遭到一位素昧平生的物流营销人员的正面反驳。屡次正面反驳客户，会让客户恼羞成怒，尽管是事实，但还是会引起客户的反感。因此，物流营销人员最好不要开门见山地直接提出反对意见。在表达不同意见时，尽量利用"是的……如果"的句法软化不同意见。用"是的"同意客户部分的意见，用"如果"表达在另外一种状况下是否更好。

情 **境再现**

"是的……如果"法示例：一种意见，两种表述

A："您根本没理解我的意见，因为状况是这样的……"

B："平心而论，在一般情况下，您说的都非常正确，如果情况变成这样，您看我们是不是应该……"

A："您的想法不正确，因为……"

B："您有这样的想法一点也没错，当我第一次听到时，我的想法和您完全一样，可是如果我们做进一步的了解后……"

启示：A、B两种表述有天壤之别。养成用B的方式表达不同的意见，物流营销人员将受益无穷。

6. 直接反驳法

直接反驳客户容易陷入与客户争辩而自己毫无察觉，往往事后懊恼。但针对一些特殊情况，物流营销人员必须直接反驳以纠正客户不正确的观点。

例如，客户对企业的服务、诚信有所怀疑时或客户引用的资料不准确时。客户若对企业的服务、诚信有所怀疑，则物流营销人员拿到订单的机会微乎其微。如果客户引用的资料不准确，物流营销人员能以准确的资料佐证自身的说法，客户会很容易接受，反而对物流营销人员更加信任。使用直接反驳法时，在遣词用语方面要特别留意，态度要诚恳，对事不对人，切勿伤害了客户的自尊心，要让客户感受到物流营销人员的专业与敬业。

方法与技巧能帮助物流营销人员提高效率，但只有对异议秉持正确的态度，才能在客户提出异议时保持冷静、沉稳；能冷静、沉稳才能辨别异议的真伪，才能从异议中发觉客户的需求，才能把异议转换成销售机会。因此，物流营销人员训练自己处理异议的能力，不仅要练习技巧，而且要培养面对客户异议的正确态度。

（五）促成交易阶段的方法

1. 利益汇总法

物流营销人员把先前向客户介绍的各项物流服务项目利益中特别获得客户认同的内容，汇总并扼要地再次提醒客户，加重客户对利益的感受，同时要求达成协议。在做完物流服务项目介绍之后，撰写建议书做结论时，可以运用利益汇总法向关键人士提出订单的要求。

情 境再现

我们今天是否可以签署合同了呢？

"胡经理，我们的这个物流方案能够将贵公司的运输效率提高20%，成本下降2%，解决贵公司过去一直存在的送货准点率不高问题。贵公司的相关部门都对这一方案表示满意。您看，我们今天是否可以签署合同了呢？"

2. 前提条件法

通过给客户一定的压力，促使客户加速做决定，同时能测出客户心理底线。如果客户仍然不能做出正面的决定，表示客户期望超出物流营销人员能够提供的，客户已经表达了物流营销人员能否满足其某种需求的疑虑。

情 境再现

满足时间条件您今天就可以签订协议吗？

客户："3月4日前必须送货到门。"

营销人员："如果3月4日送货到门，您今天就可以同意签订这份协议吗？"

情 境再现

保证下周一用上新系统，您是否愿意签订这个协议？

营销人员："这套高速分拣系统您已经看过两次了，也看出来您对这套系统非常满意，我想一定有其他什么问题困扰您？"

客户："因为业务量大，安装这套系统的时间是三天，我担心影响我们完成订单。"

营销人员："您的员工周末是否加班？"

客户："周末不加班。"

营销人员："如果我们利用周末及晚上的时间安装，并保证下周一您就可以用上新的系统，您是否愿意签订这个协议？"

3. 价值成本法

当销售的物流服务确实能为客户提高工作效率、增加产量或降低成本时，物流营销人员可选择运用成本价值法来促进成交，它能发挥较强的说服力。

情 境再现

价值成本法示例：您支付的顾问费都替您省出来了

方总经理："我不知道为什么你们公司选派三个顾问替我们改善库存与采购系统，两个月的时间要支付240万元的费用，相当于每个人每月40万元，我都可以雇用三个厂长了。"

营销人员："报告方总，贵公司过去平均库存为两个月，每个月占用资金6 000万元，由于生产数量逐年增长，库存金额与平均库存时间也逐年上升。我们的顾问花费了两个星期对贵厂的采购作业流程、生产排程、现场生产、成品库存的现状做了详细的了解，制定了改善方案。我们确信，执行我们的改善方案，贵公司在半年后库存金额能下降至3 000万元，您的利息费用每年至少可下降300万元，您仅一年节省的费用就足够支付顾问费。"

方总经理："话是不错，但你怎么能保证将库存降至3 000万元？"

营销人员："要做到库存降低，采购作业方式要有改善，特别是交货期间及交货品质两个要点，生产排程及作业方式也要调整，库存金额的降低只是最后呈现的结果。因此，您只要同意签下合约，您每个星期都会收到一份报告，显示我们本星期要完成哪些事项及上星期完成的情况。到时，您可以根据我们的绩效随时决定是否停止合约，我们会让您清楚地看出您投入的每一分钱都能够得到明确的回报。若您认为不值得，您可立即终止付款。因此，方总经理可以评估出来，您支付给本公司的顾问费都是从您节省的费用中出的，事实上您根本就不需要多支付任何额外的费用，却能达成提升工厂管理品质的目标。方总经理，我诚恳地建议您，这的确是值得一试的事情，您若可以现在就签约，我可以安排一个半月后，指导实施改善方案。"

4. 证实提问法

证实提问法就是提出一些特殊问题，对方回答这些问题之后，就表明其更加感兴趣而且愿意继续深入下去。证实提问法可以分为直接询问法、选择法、错误矫正法。

（1）直接询问法。很多物流营销人员畏惧直接向客户开口要求订单，他们害怕客户会拒绝。事实上，当物流营销人员对客户有一定把握的时候，简单而直接地提出订单要求，让客户有一个简单回答或处理的机会就可以把订单签下来。

情 境再现

直接询问法示例

营销人员："王总，您看是否可以在预约单上签字，这样便于我安排出货手续？"

（2）选择法。选择法是向潜在客户提供两个选项，每个选项都对销售有利。这比只提出一项建议有效，因为一项建议有可能被对方一口否决。同时，提供的选项有助于客户思考什么对自己有利，以满足他们的实际需求。

情 境再现

选择法示例

营销人员："陈经理，您看是周一给您送过来方便，还是周二比较方便？"
提示：如果陈经理不确定，则陈经理将产生异议或者竭力改变话题。

（3）错误矫正法。在现场讲解示范时，自始至终都认真听取对方的言论，目的是以后成交时可以利用这些言论。为检验潜在客户对继续进行交易的严肃程度，营销人员可以根据客户先前的言论故意给出一个相悖结论，如果客户不加以矫正，就表明客户对此并不严肃；如果客户矫正，则说明客户的购买热情已经点燃。

情境再现

错误矫正法示例：9月份的第一个星期就该开始安装了

营销人员在一家公司销售条码机。在营销人员说明服务时，公司主管对部门副经理说："经理10月份来，如果我们今天决定购买的话，我们在他来之前能安装好吗？"

许多营销人员会忽视他们的谈话，但是资深的营销人员听到之后将会记住，然后会微笑着对主管进行下列对话。

营销人员："可以看出来您非常高兴添加这项设备。噢，您的部门经理是在11月份来吗？"

主管："不，是在10月份。"

营销人员："那么9月份的第一个星期就该开始安装了。"

5. 富兰克林法

富兰克林法是指在与客户的交流过程中，把物流服务项目的利弊整理并书写出来，帮助客户决策的方法。书面归纳的利弊信息也能让客户感觉到物流营销人员只是代表客户把对物流服务项目的客观评估呈现出来。

情境再现

富兰克林法示例

地点：总经理办公室。

营销人员："陈总，谢谢您抽出这么长一段时间听我介绍我公司的普通纸传真机产品，刚才您也看了我们的操作演示，我们可以以贵公司订单部目前实际的需求状况，从贵公司的立场进行评估这台传真机的优点与缺点。如果您不介意的话，我们在纸上描述出来（取出一张纸，在中间画一条线，左侧写上有利点，右侧写上不利点，等待陈总的许可）。

"您提到过普通纸接收能方便您在收到的资料上进行批示；您也希望输

出一定规格的纸张，便于归档，又不易遗失；30张A4纸的记忆装置，让您不用担心因缺纸而遗漏信息；它的速度比您目前的传真机要快，能节省许多长途电话费；纸张容量是200张，不需要经常换纸；纸张是放在外盒，一眼就能发现是否缺纸；普通纸的成本还不到热敏纸的1/4，纸张成本也大大节省。这些都是您使用后立刻能获得的好处。当然，这台机器还有一些功能，目前贵公司使用的可能性较低，但相信随着贵公司业务的增长，这种需求一定日渐增加。

"陈总，您看（将有利点、不利点分析表再次递给陈总看），您选择的这台普通纸传真机，不仅能提升工作效率，而且还能节约费用，越早换机越有利。陈总，可否明天就把机器送来？"

6. 哀兵策略法

当物流营销人员穷尽各种办法都无法成交时，可以尝试哀兵策略法。由于多次拜访，和客户多少建立了一些交情，此时，若营销人员面对的客户年龄或头衔比自己大，就可采用哀兵策略法，以让客户说出真正的异议。当营销人员知道了真正的异议，并能化解这个异议，订单有可能失而复得。哀兵策略法的步骤如图5-8所示。

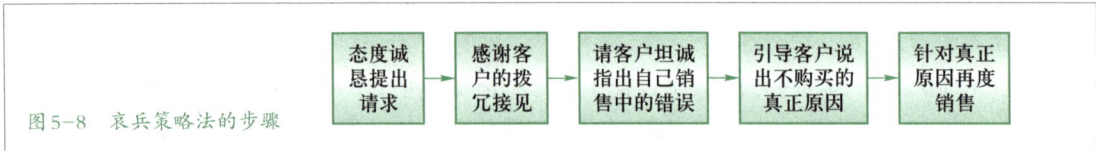

图5-8　哀兵策略法的步骤

| 态度诚恳提出请求 | → | 感谢客户的拨冗接见 | → | 请客户坦诚指出自己销售中的错误 | → | 引导客户说出不购买的真正原因 | → | 针对真正原因再度销售 |

情 境再现

哀兵策略法示例

营销人员："白总，我已经拜访您多次了，您对本公司的汽车性能也很认同，汽车的价格也相当合理，您也听朋友夸赞过本公司的售后服务。今天我再次拜访您，不是向您销售汽车的，我知道白总是销售界的前辈，我在您面前销售产品实在压力很大，大概表现得很差，请白总本着爱护晚辈的胸怀一定要指点一下，我哪些地方做得不好，让我能在日后改进。"

白总经理："你不错，人勤快，对汽车的性能了解得非常清楚。看你这么诚恳，我就坦白告诉你，这一次我们要换20部重型卡车，当然这些重型卡车一定要比过去的卡车更高级一些，以激励士气，但价钱不能比现在贵，否则短期内我们宁可不换。"

营销人员:"报告白总,您实在是位高明的经营者,购车也以激励士气为出发点,今天真是又学到了新的东西。我给您推荐的车是直接进口的,成本偏高,因此价格不得不反映成本,但是我们公司月底将推出在国内装配的同级别的车,成本较低,并且白总一次购买20部,我一定说服公司尽可能地给予价格优惠以达到您的预算目标。"

白总经理:"喔!贵公司如果有这种车,倒替我解决了换车的难题了!"

(六)签订物流服务合同、合同履行及客户关系维护阶段的方法

建立了合作关系后,应该进行客户关系维护。例如,定期的客户回访及联络,及时了解物流需求的变化。关于客户关系维护的具体方法,第二节将详述。

第二节 巩固物流老客户

引 导案例

他如何能留住客户?

张华是智享物流公司的营销人员,智享物流公司是一家中等规模的物流运输供应商。明为公司是全球领先的聚氨酯制造商,每月从其他国家的工厂进口大批原材料及生产物料。智享物流公司一直向明为公司提供从其瑞士工厂到广州机场的门到机场运输服务,双方合作已有一年。一年前,智享物流公司通过比其他运输供应商低的报价获得了瑞士线的业务。张华一直跟进明为公司业务。据了解,明为公司瑞士线的运输量仅占其总运输量的8%,每月只有不到1吨的空运业务量,而且获取的利润处于中下水平。而明为公司还从其他7个国家通过海运和空运进口原材料和生产物料,其中韩国、新加坡、美国这三地的业务占其总量逾70%,三地的空运总量每月约100国际标准箱和80吨,目前由迅捷物流公司处理。迅捷物流公司也与明为公司合作了很长时间,明为公司的海外供应商也与迅捷物流公司在日常操作层面中有稳定的合作和沟通。迅捷物流公司与智享物流公司相比,规模大,知名度高,在竞争中处于第一梯队,以服务稳定著称。智享物流公司负责的瑞士线,在服务过程中,满意度虽然在明为公司规定的范围内,但由于低报价的限制,曾在市场的旺季期间出现过几次运输延误,满意度的得分比迅捷物流公司低。

由于业务关系,张华对明为公司的接触以采购员及物料管理员(欧洲

线）为主，对明为公司运输需求的了解主要从欧洲线的管理员那里获得，而与负责美洲线和亚洲线的管理员接触不多。为争取韩国、新加坡、美国这三地的业务，张华和相关部门经理有过多次接触，部门经理认为迅捷物流公司的服务没有过失，符合明为公司的要求，而目前的运输供应商之间业务分配比例合理，无意改变。张华也曾尝试接近生产及供应链副总裁，未果，并被告知运输供应商的遴选权和遴选操作在经理层，副总裁只负责审核经理提交的遴选报告。

另外，张华曾就该三地的业务向明为公司提交报价方案，价格比目前明为公司使用的方案低，但差别不大，况且此前曾发生过运输延误，明为公司认为该三地没有更换运输供应商的必要。

引导问题：

1. 张华如何能获得明为公司更多的业务呢？
2. 分析明为公司现在物流需求的变化。
3. 试用SWOT方法分析智享物流公司的服务。

以往的物流企业经营侧重于赢得新客户，但鉴于当前国际知名物流公司纷纷进入中国市场，抢占市场的竞争使得客户资源越发宝贵，巩固老客户、发展与客户的长期合作关系就变得非常重要。从某种意义上来说，留住和巩固老客户比开发新客户更为重要。企业应该像管理其他资产那样珍惜老客户，这是物流企业成功和更具竞争力的关键因素。

从营销成本的角度考虑，也是如此。企业向潜在客户推销服务成功率大约为15%，向现有客户推销服务的成功率则达到50%，而企业向潜在客户推销服务的花费大约是现有客户的8倍。

巩固物流老客户有其独特的流程和方法。

一、巩固物流老客户的流程

物流企业通过客户关系管理来有效地巩固老客户非常重要。一般而言，巩固老客户的流程应该包含如图5-9所示的五部分。

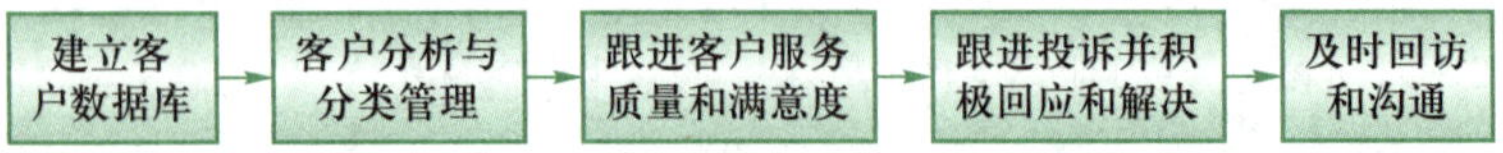

建立客户数据库 → 客户分析与分类管理 → 跟进客户服务质量和满意度 → 跟进投诉并积极回应和解决 → 及时回访和沟通

图5-9　巩固老客户的流程

（一）建立客户数据库

全面了解和掌握客户的需求，有助于物流企业为客户提供及时周全的服务。客户数据库中的客户信息包括内部信息（生产信息、销售信息、技术信息）和外部信息（市场需求信息、竞争信息、用户信息）。按照信息利用程度和难易程度可划分为基本信息（如物流服务的采购时间、地点、数量、品种）、统计信息和文本信息。建立客户数据库后，物流企业可以通过数据挖掘、数据分析来认识客户的行为和偏好，了解客户消费模式及习惯的变化，清晰地勾画出客户的发展潜力及可能为物流企业带来的效益，从而让营销人员锁定目标客户，实施重点公关。同时，要注意验证并更新客户信息，及时删除客户过时的信息。

（二）客户分析与分类管理

利用已有的数据分析不同客户之间的差异：一是从利润贡献方面的数据分析不同客户对于企业的价值。按照二八定律，80%的利润来自20%的"黄金客户"，需要给予更多的关注和投入；能为企业带来一定利润的大多数客户是重点客户；没有盈利潜力的一般客户则可以放弃。二是根据以往的销售数据分析客户需求。不同客户对于物流服务的需求不同，企业可以根据客户需求为客户提供不同的物流服务。

物流企业的客户分析、分类管理一般根据ABC分类法。ABC分类法又称帕累托分析法或主次因素分析法、分类管理法、重点管理法。它是根据事物在技术或经济方面的主要特征进行分类，分清主次，从而有区别地确定管理方式的一种分析方法。由于它把被分析的对象分成A、B、C三类，所以又称ABC分类法。根据ABC分类法，可以排列客户对企业的利润贡献，调整物流企业的销售方向和重点。

（三）跟进客户服务质量和满意度

客户大多由于时间因素或嫌麻烦而不太愿意主动联系企业营销人员，而企业营销人员也缺乏主动询问的习惯，所以难以获取客户的反馈信息，让企业很难把握客户的满意程度。这就需要物流企业建立客户服务质量跟进系统，加强与客户的沟通和联系，不断提高客户满意度。基于客户资料库的客户服务质量跟进系统，能够解决以下问题：① 分析客户服务质量、客户需求、客户满意度等，提高服务品质；② 消息提醒、互动沟通，最大限度地提高客户成交概率；③ 客户管理融入营销推广，促进客户关系，产生经济效益；④ 强化客户竞争力，优化客户解决方案；⑤ 提高客户资源的质量。

（四）跟进投诉并积极回应和解决

有效地处理投诉有利于针对服务的缺点进行改进，而且孕育着使客户成为公司长期客户的机遇，所以物流企业需要建立鼓励客户投诉的机制。在面对物流客户的投诉时，物流营销人员应先耐心倾听客户抱怨，再设法平息客户抱怨；填写物流投诉处理卡，立档记录客户投诉，并迅速采取行动改进服务，随时跟进客户投诉，让客户感觉到投诉的问题正在或者即将被解决。

（五）及时回访和沟通

面对客户的投诉，物流公司还应该针对有问题的客户及时进行回访。通过回访了解客户反馈是非常高效的市场调查手段，能够在沟通中深入了解客户需求。及时回访可以向客户直观展示出企业的客户服务、工作作风和办事效率，增进信任，如果帮助客户解决问题，还能够提高客户的忠诚度。投诉解决是否满意的回访应该在解决投诉后的两到三天内进行。一到两个月后还可以进行定期的客户满意度回访。

二、巩固物流老客户的基本方法

巩固物流老客户（客户关系维护）有三个层次，物流企业无论在哪个层次上实施客户维护策略，都可以建立不同程度的企业与客户之间的联系，同时意味着为客户提供不同的个性化服务。从客户那里得到有价值的反馈信息后，物流营销人员可以协调物流企业做出相应的调整，如改进网站设计、物流服务、广告，以及营销策略等。

第一层次，维护客户关系的手段主要是利用价格优惠增加客户的财务利益。在这一层次，客户乐于和企业建立关系的原因是希望得到优惠或特殊照顾，如获得价格折扣。虽然这些奖励能改变客户的偏好，却容易被竞争对手模仿，因此不能长久保持与客户的关系优势。

第二层次，物流企业不仅为客户增加财务利益，还为他们增加社会利益，并且后者优先于前者。企业的员工可以通过了解客户的需求，使服务个性化和人性化，以增强企业和客户的社会性联系。如与客户保持频繁联系，及时掌握其需求的变化；与其共享有价值的信息，以长期维系合作关系。

第三层次，在增加财务利益和社会利益的基础上，附加更深层次的结构性联系，即提供以技术为基础的增值服务，从而为客户提高效率和产出。物流企业在提供这类服务时，可以设计一个传递系统，而竞争者要开发类似的系统可能需要一定的时间，不易被模仿。

获得客户反馈信息至少有以下九种方法。

（1）定期采用调查表及问卷收集信息。可以采用多种方式公布调查表，如发布在网站、电子刊物、直邮资料中，以及放置在产品包装箱内等，也可以张贴在网上信息公告板、电子邮件讨论列表或新闻组中。

（2）为客户创建在线社区，包括聊天室、公告板、讨论组等。物流营销人员可以作为主持人定期了解客户对物流服务的谈论和看法。

（3）向一组客户分发物流服务项目信息。通过这种方式请客户使用并评论物流服务，随后将评论表寄回。尽管评论表回收率并不一定理想，但能得到的反馈信息大都很有价值。

（4）为物流企业网站访问者提供免费的在线服务。这些物流在线服务可以是在线查询货物状态、查询费率及托运时间、查询投递地点、包装材料下载等。同时，可以请他们填写关于物流服务质量等的简短调查表。

（5）创建客户服务中心小组。可以邀请10~12个相对忠诚的客户定期会面，座谈关于客户服务的意见。

（6）定期与客户保持联系。如为客户订阅免费的电子专业刊物、纸质内刊，询问客户对每次提供的物流服务的满意度。

（7）为便于客户联系，应提供尽可能多的联系方式。提供免费电话号码和传真号码，这样方便客户表达意见。

（8）在客户的生日或法定节假日定期保持联系。如元旦、春节前夕为客户发送贺卡，通过电子邮件发送节日问候卡，亲自打电话祝贺客户节日愉快。

（9）邀请客户出席会议、宴会，参观仓库或参加讨论会。为客户创造特别的参与机会，如晚会、户外活动等，在这些活动中物流企业员工与客户可以相互交流，得到对企业业务有价值的反馈信息。

情 境再现

客户时刻反馈

A公司有一种了解客户态度的新方法叫"客户时刻反馈"（zero customer feedback time），即假如他们找到一个新的物流仓储外包客户，一个星期后会打电话回访："公司的物流仓储服务如何？""如果想改进物流服务应当如何改进？"客户："如果能通过信息系统按时段反馈货物状态就更好！""服务态度不佳。""交货有延迟……"回访人员记录这些意见，并立即转给仓储部门，以改善服务水平。

于是，他们从"客户时刻反馈"发展到"时刻改进产品"（zero product improvement time），增加了很多物流服务项目，使客户服务水平不断提高。因此，如果所有人（员工和管理人员）都来关心物流服务，则都要问一问自己："我是否愿意选择这个物流公司的仓储服务？"经理也要问一问自己："我是否愿意把我的计算机交给他们来储存？"

问题：

1. 收集客户反馈有哪些切实可行的方法？

2. 收集客户反馈是否只是物流营销人员的责任？如果不是，你认为哪些人应该参与其中？

第三节　以投标方式获得物流客户

引 导案例

兴华物流通过投标获得物流客户

物流服务需求方以物流服务项目的招标方式进行业务外包，可以用较低的成本得到较高质量的物流服务。随着物流市场的进一步规范与发展，进行物流项目招投标已成为物流服务交易的主要形式。

2022年9月20日，位于浙江省台州市的B集团有限公司对外发布了《B集团有限公司2023年度物流项目招标文件》，对该公司冷柜、冰箱产品的终端配送服务进行招标。

兴华物流公司已经在全国家电配送领域占有一席之地，浙江又是它一直想进入的市场。因此，当负责浙江片区的营销人员王华荣向公司报告B集团有限公司招标物流服务的消息后，公司决定以投标的方式获得物流客户，争取进入浙江市场。

标书的购买日期是9月20日至10月10日，投标时间截至2022年10月12日11:30，开标时间为10月12日14:00。

因为总部在深圳，兴华物流公司以邮购的方式在9月24日获得了标书。在组织专门团队研究可能的竞标对手、标书的技术和商务要求、报价策略后，公司于9月28日完成了标书的初稿。有些细节问题和B集团有限公司的有关人员合乎规范地进行详细沟通后，国庆长假期间顺利完成了标书的制作，并在10月8日完成了标书印刷。在认真核对、确认无误后，10月11日即开标前一天的下午，投标文件由兴华物流公司的总经理李进递交至开标地点——浙江省台州市B集团有限公司内贸部。

10月12日14:00，开标大会准时召开。经过开标、评标、定标，兴华物流公司因为沟通充分、进入浙江市场的愿望强烈而且在价格上拥有优势，一举中标。而B集团有限公司的冷柜、冰箱产品终端配送服务招标，也经过招标、投标、开标、评标、定标五个环节，顺利结束。

引导问题:

1. 一个完整的招标程序要经历哪些步骤?
2. 兴华物流公司为什么能够竞标成功?
3. 请列出兴华物流公司竞标过程中的关键时间点和关键事件。
4. 兴华物流公司在竞标过程中的哪些做法值得借鉴?

物流业务招标的实质就是通过引入竞争机制,从众多的物流企业中优中选优,确定物流服务供应商。这对于企事业单位提升物流管理和运作水平,改善终端服务水平,降低物流成本,增强市场竞争力等具有重要意义。现在,大多数物流服务项目都需要通过招标来确定供应商。因此,越来越多的物流企业通过投标获得物流服务项目。

物流业务招投标在实际操作中通常都是由招标单位作为招标主体,物流企业作为投标主体,但也有例外,即由第三方物流机构把物流业务一起转包或分包。另外,有时也涉及招标代理机构和投标代理机构。物流招投标涉及的主体如图5-10所示。

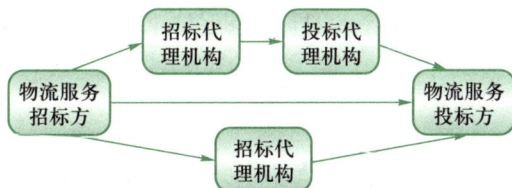

图5-10 物流招投标涉及的主体

物流招投标的流程如图5-11所示。

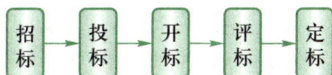

图5-11 物流招投标的流程

目前,被广泛采用的物流业务招投标方式主要有内部招标(即议标)、有限招标(即邀标)、公开招标和自行公开招标四种。内部招标是指招标单位依靠自身的力量和资源,组织并完成物流业务的招标工作。有限招标是指招标单位委托一家第三方中介机构,在有限范围内帮助其完成物流业务招标工作的一种招标方式,有资格参加投标的投标方由招标单位确定。公开招标是指招标单位委托一家第三方招标中介机构来组织、实施物流业务招标的全部工作，在全社会范围内进行物流业务招标。自行公开招标是指招标单位在少数招投标专家的协助下（如必要），独立完成面向全社会进行物流业务招标的招标方式，是目前工商企业采用较多的一种物流业务招标方式。不同招标方式的对比如表5-4所示。

表5-4 不同招标方式的对比

招标方式	是否聘请招投标中介机构	是否指定参加投标企业
内部招标	否	是
有限招标	是	是
公开招标	是	否
自行公开招标	否	否

一、制作物流服务项目标书

物流服务项目标书分为招标书和投标书两种。

（一）物流服务项目招标书的基本结构

标准的国内物流服务项目招标书的格式是参照世界银行贷款项目范本的中文版本制定的，其基本结构是固定的，其模块结构和基本内容如表5-5所示。

表5-5 物流服务项目招标书的模块结构和基本内容

模块	基本内容
投标须知*	项目名称、用户名称、投标书数量、投标地址、截标日期、投标保证金、投标有效期和评标的考虑因素等
投标人资格	公司规模、业绩、资质、信誉
招标文件*	主要内容可分为程序条款、技术条款、商务条款三大部分，包含九项内容：招标邀请函；投标人须知；招标项目的技术要求及附件；投标书格式；投标保证文件；合同条件（合同的一般条款及特殊条款）；技术标准、规范；投标企业资格文件；合同格式
投标文件*	构成内容；格式和顺序；报价表的格式；递交格式；密封形式；费用分担的内容；投标文件澄清内容的交流形式；投标保证金的金额和形式
评标	评标依据和原则；评标小组构成；招标人澄清（一般是声明不承诺最低价中标，而且没有义务解释未中标原因）；评标因素
授予合同	中标通知如何发送；合同的签订和生效；合同变更数量的权利；拒绝投标的权利；增加订货的选择权
合同条款*	交货时间；付款方式；交货、运输和验收；服务；保修；技术支持

注：带*为必备条款。

（二）物流服务项目投标书的基本结构

根据招标书的要求，投标书的内容可能存在差异。但投标书的模块结构和基本内容大致相同，如表5-6所示。

表5-6　投标书的模块结构和基本内容

模块	基本内容
封页	投标内容、投标主体、投标时间
投标函	
法定代表人授权书	
企业资质证明文件	营业执照、税务登记证、组织机构代码证、法定代表人身份证复印件、企业近期财务报表复印件及上年度税务局盖章的纳税清算表或税务局出具的完税证明
投标报价单	分项报价和总报价
联系方式	联系人、联系地址、固定电话、传真、手机、电子邮件
企业概况	企业背景、注册资金、经营范围、企业组织结构、办公地点、人员情况等
企业经营现状	近三年的经营业务、业务量、收入情况、经营架构、与区域企业的合作情况或与发标企业的合作情况
现有服务网点现状和比较优势	服务网点数量、服务网点分布情况概述、服务网点直营与加盟比例、网点经营状况、比较优势
服务方案	物流服务规划方案设计、服务目标、为达到目标而采取的措施、服务承诺及响应措施
涉讼情况	近三年企业、法人代表、委托投标人行贿犯罪档案查询结果告知函

（三）物流服务项目投标书的制作流程和注意事项

1. 物流服务项目投标书的制作流程

物流服务项目投标书的制作流程如图5-12所示。

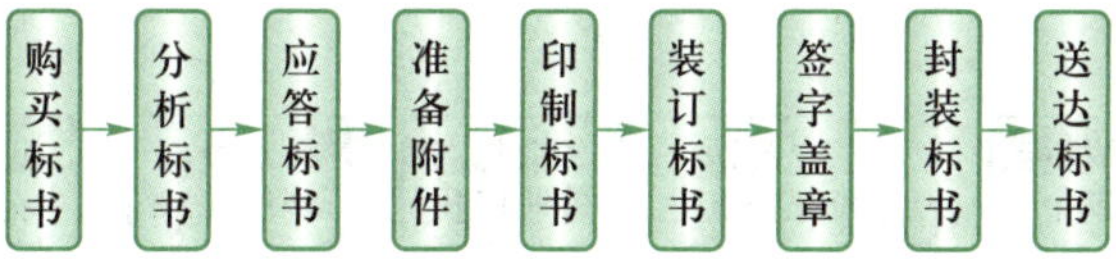

图5-12　物流服务项目投标书的制作流程

（1）购买标书。根据购买标书的截止时间和开标时间，以标明的价格，采用现场购买或邮购的方式购买。

（2）分析标书。重点关注投标资质要求、招标内容和技术要求、评分要点、递交标书的时间及地点、投标保证金额及付款方式。

（3）应答标书。除了常规的部分外，投标书应对招标书的技术规范要求进行逐条详细应答，并附加对招标项目的解释和澄清。

（4）准备附件。投标企业的各种资质文件、业绩文件、授权文件、法律文件需要以附件形式附上。

（5）印制标书。按照封面、目录、正文、附件、封底的顺序和规定的份数印制标书。

（6）装订标书。正副本按照招标书规定的装订尺寸、装订侧面（左侧装订或顶部装订）、装订方式（有钉装订或无钉胶装等）进行装订。正副本封面上要明确标明"正本""副本"。

（7）签字盖章。正副本需要签字、盖章的地方都分别签字、盖章（有需要法人签名的地方可以盖法人章代替）。正副本封面需要盖投标企业公章。副本中所有与投标企业有关的复印件均需盖章。

（8）封装标书。按照招标文件要求，将正副本分开封装或者合装，用牛皮纸或纸质文件袋包装，封装袋上按照招标文件要求标明招标单位、项目名称、项目编号、投标企业名称和"于×年×月×日×时×分（开标时间）之前不得启封"字样。封装袋上需要盖章。所有封口处、封装袋四角、侧边均需盖章。

（9）送达标书。在投标时间截止前将封装的标书送到指定地点。

2. 物流服务项目投标书制作的注意事项

物流服务项目投标书制作过程中应注意三点：① 标书须全面反映使用单位需求，不能有疏漏；② 投标企业必须对招标书的内容进行实质性的响应；③ 科学合理地设计方案和定价。

二、物流服务项目投标

（一）物流服务项目投标的基本流程

物流服务项目投标的基本流程如图5-13所示。

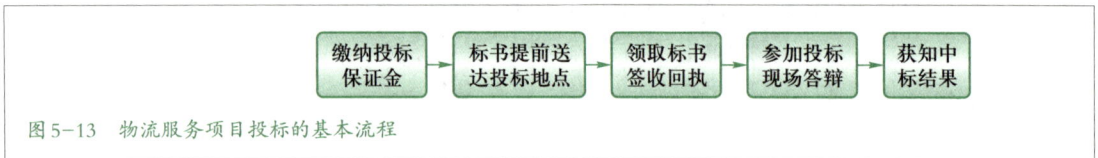

图5-13 物流服务项目投标的基本流程

（二）物流服务项目投标的注意事项和要点

1. 物流服务项目投标的注意事项

（1）标书按要求密封。

（2）提前办好投标保证金。

（3）注意投标、开标的时间节点。

（4）已提交的投标文件可进行补充或者更正，也可撤回。

（5）精心准备答辩。

2. 物流服务项目投标的要点

在整个投标过程中，要掌握六个时间控制点和两个有效期。

（1）发/卖标书时间。从用户正式通知开始卖标书到截止日期前都可以购买标书，只有购买了标书的企业才有参与投标的资格。

（2）截标时间。在规定的时间前递交投标书，迟到者将被拒绝投标。

（3）开标时间。招标书中提到的公开唱标的时间，一般都是在正式截标后不久。

（4）中标确认时间。招标单位公布中标单位，并向中标者发出中标通知书。

（5）签订合同时间。

（6）保证金退回时间。投标企业如果没有在保证金退回时间截止前办理清退手续，将造成资金损失。

（7）投标有效期。各投标企业投标的方案和价格的有效期一般为90天，这个时间是留给用户评标、合同谈判和合同执行的。在这个有效期内，各个投标企业的方案和价格必须保证是可以兑现的。

（8）投标保证金的有效期。投标保证金的有效期一般要求在投标截止后20天内。

行业洞察

导致物流企业投标"废标"的原因

一般而言，导致物流企业投标"废标"的原因有两种。

第一种是拒收，是指开标前，对方拒收自己的投标文件。一般拒收的原因有以下6种：未按时投标；未交投标保证金或投标保函；投标保证金数额不足，或投标保函等存在问题；投标企业不符合招标文件规定的投标人资格；投标文件没有投标人授权代表签字和加盖公章；投标总报价超出项目预算。

第二种是通过了开标环节，但由于一些问题导致标书作废。标书作废的原因一般有以下5种：标书中的资质证书有造假行为；标书中出现的投标对象非招标单位；标书中的项目完成期限超过招标文件规定的期限；同一投标企业提交两个以上不同的投标文件或投标报价；标书中采购第三方产品缺少授权委托书或授权委托书过期；标书中有明显可验证的抄袭现象。

任务实施

任务背景：

张粤好学习物流营销后跃跃欲试，希望为校企合作企业迅达物流开拓一个物流客户，在实践中初步掌握物流目标客户开发的流程与方法。他的想法得到了老师的支持和几位同学的响应。老师还希望他们在先调查的基础上撰写一份物流目标客户开发策划书，然后提交给企业，在企业有关人士的指导下修改完善，并根据物流目标客户开发策划书开展实践。

任务分析：

完成一份完整的物流目标客户开发策划书，要从新客户和老客户两方面进行分析。对于新客户，要收集一群新目标客户的资料，然后通过邮件、电话、即时通信或信函等交流方式接近物流潜在客户，进一步收集客户资料，了解客户需求，识别客户，判断客户价值。筛选出有需求、有价值的客户后，要根据掌握的信息设计拜访、会见客户进行推销和洽谈的方式，列举出客户可能提出的疑问和异议，并准备好答词，以利于达成交易和签约。对于老客户，要设计一些维护关系的具体措施，以稳固关系，扩大销售。

任务流程：

任务流程如图5-14所示。

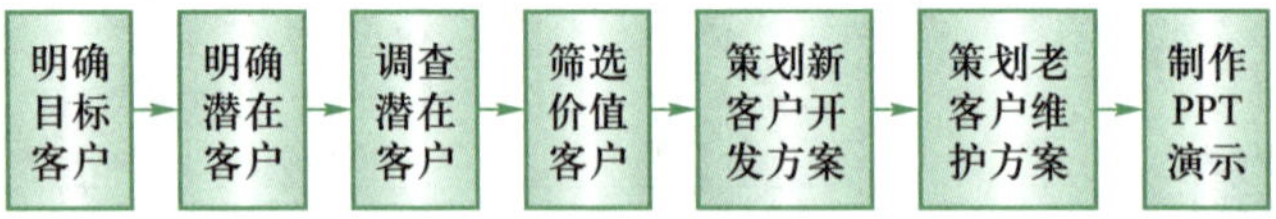

明确目标客户 → 明确潜在客户 → 调查潜在客户 → 筛选价值客户 → 策划新客户开发方案 → 策划老客户维护方案 → 制作PPT演示

图5-14 物流目标客户开发任务流程

任务要求：

● 每4~6人分为一组，选出项目经理。

● 在讨论的基础上确定调查对象，集体讨论，确定时间进度安排，进行任务分工，保证每个人都有具体的任务和完成任务的时间要求。

任务成果样本：

商务信函"定时达"团购目标客户开发方案

在白热化的通路竞争中，团购作为一种特殊的渠道销售，越来越受到物流企业的青睐，也正在成为众多物流企业的主推渠道。

迅达物流在进行商务信函快递市场调查和对比分析的基础上，设计了一个商务信函"定时达"项目，并设计了物流营销策略组合，普遍撒网，但更重点关注、开拓团购客户。

基础工作：打好客户攻坚的第一仗

有的才能放矢。在团购客户的开发过程中，除了进行前期周密的市场调查外，还要准确分析目标客户的不同特点，针对不同客户的不同需求，有针对性地采取策略，才能做好客户的开发工作，继而为成功进行团购营销奠定基础。

第一步：进行详细的市场调查。

在开发团购客户之前，一定要进行详细的市场调查：一是找到要开发的目标团购客户；二是摸清潜在目标团购客户的基础资料。

寻找目标客户的方法：

1. 通过查找城市黄页或登录重点客户网站的方式，寻找本地区的行政机构和企事业单位，以及有可能成为目标客户的其他社会团体及其相应的联系方式。

2. 发动现有的经销商或终端商，利用其良好的社会资源平台，为企业提供有团购可能的客户群。

3. 在当地主流媒体发布相关团购信息，借此吸引更多的团购潜在客户。

4. 根据人际网络关系法则，资源共享，通过企业内部及与朋友、同行或其他渠道之间的探讨与交流来获取更多的团购潜在客户。

在得到相关目标团购客户的名单及资料后，接下来的工作就是要对这些客户进行调研和分析：

1. 这些行政机构、企事业单位或其他社会团体等目标客户的业务状况如何，团购的概率多大。

2. 有没有团购的经历和传统。

3. 如果有，是哪个部门负责采购。

4. 具体经办人是谁，其有何偏好。

5. 目标客户的具体地址。

6. 采购部门及其经办人的联系方式。

7. 预计团购日期等。

然后，再对以上目标客户列名单，即根据成交可能性的高低进行列表和排序。

第二步：明确营销路线，力争让目标客户签下订单。

首先，邮寄团购资料。按照第一步收集到的客户信息，有针对性地邮寄团购资料。团购资料除了企业简介、物流服务特色简介、物流项目宣传资料外，还可以有针对性地制作团购建议书。团购建议书应当站在采购方利益角度设计制作，主要阐述团体购买给采购单位带来的好处、团购优惠办法，以及与竞争对手相比的优势。好的团购建议书是团购客户负责人向上级汇报的依据，是取得决策者批准的一个关键资料。

其次，客户拜访。一般在资料邮寄后的3~7天要对客户进行首次拜访。重点客户登门拜访，普通客户电话拜访。临时抱佛脚式的拜访效果一般很差，团购要想成功，一般至少需要三次拜访。在拜访中，争取与团购负责人和决策者成为朋友，初级公关手段的效果并不理想，让客户免费试用一次物流服务来说服客户是一个不错的方法。在拜访中，要不断完善团购客户负责人和决策者档案，记录有价值的信息。另外，拜访时可以把企业最新的宣传资料带给客户，让客户感受到企业的荣誉和进步。

再次，为目标客户下单造势。团购采购者要考虑内部职工和决策者的满意度，因此在选择团购物流服务时除了考虑价格因素外，更加青睐名牌服务。对采购者来说，名牌至少意味着广告能看到、口碑好、能方便地订购。如果商务信函"定时达"刚上市，还没有进入行业三甲，就可以考虑通过广告或其他宣传手段扩大影响力，如密集刊登《××集团团购商务信函"定时达"服务》等系列报纸软性广告和平面广告。对于事先多次拜访过的团购客户，商务信函"定时达"的知名度、抢购热度上升，将能积极影响其团购选择。

最后，成功进行客户公关。采购负责人和决策者关心团购给单位带来的利益，因此可以考虑在签订商务信函"定时达"合作协议时给予团购客户价格优惠，让对方感受到物超所值。但价格优惠并非客户公关的唯一武器，其他能取得客户好感的公关活动也应考虑，比如赞助客户年度演讲比赛、开展"帮助××企业职工把孝敬送给父母"、组织客户到企业现场参观座谈等活动均有可能取得意想不到的效果。

渠道创新：执行要从"细节入手"

团购营销工夫要下在平时，并且注重策略和执行上的创新。每一个细节的创新都可能是团购市场成功的关键。

1. 工夫在诗外，贵在坚持，临时抱佛脚，成功概率小。对于极可能有采购需求的重点客户，要执着地联系其有决策权的主管人员，周末、节假日、生日都发短信祝福，逢年过节总是给其寄贺卡和年历之类的促销品。

2. 动之以情，打动客户。积极主动与客户的团购负责人和决策者沟通，传递本企业的合作诚意和能为客户带来的价值。沟通贵在真诚，贵在合适，以情动人往往能收到很好的效果。

3. 寻找新的渠道和突破口。团购渠道开发不能忽略任何一个可能带来增量的机会。平时多利用各种渠道去接触主管团购的人，一旦发现了新的机会，比如大的公益活动、企业厂庆等都要充分利用。抓住每一个可以利用的商机推销物流服务，挖掘客户的购买欲望。

技能训练 <<<<<<<<<<<<<<<<<<<<<<<<<<<<<<<<<<<<<<<<<<<<<<<<<<<<<<

实训项目：物流目标客户开发实训

在明确了目标客户、拥有了自己的创新服务项目后，物流企业需要开发新客户、维护老客户或通过投标促成交易达成。

实训目标：

让学生掌握开发新客户和维护老客户的基本流程和方法，掌握通过投标拿到订单的流程和方法，能够撰写物流目标客户开发报告，并制作和演示PPT。

环境要求：

校外实习基地要求：有4家左右快递类校外实习基地或校企合作企业；保证班上所有同学能够有企业可以调查。

校内环境要求1：拥有45套桌椅的教室、一台计算机、投影系统。

校内环境要求2：拥有45套计算机和桌椅的实训室、一台教师用计算机、投影系统。

情境描述：

迅达物流经过详细的市场调查和对比分析，决定进入当地的商务信函快递市场。但在细分市场和目标客户群都已经明确的情况下，如何接近客户并使潜在客户变成现实客户？公司决定和学校开展合作，进行项目外包。学校物流管理专业接下这个任务后，决定组织本专业学生自愿组成项目团队，撰写物流目标客户开发策划书并制作和演示PPT，并根据物流目标客户开发策划书完成目标客户开发任务。

前提工作：每4~5人分成一组（也可自愿组合）；分组后确认本次实训的项目经理；项目经理组织分工，并首先落实拟调查的物流企业。拟调查的物流企业可以通过网络搜索，也可选择自己社会关系中的资源或教师介绍的校外实习基地或校企合作企业。

工作流程：

如图5-14所示。

操作步骤：

（1）客户开发案例分析与点评。

（2）通过各种资料（包括政府管理部门和协会统计资料、专业报纸、杂志、企业黄页、专业展会、专业网站和企业网站）、合作伙伴推荐的客户、人际网络拓展的客户、主动接洽的客户等多种渠道收集目标客户资料；汇总客户总量和客户购买物流服务的总价值量，并对目标客户进行分类。

（3）识别和筛选客户。

（4）两组对抗的模拟推销（要求能够从调查及询问技巧中发掘客户的特殊需求；介绍服务的特性、功能和优点，服务能够给客户带来的特殊利益；能够达成交易）。

（5）全班分组的签约仪式演练（8个组分别负责会场布置、礼仪队、引导、茶水、签名、司仪、领导装扮、员工装扮；各组考虑着装要求；仪式完成后互相点评）。

（6）设计平时回访、节假日交流与企业联谊活动组织计划。

（7）设计投标方案。

（8）形成物流目标客户开发策划书，并按照规范的格式排版。

（9）制作PPT。

（10）上台汇报。

（11）学生交流收获与心得，教师点评。

（12）学生进一步修改策划书和PPT。

注：（1）～（3）、（6）～（9）、（12）在课堂外完成。

注意事项：

（1）先分析几个成功的客户开发案例，掌握步骤和基本方法。

（2）寻找目标客户要利用多种渠道。

（3）识别和筛选客户应熟练运用MAN法则和ABC分类法。

（4）资料、数据要保证全面、真实。

（5）无论是开拓新客户还是维护老客户，方法应具有针对性，可行性强。

（6）物流目标客户开发策划书的结构、文字、排版应规范，应有封面、摘要和关键词、目录、正文、结语、参考文献、附录等完整的框架。

（7）PPT应有概括性、逻辑性，美观大方，演讲时间控制在10分钟以内。

（8）演示应明确分工，有人操作、有人演讲，演讲者应自信、大胆、流畅，应用计算机计时，控制演示时间。

（9）两组对抗的模拟推销应重点体现从调查及询问中发掘客户特殊需求的技巧，将客户遇到的问题与服务的优势巧妙转化为客户利益的技巧，寒暄的技巧，消除客户戒心的技巧，巧妙提示达成交易的技巧。

（10）签约仪式演练应力求真实和实战化，必要时直接与企业合作，让学生参与实际操作。

实训报告：物流目标客户开发报告

（1）绪论。说明推销的物流服务项目的基本情况，潜在客户数据和资料来源，识别和筛选客户应用的方法和筛选结果，目标客户的主要特征。

（2）正文。分别针对新客户和老客户，阐述开发客户的方法、策略、步骤、预期效果。

（3）参考文献。按照著录规范，列出参考文献。

（4）附录。附上一些必要的统计图表。

同步测试

一、单项选择题

1.（　　）不属于收集客户资源的方法。

    A. 资料分析法　　　　　　　　B. 营销人员人际网络拓展法

    C. 抽样分析法　　　　　　　　D. 合作伙伴推荐法

2. 在收集客户资源阶段常用的方法中，能够帮助物流企业迅速接触大量客户的方法是（　　）。

    A. 直邮法　　　　　　　　　　B. 展示联系法

    C. 直接拜访法　　　　　　　　D. 电话拜访法

3. 关于应用MAN法则识别客户的观点正确的是（　　）。

    A. M是指material，即客户的货物

    B. 潜在客户欠缺了MAN法则的某一条件（如购买力、需求或购买决策权）的情况下，就不能开发

    C. N是指need，即需求

    D. MAN法则的实质就是识别客户只需要找到客户的关键人物

4. 物流营销人员通过自身拥有的社交网络来寻找潜在客户的方法称为（　　）。

    A. 资料分析法　　　　　　　　B. 合作伙伴推荐法

    C. 营销人员人际网络拓展法　　D. 客户主动上门获得法

5. 促成交易阶段的方法不包括（　　）。

    A. 太极法　　　　　　　　　　B. 利益汇总法

    C. 前提条件法　　　　　　　　D. 富兰克林法

6. 推销洽谈阶段的方法不包括（　　）。

    A. 暗示询问法　　　　　　　　B. 明示询问法

    C. 问题询问法　　　　　　　　D. 状况询问法

7. 巩固物流老客户的流程不包括（　　）。

    A. 建立客户数据库　　　　　　B. 客户统一管理

    C. 跟进投诉并积极回应和解决　D. 及时回访和沟通

8. 以下对客户服务认识正确的是（　　　）。

　　A. 客户服务就是客户有投诉时进行处理

　　B. 客户服务不会为公司带来利润，但处理不好会影响公司利润

　　C. 客户服务是售后服务的一个环节

　　D. 客户服务包括售前、售中、售后服务

9. 投标书是整个物流服务项目投标活动中最核心、最关键的文件，（　　　）不属于投标书的内容。

　　A. 企业经营现状　　　　　　　　B. 物流服务方案

　　C. 物流服务报价　　　　　　　　D. 项目利润分析

10. 物流服务项目投标书的制作流程不包括（　　　）。

　　A. 分析标书　　　　　　　　　　B. 印制标书

　　C. 修改标书　　　　　　　　　　D. 签字盖章

二、多项选择题

1. 开发物流新客户的一般流程包括（　　　　　　　）、处理客户异议、促成交易、签订合同、履行合同和维护客户关系等步骤。

　　A. 收集客户资源　　　　　　　　B. 接近与识别客户

　　C. 拜访与推销洽谈　　　　　　　D. 建立客户资料库

2. 在接近客户阶段，可采用（　　　　　）等方式接近客户。

　　A. 问题接近　　　　　　　　　　B. 介绍接近

　　C. 好奇接近　　　　　　　　　　D. 演示接近

3. 证实提问法可以分为（　　　　　）。

　　A. 选择法　　　　　　　　　　　B. 错误矫正法

　　C. 直接询问法　　　　　　　　　D. 间接询问法

4. 物流招投标涉及的主体包括（　　　　　）。

　　A. 招标代理机构　　　　　　　　B. 投标代理机构

　　C. 物流服务招标方　　　　　　　D. 物流服务投标方

【素养目标】

● 在物流营销产品与定价策略制定中，树立成本意识、效率意识、质量意识

● 树立品牌意识，增强对新国货、民族品牌的认同感

● 综合运用多种促销方式开展物流服务促销活动，培养创新意识和创新思维

【知识目标】

● 了解物流营销组合的发展脉络

● 熟悉物流营销组合的概念和内容

● 掌握物流营销组合的限制条件

● 掌握物流服务产品、物流服务定价、物流服务分销、物流服务促销的内容、方法、策略

● 掌握物流服务生命周期理论和物流服务生命周期各阶段的营销策略

【技能目标】

● 能够设计一套富有吸引力的物流营销策略，并撰写物流服务项目营销策略组合策划报告

● 能够灵活运用物流服务生命周期各个阶段的物流营销策略

● 能够灵活运用常见的物流服务定价方法和定价策略

● 能够根据物流服务产品及市场现状设计合理的分销渠道

【 **思维导图** 】

物流营销策略制定

- 物流营销组合概述
  - 物流营销组合的概念
  - 物流营销组合理论
  - 物流营销组合的特点
- 物流服务产品策略
  - 物流服务组合策略
  - 物流服务包装策略
  - 物流服务品牌策略
  - 物流服务生命周期策略
- 物流服务定价策略
  - 物流服务定价的程序
  - 物流服务定价的方法
  - 物流服务定价的常见策略
- 物流服务分销策略
  - 物流服务分销渠道的设计
  - 物流服务分销渠道的管理
- 物流服务促销策略
  - 人员推销
  - 广告促销
  - 营业推广
  - 公共关系促销
  - 新媒体营销
  - 物流服务促销组合

第一节　物流营销组合概述

引 导案例

国内品牌快递企业的体育营销

体育追求"更快、更高、更强"的理念和行为是一种鲜明的文化符号，与快递行业的本质具有高度契合性，因此体育营销迅速成为快递企业开拓业务、服务客户的重要渠道和沟通窗口，不仅创造了品牌效应，而且带来了积极的社会效应。

1. 顺丰速运的体育营销

随着国内各类马拉松赛事数量激增，顺丰速运也逐步强化了自己在相关赛事上的品牌优势。自2016年以来，顺丰速运先后赞助了深圳龙岗音乐半程马拉松、宁夏黄河金岸国际马拉松及杭州马拉松等众多知名赛事，为赛事提供全程物流保障服务，并通过服务提高选手的体验感，从侧面加强与选手的情感联系。

年轻人已经成为市场的主体消费人群。顺丰速运较早进驻电竞领域，聚焦以年轻人为主体的差异化营销。2020年，顺丰速运支持了国内首个战术竞技类电竞赛事——CF荒岛特训百万赏金赛，赛事的百万元奖金支票被封装在4款亮眼的顺丰快递箱中，使两大品牌在形象上高度融合。2022年，顺丰冠名赞助了苏州大学生电竞联赛。

2. 京东物流的体育营销

依托于京东运动的强大体育营销基因，京东物流也在马拉松等赛事营销上抢占先机，与众多顶级马拉松赛事保持长期合作关系，而且还在不断扩大自己的营销矩阵。马拉松成为京东物流体育营销的鲜明标签，全面彰显了京东品牌"有速度更有温度"的服务理念，同时也将"马拉松基因"根植到京东文化中。

在2022年的北京冬奥会上，京东物流还成为中国第一家、全球第七家服务奥运会的物流服务商，通过打造赛事一体化供应链，保障赛事物流绿色、高效、安全运行。京东物流在服务中充分践行数字奥运、科技奥运、绿色奥运的理念，向世界展示了中国物流科技水平和服务能力的提升。

3. 中国邮政的体育营销

中国邮政成为北京冬奥会邮政服务的独家供应商，为北京冬奥会和冬残奥会提供特快专递和包裹快递等寄递服务、集邮类和封片卡类等邮政产品及综合现场服务等，"第24届冬季奥林匹克运动会开幕纪念"邮票也成为热门商品。中国邮政利用自己的品牌优势，顺应年轻人的消费习惯，推出数字化营销活动，并借助快手、抖音等平台进行宣传推广，不仅拓宽了线上业务渠道，而且让更多人体会到冬奥会背后的文化魅力。

引导问题：

1. 体育和快递有哪些共同特质？

2. 为什么快递企业纷纷参与马拉松营销？

3. 哪个快递企业的体育营销给你留下了深刻印象？为什么？

4. 分析并预测未来快递企业的体育营销趋势。

一、物流营销组合的概念

物流营销组合是现代物流营销的核心。在竞争日益激烈的市场环境下，物流企业只有系统地考虑客户需求和自身发展的目标，为客户设计出一套自已能够提供的优化、经济的物流运作方案，并且通过设计一套科学、合理的营销策略组合，让更多的客户乐于接受物流运作方案，才可能经营成功。

如果说物流企业经营成功、发展壮大是营销目标，那么物流营销组合就是物流企业达到其营销目标的路线，就如同汽车的行车路线（见图6-1）。

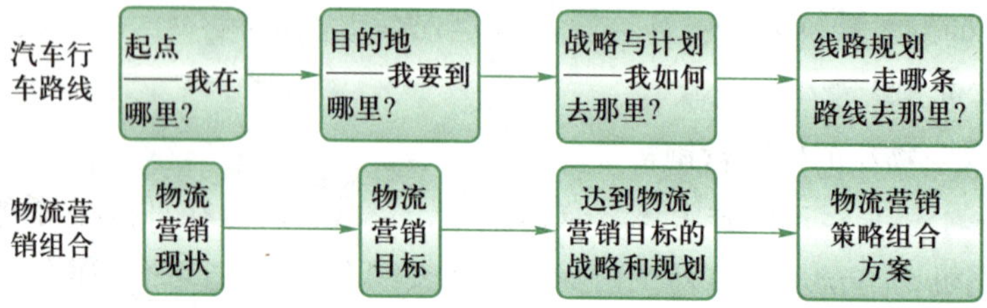

图6-1　物流营销组合是物流企业达到其营销目标的路线

物流营销组合就是在分析市场机遇、进行市场细分、确定目标市场、设计物流服务项目、初步接触客户后，根据客户需要，将可控的产品策略、价格策略、渠道策略和促销策略等进行最佳组合，并整合社会资源和企业内部的营销资源，使它们有机结合，系统地发挥作用，以满足客户需求，创造竞争优势，实现物流企业的营销目标。

二、物流营销组合理论

物流营销组合经历了从战术4Ps理论到战略4Ps理论、4Cs理论、4Rs理论的发展。

（1）战术4Ps理论。该理论认为，企业营销整体策略是由相互联系的产品（product）策略、定价（price）策略、分销（place）策略，以及促销（promotion）策略组成的（见图6-2）。

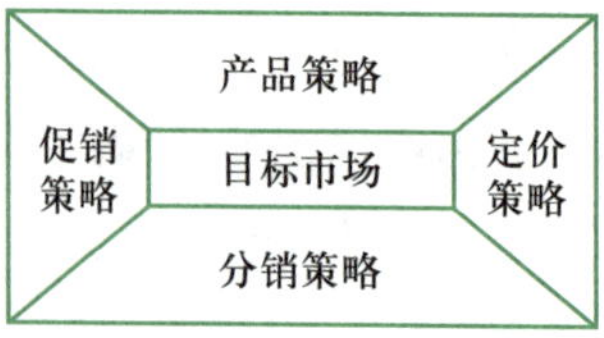

图6-2　物流营销战术4Ps组合策略图

（2）5Ps理论。因为包装在物流营销中的重要意义，包装（packaging）也被加入4Ps，成为5Ps。还有一种5Ps为4Ps加定位（position）。

（3）战术6Ps理论。1984年，菲利普·科特勒提出在大市场营销中应增加两个"P",即政治权力(political power)和公共关系(public relation),将市场营销组合的范围扩展到6Ps。

(4)7Ps理论。战术4Ps理论不适应20世纪70年代服务业的迅速发展,1981年在传统市场营销理论4Ps的基础上增加了三个服务性的"P",即人(people)、有形展示(physical evidence)、服务过程(process),成为7Ps。① 人。物流企业承担服务操作的人,在客户眼中也是物流服务的一部分,甚至客户本身也会参与创造,享受额外的价值。② 有形展示。有形产品的销售应该强调抽象的联想(见图6-3),而无形的物流服务营销则应通过良好的服务环境(整齐的服务设施、先进的服务设备、便利的订购和支付条件)、整洁干练的服务人员、完整有序的服务资料、完善的后续服务(见图6-4),增加客户的感知、满足感和消费信心,加速客户的购买决策。③ 服务过程。即服务通过一定的程序、机制及活动得以实现的过程,是市场营销战略的一个关键要素。如果客户在获得物流服务前必须排队等待(见图6-5),那么物流企业就必须考虑等待时间的因素。

图6-3 灵动的包装箱和Apex便携式打印机广告

图6-4 井然有序的操作现场、整洁干练的快递员,都是一种无形展示

图6-5 客户排队办理业务、购买世博首日封

4Ps和7Ps的差异如表6-1所示。

表6-1 4Ps和7Ps的差异

项目	4Ps	7Ps
侧重	侧重于早期营销对产品的关注，是实物营销的基础	侧重于产品之外对服务的关注，是服务营销的基础
角度	站在企业的角度	更倾向于消费者
策略	侧重于对产品的推销，注重"推"的策略	侧重于对消费者的说服，注重"拉"的策略
要素	注重宏观层面从产品的诞生到价格的制定，通过营销渠道和促销手段使产品最终到达消费者手中的简单过程	增加了微观的元素，考虑到营销过程中的等待时间、有形展示、消费过程中所接触人员的要求等细节

（5）战略4Ps理论。1986年，当营销战略计划变得重要时，菲利普·科特勒又提出了战略计划的探查（probing）、细分（partitioning）、优先（prioritizing）、定位（positioning）的战略4Ps。

（6）10Ps理论。战术6Ps加上战略4Ps，就构成了10Ps。物流营销组合理论已经由过去的旧4Ps发展到新10Ps。其实，不论是4Ps、6Ps还是10Ps，都是企业面对市场需要采取的营销组合策略。营销组合是一组必须同等对待的工具，没有一个元素能够独立存在，必须相互支持。如果彼此冲突，就会迷失于目标市场而无法实现目标。4Ps中每一个P又分别有若干次一级因素，这样就使得营销组合千变万化。现实中，不同类型的物流企业运用大相径庭的营销策略，而且经营同类服务的物流企业也会运用多种多样的营销组合策略。

（7）4Cs理论。20世纪80年代，罗伯特·劳特朋向传统的4Ps理论发起挑战，提出4Cs理论。4Cs理论强调以顾客需求（customer needs/wants）为导向，充分考虑顾客愿意支付的成本（cost），照顾顾客的便利性（convenience），与顾客进行沟通（communication）。4Ps是"把任何人当成消费者"，提醒"消费者请注意了"，而4Cs是"把消费者看作人"，提醒自己"注意消费者"。在物流市场竞争加剧、物流企业提供的是物流服务这一特殊商品的形势下，4Cs理论对物流企业开展物流营销具有更强的指导作用。

（8）4Rs理论。20世纪90年代，唐·舒尔茨提出了4Rs理论，即：建立并发展与顾客之间的长期关联（relevancy），构建命运共同体，以充分了解顾客的需求和需求变化；提高市场的反应速度（reflect），以对顾客的需求变化做出及时反应；与顾客建立稳定、紧密的关系（relation），降低顾客流失率和营销费用；注重回报（return），企业所做的一切都是为了获得一定的合理回报（见图6-6）。4Rs理论以关系营销为核心，重在提高顾客忠诚度。它既从厂商的利益出发，又兼顾顾客的需求，是一个更加实际、有效的营销制胜术。

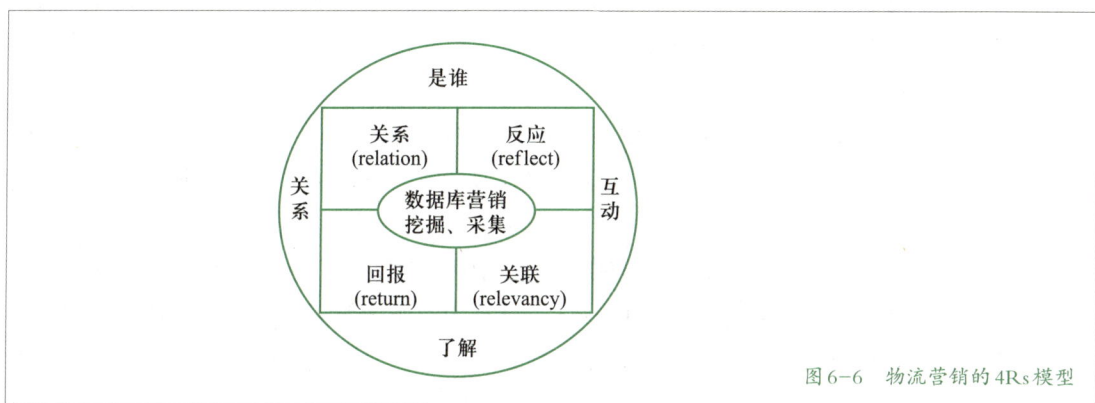

图6-6　物流营销的4Rs模型

三、物流营销组合的特点

物流营销组合具有三大特点。

① 可控性。物流企业自身可以控制，较少受外部因素影响。

② 可变性。物流营销组合的产品、价格、渠道、促销四大因素又包含若干子因素，局部子因素又可组合成子组合，变化无穷（见表6-2）。

表6-2　4Ps的营销组合要素

产品策略	定价策略	分销策略	促销策略
品质	基本价格	分销渠道	人员推销
特点	价格水平	覆盖区域	广告

续表

产品策略	定价策略	分销策略	促销策略
范围	价格变动幅度	中间商类型	公共关系
外观	折扣	营业场所	营业推广
增值服务	折让		直复营销
商标	支付方式		赞助
品牌	支付期限		
设计	信用条件		
包装	谈判政策		

③ 整体性。物流企业营销组合需要围绕企业经营目标进行整体谋划，充分考虑产品策略、定价策略、分销策略、促销策略的相互协调与配合，为目标客户提供一体化的服务解决方案，物流企业各职能部门在采取部门策略时也要从整体出发。

物流营销组合在物流企业实际工作中有三方面的重要意义：一是制定营销战略的基础；二是应对竞争的有力手段；三是协调物流企业各部门工作的纽带。

另外，物流企业在应用物流营销组合时，还必须考虑物流企业的营销战略、营销环境、目标市场特点、自身的资源情况等约束条件。这些条件的变化使物流企业市场营销组合不断变化。

第二节　物流服务产品策略

引导案例

中远海运物流和顺丰速运的产品策略

作为一个具有雄厚资质和综合实力的第三方物流企业，中远海运物流不仅致力于为全球客户提供专业化的仓储、配送、运输、货代、物流软件开发等服务，而且能为客户提供供应链一体化物流整合方案，以及个性化的物流信息化解决方案等服务。仓储、配送、运输、货代、物流软件开发属于单项服务，仓储加配送、运输加货代属于组合服务，而供应链管理则属于综合服务，这就是中远海运物流为适应不同客户需求而进行的产品组合（见图6-7）。

图6-7 中远海运物流的产品组合

顺丰速运提供顺丰即日、顺丰特快、顺丰标快三大快递产品,同时提供保价、包装、代收货款、保鲜、签单返还、送货上楼、验货、定时派送、特殊入仓、装卸、安装、转寄/退回、密鉴认证等增值服务。顺丰速运的服务优势如图6-8所示。

时效快速、精准承诺、稳定
实时整合优质运力资源,尽可能缩短每个快件配送用时,为客户提供行业内具有竞争力的时效快件服务

定制化服务
多款增值服务满足客户各种寄递场景需求

全程可追踪
科技赋能实现网络透明化、智能化

图6-8 顺丰速运的服务优势

引导问题:

1. 运输、仓储、装卸搬运、包装、流通加工、配送、信息、物流解决方案、采购、销售、结算、订单处理、数据传输可以组合出多少物流服务项目?

2. 你能够为组合出的物流服务项目找一个对应的现实案例吗?

3. 中远海运物流的物流服务项目有何特点?

4. 顺丰的服务优势主要包括哪些?

物流服务产品策略是物流营销4Ps组合的核心,是定价策略、分销策略和促销策略的基础。物流服务产品策略直接决定和影响着定价策略、分销策略和促销策略的制定与实施,对物流企业的营销成败影响重大。在现代社会,每一个物流企业的生产经营活动都是围绕着物流服务进行的,即通过及时、有效地提供消费者所需物流服务而实现物流企业的发展目标。物流企业如何开发满足消费者需求的物流服务,并将物流服务迅速、有效地传送到消费者手中,构成了物流企业营销活动的主体。而且随着科学技术的快速发展,社会的不断进步,消费者需求特征的日益个性化,市场竞争程度的不断提升,产品的内涵和外延也在不断扩大。

菲利普·科特勒以现代观念将产品界定为:产品是指为留意、获取、使用或消费以满足某种欲望和需要而提供给市场的一切东西。它包括各种有形物品（电视机、化妆品、家具等）、服务（美容、咨询、物流等）、人员（有代表性的人物等）、地点、组织（保护消费者协会等）、观念（环保、公德意识等）和想法（创业点子、商业创意等）。

现代物流营销理论研究产品是从整体产品的角度分析的。产品的整体结构一般包括核心产品、形式产品、期望产品、附加产品和潜在产品五个层次（见图6-9）。

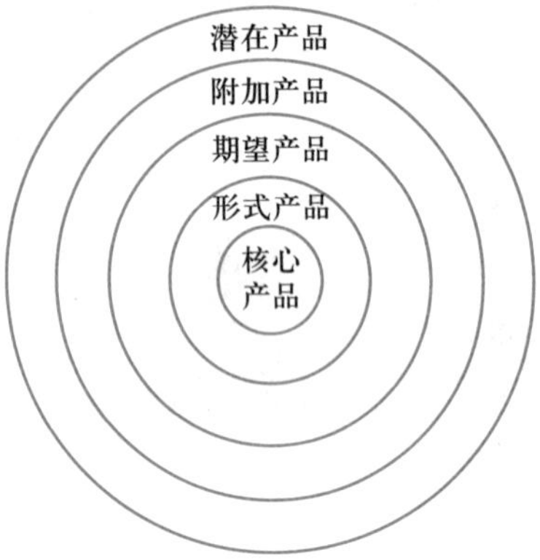

图6-9 产品整体结构示意图

（1）核心产品。核心产品是客户购买产品（服务）时真正追求、最终需求的基本效用和利益，是产品整体概念中最基本、最主要的部分。客户购买某种产品并非是为了拥有该产品实体，而是为了获得能满足自身某种需要的效用和利益。客户到快递公司快递商业信函，要求快递公司尽快把信函送出去，表面上所谈的是快递，实际上客户真正的要求是速度，让对方尽快收到信函。至于这个工作收多少费用，如何送出去，都是次要问题，客户心中的核心问题是速度。

（2）形式产品。形式产品是核心产品借以实现的形式，即向市场提供的实体或服务的形象。形式产品如果是实物，则通常表现为产品外观、造型、花色、品种、质量、式样、包装等。形式产品如果是服务，则通常表现为服务设施和设备、服务过程、服务质量、服务标准从开始到结束的过程表现。如物流服务作为形式产品，就表现为在物流活动中通过仓储、运输、装卸、搬运、分拣、加工、配送等环节所需的设施、设备、人员、工具、包装而展现的服务过程、服务质量、服务标准。

（3）期望产品。期望产品是客户购买产品时期望的一整套属性和条件，如对于快递物品的客户来说，期望该服务能安全、快捷地将物品送达。

（4）附加产品。附加产品是产品包含的附加服务和利益，主要包括运送、安装、调试、维修、产品保证、零配件供应、技术人员培训等。附加产品来源于对客户需求的综合性和多层次性的深入研究，要求营销人员必须正视客户的整体消费体系，但同时必须注意因附加产品而增加的成本客户是否愿意承担的问题。物流服务的附加产品表现为通过电话或网络下订单，物流信息的汇总分析，帮助交易结算和资金融通，代理物流环节的衔接，开展免费业务咨询、免费送货、技术培训等。

（5）潜在产品。潜在产品是指物流客户在接受物流服务过程中对物流服务产生的新需求，物流企业可以据此开发新的服务项目。如客户提出一站式服务和多式联运服务，物流企业可以将核心产品延伸，满足市场出现的新需求。

物流企业提供的物流服务与各种有形产品相比，具有附属性（附属于、服务于商流）、非物质性、变化性、专业性、增值性、可替代性（可被企业物流替代）六大特征。

物流服务产品策略主要包括物流服务组合策略、物流服务包装策略、物流服务品牌策略、物流服务生命周期策略。

一、物流服务组合策略

物流服务组合是指一个物流企业经营的全部物流服务线、物流服务项目的组合。物流服务线是物流企业提供的每一类物流服务，每条物流服务线下的每个具体的物流服务就是物流服务项目。如中远物流对外提供的物流服务线包括仓库运作管理、物流系统方案设计、物流业务咨询三类服务。其中，仓库运作管理这条物流服务线又包含仓储、配送、库存、运输、增值服务5个物流服务项目。

物流服务组合取决于宽度、长度、深度和一致性四个因素（见图6-10）。物流服务组合的宽度即物流企业拥有多少不同的物流服务线。物流公司拥有的物流服务线越多，物流服务组合就越宽。物流服务组合的长度即物流企业所有物流服务线上服务项目的总数。总数越多，物流服务组合就越长。物流

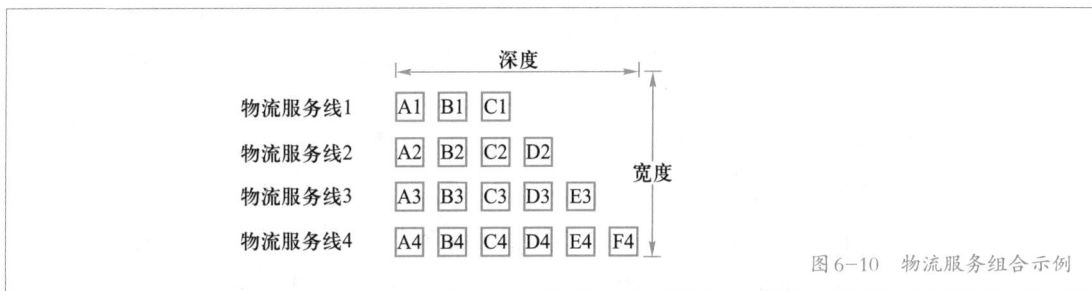

图6-10 物流服务组合示例

服务组合的深度即物流企业每条物流服务线上的服务项目数。物流服务线中包含的服务项目越多,物流服务组合就越深。物流服务组合的一致性即每条物流服务线之间在最终用途、服务条件、分销渠道或者其他方面相关联的程度。相关联的程度越深,说明物流企业各条物流服务线之间的一致性越高。我国第三方物流企业的服务组合如表6-3所示。

表6-3 我国第三方物流企业的服务组合

物流服务线	物流服务项目
运输	公路运输、铁路运输、航空运输、干线运输、普通货物运输、危险品运输、国际集装箱运输、海关监管货物运输、整车运输、快递、快运
仓储	中转仓储、分销仓储、中转平台仓储、融通仓储、零配件仓储、库存分析、退货管理
配送	分销配送、联合运输、共同配送、直接换装、同城配送、异地配送
流通加工	来料加工、半成品加工、包装、贴标签、零件加工、零件组装
采购	国际采购、国内采购、原材料采购、零件采购、产品采购
物流方案咨询	提供理赔和投诉服务、信息咨询、供应链管理咨询与设计、生产物流设计、物流选址、物流园区规划
物流人才培训	物流理念培训、操作人员培训、物流管理培训、物流技术培训
运输代理	揽货、订箱、订舱、交接、中转、分拨、报关、报检、订船

（一）物流服务组合的方向

物流企业可以根据市场竞争情况、自身实力、经营目标等因素,对物流服务组合的宽度、长度、深度和一致性进行最优决策,形成不同的动态性服务组合策略。

1. 扩大服务组合策略

扩大服务组合策略是指开拓服务组合宽度、加强服务组合深度、增加服务组合长度。其中,开拓服务组合宽度是指增添一条或几条服务线,扩展服务范围;加强服务组合深度是指在原有的服务线内增加新的服务项目;这两方面任何一方面的增加或同时增加,都意味着增加了服务组合长度。

扩大服务组合的具体方式包括:在维持原服务品质和价格的前提下,增加同一服务的规格和型号;增加不同品质和不同价格的服务项目;增加与原服务类似的服务;增加与原服务项目毫不相关的服务项目。

扩大服务组合能够满足不同偏好的客户多方面的需求,提高服务的市场占有率;能够充分利用企业信誉和品牌知名度,完善产品系列,扩大经营规

模；能够充分利用企业资源和剩余服务能力，提高经济效益；能够减小市场
需求变动的影响，分散市场风险，降低损失程度。

2. 缩减服务组合策略

缩减服务组合策略是指削减服务线或服务项目，特别是要取消那些获利
小的服务项目，以便集中力量经营获利大的服务线或服务项目。

缩减服务组合的具体方式包括：减少服务线数量，实现专业化经营；保
留原服务线，削减服务项目；停止提供某类服务。

缩减服务组合能够使物流企业集中资源和技术力量改进保留服务的品
质，提高企业、服务项目的知名度；能够在专业化的服务中提高生产效率，
降低生产成本；能够减少资金占用，加速资金周转；有利于企业向市场的纵
深发展，寻求合适的目标市场。

3. 高档服务策略

高档服务策略是指在原有服务线中增加高档次、高价格的服务项目。

实行这种服务策略，有助于提高企业现有服务的声望和企业的市场地
位，也更容易为企业带来丰厚利润，并带动企业经营管理水平的提高。采用
这种策略的物流企业也要承担原有低端形象导致高档服务不容易打开销路，
从而影响新服务项目开发费用迅速收回的风险。

4. 低档服务策略

低档服务策略是指在原有服务线中增加低档次、低价格的服务项目。

实行这种服务策略，有助于物流企业凭借高档品牌服务的声誉吸引消费
水平较低的客户慕名购买该服务中的低档廉价服务，有助于扩大市场占有率
和增加销售总额，也能够充分利用企业现有服务提供能力，补充服务项目空
白，形成服务系列。但采用这种策略也存在拉低物流企业原有市场声誉和品
牌服务的市场形象，加大营销费用的风险。

（二）物流服务组合策略的进化

物流服务组合策略的进化模式有以下两种。

1. 渐进型模式

渐进型模式是指物流企业利用已有的服务技术优势、品牌优势与市场渠
道，在原有服务项目基础上，进一步提高物流服务满足客户需要的程度，将
物流市场客户不断地转移到较高一级的改进服务上。

2. 突变型模式

突变型模式是指物流企业在促进现有服务升级换代的同时，密切注意科
技方面的重大突破，及时促进服务品质的变化，开拓出新的具有更高技术含
量、更高服务标准、更方便客户的新服务项目，以替代已经成熟的旧服务项
目，在下一个周期的市场竞争中，继续占据有利地位。

二、物流服务包装策略

（一）包装的概念

包装是指在流通过程中，为保护产品、方便储运、促进销售，依据不同情况，按照一定技术方法而采用的容器、材料、辅助物及进行操作的总称。一般情况下，包装与利润成反比，包装越节省，利润就越高。但包装也绝不是越节省越好，如果节省的包装降低了物品的防护效果，就会造成储存、装卸、运输的不便。适度、美观、经济是包装应遵循的基本原则。因此，企业要进行科学的包装决策。对于物流企业而言，包装能够带来巨大的增值服务效益。

（二）包装的功能

包装具有两重功能：一是自然功能，即物质功能或实用功能，主要表现为保护功能、便利功能。二是社会功能，即精神功能或审美功能，主要表现为促销功能、引导消费功能、体现文化品位功能、创造附加值功能、体现企业品牌信誉功能、引导保护生态环境功能。

（三）包装的分类

包装可以从不同角度分类，如表6-4所示。

表6-4　包装的分类

分类标准	分类
包装功能	集合包装、周转包装、运输包装、销售包装、礼品包装
包装层次	内包装、中包装、外包装
包装容器的软硬	硬包装、半硬包装、软包装
包装使用范围	专用包装、通用包装
包装使用的次数	一次用包装、多次用包装、周转包装
包装技术方法	防震包装、防湿包装、防锈包装、防霉包装
产品种类	食品包装、药品包装、机电产品包装、危险品包装
产品经营方式	内销产品包装、出口产品包装、特殊产品包装
包装材料	纸制品包装、塑料制品包装、金属包装、竹木器包装、玻璃容器包装、复合材料包装

（四）包装设计的原则

包装设计的原则包括：图像生动、形象，尽量采用新材料、新图案、新形状以引人注目；包装应与所服务物品的价值或质量匹配；包装应能显示所服务物品的特点和风格；包装的造型和结构应考虑所服务物品的运输、使用、保管和销售；包装上的文字应能增加顾客的信任感，并根据顾客心理突出重点；包装应符合顾客的社会文化心理需求。

（五）包装决策的程序

包装决策通常分为如图6-11所示的三个步骤。① 建立包装观念，确定这种包装的基本形态、目的和基本功能。② 决定包装因素，即包装的大小、形状、材料、色彩、文字说明，以及商标图案等。包装因素之间要互相协调，例如包装的大小和材料有关，材料和色彩有关。而且决定这些包装因素时，必须和定价、广告等市场营销因素协调一致。如果企业已对某服务做出优质优价的营销决策，则包装的材料、造型、色彩等都要与之配合。③ 进行包装试验。包装设计出来以后要经过试验，以考察包装是否能满足各方面的要求。包装试验分为如下4种：工程试验、视觉试验、经销商测试、消费者测试。

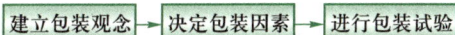

建立包装观念 → 决定包装因素 → 进行包装试验

图6-11　包装决策的三个步骤

物流服务的包装不是产品意义上的包装，而是通过对服务人员的服饰设计、服务场所和交通工具的美化设计、品牌和标识的美化设计、物流服务项目本身的推广宣传，来达到促销的效果。物流服务包装应能吸引注意力，说明服务的特色，给客户以信心，形成一个有利的总体印象。一些客户愿意为良好包装带来的外观、形象和声望多支付一些费用。因此，一些物流营销人员把包装（packaging）策略称为继4Ps之后的第五个"P"。

（六）包装的常用策略

1. 统一包装策略

物流企业对自己提供物流服务的相关要素（包括仓储等基础设施、运输工具、一线运营人员的着装和名片、信笺、标识、广告词、广告片、软广告等）采用统一的设计，使客户一看就明白是哪个物流企业的服务。这种策略可以节省设计、包装的费用，扩大物流服务的声誉，提升物流服务的形象。

2. 分等级包装策略

物流企业对不同服务等级或不同服务质量的物流服务分别使用不同的包装和宣传。高档服务，包装精致，大力推广和宣传，宣示服务的质量和档次；中低档服务，包装和推广简略些，以减少服务的包装和宣传推广成本（见图6-12~图6-14）。

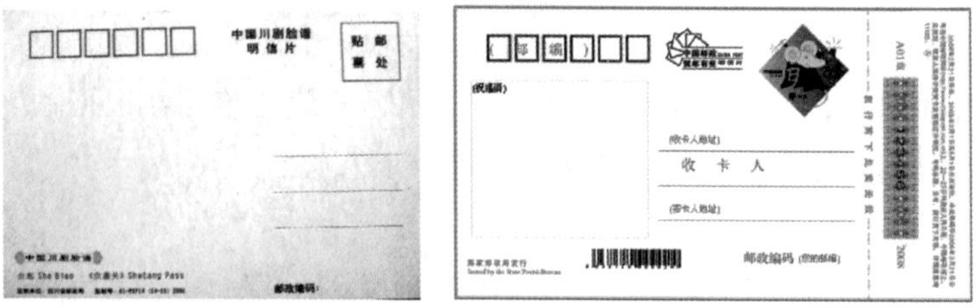

图6-12　有奖贺年卡相对于明信片体现了分等级包装

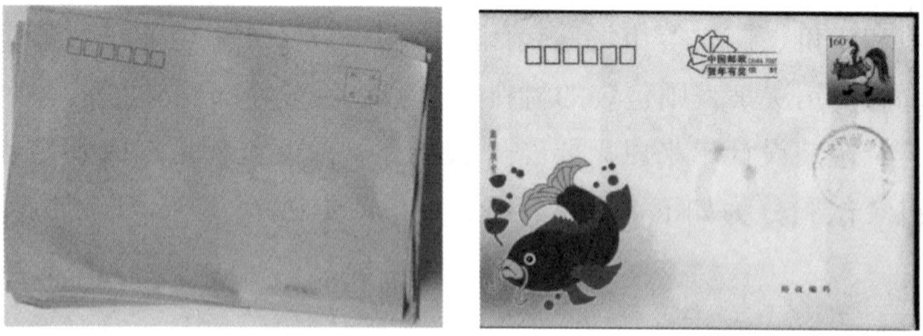

图6-13　有奖贺年卡信封相对于普通信封体现了分等级包装

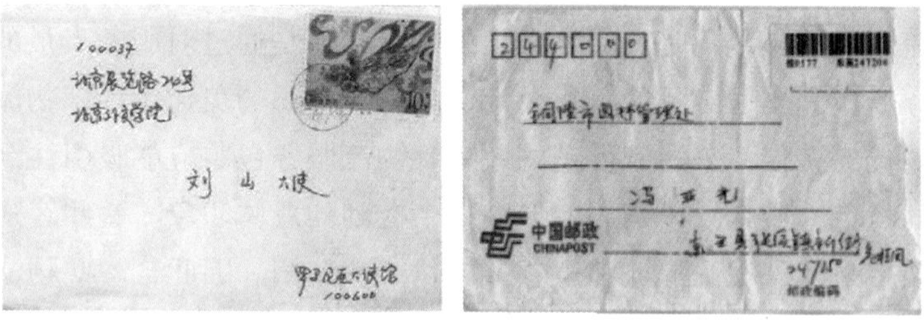

图6-14　挂号信相对于普通邮寄体现了分等级包装

3. 类似包装策略

物流企业对其提供的系列服务采用相同的图案、近似的色彩、相同的造型进行包装，便于客户识别出本企业的服务，扩大企业的影响。对于忠实于本企业的客户，类似包装无疑具有促销作用，企业还可因此而节省包装的设计和制作费用。特别是在推出新服务项目时，可以利用企业的声誉，使客户首先从包装上辨认出服务企业，迅速打开市场。但类似包装策略只适宜质量相同的服务，对于那些品种差异大、质量水平差异悬殊的服务则不宜采用（见图6-15）。

图6-15 德邦系列服务的类似包装

4. 配套包装策略

按照客户的消费习惯，将几种有关联的服务项目组合、打包、成套供应，便于物流客户购买、享受，扩大物流服务项目的销售，也有利于企业推销新服务项目。

5. 附赠包装策略

在物流客户购买某项物流服务或某个物流服务组合后，可以附赠一种物流服务或赠品（组合），引起客户的购买兴趣。

6. 改变包装策略

当由于某种原因使服务项目的销量下降、市场声誉跌落时，物流企业可以在改进服务质量的同时改变包装的形式，从而以新的服务形象出现在市场，改变服务在客户心目中的不良地位。如物流企业标识色彩的变化或换了标识，原来配套或附赠的物流服务项目现在独立销售、宣传推广等。当然，企业在改变包装的同时，必须配合做好宣传工作，以消除客户以为服务质量下降或其他方面的误解。

三、物流服务品牌策略

（一）物流服务品牌的概念

物流服务品牌是指物流企业的名称、术语、标记、符号、图案或其组合，包括物流品牌名称、物流品牌标志、物流商标和网络域名。

（二）物流服务品牌的基本作用

物流服务品牌的基本作用是区别于其他企业的物流服务，有利于物流客户识别和购买，有利于物流企业开拓市场。

（三）物流服务品牌的属性

物流服务品牌具有属性显示、利益转化、价值体现、文化象征、个性代表、使用者定位六大属性。

（四）物流服务品牌的"三度"

物流服务品牌有进阶的"三度"，即知名度（知道这个品牌）、美誉度（这个品牌不错）、忠诚度（会继续使用这一品牌）（见图6-16）。

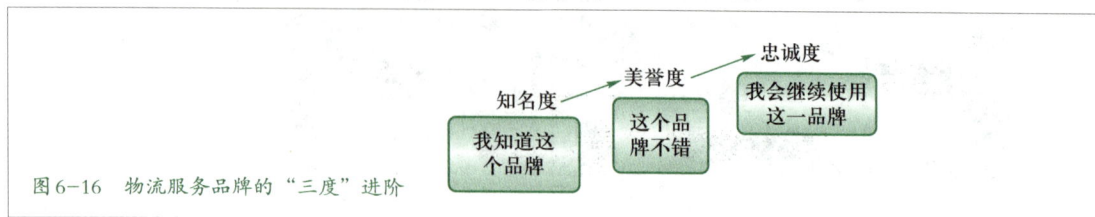

图6-16 物流服务品牌的"三度"进阶

（五）主要的物流服务品牌策略

物流服务品牌策略是一系列能够产生物流服务品牌积累的物流企业管理与市场营销方法，包括4Ps与品牌识别在内的所有要素。主要包括品牌化策略、品牌来源策略、品牌名称与形象策略、品牌归属策略、品牌发展策略、品牌再定位和更新策略。品牌决策的步骤如图6-17所示。

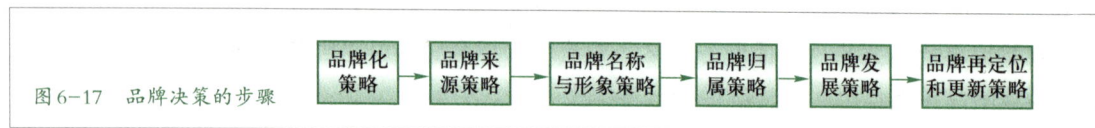

图6-17 品牌决策的步骤

1. 品牌化策略

品牌化策略即是否需要品牌，需要就是品牌策略，不需要就是非品牌或无品牌策略。

创品牌是一项耗工耗财的长期艰苦的创造性劳动。物流企业如果不管自身状况如何，一味地去争创名牌，则很可能适得其反、得不偿失。如果自量其力，则可以采取无品牌策略，即不使用商标策略和采用零售商标策略。

2. 品牌来源策略

品牌来源策略是指如何创立品牌的策略，具体包括自我塑造一个新的物流品牌、沿用过去的品牌、借用他人的品牌、购买他人的品牌、兼并他人的品牌。

3. 品牌名称与形象策略

品牌名称策略即品牌命名应取语意直白、响亮、好记、好认、好理解、好传播的名字。命名的策略包括：以人物命名、以企业理念命名、以寓意命名、以数字命名、以业务性质命名、翻译命名、谐音命名、英文缩写命名。

品牌形象策略即将物流企业的标识、企业名称、企业理念、企业色彩等要素进行艺术、形象设计，让人一目了然，给人强烈印象的策略。

4. 品牌归属策略

品牌归属策略是指物流企业在决定为其服务打造品牌之后，是使用自有品牌还是使用他人品牌，或是部分服务使用自有品牌，部分服务使用他人品牌的品牌策略。

5. 品牌发展策略

品牌发展策略包括如下几种。

（1）品牌统分策略又称家族品牌策略，是指物流企业的服务项目是使用一个品牌还是使用不同品牌的策略，它包括个别品牌策略（物流企业不同的服务分别采用不同的品牌）、统一品牌策略（物流企业不同的服务采用同一个品牌）、大类服务品牌策略（物流企业不同的大类服务分别采用不同的品牌）、多品牌策略（物流企业同时经营两个或两个以上相互竞争的品牌，以免在某一品牌出现市场危机时全军覆没）、企业名称与个别品牌名称并用策略（物流企业各种不同的服务分别使用不同的品牌名称，但各种服务的品牌名称前面还冠以企业名称）、副品牌策略（大型物流企业以一个品牌涵盖企业的系列服务项目，同时各个服务项目使用一个副品牌，以副品牌突出服务的个性形象，但宣传重心仍然是主品牌）、新品牌策略（为新服务设计一个新的品牌）。

（2）品牌延伸策略，是指物流企业利用已成功的品牌推出新服务或改良服务的策略。

（3）合作品牌策略，也称双重品牌策略，是两个或更多的品牌在一个服务上联合起来，每个品牌都期望另一个品牌能强化整体形象或购买意愿的策略。合作品牌的形式有：中间产品合作品牌，同一企业合作品牌，合资合作品牌。

（4）互联网域名商标策略，是指企业在互联网上注册与自己的企业商标名称一致的域名，通过网络宣传自己的品牌并传递信息。

6. 品牌再定位和更新策略

一种品牌在市场上最初的定位也许是适宜的、成功的，但是到后来物流企业可能不得不对之重新定位，因为竞争者的品牌可能严重挤占了自己的市场份额，客户偏好可能发生了转移，时代特征和社会文化发生了变化，企业自身决定进入新的细分市场等。在做出品牌再定位决策时，首先应考虑将品牌转移到另一个细分市场所需的成本，包括服务品质改变费、包装费和广告费。一般来说，再定位的跨度越大，所需成本越高。其次，要考虑品牌定位于新位置后可能产生的收益。收益大小是由以下因素决定的：新细分市场的消费者人数、消费者的平均购买率、该细分市场中竞争者的数量和实力，以及在该细分市场中为品牌再定位要付出的成本。

品牌再定位后，就需要进行品牌更新。品牌更新包括形象更新（如塑造环保新形象、调整档次）、服务更新换代、管理创新。

四、物流服务生命周期策略

物流服务生命周期即物流服务项目从投入市场到被市场淘汰的全过程，是市场周期而不是使用寿命。物流服务生命周期一般分为投入期、成长期、成熟期、衰退期（见图6-18）。投入期的广告投入、渠道投入、服务成本高，销量有限，物流服务项目无利润或利润低；成长期说明物流服务项目得到市场认可，服务成本迅速下降，销售额迅速上升，利润迅速增加；成熟期的物流服务项目销售趋于缓和甚至下降，广告费用增加，利润增长停滞或开始下降；衰退期的物流服务项目销售额迅速减少，利润迅速下滑，直到完全退出市场。

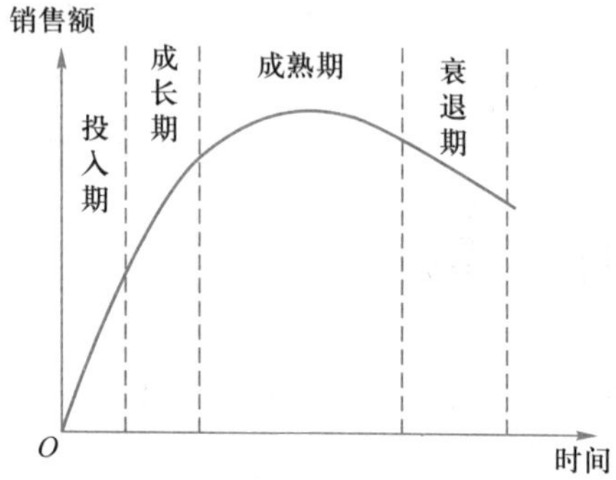

图6-18 物流服务生命周期

在物流服务生命周期的不同阶段，物流企业应采取不同的营销策略。

（一）物流服务投入期的营销策略

在物流服务投入期，企业的营销策略应突出"短"，尽量缩短投入期的时间，迅速打开市场，快速向成长期过渡。物流企业主要可以从促销和价格两个方面考虑，主要有四种策略可供选择。

1. 快速撇脂策略

快速撇脂策略，是指物流企业以高价格和高水平促销将物流新服务项目推向市场，以高价格获得高毛利，以高水平促销尽快打开销路的策略。与快速撇脂策略相匹配的策略就是广告宣传策略。如天地华宇推出"定日达"后，在多种媒体上进行了较长时间的广告宣传。成功地实施这一策略，可以获取较大的利润，尽快收回投资。

实施该策略的市场条件是：① 市场上有较大的需求潜力；② 目标客户具有求新心理，急欲尝试新的物流服务方式，并愿意为此付出高价；③ 企业面临潜在竞争者的威胁，需要尽早树立品牌。

2. 缓慢撇脂策略

缓慢撇脂策略，是指物流企业以高价格和低水平促销将物流新服务项目推向市场，以高价格和低促销费用获得高毛利的策略。与低水平促销相匹配，可以使用服务试用策略，让部分感觉良好的试用客户当义务宣传员，现身说法，口口相传。

实施该策略的市场条件是：① 市场规模相对较小，竞争威胁不大；② 大多数客户对该服务没有太多疑虑；③ 适当的高价格能让市场接受。

3. 快速渗透策略

快速渗透策略，是指物流企业以低价格和高水平促销将物流新服务项目推向市场，以低价格赢得客户，以高水平促销吸引市场注意的策略。物流企业的目的是先发制人，以最快的速度打入市场，带来最高的市场渗透率和市场占有率。快速渗透策略需要非常注重物流服务的内在质量和项目的包装宣传。

实施该策略的市场条件是：① 服务市场容量很大；② 潜在客户对服务种类不了解，对价格十分敏感；③ 潜在竞争比较激烈。

管理创新

快递企业的快速渗透策略

现在不少新创立的快递企业为了提高知名度，占领更多的市场，纷纷采用快速渗透策略，低价格已经成为这些快递企业抢占市场份额的重要手段。

然而，对于消费者来说，低价格带来的并不全是实惠，还有低端服务。现在，快递业投诉率居高不下，丢件、损件等现象时有发生，导致这种情况的深层次原因，是低价格策略带来的恶性循环已使许多快递企业没有精力和财力为提高服务水平花费更多心思。

---

4. 缓慢渗透策略

缓慢渗透策略，是指物流企业以低价格和低水平促销推出物流新服务项目的策略。低价格是为了使市场迅速接受新服务，低水平促销则可以实现更多的利润。缓慢渗透策略需要稳定物流服务项目的功能，以服务的质量、性能、价格等，获得客户的长期信赖与忠诚，站稳市场。

实施该策略的市场条件是：① 市场容量较大；② 潜在客户易于或已经了解此项新服务，且对价格十分敏感；③ 有相应的潜在竞争者准备加入竞争行列；④ 促销弹性较小，促销基本上效果不明显。

（二）物流服务成长期的营销策略

如果物流服务得到市场认可，更多的客户对物流服务感兴趣，销量可能就会迅速增长，物流服务项目就进入了成长期。旺盛的市场需求、高额的利润会吸引竞争对手的参与。所以在物流服务成长期，物流企业的营销重点是突出"好"，建立品牌偏好，扩大市场占有率，巩固市场地位。物流企业可以通过以下几种营销策略尽可能地维持市场的快速增长。

1. 服务质量持续改进策略

质量是物流服务的生命，市场的追捧、客户的信任都基于物流服务的质量。如果物流服务质量不能得到充分保证，即便有一时的销售业绩，也会面临短暂辉煌、昙花一现的局面。物流企业需要在听取客户意见、分析竞争对手服务质量的基础上，不断改进服务质量。

2. 提供增值服务策略

在提高服务质量的同时，做好售后服务，增加新的特色服务，提供增值服务和配套服务，有利于扩大市场占有率。

3. 进入细分市场策略

从价格、服务适用性、功能上进行细分，从而进入新的细分市场，争取新的客户，不断扩大服务的客户范围。

4. 建立新分销渠道策略

通过设立分支机构和代理机构扩大营业网点，方便集运、配送，以更方便的服务吸引更多的客户。

5. 广告诉求目标转变策略

成长期的服务已经基本定型，客户群体也已形成，竞争者开始进入并瓜分利润，若广告宣传还是停留在项目本身，会因缺乏新意而被客户冷落。此时，物流企业应将物流服务广告的诉求目标从建立对服务的认知转向对服务的信任上，如变纯粹宣传服务为宣传服务的品牌与商标形象，能再一次引起客户对服务的关注，推动客户购买。

6. 适时降价策略

物流企业可以考虑自己的成本、竞争对手的成本、客户的价格预期等因素，在适当的时候降低价格，以吸引更多的客户。

（三）物流服务成熟期的营销策略

物流服务的成长期可能相当短，但成熟期一般都比较长，销售增长缓慢或稳定在高水平。处于成熟期的物流服务，物流企业只要维持市场占有率，就可以获得稳定的收入和利润，但物流企业要解决好生产能力与销售量之间的矛盾。在物流服务成熟期，物流企业的基本策略应突出一个"长"字，营销重点是维持市场占有率并积极扩大服务销量，争取利润最大化。对于处于成熟期的物流服务，物流企业可以采取以下营销策略。

1. 市场调整策略

不断寻找新的市场需求，开发新的细分市场，吸引非使用者转变为使用者，增加物流客户对物流服务的使用量，并强化招揽业务能力。可以对品牌进行重新定位，以吸引更大的和增长更快的细分市场。如飞机货运服务成长的关键是不断寻找新客户，说服他们相信空运比陆地运输有更多的优势；汽车运输企业可以努力进入新的细分市场，如新增的区域市场、区域内的新配件配送市场等；早餐配送企业努力劝说人们除了早餐可以享受配送外，还可以享受中餐、晚餐、野外聚餐的配送。

2. 服务改进策略

改进物流服务的特性能吸引新客户并增加现有客户的使用量，进而改善销售。物流服务改进可采用三种具体形式：质量改进、特色改进（如增加售后服务、新的特色服务、增值服务和配套服务等）、式样改进（如扮成卡通人物送货）。

3. 营销组合调整策略

物流服务营销者还可以通过改变一个或多个营销组合要素来努力增加营业额，如运用调整价格、改进包装、扩大渠道、更新广告、加强销售服务等手段，刺激现有客户并吸引新客户。

（四）物流服务衰退期的营销策略

在衰退期，由于技术变化、客户兴趣降低，多数服务的销量和利润都会直线下降，竞争对手也逐渐退出市场。此时，物流企业应突出一个"转"字，采取以下营销策略。

1. 维持策略

维持策略即物流企业继续实施过去的营销策略，保持原有的细分市场和营销组合策略，把销售维持在一定水平上，直到这种物流服务完全退出市场为止。

2. 集中策略

集中策略即物流企业把各种资源集中到有利的细分市场、有效的销售渠道和容易销售的服务项目上，同时减少广告宣传和促销活动，维持一定的销售量，赢得尽可能多的利润。

3. 收缩策略

收缩策略即大幅降低促销水平，尽量减少促销费用，大幅精减人员，以增加当前利润。

4. 放弃策略

放弃策略即对于衰退比较迅速或亏损严重的物流服务项目，物流企业必须当机立断，放弃经营，退出市场。既可以采取完全放弃的方式，也可以采取逐步放弃的方式，使其所占用资源逐步转向其他服务，力争使物流企业的损失降到最低。

物流企业应根据物流服务生命周期不同阶段的特点，实施不同的营销策略。尽量缩短物流服务的投入期，使客户尽快熟悉并接受新物流服务项目；设法保持与延长物流服务的成熟期，防止物流服务过早地被市场淘汰；针对已进入衰退期的物流服务，应明确是尽快以新物流服务替换老物流服务，还是通过促销延续物流服务的生命力。

当然，物流企业也可以通过制定物流服务生命周期的转移策略，成功实现企业的战略转移。物流服务生命周期转移策略示意图如图6-19所示，C、D、E即为战略转移点。在第一代物流服务处于成熟期至衰退期的转折点C点时，物流企业应及时推出第二代物流服务。如果原物流服务在市场中处于衰退期，新的换代物流服务又不能及时问世，就会使物流企业错过C点继续下滑，而其他企业会乘虚而入，抢夺市场，造成新物流服务的机会损失。同样，若原物流服务的市场销售没有滑至C点，新服务已问世，则会对原物流服务产生排挤，不能充分发挥其经济效益。战略转移点实为企业的盈亏临界点。由于不同企业的经营宗旨不同，所以战略转移点或高或低，并不一致。但不论战略转移点如何，企业至少要具备一定的战略眼光——新服务进入成长期后，就要研制第二代、第三代新服务。

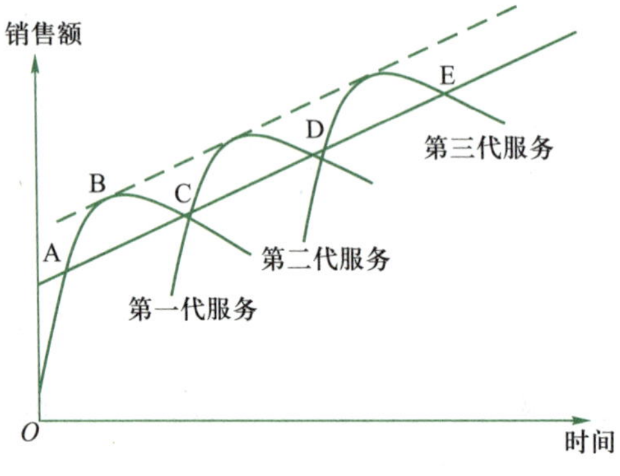

图6-19 物流服务生命周期转移策略示意图

社 会担当

顺丰的品牌影响力
顺丰历来重视公众形象的塑造，在消费者心目中拥有良好的口碑。顺丰在2021年搭建碳排放管理平台"丰和",覆盖包装、运输、中转、派送等多个环节、120余项指标,实现碳排放数字化管控。顺丰通过投放新能源车辆、减量和循环包装、在物流产业园安装屋面光伏电站等方式努力减排,并为2030年提出两大目标:自身碳效率相较于2021年提升55%;每个快件包裹的碳足迹相较于2021年降低70%。

在新冠疫情防控工作中,顺丰竭力提供新冠疫苗和核酸样本运输服务,以及针对疫情防控的物流服务。截至2022年4月,已经累计承运新冠疫苗突破5亿剂。在就业用工方面,顺丰积极雇用特殊群体,2021年为退伍军人提供超过1 200个岗位,为障碍人士提供超过400个岗位。党的二十大报告指出:"引导、支持有意愿有能力的企业、社会组织和个人积极参与公益慈善事业。"在公益慈善方面,顺丰始终不忘初心,重点围绕推动教育发展、儿童医疗救助等领域开展公益行动。2021年,顺丰公益基金会公益总支出9 889万元,并设立20个志愿者协会,实际参与活动志愿者3 585名,志愿服务时长21 601小时。党的二十大报告指出:"发展乡村特色产业,拓宽农民增收致富渠道。"在乡村振兴方面,2021年,顺丰针对贫困县继续推进乡村振兴专项帮扶补贴计划,补贴424家商户,累计发件1 249万件,为当地农户创收约6.1亿元。截至2021年底,顺丰助力农产品上行服务网络已覆盖全国2 800多个市县,共计服务4 000余个生鲜品种,实现特色农产品运送374.6万吨、7.2亿件,助力农户创收超1 000亿元。

顺丰坚持走高质量发展路线,建立完善的可持续发展管理体系,致力于实现稳健创新发展与绿色低碳转型,构建与各利益相关方互利互惠的商业模式。未来,顺丰将秉承诚信担当、成就员工、成就客户、创新包容、追求卓越的企业核心价值观,为全球消费者提供便捷、可靠和有温度的服务。

第三节 物流服务定价策略

引导案例

京东物流的价格策略

2020~2022年,在新冠疫情冲击之下,线上消费需求明显增强,快递行业迎来了业务增长期。中国快递头部企业都希望跟随行业增长,扩大自身在市场上的份额。但中国快递行业同质化严重、品牌认可度并未出现明显分化,导致客户支付溢价的意愿并不强烈。因此,突围的手段就仅有一个,尽可能地给客户让利——降价，或持续通过价格补贴进行竞争。以"通达系"为主的快递企业，单价和盈利能力出现了明显的下滑。在激烈的价格竞争下，快递行业陷入困境：低价抢到的市场份额，终究会被更低价的产品所吸引。各大快递公司也希望扩大市场份额，利用规模化经济效益去优化现有的运输、中转、派送成本。

在电商发展初期，坏包、丢件、破损是网购中经常出现的情况。在当时的市场环境中，这些问题需要外包物流公司去解决。不同于其他电商企业选用外包物流的方式，京东物流一开始就选择了自建仓配一体化的物流体系。京东物流制定了一个目标，即只要用户在晚上11点前下订单，就能在第二天下午3点前收到货；用户在中午11点前下订单，就能在当天收到货。这样的服务被称之为"211限时达"，这在当时普遍需要三天甚至更久才能到货的一众电商企业之中，带来的是颠覆性的用户体验，速度又快，服务质量又好。

京东不同类型物流服务的定价方法如下：

（1）上门自提京东订单。对于企业用户，订单金额小于49元，则需每单承担3元基础运费；满49元则免基础运费，不收续重运费。对于非企业用户，订单中的生鲜商品金额小于49元，则需每单承担3元基础运费；满49元则免基础运费，不收续重运费。订单中的非生鲜商品金额小于49元，则需每单承担3元基础运费；满49元则免基础运费，不收续重运费。

（2）京东配送订单。对于企业用户，订单金额小于99元，则需每单承担6元基础运费；满99元则免基础运费，不收续重运费。对于非企业用户，订单中的生鲜商品和非生鲜商品，分别计算金额、重量、运费，互不参与运费凑单；订单总计应收运费等于订单中的生鲜商品应付运费与非生鲜商品应付运费之和。收货地址位于北京市的订单：对于非生鲜商品，订单金额小于99元的，收取基础运费6元，重量超出20 kg的，超出重量按1元/kg加收续重运费；订单中非生鲜商品金额≥99元的，免基础运费，重量超出20 kg的，超出重量按1元/kg加收续重运费；订单中非生鲜商品金额≥199元的，免基础运费，重量超出30 kg的，超出重量按1元/kg加收续重运费；订单中非生鲜商品金额≥299元的，免基础运费，重量超出40 kg的，超出重量按1元/kg加收续重运费；订单中非生鲜商品金额≥399元的，免基础运费，重量超出50 kg的，超出重量按1元/kg加收续重运费。

（3）京东物流对外服务。国内首重6.5元/kg，续重2元/kg。京东标准运费报价=物品重量或体积×时效产品基础运费+包装材料费用（可选）+保价费用（可选），比较人性化。

"京东快递"面向消费者个人端的业务与顺丰速运有颇多相似之处：在运费方面，同城范围内，寄送 1 kg 以内物品，京东快递的时效产品按照"特惠送"和"同城即日"设定不同价位，11~13 元的报价略高于"三通一达"，与顺丰速运的 12 元报价相近。而广州寄往北京等异地件价位，京东快递的价格为 17~18 元，整体低于顺丰速运的 18~23 元。

从用户出发，从需求倒推，差异化的服务很快帮助京东物流打开了市场。与众不同的商业模式，也构成了京东物流未来掌握定价权的重要因素。目前，京东物流的企业客户数量超过 19 万，涵盖快消、服装、家电、家具、计算机、通信、消费电子产品、汽车、生鲜等行业。

针对当前的市场需求，京东物流加大研发投入，通过数字化、自动化、智能化对整个供应链进行赋能，不断提高整个体系的运营效率，持续提升规模效应，实现了盈利。

引导问题：

1. 京东的定价方式有什么特点？体现了哪些定价策略？
2. 京东的标准运费报价为什么比较人性化？
3. 京东物流的收费标准可以接受吗？为什么？
4. 京东牢牢掌握定价权的核心要素有哪些？

物流服务定价策略是物流营销组合中一个十分关键的组成部分。价格通常是影响交易成败的重要因素，同时是物流营销组合中难以确定的因素。物流企业定价的目标是促进销售，获取利润。这要求物流企业既要考虑成本的补偿，又要考虑客户对价格的接受能力，从而使定价策略具有买卖双方双向决策的特征。此外，价格可以对市场做出灵敏的反应，是物流营销组合中相对灵活的因素。

物流服务定价要坚持效益性、可行性、社会性、科学性、竞争性五大原则，面向利润、销售额、市场占有率和稳定价格四大目标，并考虑内部、外部两大类因素。内部因素包括物流企业的营销目标、物流营销组合和物流成本。外部因素包括市场结构（处在完全竞争、完全垄断、垄断竞争和寡头垄断四种市场上的物流企业定价差别很大，买方构成的市场和卖方构成的行业之间力量相差悬殊时，也会导致定价权的转移）、市场需求（需求量的大小和需求的急迫程度、需求的价格弹性）、市场竞争、国家政策、行业特征、消费者行为与心理（冲动和情感型、理智和经济型、习惯型三种消费者对价格的反应迥异）。

物流服务定价的关键是把握定价程序、定价方法和定价策略。

一、物流服务定价的程序

所谓物流服务定价程序，就是根据物流企业的营销目标，确定适当的定价目标，综合考虑各种定价因素，选择适当的定价方法，具体确定物流服务价格的过程。

一般来说，物流服务定价的程序如图6-20所示。

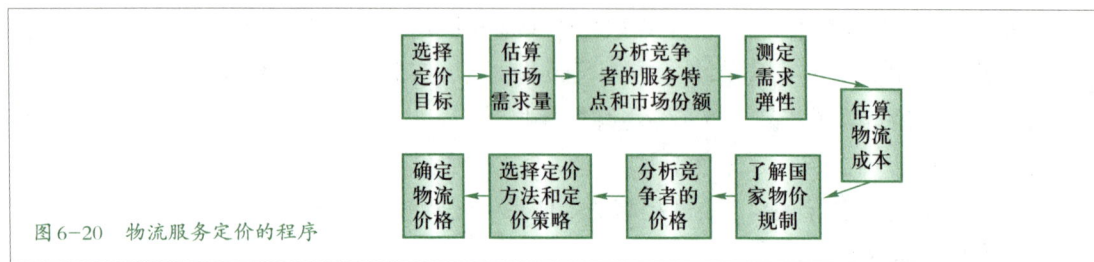

图6-20 物流服务定价的程序

（一）选择定价目标

物流企业的定价目标首先要从企业的营销目标出发，综合考虑物流市场的服务供求状况、竞争状况，以及定价策略和市场营销的其他因素后加以确定。

（二）估算市场需求量

一般情况下，对于原物流服务需求量的估算较容易，根据以往需求情况进行推测即可，但对于新物流服务则很难准确地估算，需要请专家从多个角度进行验证。

（三）分析竞争者的服务特点和市场份额

分析竞争者的物流服务存在的优势和劣势及已经占据的市场份额，就能够判断自己的物流服务所处的相对位置、具有的竞争优势，摸清市场给自己留下的空间。

（四）测定需求弹性

测定需求弹性，包括测定需求价格弹性、需求交叉弹性和需求收入弹性。物流服务的需求受到该服务的价格、其他相关服务的价格，以及不同物流客户收益水平等因素的影响。厘清该种影响的程度与变化趋势，就可以制定相应的市场营销策略。

（五）估算物流成本

物流企业服务的成本费用是制定物流服务价格的关键依据。估算出自己的物流成本，也就找到了定价的底线。

（六）了解国家物价规制

物流企业了解和执行国家有关物价的政策法规，不仅可以明确定价的指导思想，利用其为企业服务，而且可以避免不必要的损失。

（七）分析竞争者的价格

分析竞争者的价格，判断竞争者定价的理由、价格的高低、定价的方法和策略，为自己的定价树立参照系。

（八）选择定价方法和定价策略

在明确市场空间，估算物流成本，了解国家物价规制，分析竞争者价格的基础上，选择适合自己的定价方法和定价策略。

（九）确定物流价格

按照选择的定价方法和定价策略，推算出自己的价格水平。

二、物流服务定价的方法

（一）成本导向定价法

成本导向定价法是企业定价首先需要考虑的方法。成本是企业生产经营过程中发生的实际耗费，客观上要求通过服务的销售而得到补偿，并且要获得大于其支出的收入，超出的部分表现为企业利润。以服务单位成本为基本依据，再加上预期利润来确定价格的成本导向定价法，是中外企业常用的基本定价方法。成本导向定价法又衍生出了以下方法。

1. 总成本加成定价法

总成本加成定价法把所有为提供某种物流服务而发生的耗费都计入成本，计算出单位服务的变动成本，合理分摊相应的固定成本，再加上一定的目标利润率来决定价格。如单位服务成本为 4 000 元，物流企业的目标利润率是 25%，则定价 = 4 000 ×（1 + 25%）= 5 000（元）。

采用总成本加成定价法，确定合理的成本利润率是关键，必须考虑市场环境、行业特点等多种因素。

2. 目标收益定价法

目标收益定价法根据企业的投资总额、预期销量和投资回收期来确定价格，又称投资收益率定价法或目标利润定价法。其计算步骤如下：

（1）确定目标收益率。目标收益率可表现为投资收益率、成本利润率、销售利润率、资金利润率等多种形式。以投资收益率为例：

$$目标投资收益率 = \frac{1}{投资回收期} \times 100\% \qquad (6-1)$$

（2）确定目标利润。由于目标收益率表现形式的多样性，目标利润的计算也不同，其计算公式为：

$$目标利润 = 总投资额 \times 目标投资收益率 \qquad (6-2)$$

$$目标利润 = 总成本 \times 目标成本利润率 \qquad (6-3)$$

$$目标利润 = 销售收入 \times 目标销售利润率 \qquad (6-4)$$

$$目标利润＝资金平均占用额 × 目标资金利润率 \qquad （6-5）$$

（3）计算售价。

$$售价＝（总成本＋目标利润）÷预计销售量 \qquad （6-6）$$

目标收益定价法的优点是可以保证企业既定目标利润的实现，适用于在市场上具有一定影响力的企业、市场占有率较高或具有垄断性质的物流企业。目标收益定价法的缺点是只从卖方利益出发，没有考虑竞争因素和市场需求情况。

3. 边际成本定价法

边际成本是指每增加或减少单位服务所引起服务总成本的变化量。根据经济学原理，当边际收入等于边际成本时，企业获利最大，此时的销售量最佳，服务价格最优。这种方法要求对企业的销售量和服务成本预先加以确定，然后根据两者之间的关系推算价格水平。

由于边际成本与变动成本比较接近，而变动成本的计算更容易一些，所以在定价实务中，多用变动成本代替边际成本，而将边际成本定价法称为变动成本定价法或边际贡献定价法。因为这种方法分析的起点是使企业的利润最大，所以是一种适合企业长期采用的中长期价格制定方法。

4. 盈亏平衡定价法

盈亏平衡定价法就是运用盈亏平衡分析原理来确定服务价格的方法，也称保本定价法、均衡分析定价法或收支平衡定价法，如图6-21所示。在销量既定的条件下，企业服务的价格必须达到一定的水平才能做到盈亏平衡、收支相抵。既定的销量就称为盈亏平衡点，根据盈亏平衡点制定的价格为保本价格，如果服务的实际价格低于保本价格就会亏损，高于保本价格则有盈利。科学地预测销量和已知固定成本、变动成本是盈亏平衡定价的前提。

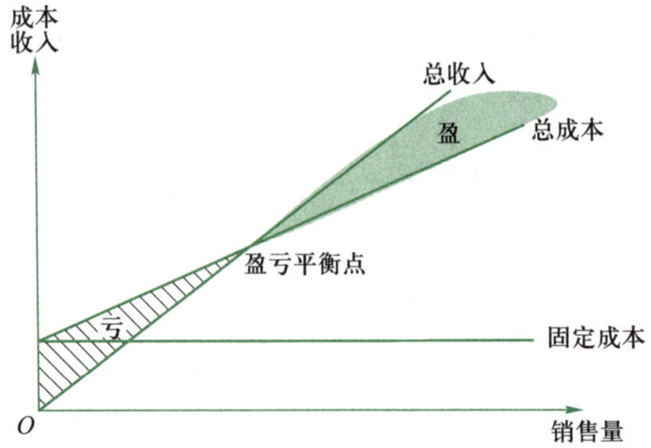

图6-21 盈亏平衡分析图

（二）竞争导向定价法

1. 随行就市定价法

随行就市定价法又称流行水准定价法，即在市场竞争激烈的情况下，物流企业为保证销量而按同行竞争者的服务价格定价的方法，特别适用于完全竞争市场和寡头垄断市场，也适用于需求弹性比较小或供求基本平衡的物流服务。一些小型企业多采取随行就市定价法。价格定高了，就会失去客户；价格定低了，需求和利润也不会增加。所以，随行就市是一种较稳妥的定价方法，也是竞争导向定价法中广为流行的一种定价方法。

随行就市定价法的具体形式有两种：一是随同行业中处于领先地位的大企业价格的波动而同水平波动；二是随同行业服务平均价格水平的波动而同水平波动。在竞争激烈、市场供求复杂的情况下，单个企业难以了解客户和竞争者对价格变化的反应，采用随行就市定价法能为企业节省调查费用，避免贸然定价带来的风险；各企业价格保持一致也有助于同行竞争者之间和平共处，避免价格战和竞争者之间的报复。

2. 主动竞争定价法

与随行就市定价法相反，主动竞争定价法不是追随竞争者的价格，而是以市场为主体、以竞争对手为参照物的一种常用的营销绩效定价方法。定价时首先将市场上竞争服务的价格与企业估算价格进行比较，分为高、一致、低三个价格层次。其次，将服务的性能、质量、成本等与竞争企业进行比较，分析造成价格差异的原因。再次，根据以上综合指标，确定服务的特色、优势及市场定位，在此基础上按照定价要达到的目标确定服务价格。最后，跟踪竞争服务的价格变化，及时分析原因，相应调整服务价格。

3. 优质高价定价法

优质高价定价法也是一种主动竞争的定价方法。它是指提供特种服务和高质量服务的物流企业，凭借其服务本身独具的特点、功能和品牌声誉，以及能提供比其他企业更高水平的保证等与同行竞争的定价方法。这类物流服务的价格普遍比竞争者的服务价格高。

4. 低价打入定价法

这是物流企业为了打入一个新市场，或者排挤竞争者进入市场，以维持和扩大市场占有率而采用的一种定价方法。其价格大多较低，但具体低到什么程度，应以进入市场打开销路为准。

5. 密封投标定价法

密封投标定价法又称投标竞争定价法，是买方引导卖方通过竞争成交的一种定价方法。一般是由买方公开招标，卖方竞争投标，密封递交报价，买方按照物美价廉的原则择优选取，到期当众开标，中标者与买方签约成交。

投标的价格低于竞争者，可增加中标机会，但若太低则不能保证企业收益。投标价格不以本企业的成本和主观愿望为依据，而是根据竞争者出价情况决定，即需要估计竞争对手的报价后确定自己的报价。

（三）需求导向定价法

需求导向定价法是指按照客户对服务的认知和需求程度制定价格，而不是根据卖方的成本定价的方法。这类定价方法的出发点是客户需求，认为企业提供服务就是为了满足客户的需求，所以服务的价格应以客户对服务价值的理解为依据来制定。成本导向定价的逻辑是"成本＋税金＋利润＝价格"，需求导向定价的逻辑是"价格－税金－利润＝成本"。

需求导向定价的主要方法有如下几种。

1. 认知价值定价法

认知价值定价法又称理解价值定价法，是利用物流服务在客户心目中的价值，也就是客户心目中对物流服务价值的理解程度来确定服务价格水平的一种方法。客户对物流服务价值的认知和理解程度不同，会形成不同的定价上限，如果价格刚好设定在这个限度内，那么既能使客户顺利购买，又能让企业更加有利可图。如快递服务考验的就是速度，如果A快递公司的速度是同行的两倍，那么A快递公司的定价就可以是同行的1.5倍或更高。

2. 需求差异定价法

需求差异定价法又称差别定价法，是指根据因销售对象、时间、地点的不同而产生的需求差异，对相同的服务采用不同价格的定价方法。同一服务的价格差异并不是因为服务成本的不同而引起的，而是由于客户需求、客户的购买心理、服务内容和地区，以及时间等差别所决定的。需求差异定价法可以使物流企业定价最大限度地符合市场需求，促进销售，增加销售。采用这种方法定价，一般是以该服务的历史定价为基础，根据市场需求变化的具体情况，在一定幅度内变动价格。

这种方法的具体实施通常有四种方式：一是基于客户差异的差别定价，如会员制下的会员与非会员的价格差别，不同行业客户的价格差别，新老客户的价格差别，国外客户与国内客户的价格差别等。二是基于不同地理位置的差别定价，如飞机与轮船上由于舱位对客户的效用不同而价格不一样，同城快递在一、二、三线城市会有不同的定价。三是基于服务差异的差别定价，如根据物流服务的质量和规格不同，采用的设备或服务形式不同来定价。四是基于时间差异的差别定价，如在需求旺季时提高价格来增加盈利，需求淡季时降低价格来吸引更多客户。

实行需求差异定价法必须具备一定的前提：① 符合国家的相关法律法规和地方政府的相关政策；② 市场能够细分，且各细分市场有其不同的需求弹性；③ 不同价格的执行不会导致销售体系的紊乱和套利现象的发生；④ 客户在主观上或心理上确实认为服务存在差异。

3. 反向定价法

反向定价法，又称逆向定价法，是物流企业依据客户能够接受的最终销售价格，计算自己从事经营的成本和利润后，逆向推算出服务的批发价和零售价。这种定价方法不以实际成本为主要依据，而是以市场需求为定价出发点，力求价格为客户所接受。其优点是：价格能反映市场需求情况，有利于加强与中间商的良好关系，保证中间商的正常利润，使服务迅速向市场渗透，并可根据市场供求情况及时调整，定价比较灵活。其缺点是：忽视了成本因素，容易造成服务质量下降和客户不满意，并导致客源减少。

（四）服务组合定价法

服务组合定价法是对相互关联的不同物流服务项目进行统筹定价以获得整体经济效益的定价方法，具体又可分为以下几种方法。

1. 系列服务定价法

系列服务定价法是指对一组相互关联的物流服务，依照每种服务的价格弹性确定其价格，价格弹性大的服务定低价，价格弹性小的服务定高价。

系列服务定价法又有如下三种形式。

（1）服务线定价法。物流企业通常开发出来的是服务线，而不是单一服务。当企业提供的系列服务存在需求和成本的内在关联时，为充分发挥这种内在关联性的积极效应，物流企业可采取服务线定价法。在服务线中选择两种服务，并将其价格分别定为高端价格和低端价格。靠低端价格服务项目打开销路，靠高端价格服务项目提升整个服务线的品质，引导、刺激需求。对服务线上介于高、低端价格之间的服务，企业首先要确立明显的质量差别，并利用价格差异来表现质量差别，使这些服务在相应的市场上受到客户的认同（见图6-22）。

服务产品	次日递	隔日递	三日递	四日递及以上
服务时限	1日 (18:00前送达*)	2日 (18:00前送达*)	3日 (18:00前送达*)	4~6日 (18:00前送达*)
产品定位	文件/包裹快速递送服务	文件/包裹较快速递送服务	文件/包裹经济递送服务	文件/包裹经济递送服务
同城	√	—	—	—
省内	√(主要城市)	√(次要城市)	—	—
区域	√(主要城市)	√(次要城市)	—	—
全国	√	√	√	√(偏远城市)
价格/元	20	16	12	8

高端高价　　　建立质量区隔和价格区隔　　　低端低价

图6-22　某快递公司的服务线定价

统一定价是另外一种服务线定价策略。为吸引客户、促进销售，有的物流企业针对客户求廉心理，对其经营的同类服务制定整齐划一的价格。

（2）替代服务定价法。替代服务是能使客户实现相同消费满足的不同物流服务。如普通信件、挂号信、特快专递可互相替代（见图6-23），若特快专递提价，则需求量下降，普通信件、挂号信的需求就相应上升（见图6-24）。物流企业可以利用这种效应来调整服务结构。

图6-23　普通信件、挂号信、特快专递可以互相替代

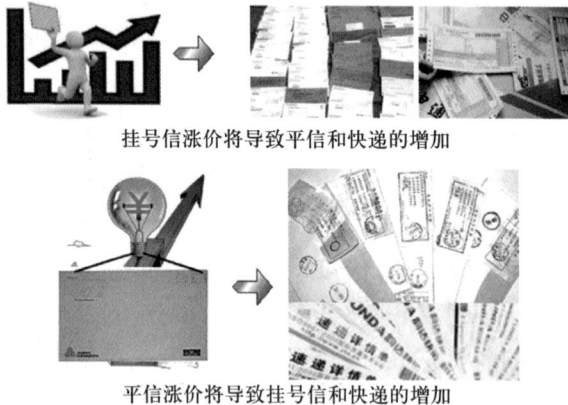

挂号信涨价将导致平信和快递的增加

平信涨价将导致挂号信和快递的增加

图6-24　替代服务之间价格与销售数量的变动关系

（3）互补服务定价法。互补服务是在功能上互相补充，需要配套使用的服务。如快递与快递信封、包裹邮寄与包裹等。互补服务中发挥主要功能的服务是基础服务或互补服务中的主件，而发挥辅助功能、低价的服务是辅助服务或互补服务中的次件。互补服务的价格相关性表现在它们之间需求的同向变动上，如降低包裹、纸箱的价格引起包裹、纸箱需求量的上升后，对包裹邮寄服务的需求也会相应增加（见图6-25）。物流企业利用这种互补效应及主次件关系，可以降低某种服务，尤其是基础服务的价格来占领市场，再通过提高其互补服务的价格使总利润增加。

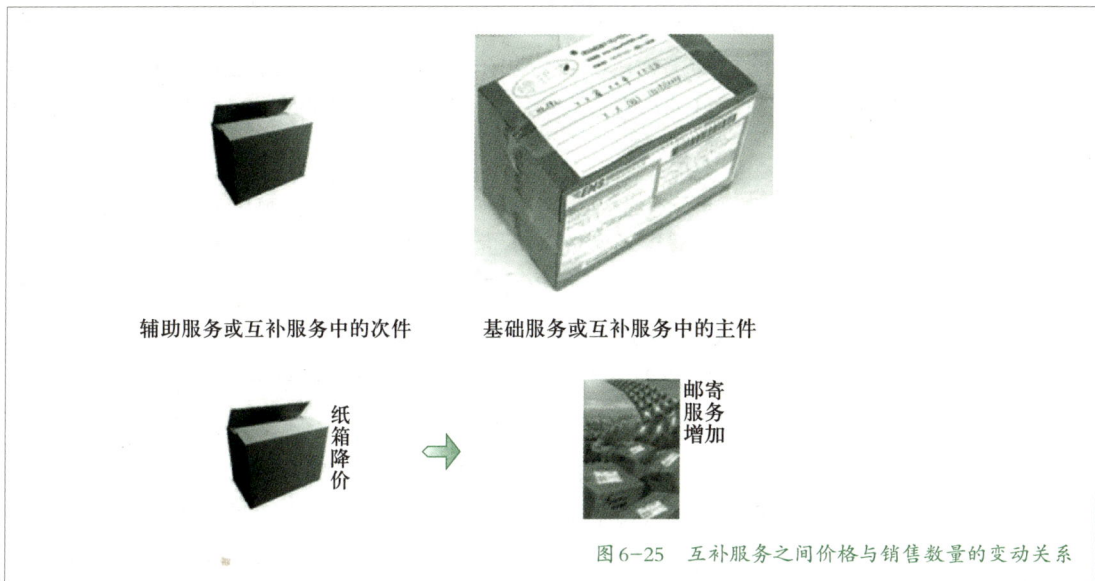

辅助服务或互补服务中的次件　　基础服务或互补服务中的主件

纸箱降价　➡　邮寄服务增加

图6-25　互补服务之间价格与销售数量的变动关系

2. 可选服务定价法

许多物流企业在推出主干服务的同时，也提供可选的服务或者特色服务。例如，冷链物流企业在提供冷藏运输的主干服务同时，也提供冷藏汽车和保温汽车、集中冷藏和单独冷藏的可选服务。可选服务可以根据客户的需求程度，进行偏低的定价。

3. 必选服务定价法

物流企业的一些服务是客户在消费时必须选择的。对于这种服务，物流企业可以采取相对高价的策略。

4. 附带服务定价法

许多物流企业在提供主要服务的同时，也提供必须与此服务配套使用的附带服务。例如，运送商品时进行简单的加工和包装，客户资金周转不灵时提供资金融通等。这些附带服务的定价可高可低。

5. 副产品定价法

在物流服务过程中，经常会有副产品，如粗加工后剩余的边角料、废弃的包装等。如果副产品没有任何价值，而且要处理掉它们成本又较高，就会影响到物流服务价格的制定。如果副产品尚有一定价值，物流企业可以为这些副产品努力寻求一个市场，并且只要价格能够高于为收集、储存和运输这些副产品所花费的成本就可以接受。

6. 服务捆绑定价法

服务捆绑定价法，包括以下几种不同的组合定价形式。

（1）业务与业务组合定价。对某个客户，把其需要的众多业务打成一个或几个包，为每个业务包定价。如为一个客户运输木材，运输商可以先将木材进行简单的粗加工，以减少边角余料的无效运输，并为粗加工与运输捆绑定价。如果到达目的地后顺便为客户捎回退货，可以为运输和捎回退货捆绑定价。

（2）客户与客户组合定价。为单一客户的混装运输按零担货运的价格收费，若几个客户能够组织装满一车货，则按照整车定价收费。

（3）物流业务与非物流业务组合定价。例如，运输总量超过1万吨，赠送50张电影票或某商场2 000元的购物券。

此外，还有物流业务与时间组合定价（分时段优惠）、物流业务与地点组合定价（特定地点或客户指定地点价格打折）、物流业务与行为组合定价（如使用顺丰速运，可参与抽取免费机票和观摩物流技能大赛的名额）、物流业务与客户组合定价（如教师节对教师快递8折优惠）、物流业务与客户关系组合定价（如老客户和新客户、高端客户和低端客户等分别定价）等组合定价方式。

三、物流服务定价的常见策略

（一）新服务定价策略

1. 撇脂定价策略（取脂定价策略）

撇脂定价是指在物流服务生命周期的最初阶段（投入期），把具有新、奇、特特点的服务价格定得很高，以获取较大利润。

撇脂定价的条件是：① 市场有足够的购买者，他们的需求缺乏弹性，即使把价格定得很高，市场需求也不会大量减少；② 高价使需求减少，但不致抵消高价带来的利益；③ 在高价情况下，仍然独家经营，别无竞争者；④ 高价使人们产生这种服务是高档服务的印象。

2. 渗透定价策略

渗透定价是指企业把其创新服务的价格定得相对较低，以吸引大量客户，提高市场占有率。

渗透定价的条件是：① 市场需求对价格较为敏感，低价会刺激市场需求迅速增长；② 物流企业的生产成本和经营费用会随着生产经营经验的增加而下降；③ 低价不会引起实际和潜在的竞争。

3. 满意定价策略

满意定价策略是一种介于撇脂定价策略和渗透定价策略之间的价格策略。其所定价格比撇脂价格低，比渗透价格高，是一种中间价格。这种定价策略由于能使企业和客户都比较满意而得名，有时它又被称为"君子价格"或"温和价格"。

（二）区域定价策略

物流企业不仅要为当地客户提供物流服务，而且要为外地客户提供物流服务。区域定价策略，即物流企业定价时，对提供给位于不同区域的客户的同种服务分别制定不同的价格，因为服务产生的运输、仓储、保管费用都不同。区域定价策略包括两种。

1. 统一交货价格

统一交货价格，也称送货制价格，即物流企业的物流服务不分路途远近，统一制定同样的价格。

2. 分区运送价格

分区运送价格，也称区域价格，指物流企业根据客户所在地区距离的远近，将服务覆盖的整个市场分成若干个区域，不同的区域分别定价，但在每个区域内实行统一价格。

（三）折扣折让定价策略

物流企业为了争取客户，扩大销量，鼓励客户尽早付清货款、大量购买、淡季购买，在基本价格的基础上直接或间接降低价格，就是折扣与折让，具体形式有数量折扣、现金折扣、功能折扣、季节折扣等。

1. 数量折扣

按照购买数量的多少，分别给予不同的折扣。购买数量越多折扣越大，以鼓励大量购买或集中向本企业购买。数量折扣包括累计数量折扣和一次性数量折扣两种形式。累计数量折扣规定客户在一定时间内，购买商品或服务若达到一定数量或金额，则按其总量给予一定折扣，以鼓励客户经常向本企业购买，成为可信赖的长期客户。一次性数量折扣规定客户一次购买某种商品或服务达到一定数量或购买多种商品或服务达到一定金额，则给予折扣优惠，以鼓励客户大批量购买，促进商品或服务的多销和快销。

2. 现金折扣

现金折扣是针对在规定时间内提前付款或用现金付款者给予的一种价格折扣，其目的是鼓励客户尽早付款，加速资金周转，降低销售费用，减少财务风险。采用现金折扣一般要考虑三个因素：① 折扣比例；② 给予折扣的时间限制；③ 付清全部货款的期限。典型的付款期限折扣表示为"3/20，Net60"，其含义是在成交后20天内付款，买者可以得到3%的折扣；超过20天，在60天内付款不予折扣；超过60天付款要加付利息。

3. 功能折扣

中间商在服务分销过程中所处的环节不同，其承担的功能、责任和风险也不同，物流企业据此给予不同的折扣，称为功能折扣。功能折扣的结果是形成购销差价和批零差价。

4. 季节折扣

季节折扣是指针对在淡季购买服务的客户给予一定的优惠，使企业的生产和销售在一年四季能保持相对稳定。如冷链物流企业可以在冬季给客户一定的折扣。

（四）心理定价策略

心理定价主要是通过分析和研究客户的消费心理，利用客户不同心理需求和对价格的不同感受，有意识地运用到服务定价中以促进销售。心理定价的形式主要包括如下几种。

1. 尾数定价策略

尾数定价，也称零头定价或缺额定价，即为物流服务制定一个以零头数结尾的非整数价格。如一项快递服务定价21.89元，客户会认为这种价格经过精确计算，购买不会吃亏，从而产生信任感。同时，价格虽然离整数仅相差几分或几角钱，但是仍给人一种实惠的感觉，符合客户求廉的心理愿望。

2. 整数定价策略

整数定价与尾数定价正好相反，物流企业有意将服务价格定为整数，以显示物流服务具有一定质量。整数定价多用于价格较高的服务，以及客户不太了解的服务，让客户产生"一分价钱一分货"的感觉，促进销售。

3. 声望定价策略

声望定价即针对客户"便宜无好货、价高质必优"的心理，对在客户心目中享有一定声望、具有较高信誉的服务制定高价。如中国邮政为EMS定价22元；顺丰速运基于国内快件1日取件的服务和品牌，可以凭声望定价。享受这种服务的客户，往往不太在意价格，而更加关心服务品质和使用体验。价格越高，质量越高，心理满足的程度也就越高。

4. 如意定价策略

根据客户希望吉祥如意、生意兴隆的心理，在物流定价时多采用与"发"谐音的"8"、象征顺利的"6"和象征长久的"9"。

5. 习惯定价策略

有些服务在长期的市场交换过程中已经形成了为客户所适应的价格，成为习惯价格。企业对这类服务定价时要充分考虑客户的习惯倾向，采用"习惯成自然"的定价策略。对客户已经习惯的价格，不宜轻易变动。降低价格会使客户怀疑服务质量是否足够好；提高价格会使客户产生不满情绪，导致购买的转移。在不得不需要提价时，应采取改换包装或品牌等措施，减少客户的抵触心理，并引导客户逐步形成新的习惯价格。

6. 招徕定价策略

招徕定价策略是为了适应客户求廉心理，将物流服务价格定得低于一般市价，个别价格甚至低于成本，以吸引客户、扩大销售的一种定价策略。采用这种策略，虽然几种低价服务不赚钱或第一单生意不赚钱，甚至亏本，但从总体经济效益或长远效益看，由于低价服务带动了其他物流服务的销售，物流企业还是有利可图的。

此外，还有单位定价策略、统一定价策略、系列定价策略等。

（五）刺激性定价策略

刺激性定价策略是指为了刺激客户的购买而采取的价格策略。主要包括拍卖式定价、团购式定价、抢购式定价、与服务未来利润增长挂钩的持续回报式定价、会员积分式定价。

（六）关系定价策略

对于那些与自己有长期固定关系的客户、一次购买服务数量或品种多的客户，物流企业可以给予优惠的定价，刺激客户多选择自己的物流服务而拒绝竞争对手的物流服务。

（七）价格调整策略

价格调整主要有调高和调低两种。

价格调高的原因有企业成本增加、服务供不应求等，而且从长期来看，价格也有不断上升的趋势，如果成功提价，将直接促进利润的上涨。但价格上涨会引起客户和中间商的不满，导致他们转向选择其他竞争者的物流服务。只要有可能，物流企业都应该采用其他办法来弥补成本增加并满足增加的需求而避免涨价。调高价格的方法包括明调与暗调两种方式。明调即公开涨价。在将涨价的信息传递给客户时，物流企业应避免形成价格欺诈，要通过与客户的真诚交流互动来支持价格上涨，告诉客户为什么必须涨价，物流企业的营销人员还应帮助客户找到节省物流成本的办法。暗调是通过取消折扣、实行服务收费、减少不必要的服务项目、拆散服务等方式不露痕迹地实现变相涨价。

在物流服务供过于求、竞争加剧导致市场占有率下降、成本下降、希望挤占竞争对手市场时，都可以考虑降价。前两者属于被迫降价，后两者属于主动降价。降价也可以分为两种，即明降和暗降。明降即公开宣布降价，暗降即通过增加增值服务、提高服务质量、增加折扣的方式，形式上虽然没有降价但是实际上降了价。

第四节　物流服务分销策略

引 导案例

宝供、顺丰和EMS的分销渠道比较

宝供通过业务纵向深化，为客户提供基于供应链的一体化物流服务，渠道以自建为主，也有少量加盟店。目前已在全国130多个城市建立了运营平台，在全国20个中心城市投资兴建了25个大型供应链一体化服务平台。

顺丰和EMS都坚持自建渠道，不允许加盟，以控制服务质量和效率。顺丰自1993年成立以来，每年都投入巨资完善由公司统一管理的自有服务网络，目前已建成1.8万余个营业网点，覆盖了国内31个省、自治区和直辖市，400多个大中城市及2 800多个县级行政区。EMS投递网络覆盖全国各地，业务通达国内所有县级行政区和乡镇、街道，自营营业网点近9 000个，渠道宽、覆盖面广，形成了五级网络结构。

引导问题：

1. 物流分销渠道策略有自行建立直销服务网络、借用他人服务营销网络和建立营销战略联盟，宝供、顺丰和EMS分别属于哪种？

2. 分销渠道可以按照渠道层次划分为零层分销渠道、一层分销渠道、二层分销渠道、三层分销渠道等。宝供、顺丰和EMS的渠道层次有何不同？

3. 宝供、顺丰和EMS的渠道、网点和目前的发展态势符合"渠道为王"的观点吗？

物流企业在将物流服务提供给最终消费者的过程中，要经历一系列互相依存的中间环节（包括企业和个人），由这些中间环节形成的通道就是物流分销渠道。物流分销渠道成员包括物流供应商、运输企业、仓库、货运站场、配送中心、各种代理商（如货运代理、船舶代理、报关报检代理、集装箱代理、转运代理等）、揽货点等，起点是物流供应商，终点是物流最终消费者（见图6-26）。

图6-26　物流分销渠道的基本模式

| 物流供应商 | → | 经销商或代理商 | → | 零售商 | → | 消费者 |

物流分销渠道具有开拓市场、市场调查研究、服务项目推广、接触潜在客户、服务显在客户、财务融通、转嫁风险、实体配送、招商引资等功能，具有层次少（物流服务的特点使得物流服务的销售一般以直销为主，分销渠

道较短，大多数是零层渠道即直接分销渠道）、可控性强（由于分销层次少，物流企业可以直接控制营销）的特点。

分销渠道可以按照渠道层次划分为零层分销渠道、一层分销渠道、二层分销渠道等（见图6-27）。

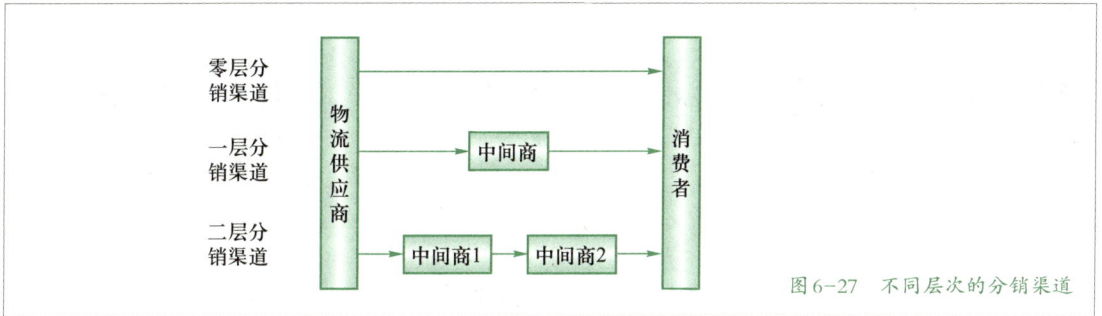

图6-27 不同层次的分销渠道

物流分销渠道可以按照不同的标准分类，如表6-5所示。

表6-5 物流分销渠道的分类

划分依据	类型	特点
有无中间商参与	直接渠道	无中间商
	间接渠道	有中间商
中间环节多寡	长渠道	中间环节多
	短渠道	中间环节少
中间商数目的多少	宽渠道	同一环节有两个以上的同类中间商
	窄渠道	一个环节只选择一个中间商

分销渠道各成员之间互相联系的方式形成的体系被称作分销渠道系统。目前物流企业的分销渠道系统有以下几种。

（1）直接渠道营销系统。即物流企业直接与客户沟通、交流，推销物流服务，存在上门推销、网络营销、数据库营销、广告营销、电话直销、电视直销、邮购直销、会议直销等典型形式。

（2）垂直营销系统。即由物流企业、批发商和零售商组成的一种统一的联合体，其中某个渠道成员拥有其他成员的产权，或者特约代理关系，或者这个渠道成员拥有相当实力促使其他成员愿意与其合作。垂直营销系统可以由生产商、批发商或零售商支配，各渠道成员通过规模经济、讨价还价的能力和减少重复服务获得效益。垂直营销系统的细分如表6-6所示。

表6-6　垂直营销系统的细分

系统结构	定义	典型形式
公司式垂直营销系统	一家公司拥有和统一管理若干层次、成系列的分支、分销机构	总公司—分公司（子公司）
管理式垂直营销系统	由某一规模大、实力强的物流企业，把不在同一所有权下的物流企业和分销企业联合起来	快递行业的加盟制连锁
契约式垂直营销系统	不同的物流企业和分销企业在合约的基础上进行联合	合同制下的供应链一体化、多式联运

（3）水平营销系统。即由两家或两家以上的物流企业联合，利用各自的资金、技术、网点、运力、线路、品牌等优势，共同开发和利用物流市场机会，通常合作于资金、专业技术等不足或风险过高时。

（4）多渠道营销系统。为解决单一分销渠道不能覆盖整个市场需求的问题，多渠道营销系统对同一或不同的细分市场采用多条渠道的分销体系，以有效占领市场。多渠道营销系统有两种具体形式：一种是物流企业通过两条以上的竞争性分销渠道销售同一种物流服务；另一种是物流企业通过多条分销渠道销售不同的物流服务。

分销渠道决定了物流企业在什么时间、什么地点，由什么组织向消费者提供物流服务。物流企业应设计经济、合理的分销渠道，把服务提供给目标市场，并加强对分销渠道的管理，在必要时及时调整分销渠道。

一、物流服务分销渠道的设计

每一个物流企业都需要设计自己的分销渠道去销售物流服务。分销渠道设计是物流企业为实现分销目标，对各种备选渠道结构进行评估和选择，从而开发新的分销渠道或改进现有渠道的过程。

分销渠道的设计流程如图6-28所示。

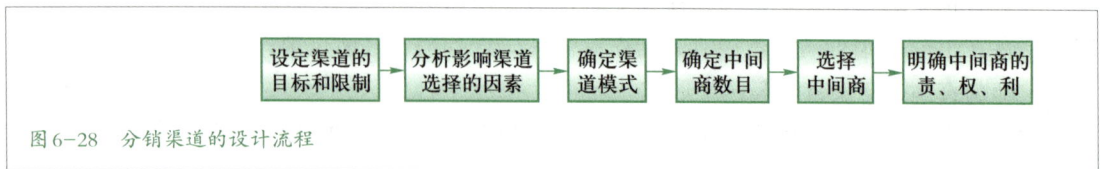

设定渠道的目标和限制 → 分析影响渠道选择的因素 → 确定渠道模式 → 确定中间商数目 → 选择中间商 → 明确中间商的责、权、利

图6-28　分销渠道的设计流程

（一）设定渠道的目标和限制

渠道目标主要有两个层次：一是基本目标，即选择中间商、建立分销

渠道要达到什么样的分销效果。好的分销效果一般包括渠道的销量大、成本低、信誉佳、覆盖率高、冲突低、合作好、物流企业对渠道的控制能力强。二是手段目标，即要建立什么样的分销渠道，这一渠道在实现基本目标的过程中能够发挥什么作用。

渠道限制即选择渠道时必须考虑的限制条件，如不与竞争对手共用渠道、渠道不超过某个区域范围等。

（二）分析影响渠道选择的因素

影响渠道选择的因素如表6-7所示。

表6-7　影响渠道选择的因素

因素	细分因素	对应的渠道决策
物流对象	物品的大小和重量	物品大、重的渠道短
	物品的数量	数量少的渠道短
	物品的保鲜期和易损性	保鲜期短、易损坏的渠道短
	物品的价值	价值高的渠道短
物流服务	标准化程度	标准化程度高的渠道长
	技术复杂性	技术复杂的渠道短
	运作过程要求的高低	运作过程要求高的渠道短
	服务频率	服务频率高的渠道短
	所处的生命周期阶段	投入期和成长期应采用直接渠道，衰退期应压缩分销渠道
市场	目标市场的分布	目标市场规模大且集中的采用直接渠道
	目标客户的习惯	根据客户习惯决定渠道
	销售的季节性	旺季采用间接渠道，淡季采用直接渠道
	竞争者的渠道选择	避免与竞争者使用同样的渠道
企业资源	经营实力	实力强的可选择直接渠道，实力弱的靠中间商开拓市场
	对渠道控制的强烈程度	希望控制渠道的采用直接渠道
	营销能力和促销策略	营销能力强、促销策略好的采用直接渠道
宏观环境	政治、经济、科技、社会、自然资源环境	根据具体情况决定渠道

（三）确定渠道模式

确定渠道模式的主要内容包括：决定是否采用中间商；决定分销渠道的长短和宽窄；决定采用固定渠道还是流动渠道。固定渠道能提供特定的服务场所，有固定的物流服务项目，适用于客源、货源的集结，被铁路、航空、水运等物流企业采用。流动渠道能随时提供各种灵活方便的服务，适合公路物流企业。

（四）确定中间商数目

中间商数目的确定需要考虑物流服务的特点、市场容量的大小和需求面的宽窄。物流企业在决定每个渠道层次使用中间商数目的多少时，可以有密集分销、选择分销、独家经销三种可供选择的分销渠道策略。

密集分销即物流企业对经销商不加任何选择，经销网点越多越好，力求使物流服务能广泛地与消费者接触，方便消费者购买，适用于价格低廉、无差异性的物流服务或普遍使用的小而标准的物流服务的销售。

选择分销即物流企业在特定的市场里，选择几家批发商或零售商销售特定的物流服务，如采取特约经销或代销的形式把经销关系固定下来。选择分销适用于一些选择性较强、专用性较强、技术服务要求较高的物流服务。

独家经销即物流企业在特定的市场区域内，仅选择一家批发商或代理商经销特定的物流服务。这种策略一般适用于新物流服务、名牌服务，以及具有某种特殊性能或用途的物流服务。

（五）选择中间商

选择中间商需要在评估中间商的基础上进行。评估中间商主要考虑的因素包括中间商的市场范围、特长、实力和信誉、经营时间的长短及成长记录、营销能力和管理水平、对物流服务的熟悉程度和合适程度、地理位置、服务水平、运输和储存条件、预期合作程度、接受控制的意愿、要价等。当中间商是销售代理商时，还需评估其经销的其他服务大类的数量与性质、推销人员的素质与数量。

（六）明确中间商的责、权、利

选择了中间商并建立了合作关系后，需要明确物流企业与中间商彼此的责、权、利，主要包括价格政策（物流企业应给出价目表和折扣明细表）、销售条件（主要付款条件，提前付款的中间商的优惠政策）、区域权利（中间商在多大范围内能够特许、独家代理）及广告宣传、人员培训、信息沟通、责任划分等方面的权责。

二、物流服务分销渠道的管理

物流企业建立物流服务分销渠道后的重点是通过分销渠道管理实现分销的基本目标。分销渠道管理的内容包括以下几方面。

（一）加强信息交流

物流企业应加强与中间商的沟通，定期联系、拜访中间商。通过持续的信息沟通实现：① 加深私人之间、企业之间的感情；② 增加对市场信息的了解；③ 促进中间商对物流企业营销政策、服务内容、企业文化的理解，减少分歧；④ 加强对中间商业务的指导，及时提供各种支持性服务；⑤ 加强对中间商的控制，增加中间商进入其他物流企业分销体系的难度。

（二）解决渠道冲突

分销渠道中渠道成员之间利益的暂时性矛盾称为渠道冲突。渠道冲突主要有以下两种。

1. 垂直渠道冲突

垂直渠道冲突是同一营销系统内，不同渠道层次的各企业之间的利益冲突，也称纵向冲突。它表现为中间商因同时销售竞争者的同类服务而引发的冲突。由于物流企业的服务是无形的，物流企业的代理商可能同时代理几家同类物流企业的服务，由此而引发的冲突是客观存在的。对这类冲突，物流企业应强化系统内部职能管理，增加渠道成员之间的信任，加强信息的传递和反馈。

2. 水平渠道冲突

水平渠道冲突是同一营销系统内同一层次的各中间商之间的冲突，又称横向冲突。如果同一层次上选择众多中间商分销，则可能造成中间商之间相互争抢生意的情况。对这种冲突，物流企业一般通过各种制度、规则来消除。

（三）激励渠道成员

促使中间商进入渠道的因素和条件已构成一部分激励因素，但还需要不断地激励——监督、指导与鼓励。激励方式一般可采用奖励、惩罚和分享部分管理权等方式。要注意尽量避免激励过分和激励不足两种情况。当物流企业给中间商的优惠条件超过它所取得业绩与努力水平所需的条件时，就会出现激励过分的情况。当企业给予中间商的条件过于苛刻，以至于不能激励中间商的努力时，则会出现激励不足的情况。激励不足时，可采取提高中间商可得的毛利率、放宽信用条件等措施，以更有利于中间商。

（四）评估渠道成员

评估渠道成员即物流企业定期按照一定的标准衡量渠道成员的表现，从渠道经济效益、对渠道的控制力等方面进行评估。评估内容有销售配额完成情况、平均存货水平、向客户交货时间、对损坏和遗失物品的处理，以及与本企业的合作情况等。

（五）渠道调整

当市场发生变化或中间商评估出现重大问题时，必须对整个渠道系统或部分渠道成员加以调整。物流企业分销渠道的调整可从三方面进行。

1. 调整个别渠道成员

调整个别渠道成员，如淘汰经营不善、效率低下的中间商，或者根据业务发展需要增加合适的中间商。

2. 调整某一分销渠道

当发现某种物流服务的分销渠道不理想时，可以考虑在整个市场上或在某个区域市场上重建分销渠道；或者为了将新开发的物流服务项目打入市场，开辟新的分销渠道。

3. 调整整个分销渠道

调整整个分销渠道，往往在物流市场发生某种重大变革时才会出现。这类决策不仅会改变渠道系统，而且将迫使物流企业改变其市场营销组合和市场营销政策，如以直接分销渠道取代原来的间接分销渠道。

第五节　物流服务促销策略

物流服务促销策略是指物流企业如何通过人员推销、广告、营业推广、公共关系及新媒体营销等各种促销方式，向客户传递物流服务信息，引起他们的注意和兴趣，激发他们的购买欲望和购买行为，以达到扩大销售的目的。按照物流服务信息传递的载体是否为人力，物流服务促销可以分为人员促销和非人员促销两类。非人员促销又包括广告宣传、营业推广、公共关系促销和新媒体营销四种。

物流服务促销能够起到传递信息、刺激需求、突出服务特色、树立企业形象、增强消费偏好、扩大销量等作用。

物流企业促销的目标如表6-8所示。

表6-8　物流企业促销的目标

目标层次	细分目标	目标内容
基本目标	—	建立客户对物流服务及物流企业的认知和兴趣；使服务内容和物流企业本身与竞争者产生差异；沟通并描述所提供物流服务的各种利益，说服客户购买或使用该项物流服务；建立并维护物流企业的整体形象和信誉
具体目标	客户目标	增强对新的物流服务和现有物流服务的认知；鼓励试用新的物流服务；鼓励潜在客户参加服务展示或试用现有服务；说服现有客户继续购买物流服务而不中止使用或转向竞争者，增加客户购买物流服务的频率；促成与客户发展战略伙伴关系；加强物流服务的区别利益；改善物流服务广告的效果，吸引客户的注意；获得关于物流服务价格、技术发展趋势等的市场研究信息
	中间商目标	说服中间商销售新服务；说服现有中间商努力销售更多服务；防止中间商在销售场所与客户谈判价格
	竞争目标	对一个或多个竞争者发起挑战或进行防御

一、人员推销

人员推销是指物流企业派出推销人员直接与客户接触、洽谈并宣传物流服务项目，以达到促进销售目的的活动过程。人员推销既是一种渠道方式，也是一种促销方式。

人员推销的任务是寻找客户、传递信息、推销自己、推销物流企业和物流服务、收集信息和提供服务。人员推销具有沟通的双向性、促销方式的灵活性、沟通对象的选择性和针对性、沟通过程的情感性、推销人员角色的双重性（既是推销员，也是市场调查员）、服务过程的完整性（推销员的工作从寻找客户开始，到接触、洽谈、达成交易，直至参与并监督服务过程、了解客户使用后的反应等）。

（一）人员推销的流程

人员推销的流程如图6-29所示。

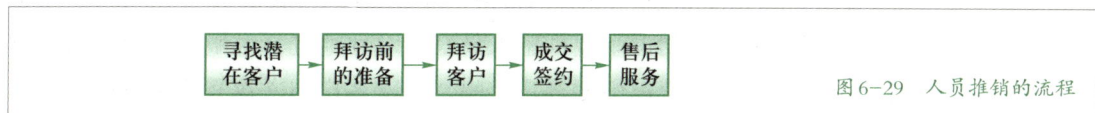

寻找潜在客户 → 拜访前的准备 → 拜访客户 → 成交签约 → 售后服务

图6-29 人员推销的流程

1. 寻找潜在客户

寻找潜在客户即寻找对物流服务有需求或购买欲望的个人、企业、团体。寻找的方法包括调查访问、电话或电子邮件征询消费意愿、上专业网站查找、查看黄页、通过社区帮助、获得政府部门或行业协会统计资料、举行服务推介会、参加专业展会或会议、举行免费新服务和新技术售前培训班、举行技术研讨会等。

2. 拜访前的准备

拜访前的准备主要包括：准备自己（包括外表、服饰、举止、表情、心态等）、准备服务（熟悉自己推销的物流服务，准备详细的文字、图片、视频资料）、准备企业（要熟悉企业的历史、文化、服务、特色等）、准备市场（要熟悉物流市场、市场细分、竞争对手、市场容量、客户的地理分布、需求特点、市场的短期发展趋势）、准备客户（了解客户的背景、特长、需求、购买动机、实力与信用等）。

3. 拜访客户

拜访客户包括制订访问计划（拜访谁、为什么拜访、拜访时推销什么、在什么时间拜访、在什么地点拜访、用什么方式拜访等）、约见客户、接近客户、演示洽谈、处理异议。

4. 成交签约

推销活动的目的就是促成交易，签署协议。推销人员应在推销过程中，抓住客户通过表情、体态、语言及行为等表现出来的各种成交意向，促成交易。

5. 售后服务

签约并不意味着交易的结束，推销人员应善始善终，跟踪服务，保证服务质量，及时解决服务问题，促使客户重复购买。

（二）人员推销的策略

1. 试探性策略

试探性策略，也称"刺激－反应"策略，即在不了解客户需求的情况下，事先准备好几套话题，进行渗透性交谈和试探。在试探刺激的过程中，密切注意客户的反应，然后根据反应进行说服、宣传，以激发客户的购买行为。

2. 针对性策略

针对性策略，也称"配合－成交"策略。在事先已基本了解客户的基本需求或可能需求的情况下，推销人员有针对性地进行说服式交谈，投其所好，不断讲到点子上以引起客户共鸣，激发客户的兴趣和购买欲望，促成交易。

3. 诱导性策略

诱导性策略，也称"诱发－满足"策略。通过交谈观察客户对什么感兴趣，然后诱导他对感兴趣的物流服务产生购买动机；接着因势利导，不失时机地介绍本企业提供的物流服务如何能满足这些需求，使其产生购买行为。这是一种创造性的推销，要求推销人员有较高的推销艺术，使客户感到推销员是他的参谋，在不知不觉中成交。

（三）人员推销的技巧

1. 找好上门对象

可以通过商业性资料手册或公共广告媒体寻找重要线索，也可以到专业展会、会议上或通过行业协会寻找客户的名称、地址、电话。

2. 掌握"开门"的方法

这是指要选好上门时间，以免吃"闭门羹"。可以采用电话、传真、电子邮件等手段事先沟通或传送文字资料给对方，并预约面谈的时间、地点，也可以采用请熟人引见、制造邂逅、与对方的朋友交朋友等策略，赢得客户的欢迎。

3. 能够直接叫出客户的名字

如果与客户初次见面时就把对方的姓名、家庭情况、爱好等牢记在心，下次见面时不论相隔半年或一载都能直呼其名，还会询问对方家里人的情况及爱好发展、孩子培养、家庭园艺等问题，使对方感到亲切、融洽，消除双方的隔阂和距离，得到客户的信任，销售业绩自然会节节攀升。

4. 学会推销的谈话艺术

在开始洽谈时，推销人员应巧妙地把谈话转入正题，做到自然、轻松、适时。可采取关心、赞誉、请教、探讨等方式切入正题，顺利地提出洽谈的内容，以引起客户的注意和兴趣。在洽谈过程中，推销人员应谦虚谨言，注意让客户多说话，认真倾听，表示关注与重视，并做出积极的反应。在交谈中，语言要客观、全面，既要说明优点所在，又要如实反映缺点，切忌高谈阔论，让客户反感或不信任。

5. 掌握排除推销障碍的技巧

遇到障碍时，要细心分析，耐心说服，争取排除疑虑，推销成功。一是要善于排除客户异议障碍。若发现客户欲言又止，己方应主动少说话，直截了当地请对方充分发表意见，以自由问答的方式真诚地与客户交换意见。对于一时难以纠正的偏见，可将话题转移。二是善于排除价格障碍。当客户认为价格偏高时，应充分介绍和展示服务的特色和价值，使客户感到物有所值；对低价的看法，应介绍定价低的原因，让客户感到物美价廉。三是善于排除习惯势力障碍。实事求是地介绍客户不熟悉的服务，并将其与他们已熟悉的物流服务相比较，让客户乐于接受新的消费观念。

6. 把握适当的成交时机

应善于体察客户的情绪，在给客户留下好感和信任时，抓住时机，争取签约成交。

7. 洽谈成功后不要匆忙离去

匆忙离去会让对方误以为上当受骗，从而使客户反悔违约。应该用友好的态度和巧妙的方法祝贺客户做了笔好生意，并提醒对方关注合约中的重要细节和一些其他注意事项。

二、广告促销

物流广告是由物流企业支付费用，通过电视、广播、报纸、杂志、直邮信函、交通工具、张贴画、网络、立柱等媒体向公众传达物流服务的存在、特征、购买者能够得到的利益、物流消费观念等信息，以增加客户的了解和信任、激起客户的注意和兴趣，进而促进销售的工具。按照目的，广告可分为告知性广告、说服性广告、提示性广告三类。物流广告是受众面较广、传播较快的信息传播媒介，被称作物流信息传播的使者、引导消费的先锋、促销的催化剂、物流企业的介绍信、物流服务的敲门砖、物流品牌宣传的桥头堡。在现代社会，广告已经成为物流企业促销必不可少的手段。

物流广告策略一般包括5个主要步骤，可以简称为5M（见图6-30）。

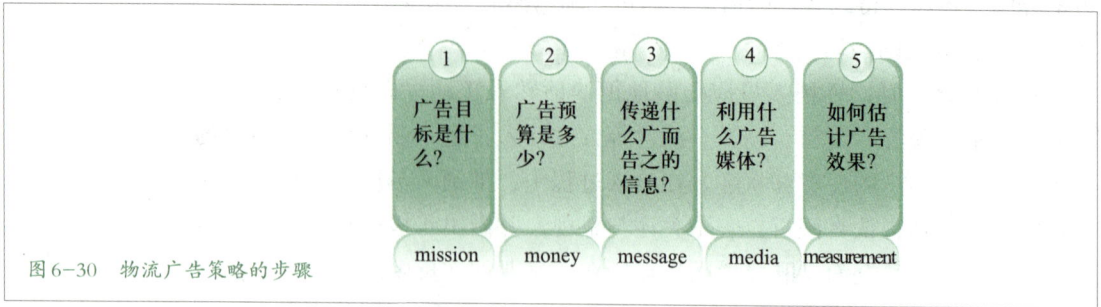

图6-30　物流广告策略的步骤

（一）确定广告目标

广告目标是物流企业通过广告活动要达到的目的。物流企业广告一般有3种目标。

1. 创造品牌目标

在新的物流企业成立或推出新服务项目或开拓新市场时，广告目标就是创造品牌。这时广告的主要作用是提高客户对物流服务的认知度，提高新服务的知名度、理解度和客户对品牌标识的记忆度。

2. 保牌广告目标

当物流企业要保住原有的市场并深入开发时，广告目标就是保持品牌的影响力。通过连续广告的方式，使客户加深对企业、服务的认识、好感、偏好和信心，保持客户的忠诚度。

3. 竞争广告目标

当物流企业要显示竞争优势时，广告目标就是竞争。广告要重点宣传物流服务的独特优势，使客户认知本企业物流服务能够给他们带来的好处，以增强偏好度，最终促成购买。

（二）确定广告预算

通常可供企业选择的确定广告预算的方法有四种。

（1）量力而行法。即根据物流企业本身的经济承受能力来选择合适的广告投入。

（2）销售额百分比法。即按照物流企业的销售额提取一定的比例作为广告费。

（3）竞争对比法。即参照竞争对手的广告投入来确定本企业的广告预算。

（4）目标任务法。即按照每次广告要实现的目标进行预算。

（三）确定广告信息

1. 确定广告主题

广告主题要鲜明，具有很强的针对性。如宝供物流企业集团有限公司的一则广告主题是：铁运旗舰宝供号——连接"珠、长三角洲"的黄金通道。

2. 确定广告词

广告词要清晰精练，能准确表达广告内容。如德邦精准卡航的广告词"精准卡航，限时到达"。

3. 确定图案

图案要清晰、醒目，有冲击力或有意境。可通过夸张、联想、象征、比喻、诙谐、幽默等手法对画面进行美化处理，使之符合人们的审美需求。

4. 确定主色调和文字大小

整个广告要色彩明快、协调，字体大小合适，关键信息要突出。

（四）确定主要的广告媒体

物流企业广告可以选择传统的四大媒体，即报纸、杂志、广播和电视，也可以采用互联网广告、户外广告、墙体广告、车身流动广告、横幅广告、招牌广告、张贴广告、传单广告等形式。选择媒体时，应考虑各种媒体的主要特点和广告的内容、对象的匹配性（见表6-9）。

表6-9 常用媒体主要特点的比较

媒体种类	覆盖范围	反应程度	可信度	寿命	保存价值	信息容量	制作费用	吸引力
报纸	广	好、快	好	较短	较好	大而全	较低	一般
杂志	较窄	慢、差	好	长	好	大而全	较低	好
广播	广	好、快	较好	很短	差	较小	低	较差
电视	广	好、快	好	短	差	较小	很高	好
邮寄	很窄	较慢	较差	较长	较好	大而全	高	一般
户外	较窄	较快	较差	较长	较好	一般	低	较好
互联网	广	较快	较好	短	差	大而全	高	一般

（五）估计广告产生的效果

广告的传播效果主要从两方面体现：一是广告本身能给客户留下深刻的印象，增强客户的关注、了解、认知、喜爱，成功引导客户去购买；二是广告推出后导致物流企业销售量增长。前者可以使用测试评价法和试验评价法，后者可以使用历史比较法和实验法。评价的方式可以是事前调查、同期调查、事后调查。

三、营业推广

营业推广是物流企业在特定的目标市场中，为吸引客户、迅速刺激物流购买需求、鼓励物流消费而采取的各种促销形式，适合短期推销。营业推广在引起注意、激发兴趣、鼓励尝试、诱发欲望、改变购买习惯、刺激购买数量、刺激潜在购买者、鼓励重复购买、增强经销商接受程度、引入新服务、宣传附赠品、防范竞争者、提高广告效果、巩固品牌形象等方面作用显著。

（一）营业推广的基本步骤

营业推广的基本步骤如图6-31所示。

确定推广目标 → 选择推广工具 → 考虑推广配合 → 确定推广时机 → 确定推广期限 → 制订推广计划 → 试验推广计划 → 实施推广计划 → 评估推广效果

图6-31　营业推广的基本步骤

1. 确定推广目标

营业推广目标的确定，就是要明确推广的对象是谁、要达到的目的是什么，以有针对性地制定具体的推广方案。例如，是以培育客户忠诚度为目的，还是以鼓励客户大批量购买为目的？

2. 选择推广工具

营业推广的方式有很多，物流企业一般要根据目标客户的接受习惯和服务特点、目标市场状况等来综合分析和选择推广工具。选择合适的推广工具是取得营业推广效果的关键因素。

3. 考虑推广配合

营业推广要与营销沟通其他方式，如广告、人员推销等整合起来，相互配合，共同使用，从而产生营销推广期间的更大影响力，取得单项推广活动达不到的效果。

4. 确定推广时机

营业推广的市场时机选择很重要，如季节性服务、节日服务、礼仪服务，必须在季前、节前做营业推广，否则就会错过时机。

5. 确定推广期限

推广期限即营业推广活动持续时间的长短。推广期限要恰当。推广期限过长，客户新鲜感丧失，产生不信任感；推广期限过短，一些客户还来不及享受营业推广的实惠。

6. 制订推广计划

将上述考虑形成一个互相配合、总体协调的推广方案，包括时间进度、经费投入、项目团队和负责人、协调机制、预期效果等。

7. 试验推广计划

在局部范围内试验，查看效果，并在必要时调整计划。

8. 实施推广计划

按照推广计划进行营业推广，注意实施过程中的管理与控制。

9. 评估推广效果

对照推广目标，评估推广的实际效果，总结推广的经验与教训。

（二）营业推广的主要方法

1. 针对客户的营业推广方式

（1）降价或增加服务不加价。

（2）赠送促销。向客户赠送物流服务，如赠送一项增值服务。

（3）发送折价券。在消费某种物流服务时，持券可以免付一定金额的费用。折价券可以通过直邮方式发送。

（4）会员卡优惠。

（5）组合促销。以较优惠的价格提供组合服务，价格低于分开购买服务的价格之和。

（6）抽奖促销。客户购买一定的物流服务之后可获得抽奖券，凭抽奖券抽奖获得奖品或奖金。抽奖可以有各种形式。

（7）现场演示。物流企业派促销员在销售现场演示本企业的物流服务，向客户介绍服务的特点、用途和使用方法等。

（8）联合推广。物流企业与零售商联合促销，将一些能彰显企业优势和特征的服务集中推介，边展销边销售。

（9）参与促销。客户参与各种促销活动，如技能竞赛、知识竞赛等，获取企业的奖励。

（10）会议促销。物流企业利用各类展销会、博览会、业务洽谈会的平台现场推介服务。

2. 针对中间商的营业推广方式

（1）货币奖励。物流企业对实现一定销量的中间商提供货币奖励或折扣优惠。

（2）批发折扣。物流企业为争取批发商或零售商多推销自己的服务，在某一时期内给经销本企业服务的批发商或零售商加大折扣比例。

（3）推广津贴。企业为促使中间商推销本企业服务并帮助本企业推销服务，可以支付给中间商一定的推广津贴。

（4）销售竞赛。根据各个中间商销售本企业服务的实绩，分别给优胜者以不同的奖励，如现金奖、实物奖、免费旅游、度假奖等，以起到激励的作用。

（5）扶持零售商。物流企业资助零售商的装潢，提供服务目录、视频广告、网站登录便利，派员指导新开营业点，适当承担新营业点或新服务推广广告的成本等，以强化零售网络，促使销售额增加。

3. 针对推销人员的营业推广方式

为鼓励企业内部推销人员热情推销物流服务，或促使他们积极开拓新市场，一般可采用销售竞赛、提供销售技能培训或技术指导、销售提成、特别推销津贴等方法。

4. 针对供应商的营业推广方式

为鼓励供应商准时供货，一般可采取租赁促销、类别客户折扣促销、订货会、服务促销等方式。

四、公共关系促销

公共关系促销是指物流企业通过改善与社会公众的关系，促进公众对企业的认识、理解、信任及支持，树立良好形象，创造良好的社会环境而采取的系列措施和行为，以促进物流服务的销售。公共关系包含组织、传播和公众三要素，三要素之间的关系如图6-32所示。

图6-32　公共关系三要素关系图

公共关系促销具有情感性（追求"人和"的感情沟通）、双向性（双向沟通）、广泛性（无处不在，无时不在，可能涉及任何个人、群体和组织）、整体性（促进公众全面了解企业，产生整体性的认识）、长期性（任务、工作、效应都是长期的）、间接性（间接促进销售）。

公共关系的作用表现在四方面：① 能够收集信息，供企业决策参考；② 能够协调纠纷，化解企业的信任危机；③ 能够传播沟通，树立企业形象和信誉；④ 能够促进销售，创造企业良好效益。

公共关系促销的关键是掌握公共关系促销的基本步骤和工具。

（一）公共关系促销的基本步骤

公共关系促销的基本步骤如图6-33所示。

图6-33　公共关系促销的基本步骤

1. 进行调查研究

通过调查物流企业，可以了解有什么样的因素在阻碍企业发展目标的实现，什么样的人购买、使用企业的服务，这些人在购买或使用服务时会有什么样的疑问，以及企业未来的发展趋势如何。把通过调查得到的信息进行总结和归类，形成调查报告。

2. 确定公关目标

公关目标大致包括建立知名度、增进信誉、激励推销队伍和经销商、降低成本等。这是公关人员公关的努力方向，也是形象定位的过程，是公关活动的核心。

3. 选择受众目标

结合调查中发现的问题、公关的目标，分析问题来自哪些群体，这些群体就是需要公关的对象。物流企业需要研究这一群体，针对这些群体开展公关活动。

4. 选择公关策略

物流企业的公关策略分为三个层次：公关宣传，即通过各种传播手段向社会公众进行宣传，以扩大影响、提高企业的知名度；公关活动，即通过举办各种类型的公关专题活动来赢得公众的好感，提高企业的美誉度；公关意识，即企业员工在日常的生产经营活动中树立和维护企业整体形象的思想意识。

5. 选择公关工具

公关工具可以是参与或组织社区活动、举办新闻发布会、散发传单、制作并播放宣传片，也可以是举办重大学术会议、邀请名人演讲、邀请明星演出等。

6. 预算公关费用

根据公关的范围、人数、方式、时间，预测需要的公关费用。

7. 制订公关计划

在考虑上述问题的基础上，利用专家和集体的智慧制定一份可以执行的公关方案。

8. 实施公关计划

根据公关方案，实施、管理、控制公关计划，确保公关方案顺利实施。

9. 评价公关效果

利用民意测验法、专家评估法、访问面谈法、观察法、资料分析法等评价公关效果。公关效果主要体现在三方面：① 增加曝光率；② 提高知名度、理解度、美誉度；③ 增大销售额和利润贡献。

（二）公共关系促销的工具

公共关系促销的工具主要包括以下五类。

1. 出版物

物流企业可以广泛地依靠传播性出版物对目标市场进行宣传和影响。这些出版物包括宣传手册、文章、企业杂志和音像制品等。宣传手册在告知目标客户某一服务的独特作用等方面扮演着重要的角色。由物流企业经营管理人员经过缜密思考所写的文章能引起人们对企业及其服务的注意。企业杂志有助于树立企业形象并向目标市场传递重要信息。各种音像制品，如企业宣传片，作为促销工具用途越来越多。音像制品的成本通常比印刷材料高，但其影响力也更大。

2. 活动

物流企业可以通过举行特别的活动来吸引人们对新的服务及企业的注意，包括与地方政府建立良好关系的活动、与新闻界沟通的活动（包括新闻发布会、新闻媒介宣传、创造新闻事件）、公关广告、专题公关活动、公益活动、参加或组织与物流有关的各种会议（如物流年会、物流展览会、交流会、研讨会等）、发布宣传材料（如企业简报、服务宣传单等）、内部公关、网上公关（如电子邮件、网上论坛等）、咨询、户外活动、比赛和竞赛、年庆、体育运动及向特定目标群体宣传的文体赞助行动等。

3. 新闻

发现和利用对企业、服务有利的新闻是公关人员的一项重要任务。公关人员不仅要准备新闻稿，还需要具有使媒体采纳新闻稿的能力，在出席记者招待会时发挥市场营销和处理人际关系的技巧。

4. 公共服务

物流企业可以通过向慈善事业捐献和提供服务来提高社会声誉。

5. 视觉标识

在信息爆炸的时代，企业必须为赢得公众的注意而竞争，创造一种使公众一眼就能认出的视觉标识。这种视觉标识存在于企业的商标、文具、宣传手册、招牌、业务表格、名片、建筑物、服饰及运输车辆等各种物流设备中。

五、新媒体营销

新媒体营销是指利用新媒体平台进行营销的方式。近年来，物流企业的营销方式发生了重大变革，沟通性、差异性、创造性、关联性、体验性大大增强，新媒体营销方式逐渐增多。新媒体营销需要多种渠道整合营销，甚至在营销资金充足的情况下，可以与传统媒介营销相结合，形成全方位、立体式营销。

当前比较流行的新媒体营销方式包括直播营销和短视频营销。

（一）直播营销

直播营销是指在现场随着事件的发生、发展进程同时制作和播出节目的营销方式。直播营销以直播平台为载体，以使物流企业获得品牌提升或者销量增长为目的。

直播营销是一种营销形式上的重要创新，能充分展现互联网营销和视频营销的特色。对于物流广告主而言，直播营销具有四大优势：一是容易引起关注。直播营销的实质是一场事件营销。除了本身的广告效应，直播内容的新闻效应往往更明显，引爆性也更强。一个事件或者一个话题通过直播可以更轻松地进行传播并引起关注。二是能体现出用户群的精准性。在观看直播视频时，用户需要在一个特定的时间共同进入播放页面。正是这种播出时间上的限制，能够真正识别并抓住这批具有忠诚度的精准目标人群。三是能够实现与用户的实时互动。相较传统电视，互联网视频的一大优势就是能够满足用户更加多元的需求。不仅仅是单向的观看，还可以与主播进行实时互动。这种互动的真实性和立体性，也只有在直播的时候才能够完全展现。四是深入沟通引发情感共鸣。在碎片化、去中心化的语境下，直播这种带有仪式感的内容播出形式，能让一批具有相同志趣的人聚集在一起，聚焦在共同的爱好上，情绪上相互感染。如果品牌能在这种氛围下恰到好处地推波助澜，其营销效果较显著。

直播营销的兴起得益于移动网络提速和智能设备普及，企业建设更加立体的营销平台，网友看视频习惯的养成等多种因素。

直播营销的流程可以分为以下六步。

1. 精确的市场调查

直播的目的是向大众推销物流产品或服务，推销的前提是营销者深刻地了解到用户需要什么、自己能够提供什么，同时还要避免同质化竞争。因此，只有精确地做好市场调查，才能做出真正让物流消费者满意的营销方案。

2. 分析项目自身的优缺点

精确分析项目自身的优缺点才能做到有的放矢。做直播只要营销经费充足，人脉资源丰富，就可以有效地实施直播方案。但对大多数物流企业来说，没有充足的资金和人脉储备，就需要充分地发挥自身的优点来弥补。一个好的项目也不仅仅是人脉、财力的积累就可以达到预期的效果，只有充分发挥自身的优点，才能取得意想不到的效果。

3. 明确市场受众定位

直播营销能够产生预期的效果才是有价值的营销。受众是谁、他们能够接受什么等，都需要做深入的市场调查，找到合适的受众是做好整个直播营销的关键。

4. 选择直播平台

直播平台种类多样，根据属性可以划分为不同的领域。选择合适的直播平台可以使直播营销事半功倍。

5. 设计良好的直播方案

做完上述工作后，就要精心设计最后呈现给受众的直播方案。在整个直播方案设计中，需要销售策划及广告策划的共同参与，让物流服务在营销和视觉效果之间恰到好处。在直播过程中，过分的营销往往会引起用户的反感，所以在设计直播方案时，如何做好视觉效果和营销方式之间的平衡，需要认真权衡。

6. 做好后期的有效反馈

直播营销最终要落实在转化率上，实时的及后期的反馈要及时跟进，同时通过数据反馈可以不断地优化方案，从而提高营销方案的可实施性。

（二）短视频营销

短视频营销主要借助短视频向选择好的特定目标受众人群传播有价值的内容，吸引受众人群了解物流企业的品牌和服务，最终形成交易。做短视频营销，最重要的就是找到目标受众人群和创造有价值的内容。

短视频营销的优势主要体现在以下五方面：一是制作成本低。不需要非常专业的团队，只要有较好的设备，物流企业自己就可以制作各种短视频。二是目标精准。不同的新媒体平台有不同的群体，不同的内容有不同的爱好者，绝大多数平台都具备强大的用户画像和自动推送功能，这就让短视频的营销对象更精准，营销效果更有效。三是品牌传播力更强。短视频可以轻松地植入品牌价值，或者向用户传递品牌形象，并且在短视频中，产品或服务形态是多样化的，可以是人、画面、场景、情节等，用户的接受程度会更高，也会让用户对广告本身进行二次传播。四是互动性更强。短视频维度越多，用户可以互动的场景就越多。短视频可以和用户产生互动，用户可以发送弹幕，也可以投稿，又或者是模仿短视频，进行二次创作的再次拍摄。五是渠道更广。短视频平台形成了一个开放性的内生循环系统，每个用户都可以对短视频点赞、转发、评论，传播速度快且范围广。而且短视频还可以分享到微博、微信等外部各个社交平台。

短视频营销要坚持三大原则：一是坚持原创内容。受众不喜欢同质化的内容，短视频只有坚持原创才能避免同质化。二是以数据驱动营销。基于各种先进的技术，短视频平台都有一个完善的数据分析后台，物流企业应善于收集、整理、分析和利用各种数据，以数据驱动更好地进行短视频营销。三是重视互动传播。无互动，不传播。不要仅仅单纯追求流量，更要追求互动。要给用户一个互动的机会，鼓励他们点赞、评论和分享，为更多用户提供展现自我的机会。

短视频营销的具体操作流程分为两步。

1. 做好短视频营销的前期基础性工作

一是围绕物流服务找到懂行的专业人员，组建团队。懂行的专业人员可以帮助团队在内容选题上提供创意，明确什么样的内容对用户比较有价值，并且也比较受用户青睐。

二是明确短视频的内容。内容不是直接的广告，而是针对目标用户创作出有价值的内容。这就要求团队知道自己的目标用户在哪里、需求是什么，从而设计短视频的内容，最后进行软性品牌植入，确保这些内容对用户是有价值和帮助的。

三是确定内容方向和形式。了解用户需求之后，团队可以结合物流企业的服务特性，确定内容方向。确定了内容方向后，接下来就要考虑内容呈现的合理形式。最后，结合内容方向和服务特性做出选择。

2. 选择短视频营销的渠道

短视频营销渠道的选择和维护是获取流量和用户的关键。渠道是个阵地，所以选择什么样的渠道决定了短视频营销的打开方式是否正确。选择短视频营销渠道需要关注以下事项。

一是平台调性和内容定位是否匹配。每个平台都有各自的属性及特点，其用户也同样如此。选择渠道前需要认真思考短视频的定位及营销的目的，全面了解各平台调性与用户特点，分析与自己的目标用户是否吻合。

二是了解并适应平台规则。各个平台都有自己的运营规则，团队应清晰了解并努力适应这些规则，做好自我调整，使自己的短视频更加符合平台的要求。

三是获取渠道资源。团队若有一些渠道资源，如可以联系渠道走绿色通道，将自己的栏目推荐到一个好的推荐位，会显著提升短视频传播效果。

四是根据人力情况拓展渠道。在人力与财力不足的情况下，可以选择与一些渠道合作，把自己的栏目授权给一些渠道发行，不仅可以节省人力，而且可以扩大多个渠道的影响力。

六、物流服务促销组合

物流企业在制定物流服务促销策略时，往往会将人员推销、广告、营业推广、公共关系和新媒体营销五种基本促销方式合理选择、互相配合、有机协调，最大限度地发挥整体效果，这就形成了促销组合。

在促销组合中因促销方式的选择和侧重点不同，可以有3种不同的组合策略。

（一）推式策略

推式策略是物流企业以人员推销为主要手段，首先争取中间商的合作，利用中间商的力量把物流服务推向市场和消费者，运作程序如图6-34所示。推式策略较适用于传统的物流服务项目，如运输、储存、配送服务。这类推式策略风险小、周期短、资金回收较快。采用推式策略的常用方法主要有人员推销、营业推广，具体方式有示范推销法、走访销售法、巡回销售法、网点销售法、服务推销法等。

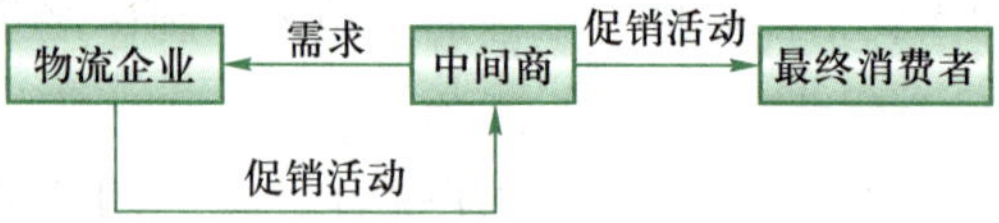

图6-34 推式策略的运作程序

（二）拉式策略

拉式策略是物流企业先把物流服务信息通过广告等直接介绍给目标市场，再把物流服务介绍给目标客户，使客户产生强烈的购买欲望，形成急切的市场需求，然后拉动中间商经销本企业的物流服务。这类策略较适用于新的物流服务的推广。其具体运作程序如图6-35所示。物流企业采用拉式策略，常用的主要方式有价格促销、广告促销、代销、试销等。

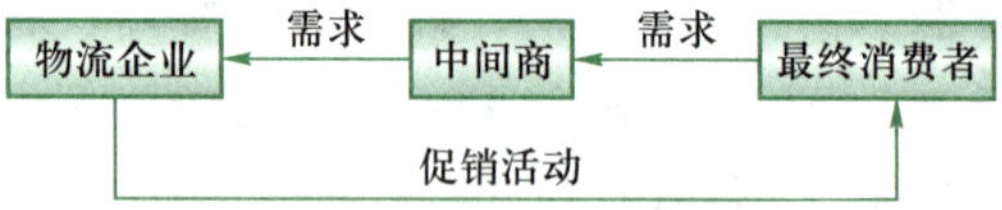

图6-35 拉式策略的运作程序

（三）推拉结合策略

物流企业也可以把上述两种策略结合起来运用，在向中间商促销的同时，通过广告刺激市场需求。利用双向促销把物流服务推向市场，这样比单一的推式策略或拉式策略更为有效。

不同的物流服务促销策略各有特点，适用于不同的和处于不同发展阶段的物流企业。因此，物流企业在制定、选择物流服务促销策略时，应综合考虑物流服务的特点、物流服务的生命周期、市场状态、费用、资源、渠道、竞争等因素。

任务实施

任务背景：

迅达物流经过详细的市场调查和对比分析，决定进入某省的商务信函快递市场，并明确了细分市场和目标客户群，开发了自己的创新服务项目及部分客户。但公司还缺乏物流营销策略组合，已经接触的客户难以成为现实客户。公司决定和学校开展合作，进行项目外包。学校物流管理专业接下这个任务后，决定组织学生自愿组成项目团队，完成物流营销策略组合设计任务，撰写物流营销策略组合策划书。

任务分析：

要完成物流营销策略组合策划书，就需要明确营销目标，在宏观环境分析、市场调查分析和竞争对手分析的基础上，从产品策略、定价策略、分销策略和促销策略四个方面制定营销策略，并进行成本预算和营销效果预估。

任务流程：

任务流程如图6-36所示。

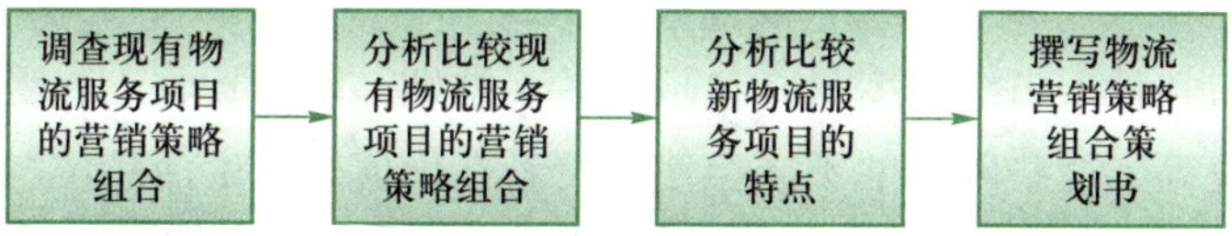

图6-36　物流营销策略制定任务流程

任务要求：

● 每4~6人分为一组，选出项目经理。

● 在讨论的基础上确定调查对象。集体讨论，确定时间进度安排。进行任务分工，保证每个人都有具体的任务及完成任务的时间要求、资金保证和质量要求。

任务成果样本：

必胜宅急送的营销策略组合

必胜宅急送是百胜餐饮集团旗下的一个独立品牌，百胜餐饮集团拥有肯德基、必胜客、必胜宅急送等多种品牌经营项目，其每一种项目都属于一个独立的事业部，各事业部独立经营、自负盈亏。必胜宅急送作为必胜客的衍生品牌，目标市场定位于高端消费市场，并且以外送方式开展业务经营活动，不设堂食餐厅，使其在与必胜客共同为同档次顾客服务的基础上保证了两个品牌不发生较大的业务冲突，即必胜客只负责服务堂食的客人，而必胜宅急送则为在家享用美食的顾客服务，这种状况实际上是百胜餐饮集团对其目标市场的深层次细分。

随着"宅"文化及线上支付等新型消费模式的出现，物流行业进入了高速发展时期，而必胜宅急送作为百胜餐饮集团的一个新品牌项目，由此应运而生，并且随着物流行业的火热而成为一个较为成熟的品牌。当越来越多的人开始尝试并习惯坐在家中进行购物、等待送货上门的购物方式，必胜宅急送的品牌策划者也许早已洞悉物流行业未来的巨大发展潜力及人们消费行为的转变趋势。因此，设立必胜宅急送业务使其获得了与物流行业共同发展进步的机会。而必胜宅急送的营销策略也助力了必胜宅急送的发展。

1. 必胜宅急送的市场细分及定位

（1）市场细分。市场细分是企业能否真正树立"以消费者为中心"的营销观念的根本性标志，必胜宅急送将中国的市场按照地理因素和人口因素进行了细分。

必胜宅急送目前仅在上海、北京、深圳、杭州、厦门、广州等中国的一二线城市开展业务活动。必胜宅急送最小的9寸比萨最便宜也要39元，重量一般在320克左右，并且定义为2—3人食用。必胜宅急送价格较高，提供的餐食又属于西式快餐，对于三四线城市的消费者来说，确实不太容易接受。

人口因素是指各种人口统计变量，包括年龄、婚姻、职业、收入、受教育程度、社会地位等，这些因素的不同会使消费者在价值观、生活品位、消费方式等方面产生较大的差异。在必胜宅急送看来，它所细分的消费者市场必须是符合其市场定位及适配自身状况的。必胜宅急送的产品对于中国消费者来说属于新产品，而消费者对新产品的接受程度是有差异的。一般来说，创新采用者是新产品的较早接受者，此类消费者群体具有的特质是收入水平高、社会地位高、受教育程度高、勇于接受创新，而他们大多在一二线城市居住。

必胜宅急送的第一家店铺就开在上海，上海是一座国际化大都市，其消费者拥有良好的经济实力与受教育水平，并且勇于接受新鲜事物。所以，必胜宅急送的业务重点是服务于我国一二线城市的高端消费市场，以专门满足高端消费者群体外送食品的需要。

（2）市场定位。市场定位也被称为产品定位或竞争性定位，是根据竞争者现有产品在细分市场上所处的地位和顾客对产品某些属性的重视程度，塑造出本企业产品与众不同的鲜明特征或形象并传递给目标顾客。必胜宅急送追求的目标是"将百胜餐饮集团打造成全中国乃至全世界一流的餐饮企业"，为了实现其目标，它想要给顾客传递其服务的Champ文化，即Cleanliness（美观整洁的环境），Hospitality（真诚友善的接待），Accuracy（准确无误的供餐），Maintenance（有效维护的措施），Product Quality（优质稳定的产品）。

Champ 文化就是其市场定位的标准。必胜宅急送采用的是避强定位，即避开强有力的竞争对手的市场定位，其优点是能够迅速地在市场上站稳脚跟，并在消费者心中树立起鲜明的形象。这种定位方式同时为必胜宅急送未来的发展奠定了基础，给对手造成短期内不会产生竞争关系的假象，甚至有些企业会认为长期无竞争。

2. 必胜宅急送的营销策略

（1）产品策略。提到必胜宅急送的产品，很多人首先想到的是它的比萨。当然，比萨是必胜宅急送的主打产品，但它也有一系列的主食和配餐可搭配比萨一起享用，包括具有世界各地风情的饭面、中西式浓汤、甜点、各式风味小吃等。

① 产品组合策略。经常在必胜宅急送 App 上订餐的顾客都知道，每个月必胜宅急送都会上线新的菜单，菜单上经常会看到产品更新的信息。

必胜宅急送经常在原有产品线内增加新的产品项目，例如，必胜宅急送曾经在饭面里添加了杏鲍菇黑椒牛肉炒意面和榄菜鸡肉炒饭等，这是企业在预测到现有产品线的销售额和利润率在未来有可能下降时，对现有产品组合增加新的产品项目，强化其具有发展潜力的产品线的策略。同时，必胜宅急送对现有产品线中不盈利或微利产品要做下架处理。必胜宅急送借助其客服中心的点餐系统具有的统计功能，准确统计出急需下架的产品，这样做对企业的长期盈利具有重要作用。

② 新产品开发策略。在现代社会，消费者的需求不断变化，科学技术水平也在迅速提高，产品生命周期则相应缩短。不仅顾客需要新产品，为了提高或保持销售业绩，企业也需要积极开发新产品。必胜宅急送同样也在不断推出新产品，基本上每个月必胜宅急送都会推出新餐点，比萨曾推出过金玉满堂、鱼香满溢、得克萨斯风情小牛排比萨等，饭面则推出过日式豆皇烧肉饭、榄菜鸡肉炒饭、普罗旺斯风情鸡肉炒饭等。这些新产品较好地满足了消费者的不同需求，也同样产生了竞争优势，不仅带来企业利润的增加，而且提高了企业的市场地位，扩大了其市场份额。同时，必胜宅急送针对新产品的市场反应情况，对各个新产品的销售期进行适当调整，其微利新产品销售期一般为一个月，而较受欢迎的新产品则会转为长期售卖，完全依据消费者的购买偏好，决定新产品的持续售卖时间。

必胜宅急送的其他产品都有新款，唯独小吃类却始终没有新款。很多客服人员在为顾客点餐时多次遇到过客人询问新品小吃的情况，这说明其小吃类产品的单调性已经令顾客产生了对新品的欲望。在小吃类产品这一方面建议进行改进，适当加入新品以活跃小吃类产品的人气。

（2）定价策略。依据成本和需求，以及竞争等因素决定的产品基础价格，是单位产品在生产地的价格，并未计入折扣、运费等。所以在实践中，企业需要采用灵活多变的定价策略。必胜宅急送采用了地区定价策略与心理定价策略。

必胜宅急送目前采用的是统一交货定价的地区定价策略，无论顾客距离必胜宅急送餐厅有多远，只要没有超出其外送范围，必胜宅急送都会收取顾客七元钱的外送费，在全国有必胜宅急送的城市均采用这种策略。

必胜宅急送还运用了心理定价策略中的声望定价策略和渗透定价策略。必胜客的品牌是众所周知的，而作为必胜客衍生品牌的必胜宅急送同样在顾客印象中属于高档品牌，所以以高价位树立必胜宅急送优质高档的品牌形象。

渗透定价也是必胜宅急送的定价策略，其利用顾客的求廉心理，将某几款饭面在周一至周五午餐时段的价格设为优惠价，以此吸引顾客。顾客在订购优惠的产品时，也可能会选购其他原价产品，这样的定价方式对吸引顾客长期频繁光顾、提高餐厅销售量具有积极的促进作用。

（3）促销策略。必胜宅急送为促进产品销售，经常会采用各种策略进行促销，常见的有以下五种促销策略。

① 赠送代价券。必胜宅急送的代价券一般只向购买其产品的顾客免费赠送，以鼓励顾客忠实于本品牌，进行再次购买。这种方式可以刺激顾客购买老产品，也可以鼓励顾客购买新产品。

② 半价活动。半价活动基于餐厅所在城市区域的经营状况而决定。这种低价的活动方式有利于增加客流量，培养顾客品尝西餐的习惯。

③ 特惠午餐。以必胜宅急送活动有效期在2021年3月17日至2023年4月20日的菜单为例，在法定节假日除外的周一至周五10∶00到13∶30，每天有四款饭食和一种面食特惠，而在此之前，必胜宅急送只在周二时才提供这种特惠午餐，并且品种也很少。由此看出，午餐时间段同行业竞争者的竞争度更加激烈，必胜宅急送此举正是为了更好地与竞争对手争夺客源，稳定销售额。

④ 饭面超值任"1"选活动。该活动是指在客人原价购买饭面时，可以加3元或加7元换一份汤、小吃或者沙拉。点饭面的顾客一餐最高花费28元，最低花费17元，这类顾客一般不愿意再买份十几元的汤或小吃类产品，所以必胜宅急送设置了这款优惠活动以促进产品销售。

⑤ 有限制地认可必胜客欢乐餐厅代金券。必胜宅急送与必胜客欢乐餐厅是独立经营的，这样也为必胜宅急送增加了部分客源。

（4）广告策略。必胜宅急送有针对性的广告宣传活动主要取决于以下两方面：

① 必胜宅急送产品属于食品，必须保证食品从餐厅送出后可以尽快到达顾客指定地点，所以其广告宣传必须针对属于其业务能力范围之内的区域。

② 必胜宅急送订餐模式主要依靠客服中心。为合理设定并在一定程度上扩大客服中心的规模，形成供需平衡，必须有针对性地开展广告宣传活动，让属于必胜宅急送服务范围内的顾客知悉其外送服务。

必胜宅急送虽然与必胜客同属百胜餐饮集团，但是很多消费者并不了解，所以建议必胜宅急送适当地做一些宣传，用以强化顾客对其品牌的认知。

技 能训练

实训项目：物流营销策略制定实训

在明确了目标客户、开发了自己的创新服务项目，并已经开发了自己的客户后，物流企业需要准备一套富有吸引力的物流营销策略，把自己的创新服务项目销售给客户，把潜在客户变成能够带来收入和利润的现实客户。在形成物流营销策略组合策划报告的基础上，物流企业需要制作并演示PPT。

实训目标：

通过实训，学生应能运用调查方法和手段，了解现有物流服务项目的营销策略组合，在比较分析的基础上，为一个新的物流服务项目设计新的物流营销策略组合，并制作和演示PPT。

环境要求：

（1）调查环境要求。物流企业或校外实习基地企业（学生能够自己找到允许调查的物流企业，可自行联系；学生自己联系不到的，由教师为其安排并联系好校外实习基地企业）。

（2）课堂环境要求。机房网络畅通，学生能够上网查阅资料；有能够演示、播放的多媒体和投影系统。

情境描述：

迅达物流经过详细的市场调查和对比分析，决定进入某省的商务信函快递市场，明确了细分市场和目标客户群，开发了自己的创新服务项目并开发出部分客户。但公司还缺乏物流营销策略组合（或初步制定的物流营销策略组合缺乏吸引力），已经接触的客户难以成为现实客户。公司决定和学校开展合作，进行项目外包。学校物流管理专业接下这个任务后，决定组织学生自愿组成4人一组的项目团队，竞争性地完成物流营销策略组合设计任务，撰写物流营销策略组合策划报告。假如你就是其中一员，且被任命为组长，请组织调查，形成物流营销策略组合策划报告，并制作和演示PPT。

工作流程：

收集同类物流服务项目的营销策略组合—比较分析同类物流服务营销策略组合的异同—分析自己销售的物流服务项目的特点—设计产品策略—设计定价策略—设计分销策略—设计促销策略—合成物流营销策略组合策划报告—制作PPT—演示PPT。

操作步骤：

（1）通过多种渠道（包括专业报刊、专业网站和企业网站等）收集同类物流服务项目的营销策略组合资料。

（2）整理成若干个完整的营销策略组合案例，并比较分析同类物流服务营销策略组合的共性和差异。

（3）分析自己销售的物流服务项目的特点。

（4）设计自己销售的物流服务项目的产品策略。

（5）设计自己销售的物流服务项目的定价策略。

（6）设计自己销售的物流服务项目的渠道策略。

（7）设计自己销售的物流服务项目的促销策略。

（8）合成物流营销策略组合策划报告，并按照规范的格式排版。

（9）制作PPT。

（10）上台汇报。

（11）交流收获与心得，教师点评。

（12）进一步修改报告和PPT。

注：（1）~（9）、（12）在课堂外完成。

注意事项：

（1）先收集几个同类物流服务项目的营销策略组合进行比较研究。

（2）产品策略、定价策略、分销策略、促销策略要综合考虑拟销售的物流服务项目的特点、市场环境、竞争对手的相关策略等因素。

（3）物流营销策略组合策划报告的结构、文字、排版规范，封面、摘要和关键词、目录、正文、结语、参考文献、附录的框架完整。

（4）PPT应有概括性、逻辑性，美观大方，演讲时间控制在10分钟以内。

（5）演示应分工，有人操作，有人演讲，演讲者应自信、大胆、流畅，应用计算机计时，控制演示时间。

实训报告：物流营销策略制定实训报告

（1）绪论。说明调查对象、调查目的、调查人员、调查时间、调查过程、调查方法、分析方法，比较分析同类物流服务项目营销策略组合，简要分析拟销售的物流服务项目的特点、市场环境、竞争对手的相关策略。

（2）正文。一是营销目标；二是产品策略、定价策略、分销策略、促销策略的具体内容；三是实施预算；四是预期效果。

（3）参考文献。按照著录规范，列出参考文献。

（4）附录。附上一些必要的文件，如物流企业营销组织、营销策略组合、营销计划等资料。

行业洞察

物流企业促销和日常运营要符合道德规范

1. 物流企业促销要符合道德规范

促销既是物流企业应对竞争、招揽客户和扩大市场的基本手段，也是企业强化核心价值、塑造形象和树立品牌的重要途径。符合道德规范的促销活动不仅可以建立物流企业与客户的长期关系，而且可以为物流企业创造良好的社会环境，培育企业的品牌美誉度，实现品牌价值的提升和市场占有率的提高。

如果物流企业在促销过程中采取不道德的非正规手段来夸大物流服务功能或隐瞒物流服务的某些不足，采用违背营销道德的方式进行促销，虽然在短期内可以提高交易量，但是消费者使用服务后一旦发现与促销宣传不符，必然会对品牌价值带来负面影响，更会损害企业的整体形象。

自我归因理论认为，如果消费者认为促成自己购买某品牌物流服务的是外部原因（如诱人的促销），那么在促销不足的情况下，消费者再次购买该品牌物流服务的意愿就会大大降低。物流企业市场绩效的提升是逐步累积的结果，如果物流企业采取违背营销道德的促销方式进行强力销售，反而会使消费者对物流企业的信任度和市场绩效的诸多要素产生不良反应，进而对企业商誉和品牌价值，乃至现有的竞争地位带来负面影响。因此，物流企业促销的道德水平直接影响其市场绩效。

2. 物流企业的日常运营管理要有合规意识和社会责任感

随着电子商务、跨境电子商务的发展，快递业务量激增。近年来，各大快递公司不断加大投入，整体服务质量有了很大提升，但距离消费者的要求还有一定距离。丢件、快件损坏、不告知就放快递柜等是快递业投诉的主要问题。此外，还存在快件延误、保价理赔机制不合理、海淘转运、信息泄露，以及售后困难等行业弊病。这就要求快递企业提高合规经营意识和社会责任感。

近年来，顺丰速运、圆通速递等快递企业发布了企业年度社会责任报告，充分体现出快递企业对客户安全负责、对企业负责、对社会负责的意识。同时，相关监管部门将快递企业的社会责任治理纳入行业规范，引导快递企业履行社会责任，将快递企业的社会责任报告列入快递业务经营许可证年检材料清单。

<<<<<<<<<<<< 同步测试 <<<<<<<<<<<<<<<<<<<<<<<<<<<<<<<<<<<<<<<<

一、单项选择题

1. 战术 4Ps 理论是指（   ）、定价策略、分销策略、促销策略。

    A. 产品策略   B. 产业策略

    C. 产销策略   D. 产地策略

2. 4Cs 理论强调以（   ）为导向，充分考虑顾客愿意支付的成本，照顾顾客的便利性，与顾客进行沟通。

    A. 顾客需求   B. 企业目标

    C. 企业资源   D. 政府政策

3. 4Rs 理论是指（   ）、reflect、relation 和 return。

    A. relevancy   B. real estate

    C. redesign   D. reject

4. 产品的整体结构，一般包括核心产品等（   ）个层次。

    A. 五   B. 四

    C. 三   D. 二

5. 物流服务组合是指一个物流企业经营的（   ）、物流服务项目的组合。

    A. 全部物流服务线   B. 物流服务面

    C. 物流服务点   D. 物流服务品牌

6. 物流企业可以根据市场竞争情况、自身实力、经营目标等因素，对物流服务组合的宽度、长度、（   ）和一致性进行最优决策，形成不同的动态性服务组合策略。

    A. 高度   B. 亮度

    C. 深度   D. 新度

7. 下列选项中，不属于针对客户的营业推广方式的是（   ）。

A. 批发折扣 B. 赠送促销

C. 会员卡优惠 D. 发送折价券

8. 公共关系包含组织、传播和（　　　）三要素。

A. 公众 B. 关系

C. 广告 D. 慈善

9. 在促销组合中因促销方式的选择和侧重点不同，可以有3种不同的组合策略，其中不包括（　　　）。

A. 推式策略 B. 拉式策略

C. 推拉结合策略 D. 抱式策略

二、多项选择题

1. 物流企业营销组合需要围绕企业经营目标进行整体谋划，充分考虑（　　　）的相互协调与配合，为目标客户提供一体化的服务解决方案。

A. 产品策略 B. 定价策略

C. 分销策略 D. 促销策略

2. 物流企业在应用物流营销组合时，还必须考虑的因素包括（　　　）。

A. 物流企业的营销战略 B. 物流企业的营销环境

C. 目标市场特点 D. 物流企业自身的资源情况

3. 物流服务组合的方向包括（　　　）。

A. 扩大服务组合策略 B. 缩减服务组合策略

C. 高档服务策略 D. 低档服务策略

4. 物流服务组合策略的进化模式有（　　　）。

A. 渐进型模式 B. 突变型模式

C. 激进型模式 D. 温柔型模式

5. 物流服务品牌的"三度"是指（　　　）。

A. 知名度 B. 美誉度

C. 忠诚度 D. 影响度

6. 物流服务生命周期一般分为（　　　）。

A. 投入期 B. 成长期

C. 成熟期 D. 衰退期

7. 物流服务投入期的营销策略包括（　　　）策略。

A. 快速撇脂 B. 缓慢撇脂

C. 快速渗透 D. 缓慢渗透

【素养目标】

● 在物流客户服务质量管理中，树立正确的质量意识和服务意识，培养精益求精和求真务实的职业素养

● 在物流客户满意度管理中，学会利用科学方法，通过提高服务质量提升客户的满意度，实现社会价值

● 在物流客户关系管理中，注重处理并维护好客户关系，引导客户树立科学的消费观

【知识目标】

● 理解物流客户服务与物流营销及物流企业发展的关系

● 熟悉物流客户服务质量管理的流程

● 掌握提高物流客户服务质量的方法

● 理解物流企业实施客户满意战略的意义

● 掌握物流客户满意度的测评方法和测评步骤

● 掌握物流客户关系管理的内容、步骤和技巧等

【技能目标】

● 能够运用物流客户满意度的测评方法和测评步骤，进行物流客户满意度测评

● 能够运用物流客户关系管理技巧，处理并维护好客户关系

● 能够撰写物流客户满意度测评报告，并制作和演示PPT

【思维导图】

```
                                              ┌─ 物流客户服务的概念和服务标准
                             ┌─ 物流客户服务概述 ─┼─ 物流客户服务的特征、功能和检验指标
                             │                  └─ 物流客户服务的作用
                             │
                             │                  ┌─ 物流客户服务质量管理的流程
                             ├─ 物流客户服务质量管理 ┤
                             │                  └─ 提高物流客户服务质量的方法
    物流客户服务管理 ─────────────┤
                             │                  ┌─ 物流客户满意战略的实施
                             ├─ 物流客户满意度管理 ─┼─ 物流客户满意度的测评方法
                             │                  └─ 物流客户满意度的测评步骤
                             │
                             │                  ┌─ 物流客户关系管理的内容
                             └─ 物流客户关系管理 ──┼─ 物流客户关系管理的步骤
                                                └─ 物流客户关系管理的技巧
```

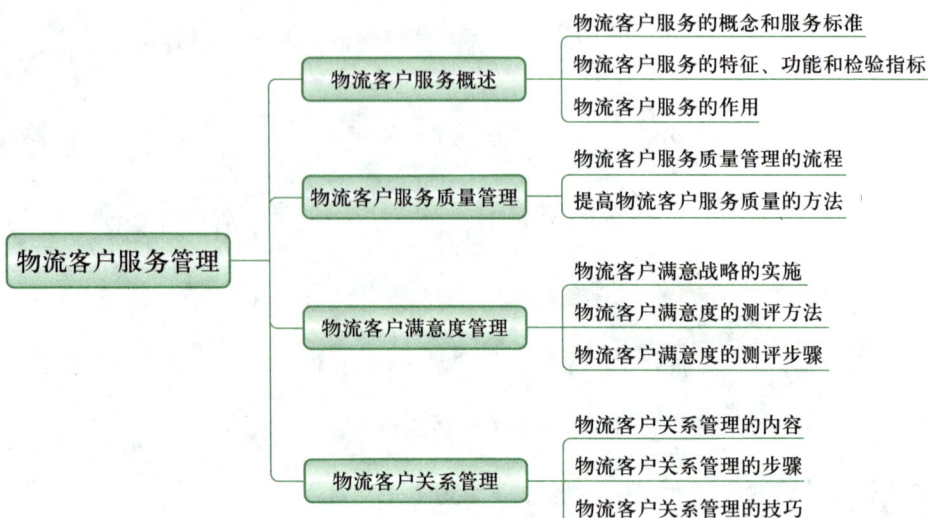

第一节　物流客户服务概述

引导案例

海格物流持续为客户创造更高价值

深圳市海格物流股份有限公司（简称"海格物流"）成立于2001年，经过多年的艰苦创业、积极开拓，2010年11月完成股份制改造，2014年1月成功登陆全国中小企业股份转让系统（简称"新三板"），成为新三板首批挂牌的首家物流企业。海格物流以"持续为客户创造更高价值"为经营理念，多年来以合同物流、供应链管理服务于众多国内国际品牌客户，是集物流、商流、信息流、资金流于一体的综合性供应链管理服务企业。

海格物流依托持续创新，在变化的行业中站稳市场，也有效抵御了新冠感染疫情的风险。海格物流的创新主要体现在以下三个层面：

一是对业务模式的创新。海格物流曾提出过为零售企业提供退货服务、循环取货等行业内领先的物流模式。

二是对企业组织模式的创新。海格物流基本完成了企业的互联网化和数字化转型。即使在疫情期间，海格物流上海分公司全体员工居家办公，依然能够保障公司的正常运营。

三是基于互联网化和数字化的客户服务质量管理、客户满意度管理、客

户关系管理的保驾护航和企业的灵活应对，业务量在新冠疫情期间仍然迅速增加。由于我国港口资源丰富，海格物流又是全国性业务，为海格物流提供了很大的调控空间：一旦某个港口突发疫情，为保证物流服务顺利实施和服务质量不受影响，海格物流迅速选择其他运作正常的港口开展业务。同时，在疫情给物流行业带来不确定因素时，海格物流能够帮助客户降低供应链的不确定性，提升客户满意度。2022年2月，深圳防疫形势严峻，为了解决中国香港货柜车司机的运输难题，严防疫情输入，海格物流受坪山区政府邀请，历时12天协助建成坪山区深港跨境运输综合接驳站，帮助中国香港货柜车在接驳站完成消杀，并更换成内地车辆，保证后续货运安全。海格物流也建立了自己庞大的客户关系管理系统，能够及时更新客户信息，根据客户等级提供相应的服务，进行客户价值挖掘和服务流程优化，在每次客户投诉后和每年年终及时调研客户满意度和客户服务质量，从而不断完善服务，为客户创造更高价值。

引导问题：

1. 海格物流持续发展主要依托哪些因素？
2. 海格物流的新基建主要体现在哪些方面？
3. 海格物流的客户服务管理主要体现在哪些方面？实施情况如何？

一、物流客户服务的概念和服务标准

物流客户服务是指物流企业为促进其服务的销售，围绕客户期待的物流服务、传递时间，以及质量而展开的相关活动。

物流客户服务具有"七个合适"的服务标准（简称"7R"），即物流客户服务就是在合适的时间（right time）和合适的场合（right place），以合适的价格（right price），通过合适的渠道（right channel/way），为合适的客户（right customer）提供合适的物流服务（right service），满足客户的合适需求（right wish），价值得到提高的活动过程。

二、物流客户服务的特征、功能和检验指标

物流客户服务具有无形性、个性化、即时性、需求的波动性四大特征；具有提高销售收入、提高客户满意程度、降低流通成本、留住客户四个功能。

物流客户服务的检验指标包括服务可得性评价、存货百分比、货损百分比、订货周期和可靠性评价、从客户订货到送货的时间、仓库备货时间、仓

库收到的订单与发货的百分比、仓库在规定时间内把订货送达客户的百分比、最低订货数量、服务系统的灵活性评价、特快发货或延迟发货的可能性、订货的便利性和灵活性等。

三、物流客户服务的作用

物流客户服务工作是提高客户忠诚度的机遇。当客户没有特殊需要时，服务工作在企业之间是无差异的，但当客户有特殊需要或投诉时，客户服务的艺术性就彰显出来了。只要客户的问题得到迅速妥善的解决，遇到麻烦的客户更可能成为企业的忠诚客户。

客户投诉为物流企业提出了质量警告，客户服务中心将导致投诉的问题反馈给相关部门，有利于改进质量；管理者及时制定弥补策略，通过客户服务中心为其他可能遭遇同样问题的客户主动提供解决方案，显示对质量的重视。优秀的物流客户服务不仅可以弥补企业过失，而且可以超越客户期望，从而留住客户并长久受益，因此受到越来越多企业的重视。

做好物流客户服务管理，必须在整个物流客户服务过程中进行良好的物流客户服务质量管理，并实施物流客户满意度管理，以获取客户忠诚度。同时，在物流客户服务质量管理与物流客户满意度管理过程中，企业应通过软件和数据库平台，遵循客户关系管理的准则进行物流客户关系管理，使客户服务的思想渗透到整个企业作业的各个环节，并实现制度化（见图7-1）。

物流客户
服务质量管理

物流客户
满意度管理

物流客户
关系管理

图7-1 物流客户服务管理三方面的内容紧密联系

第二节 物流客户服务质量管理

引导案例

当好保障邮政服务质量的"守门人"

"今天的质量，明天的市场。"这句邮政人的服务口号，韦艳梅始终牢记在心。作为中国邮政集团有限公司广东省中山市分公司服务质量部的一名质监员，韦艳梅15年来认真做好服务质量保障工作，通过科技创新服务客户，重点在服务查询和售后服务两个环节提高响应速度，变被动客服为主动客服，推动售后服务质量大幅提高，得到客户的一致好评，先后获得"广东省邮政服务质量先进个人""全国五一劳动奖章"、全国劳动模范等荣誉。

2022年，韦艳梅服务质量创新工作室成立。她牵头研发的"邮政服务质量监督检查信息系统""广东邮政售后服务管理系统"分别在全国邮政和广东邮政上线。通过远程监控系统，能做到发现问题及时整改，避免客户投诉事件的发生，这比现场检查的效率要高很多。邮政事业的快速发展，需要邮政人利用技术手段进行质量监督创新，提高服务质量，保持较高的客户用邮满意度。

"到一线现场去"是韦艳梅的座右铭。2020年，韦艳梅在中国邮政集团中山市网络运营中心挂职期间，认真查阅了网络运营中心服务质量保障方面的各种文字档案，从未缺席过班组的服务质量月度分析会和周会。质监工作在她眼里变得更加具体起来。此后，她的身影更加频繁地出现在营业厅、投递部，现场指导如何规范服务，现场解决服务质量问题，同时为后续生产流程的优化提供参考。15年来，她开具的业务报告书和整改通知书达上万份，处理各种服务查询工单超过60万笔。

15年热情如初，韦艳梅始终像刚入行的年轻人一样，既要做好服务的内部监督管理，也要协助客户做好售后服务查询，还自觉加班加点学习管理制度和服务规范，利用各种机会参加相关培训，考取资格证书。2021年"双11"期间，韦艳梅在家休产假，但她仍然通过微信、QQ、电话等手段协助业务部门，解决客户疑难问题。

如今，邮政业发生了翻天覆地的变化，服务内容日新月异。"邮政是个大舞台，每个领域都能做出成绩来。在服务精神上要坚守阵地，在服务方法上要结合客户的需求与时俱进。"韦艳梅的工作目标是：干一行、爱一行、专一行，当好保障邮政服务质量的"守门人"，认真践行"人民邮政为人民"的服务宗旨。

引导问题：

1. 什么是物流客户服务质量？物流客户服务质量的要素有哪些？
2. 物流客户服务质量包括哪些内容？哪个更重要？
3. 物流客户服务质量主要来源于哪些方面？
4. 提高物流客户服务质量的方法有哪些？

物流客户服务质量是物流企业通过提供物流服务达到的服务质量标准，满足客户需要的保证程度，客户感知到的物流服务水平的集合。

物流客户服务质量来源于设计、供给、关系三个方面，在物流客户心目中形成物流技术质量和物流功能质量，从而使物流客户对物流企业的企业形象认知、对物流服务的质量体验与其对物流服务质量的预期发生综合作用（见图7-2），最终形成物流客户感知的物流服务质量。

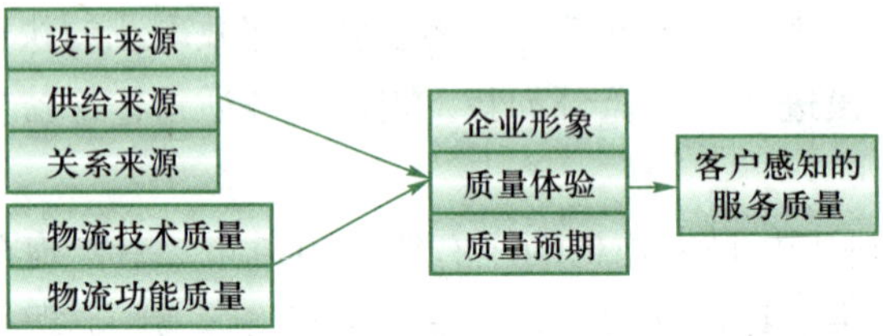

图 7-2　物流客户服务质量形成模式

物流服务本身的质量标准、环境条件、网点设置、服务设备，以及服务项目、服务时间等是否适应和满足客户的需求等就是物流技术质量。物流技术质量是客观存在的，是物流客户服务的结果。满足客户的主体需求，通常能得到客户的客观评估，企业也比较容易控制。

物流客户对提供服务时服务人员的仪态仪表、服务态度、服务程序、服务行为是否满足需求的主观感觉和主观评价就是物流功能质量。物流功能质量是物流客户服务过程的质量，满足客户非主体需求，其评估与客户的个性、态度、知识、行为方式等因素有关，还会受到其他客户消费行为的影响，企业较难控制。

客户评价物流客户服务质量的好坏，是客户所获得物流服务效果（物流技术质量）和所经历服务感受（物流功能质量）两者综合在一起形成的感受。

客户感知物流服务质量还受企业形象、质量体验和质量预期三方面的综合影响：第一，客户在购买物流服务之前，因受到企业所做宣传的影响、其他客户口头传播的影响，以及自己以前接受物流服务的经验，在大脑中已形成企业形象的一个初步认识，对自己准备接受的物流服务质量有了比较具体的预期。第二，客户在物流服务提供过程中，会体验到物流企业的服务质量，体验到的服务质量从内容上可分为技术质量和功能质量。第三，客户会把自己在接受物流服务过程中体验到的服务质量与预期的服务质量相比较，从而得出该企业物流服务质量优劣的结论。

一、物流客户服务质量管理的流程

物流客户服务质量管理是指依据物流系统运动的客观规律，为满足客户的服务需求，通过制定科学合理的标准，运用经济办法开展的策划、组织、计划、实施、检查和监督、审核等所有管理活动的过程。

物流客户服务质量管理主要包括两方面的内容，即质量保证和质量控制。质量保证是物流客户服务质量管理的核心，是为维护客户的利益、使客户满意并取得客户信任的一系列有组织、有计划的活动。质量控制是质量保证的基础，是为保证某一工作、过程和服务的质量达到特定标准采取的有关活动，即测量实际的质量结果，与标准进行对比，对某些差异采取措施的调节管理过程。质量控制的目标就是确保服务的质量能满足客户、法律法规等方面提出的质量要求。

物流客户服务质量管理的流程如图7-3所示。

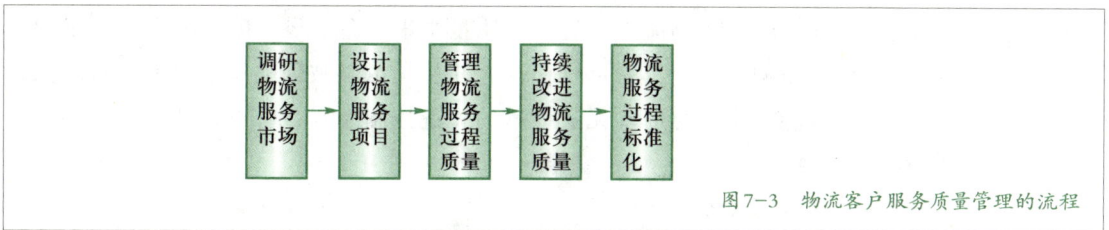

图7-3　物流客户服务质量管理的流程

（一）调研物流服务市场

物流企业调研物流服务市场是确定和提高物流服务质量的开端和基础。物流服务市场调研的内容包括：① 确认和测量各种现存的和潜在的市场资源；② 分析各种市场的特征，包括客户对各种服务的需求、各种服务的功能分析、理想的服务特征，以及竞争状况、市场占有率等内容；③ 预测各种市场，包括市场成长或衰退的基本动力、客户的趋势与变迁、新竞争性服务业的类型、环境变迁（社会、经济、科技、政治）等内容；④ 分析、确认新的物流服务项目。

（二）设计物流服务项目

物流服务的设计是影响客户服务质量的主要因素，优化物流企业的服务设计主要考虑时间效益、成本效益、规模效益和协同运作效益四个方面，见表7-1。

表7-1　效益类型和实现效益的途径

效益类型	实现效益的途径
时间效益	通过先进快捷的信息传递技术获得需求信息，并进行准时化生产，以便减少库存、缩短库存周期，尽量减少不必要的等待时间，集中运输
成本效益	杜绝浪费，减少运输损坏、废弃、次品，以及通过工序分析和流程再造使无用功最小化、有用功比重增加
规模效益	通过庞大的业务量、物流各部门的活动，在综合层面上进行统一的计划、组织和实施
协同运作效益	通过在企业各个运作部门之间建立协作关系，明确各个运作部门或相关企业承担的物流活动环节及对应工序的顺序与衔接，并实现信息共享

（三）管理物流服务过程质量

对物流服务活动过程进行质量管理，可以从以下四方面进行。

1. 设立管理指标

管理指标是对物流服务活动过程中关键控制因素的反映。企业对于物流服务过程的质量管理应当建立完善的立体管理指标体系，应当能够从不同层次、不同侧面反映物流服务过程的质量水平。企业设计的每一个指标都应当有明确的目的，应当具有可操作性，并且是可以被理解和接受的。管理指标应当尽可能量化，对那些无法计量的关键控制因素，可以采用定性描述的方法设定指标。

2. 制定管理标准

进行物流服务过程质量管理通常使用历史标准和计划标准两个评价标准。历史标准是将某个指标当前质量水平同企业的历史同期或历史最好水平进行纵向比较，从而掌握其发展轨迹的评价标准，并通过分析找出服务过程质量水平变化的原因，为进一步提高服务过程质量奠定基础。计划标准是通过将企业实现的服务过程质量水平同计划目标进行比较，以反映计划目标的完成情况，为激励制度的实施提供依据。必要时，还可以根据服务过程的实际水平对计划目标做出修改。

3. 运用管理方法

对物流服务的过程进行质量管理，应当对各指标的具体管理方法做出说明，通过运用科学的管理方法，确保服务过程能够真实反映企业的物流服务水平。在质量管理中，常用的方法有统计法、排列法等。各种方法都有其适用范围和相应的优缺点，企业应当根据指标的不同特点选用合适的管理方法。

4. 进行绩效分析

绩效评价结果必须经过认真、细致、全面的分析，找到各控制因素之间的内在联系，从而对企业物流服务过程质量的现状和发展趋势做出判断。分析的结果应当形成结论性报告，为管理者进行决策提供依据。

（四）持续改进物流服务质量

从物流客户服务过程来看，客户服务质量包括交易前客户服务质量、交易中客户服务质量、交易后客户服务质量三项内容。物流客户服务要不断对这三项内容进行改进。

1. 交易前客户服务质量

交易前客户服务的主要目的是为开展良好的客户服务创造适宜的环境。服务的各项内容（如制定和宣传客户服务政策、完善客户服务组织功能等）能够按照客户的要求提供各种形式的帮助。这部分工作直接影响客户对企业及其服务的初始印象，为物流企业稳定持久地开展客户服务活动打下良好的基础。为此，物流企业应主要从撰写客户服务条款、设计客户服务组织结构、提供咨询服务三个方面把好质量关。客户服务条款要以正式的文字说明形式体现出来，其内容应包括如何为客户提供满意的服务、客户服务的标准、每个职员的责任和义务等。物流企业应根据实际情况设计一个较完善的客户服务组织结构，总体负责客户服务工作，保障和促进各职能部门之间的沟通与协作。为了巩固同客户的合作伙伴关系，企业应开展向客户提供管理咨询服务的业务，如发放培训材料、举办培训班、面对面或利用通信工具提供咨询服务等。

2. 交易中客户服务质量

交易中客户服务主要是指发生在物流活动过程中的客户服务行为，这些服务与客户有着直接关系，并且是企业制定客户服务目标的基础。此阶段的客户服务质量主要通过交货期的保证程度、批量及数量的满足程度、订货信息的及时反馈、订货发货周期的稳定性、特殊货物的运送质量、订货便利性等内容反映。

3. 交易后客户服务质量

交易后客户服务主要是指物流企业在客户接受物流服务后，根据客户要求提供的其他服务，及时处理客户投诉，以最快的速度向客户提供最新的信息等个性化、增值性服务。

（五）物流服务过程标准化

物流服务过程标准化是指将物流视为一个大系统，加快物流标准化体系的建设，制定系统内部运作的各种机械、装备（包括专用工具、设施等）的技术标准和包装、装卸、运输等各类工作标准，并形成全国通用及与国际接轨的标准化体系。它对于保障物流运作的通畅、实现管理流程程序化、最大限度地节省投资和流通费用，以及提高服务质量具有重要意义。

二、提高物流客户服务质量的方法

提高物流客户服务质量要求采用一套科学的程序来处理问题，可按照PDCAR管理循环（见图7-4）来开展工作，并通过不断循环来达到提高质量管理水平和服务质量的目的。PDCAR管理循环是质量保证体系运转的基本方式。

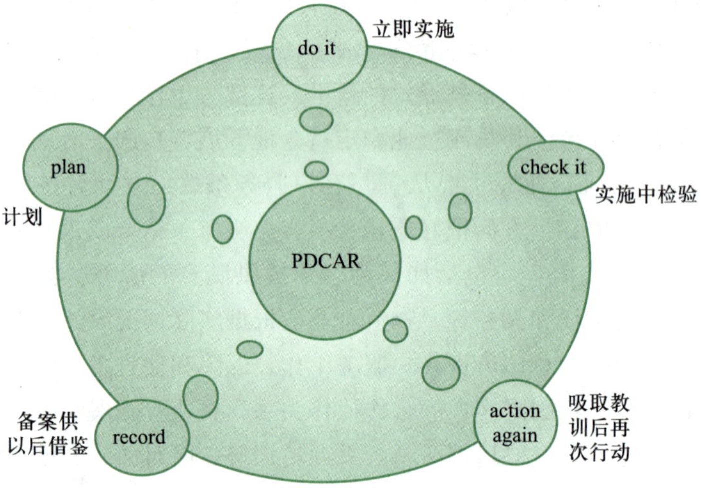

图7-4　PDCAR管理循环

物流客户服务质量管理的PDCAR管理循环，即计划、立即实施、实施中检验、吸取教训后再次行动、备案供以后借鉴，循环往复，推动整个质量工作系统运转。

（一）计划（plan）

计划是指根据客户的要求制定相应的技术指标和质量目标，以及实现这些目标的具体措施和方法。计划阶段包括四个工作步骤：一是分析现状，找出存在的主要问题；二是分析主要问题发生的原因；三是找出主要原因；四是制订计划和措施。

（二）立即实施（do it）

将制订的计划和措施付诸实施。该阶段只包括一个工作步骤，即按计划实施。

（三）实施中检验（check it）

对照计划，在实施中检查执行的情况和效果，及时发现问题。该阶段只包括一个工作步骤，即调查实施效果。

（四）吸取教训后再次行动（action again）

根据检查结果采取措施，巩固成绩，吸取教训，防止重蹈覆辙，并将未解决的问题转移到下一次PDCAR管理循环中去。该阶段包括两个工作步骤：一是总结经验，巩固成绩，将工作结果标准化；二是提出遗留问题并处理。

（五）备案供以后借鉴（record）

将案例备案，惠及企业中的后来者。

在质量管理工作过程中，五个阶段必须是完整的，一个也不能少地按顺序循环。

PDCAR管理循环具有两大特点：一是每一次PDCAR循环都能解决一些问题，能够螺旋式上升；二是备案供以后借鉴阶段为关键，通过把成功的经验和失败的教训纳入标准（规则、制度），就可以防止类似问题的再次发生，企业的质量管理水平就可以不断提高。

第三节　物流客户满意度管理

引导案例

北京中远海运高度重视客户满意度调查工作

北京中远海运物流有限公司（简称"北京中远海运"）深刻认识到客户满意度对企业发展的重要性，在企业经营管理方面，坚持将企业经营视为一种以客户为中心的整体活动，并以追求客户高满意度为活动的焦点；在企业内部考核上，坚持把客户满意度测评作为年度考核的一项重要指标，将客户满意度的测评成绩作为考评业务部门业绩的重要内容之一。

北京中远海运全面参与建立由中国远洋物流有限公司组织的以客户满意度为核心的整体客户服务体系——完全客户满意度体系（total customers satisfaction system，TCSS）。该体系从设计之初，便遵循了PDCAR原则，流程包含业务理解、业务测评、抽样设计、调查实施、分析建模、决策建议和持续改进七个阶段。该流程规范了客户满意度测评活动的具体工作，既是测评工作的操作指南，也是调查过程质量控制的标准。

在业务理解阶段，依据客户满意度管理现状和预期客户服务策略，理解并综合各服务流程关键点，制定阶段性测评的目标。在业务测评阶段，结合业务理解，围绕具体的测评目标，进行测评规划；结合合理的调查实施方式，拟定实施测评的调查问卷。在抽样设计阶段，围绕具体的测评目标，针对客户总体情况，进行甄选和识别，形成受访样本。在调查实施阶段，围绕测评目标，选用合适的调查实施方式，并制定数据质量控制计划，进行数据质量管理。在分析建模阶段，围绕测评目标，进行满意度测评模型设计和数据分析，形成测评研究报告。在决策建议阶段，依据测评研究报告和数据分析结论，在内部进行宣讲，提出改进建议。在持续改进阶段，依据改进建议，推动客户满意度改进和提升工作，由此完成了一个完整的PDCAR循环。

自北京中远海运全面引进TCSS客户满意度管理以来，客观、公正的客户满意度调查使公司真实地了解到客户对服务质量的反馈意见，更加深入地理解客户的各种需求，为客户的维护和长期合作关系的建立提供详尽的信息依据，促进全系统积极维护客户关系，改进服务质量，从而提高企业的市场竞争力和经济效益。

引导问题：

1. 北京中远海运公司是怎么实现客户满意的？
2. 物流客户满意度对物流企业的发展具有什么作用？

物流客户满意是指客户通过对一个物流服务的可感知效果与其期望值相比较后，所形成的愉悦或失望的感觉状态。这种感觉决定他们是否继续购买物流企业的服务。影响客户满意度的因素是客户期望和客户评价，决定客户满意度的是客户期望和企业提供的服务标准之间的差距（见图7-5和图7-6）。客户的满意度越高，就越会形成客户忠诚度，客户与物流服务提供者之间的关系就会越牢固，客户就越会购买该物流企业的服务。客户的期望值与其付出的成本相关，付出的成本越高，期望值就越高；客户满意度与客户参与度相关，客户参与度越高，付出的努力越多，客户满意度就越高。物流企业只有实施物流客户满意战略，采用物流客户满意度测评方法，及时发现物流客户服务中的不足，并不断加以改进，才能真正实现物流客户的满意。

图7-5 客户满意度取决于服务的可感知效果与期望效果的比较

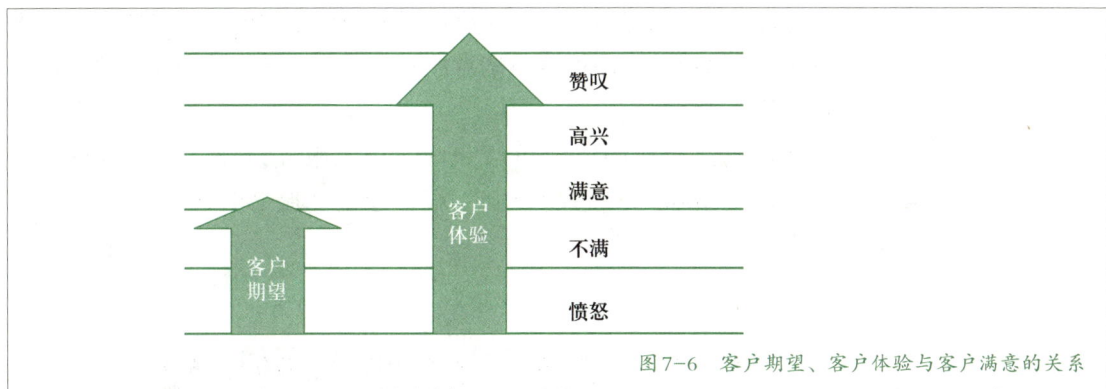

图7-6　客户期望、客户体验与客户满意的关系

一、物流客户满意战略的实施

物流客户满意战略的核心思想是：物流企业的全部经营活动都要从满足客户需求角度出发，以提供满足客户需求的物流服务为企业的责任和义务，以量体裁衣的方式提高客户对企业的总体满意程度，营造适合企业生存发展的良好内外部环境。

管理创新

为每一位客户"量体裁衣"的振华公司

振华公司是一家传统的物流企业，目前拥有员工2 300余人，车辆1 100余辆，营业场所155处，占地面积26万 m²。

振华公司认为现在是客户导向的时代，任何一家企业都要关注客户的需求，除了要满足客户的现实需求外，还要能做到了解未来的需求。只有站在客户的角度去要求自己，了解和预测客户的需求，才有可能和客户结成一体，企业才能够不断发展壮大。

在客户服务中，振华公司为每一位客户"量体裁衣"，提供特色服务。以客户需求为导向，并依照每一位客户的产业类别和产品特征，以专业手法，精心设计合适的全方位服务，并以合理的价格提供高效率的服务。

在振华公司庞大的事业体系中，可以从源头（报关行）开始作业，并由空运公司为进出口作业承办运作，其他作业（如运输、配送、装卸集装箱等）都可以一气呵成，所以有足够资格为每一位客户提供省钱、省时又高效率的服务。公司在为客户服务的时候，针对客户的要求，为客户制定一套合理的作业规范，完全满足客户的需求，并为客户节省不必要的支出，所以赢得客户对公司的信赖。

物流企业要及时跟踪研究客户对物流服务的满意程度，并以此设定改进目标，调整营销措施，在赢得客户满意的同时，树立良好的企业形象，增强竞争能力。

物流客户满意战略的实施包括完善的物流服务设计、建立信息沟通系统、加强对物流服务过程的控制、服务承诺和服务补救五个环节（见图7-7）。

| 完善的物流服务设计 | 建立信息沟通系统 | 加强对物流服务过程的控制 | 服务承诺 | 服务补救 |

图7-7 物流客户满意战略实施流程

（一）完善的物流服务设计

客户在准备购买物流服务前就已经形成了自己的想法，包括该项服务将给自己带来的价值，以及他们所愿意接受的服务形式，这也是人们常说的"客户期望"。销售前的营销活动影响客户期望，它与服务过程中的所有活动共同影响客户满意度。

设计符合客户需求的服务是物流企业令客户满意的首要工作。物流企业在进行服务创新时，如果没有把客户需求考虑进去，就很可能导致失败。服务设计不仅影响客户对物流服务的购买，而且影响员工工作的信心与态度、广告与促销效果、客户投诉、提供售后服务的成本等，最终影响客户满意度。

社 会担当

中远海运：构建全球综合物流供应链服务生态

中国远洋海运集团有限公司（简称"中远海运"）由中国远洋运输（集团）总公司与中国海运（集团）总公司重组而成，总部设在上海，是中央直接管理的特大型国有企业。

党的二十大报告提出："推动货物贸易优化升级，创新服务贸易发展机制，发展数字贸易，加快建设贸易强国。"服务全球贸易，经营全球网络，中远海运以航运、港口、物流等为基础和核心产业，以航运金融、装备制造、增值服务、数字化创新为赋能和增值产业，全力打造"3+4"产业生态，致力于构建世界一流的全球综合物流供应链服务生态。

"3"包括航运产业集群、港口产业集群、物流产业集群。

（1）航运产业集群，包括集装箱运输、干散货运输、油气运输、特种船运输，以及客轮运输等业务，致力于巩固和发展全球第一大综合航运企业的地位，保障全球海上运输生命线的高效畅通，实现从"全球承运"到"承运全球"的升级。

（2）港口产业集群，致力于打造以客户为本、全球领先的综合港口运营商，努力实现"从全球经营者到全球领先者、从码头投资运营商到综合港口运营商、从外延式增长到跨越式增长"的转变。

（3）物流产业集群，致力于打造特色优势鲜明、业务覆盖全面、市场地位领先的第三方物流服务，与集团的航运产业集群和港口产业集群深度协同，提供端到端物流和供应链产品服务。

"4"包括航运金融产业集群、装备制造产业集群、增值服务产业集群、数字化创新产业集群。

（1）航运金融产业集群，以"提供拥有领先市场的产品与竞争力的产业金融类业务"为愿景，打造集团的重要"现金流贡献单元"及平抑主业周期性变动的"效益稳定器"。

（2）装备制造产业集群，主要从事船舶制造、船舶修理、海洋工程装备及模块制造和船舶配套、集装箱等物流装备制造等相关业务，服务内外部客户，打造中国领先的造船、造箱和维修企业。

（3）增值服务产业集群，是中远海运产业协同的关键力量，也是中远海运新业务发展的重要载体。

（4）数字化创新产业集群，聚焦于数字化产业及企业创投平台的发展。通过培育、孵化创新业务，把控未来的技术主线，推动内部创新机制落地，打造内外结合的新产业生态，努力成为中远海运新的收入来源和新业务的孵化平台。

中远海运为所有客户建立了完善的电子档案，不断利用新技术优化服务流程，每年面向所有客户开展服务质量问卷调查和评估，并拜访大客户，进行服务质量的深度交流，由服务专员跟踪落实后续服务质量改善。

物流服务设计包括以下内容：

1. 交易前要素

交易前要素主要是为开展良好的物流客户服务创造适宜的环境。这部分要素直接影响客户对物流企业及其服务的初始印象，因此，具有完备的交易前要素将为物流企业稳定持久地开展客户服务活动打下良好基础。交易前要素主要包括四项内容：客户服务条例（以正式的文字说明形式表示为客户提供满意物流服务的途径、客户服务标准、每个职位的责任和义务等）、客户服务组织结构（有完善的组织结构总体负责客户服务工作，明确组织结构内各层次的权责范围、沟通与协作）、物流系统的应急服务、物流服务内容（分为常规性物流服务和增值性物流服务）。

2. 交易中要素

交易中要素主要是指直接发生在物流过程中的客户服务活动，主要包括五项内容：降低缺货率，减少订货响应时间，稳定订发货周期，保障特殊货物的运送，提供订货便利。

3. 交易后要素

交易后要素即售后服务，是物流客户服务中既重要又容易被忽略的要素。交易后要素的重要内容包括：安装、保修、更换及提供零配件；及时改善运营中物流服务的服务跟踪监控；及时有效地处理客户投诉，并向客户提供最新信息以维护客户的忠诚度。

（二）建立信息沟通系统

这里所说的沟通是指服务设计和提供人员与客户之间的信息传递。物流企业通过各种渠道把信息传递给客户，以影响客户的期望和实际感受，进而影响客户的满意度（见图7-8）。这些信息可分为显露信息和隐藏信息。显露信息由物流企业明确、详细地传递给客户，包括广告、推广活动、具体的报价和邮件等。隐藏信息通过潜意识的信号传递给客户，包括服务地点的选址、服务人员的服装、设施布局等。服务设计人员越是接近客户，直接了解客户的需求，就越能得到有用的反馈信息，越有可能设计出令客户满意的服务。而对客户需求的深入了解，更能帮助服务提供人员不断完善自己提供的物流服务。

图7-8 信息沟通系统示意图

（三）加强对物流服务过程的控制

服务过程对客户满意度具有重大的影响。如果企业的物流服务非常出色，客户心存感激，那么客户对企业的忠诚度将提高。当客户受到质量水平较低的服务且服务人员不专业时，他们会非常愤怒和失望。此时，假若客户还有其他选择，就会转投企业的竞争对手。当然，他们也可能会做出不利于物流企业的口头宣传。因此，物流企业应坚持对服务过程，尤其是对服务关键节点加强监督和控制，保证服务质量得到持续改进，并形成服务优势，建立客户忠诚，由此获得的客户满意度自然较高。在物流服务过程中，服务人员的态度和行为对客户满意度的影响至关重要，好的态度和行为主要包括在接待客户及为客户解决问题时要有友好的表现，具备丰富的服务技术经验，并在服务中关注满足客户的需求等。物流企业在这方面的努力可以通过培训和奖励两方面实现。对服务人员的培训，无论是在服务技术和意识养成方面，还是在与客户沟通方面都能起到积极的作用，当然也会为提高客户满意度起到促进作用。

（四）服务承诺

服务承诺是指服务提供者通过广告、人员推销和公共关系等沟通方式向客户呈现服务质量或效果，并对服务质量或效果予以保证的行为。服务承诺是物流服务广告及各种宣传沟通活动的核心内容。

（五）服务补救

有些服务失误是难以避免的，物流企业需要建立一个有效的服务补救系统：服务失误出现后，物流企业应借助不间断的服务监控系统，及时、主动地发现服务失误或其他质量问题；杜绝推诿或扯皮，及时道歉或赔偿，及时、有效地解决服务失误；从质量问题和服务补救中吸取教训，不断完善服务补救系统。这种即时性和主动性的服务补救，能够将服务失误对客户感知服务质量、客户满意和员工满意所带来的负面影响降到最低。主动的、前瞻性的服务补救更有利于提高客户满意度和忠诚度，而处理客户投诉是在服务结束之后进行的，属于物流企业被动处理。

二、物流客户满意度的测评方法

物流企业对客户满意度的测评方法主要有客户满意率和客户满意度指数两种。

（一）客户满意率

客户满意率是指在一定数量的目标客户中，表示满意的客户所占的百分比。这种方法只能处理单一变量和简单现象总体的问题，无法处理多变量和复杂现象总体的问题。

（二）客户满意度指数

客户满意度指数是指运用计量经济学的理论来处理多变量的复杂现象总

体，全面、综合地衡量客户满意程度的一种指标。它具有三项功能：一是能综合反映复杂现象总体数量上的变动状态，表明客户满意程度的综合变动方向和趋势；二是能分析总体变动中受各个因素变动影响的程度；三是能对不同类别的服务进行趋于"同价"的比较。

对于客户满意率和客户满意度指数的调查主要采用问卷调查法，包括问卷邮寄调查法、面谈调查法、电话调查法、留置问卷法和神秘客户调查法等。神秘客户调查法是聘请专家以一般客户的身份到服务现场，主要采用观察法进行现场服务质量的检查，观察真实发生的行为。这种方法能够观察详尽的服务细节，而不仅是服务结果，获得提问方式不能获得的许多信息，避免了访问人员受制于口头语言能力而导致采集信息的数量和质量欠佳。多数物流企业会综合使用以上几种方法来达到调查目的。有些物流企业甚至会聘请知名的专业调查公司，对该企业的物流服务进行第三方满意度调查，以得出客观评价。

三、物流客户满意度的测评步骤

物流客户满意度测评的基本指导思想是：物流企业的整个经营活动要以客户满意度为指针，要从客户的角度，用客户的观点而不是企业自身的利益和观点来分析、考虑客户的需求，尽可能全面尊重和维护客户的利益。

物流客户满意度的测评步骤如图7-9所示。

图7-9　物流客户满意度的测评步骤

（一）确定测评类型

1. 专用型测评

专用型测评专门为某一特定企业或品牌设计，功能性强，针对性强，经常被物流企业采用。

2. 通用型测评

通用型测评获得的信息或数据的综合性和系统性较强，基本框架普遍适用，测评的结果能进行跨行业、跨地域的比较。但针对某一企业或品牌而言，它获得的信息或数据不如专用型测评详细、具体，针对性也不强。

（二）设计测评指标

提供不同物流服务的物流企业，其物流客户满意度测评的指标设计也不同。物流客户满意度测评的指标设计应该遵循全面性、代表性、独立性、效用性四项原则。

（三）确定测评方法

可根据实际情况选用询问调查法、现场观察法、实验调查法、资料分析法等测评方法。在实际测评中，可根据测评问题的性质，决定采用某种方法，也可以同时采用几种方法。

（四）设计调查问卷

设计物流客户满意度测评的调查问卷是客户满意度测评中的一个关键环节，问卷设计的偏差会影响测评实施的准确性和有效性。由于问卷是和客户直接"见面"的，问卷的设计是否能被客户较容易地理解，客户是否乐于接受调查并正确表达意见，将影响客户满意度测评的准确性。因此，设计物流客户满意度测评的调查问卷应遵循以下基本原则：① 所有结构变量应正确地转化为测评变量；② 测评变量可以适当地分解成若干具体的调查问题；③ 调查的问题应以选择题、填空题等封闭式题型为主；④ 问卷结构设计应有利于客户答题时保持逻辑性和系统性；⑤ 比较复杂的问题要有一定的指导说明语。

（五）组织实施调查

发放物流客户满意度调查问卷并回收，统计相关数据，并运用SPSS软件进行深入分析。

（六）撰写测评报告

撰写物流客户满意度测评报告必须坚持的原则包括：客观公正、实事求是，以调查信息为基础，用数据说话，科学评价和分析。物流客户满意度测评报告的内容通常包括：测评的背景和目的、测评工作的实施概况、测评指标的设置说明、调查和抽样方法的说明、测评结论、主要测评变量与客户满意度之间的关联程度、主要测评变量与客户忠诚度之间的关联程度、对客户评价的各种分层分析、客户对物流服务的认知程度分析、客户潜在需求的调查分析、服务质量和服务各环节存在的问题分析、服务质量改进的建议。

第四节　物流客户关系管理

引 导案例

顺丰速运的客户关系管理

顺丰速运通过以下三种方式实施客户关系管理。

1. 建立 VIP 信息系统

有针对性、有目标地收集重点客户的信息，加强与客户的联系，有利于推动增值服务的开展。其基本的流程包括：

（1）获取客户信息。获取客户信息有很多方式，顺丰速运主要通过传统的方式和互联网方式获取。

（2）建立客户档案。完整地记录客户单位信息，同时做好第三方物流的客户关系管理，如客户订单记录、客户购买行为特征、客户服务记录、客户维修记录、客户关系状况、客户对公司服务及竞争对手服务的评价、客户意见与建议，并提供充分的客户状况分析。

（3）进行客户分类。对客户进行分类就是为了更好地管理客户，80%的利润来源于20%的核心客户，这些客户在一定程度上决定着企业的运营状况。为了对这些客户进行更好的管理，顺丰速运对客户进行分类，实行分类管理和差异化管理，让忠诚的客户得到相应的回报。

（4）客户信息及时反馈。通过对客户信息的反馈，及时把企业已经推出的各种服务提供给客户，使客户产生一种区别对待的优越感，以留住客户。

2. 加强与客户的沟通

（1）个别管理。鉴于大客户的特殊性，顺丰速运成立了专门的管理部门，配备大客户经理，并责任到人，负责与大客户的日常沟通和交流。这样能够随时观察大客户的举动，有效防止大客户流失。

（2）制度保障。建立深度沟通制度，进行较高频率的拜访，征求大客户意见，及时解决大客户问题，满足大客户的要求。在与大客户的情感沟通方面，定期组织座谈会，与大客户建立相互信赖的伙伴关系，并将此做法形成制度化文件。

（3）开展满意度调查。顺丰速运经常进行大客户满意度调查，了解大客户对企业各个方面的满意程度，防止大客户流失。

（4）派驻代表。向大客户派驻服务代表，及时发现和解决大客户遇到的问题，并对竞争对手的举动了如指掌。

3. 强化员工队伍管理

（1）以客户需求为核心，建设快速反应的服务团队，不断提高员工的业务技能、自身素养和服务意识。除了在公司内部培养一批骨干以外，还不断从其他行业引进人才，以满足业务高速发展及服务不断完善的需要，如招聘高学历管理人员、邀请专业公司提供咨询等。

（2）采用能充分调动业务员积极性的分配体系，例如给业务员划片、划区，鼓励自发加盟等。与其他快递公司根据业绩发工资不同，顺丰速运快递小哥的工资采取按件计酬；在建立有效的人员奖罚机制的同时，建立名为"罚点"的严格考评制度管理基层员工。

引导问题：

1. 什么是客户关系管理？
2. 顺丰速运是怎样进行物流客户关系管理的？
3. 进行物流客户关系管理需要哪些技巧？

物流客户关系管理（customer relationship management，CRM）是指把物流的各个环节作为一个整体，从整体的角度进行系统化的客户关系梳理，在物流企业的层面选择企业的客户，不断优化客户群，并为之提供精细服务。

物流客户关系管理是从"以产品为中心"向"以客户为中心"转变过程中的必然产物，是一个获取、保持和增加可获利客户的过程。物流客户关系管理使企业的关注焦点从企业内部运作扩展到与客户的关系上。物流企业通过建立先进的管理思想及技术手段，将人力资源、业务流程与专业技术进行有效整合，使得企业可以更低成本、更高效率地满足客户的需求，最大限度地提高客户满意度及忠诚度，挽回失去的客户，保留现有的客户，不断发展新客户，发掘并牢牢把握住能给企业带来更大价值的客户群。

一、物流客户关系管理的内容

（一）检测物流客户关系价值

检测物流客户关系价值，即根据物流客户历史记录和过去行为检测和预测其价值。通过最近购买量、购买频率、购买金额（recency，frequency，monetary，RFM）和终身价值（life-time value，LTV）分析，可以检测、预测和跟踪客户长期价值。预测客户的未来价值，可以使管理效果发挥更大潜力。也可以使用客户满意度指数（customer satisfaction index，CSI）来跟踪未来价值，因为任何满意度下降的行为都可能是拙劣未来表现的指示器。三种客户关系价值检测和分析方法的内容和应用方向如表7-2所示。

表7-2　物流客户关系价值检测和分析方法

方法	工作内容	相关应用
RFM	把最近购买量、购买频率和购买金额结合起来，为每个客户计算积分	识别有价值客户/可能的背叛者；预测不同价位、不同激励对客户购买倾向的影响；辨别销售时机
LTV	基于客户购买历史或购买行为、客户保持率、总计划花费等来预测客户在一段时间内带来的净现值	预测客户终身价值；评估新计划成功的可能性；检测获得新客户对销售额的影响

续表

方法	工作内容	相关应用
CSI	设定具体标准，对客户评价取样，提供单一客户满意度定量检测方法	检测客户对服务的满意度 预测客户未来的购买需求和购买倾向

按照物流客户关系价值，可以利用ABC分类法，将物流客户分为A类客户、B类客户和C类客户并区别对待（见表7-3）。

表7-3 物流客户ABC分类及可采取的服务档次

客户层次	客户数比重/%	创造利润比重/%	服务档次
A类客户（关键客户）	5	80	高
B类客户（合适客户）	15	15	中
C类客户（一般客户）	80	5	低

1. A类客户

A类客户，又称重点客户或关键客户，其数量仅占物流企业客户总数的5%左右，而为企业创造的业绩（销售额、利润额）占企业业绩总量的比重则为80%左右。客户价值的上升空间很大，对物流企业利润贡献更大。对于这类物流客户，企业要重点关注，尽量满足其需求。

2. B类客户

B类客户，又称合适客户。这类客户的数量一般仅占物流企业客户总数的15%左右，而为企业创造的业绩（销售额、利润额）占企业业绩总量的比重也为15%左右。对于这类物流客户，企业要适当关注，在现有条件下满足其需求。

3. C类客户

C类客户，又称一般客户。这类客户的数量一般占企业客户总数的80%左右，而为企业创造的业绩（销售额、利润额）占企业业绩总量的比重仅为5%左右。对于这类物流客户，企业维持一般的服务即可。

（二）给物流客户完美体验

与物流客户进行有效沟通，让物流客户更方便，对物流客户更亲切，为物流客户提供个性化的服务，同时能快速、立即响应物流客户的需求，才能给物流客户完美的体验，物流企业的商机才能迅速增加，企业的规模才会逐步壮大起来。

行业洞察

为客户和员工带来舒适体验的顺丰客户服务呼叫中心

随着中国快递业的蓬勃发展，各大快递公司之间的竞争日趋激烈，服务质量和效率直接影响各快递企业的声誉和经济效益。顺丰速运希望借助计算机、网络、现代通信、多媒体等丰富的信息技术手段建设呼叫中心以实现以下目标：受理客户的接单请求、查单服务、客户信息管理，从而提高企业的经营效率并降低成本；整合企业内部资源，提高业务处理能力，使呼叫中心不仅成为与客户有效联络的统一服务窗口，而且要与业务系统高效集成，更要成为企业的生产系统，对利润的产生有直接支撑作用。

北京合力金桥软件技术有限责任公司（简称"合力金桥"）是国内最早致力于呼叫中心系统研发的公司之一，凭借十年的研发和项目经验积累，在深谙顺丰速运需求的基础上，为其进行了包括呼叫中心战略、客服业务流程、系统实施和运营管理等在内的呼叫中心整体规划，并采用具有自主知识产权的HollyC6呼叫中心解决方案为其部署客户服务平台。合力金桥通过为顺丰速运建立呼叫中心，将为其客户体系带来高稳定、高可靠性的系统平台、方便的工作流管理、功能强大的知识库系统、丰富的模块化应用软件及操作简便的坐席软件，从而可使顺丰速运通过良好的服务提升客户和自身的价值，打造强势品牌，增强企业的核心竞争力，降低运营成本。

HollyC6呼叫中心解决方案的成功应用，迅速提升了顺丰速运的竞争力。

（1）业务竞争力。顺丰速运通过呼叫中心为全国客户提供统一服务窗口，形成了行业统一服务规范，提高了企业形象及市场知名度。客服中心采用自动语音导航，工作时间不间断，电话呼入成功率、系统稳定性大大提高。

（2）市场应变竞争力。传统快递业务流程实现信息化整合，使得信息流转速度大大加快，进而提高了顺丰速运的工作效率，能够及时得到市场的最新反馈信息。顺丰速运因而能够根据市场需求的变化及时调整企业的经营战略。

（3）服务质量竞争力。呼叫中心系统支持知识库，能够快速定位知识点，为客户提供便捷的服务；呼叫中心系统将保留业务流转过程中的每一个环节，使得客服人员的服务质量有据可查，巩固了运营管理机制，推动服务质量大幅度提升；顺丰速运通过呼叫中心提供客户关怀服务，由此提高了客户满意度。

（4）创新竞争力。呼叫中心成为客户与企业之间沟通的桥梁，系统记录了客户的投诉及建议信息，这些反馈意见是顺丰速运不断发展创新的源泉；呼叫中心的建成整合了顺丰速运优良的内部资源，以全国统一号码95338接入、统一后台处理的一站式服务，为强化顺丰速运的中国快递行业头部品牌地位注入了新鲜活力。

（三）维护物流客户的忠诚

在客户忠诚收入模型（见图7-10）中，投资过程是指与忠诚总现值相关的投资贯穿客户关系的整个生命周期。转化是指增加购买活动。交易是指提升忠诚计划功能。价格是指维持价格点的能力。频率是指客户购买的频率。客户保持能提高客户存在的时限。总收入是指忠诚带来的总收入。客户忠诚收入模型说明客户忠诚对物流企业的效益做出了较大的贡献，维护客户忠诚极其重要。

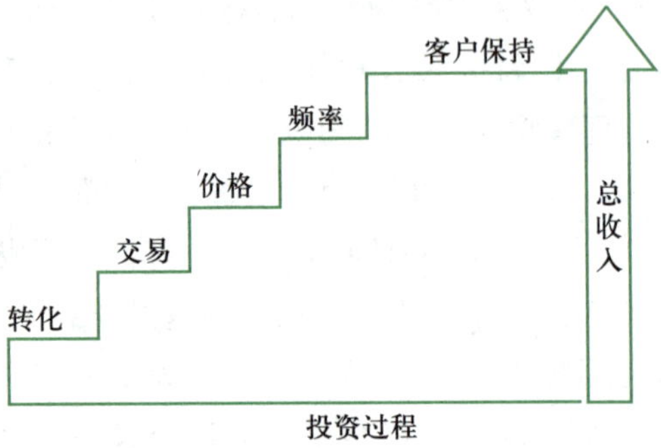

图7-10 客户忠诚收入模型

增加物流客户忠诚需要采取激励和奖励措施，如表7-4所示。

表7-4 增加物流客户忠诚的激励与奖励措施

激励与奖励	描述	应用
累计折扣	对客户忠诚影响较小	推动服务在特定渠道的销售
批量折扣	多用于促销，容易转换，对客户忠诚有一定的作用	鼓励客户购买，有利于特定设计的物流工具满负荷工作
积分点	有累计效应，客户积极收集点数影响企业长期行为	根据积分分级促销，识别达到特定积分的客户，鼓励购买

（四）整合物流企业资源与客户资源

1. 整合数据的分析与组织，克服信息障碍

强调整合数据的分析与组织的作用，从而在整合的基础上细分客户群，确立清晰的以利润为基础的客户价值，以开展更丰富、更便于衡量的物流市场营销活动。

2. 集成各种物流客户渠道

将客户服务、网络、市场营销、销售等客户渠道整合成物流营销门户。不管客户选择以何种方式与物流企业建立互动，都能得到始终如一的、有价值的体验。如物流企业允许客户选择电话、Web访问等多种方式与企业联系，客户不论通过哪种方式与企业联系，都能在短时间内得到统一、完整和准确的服务。物流营销人员也可以通过这一门户，得到对客户更全面的了解。

3. 提供客户支持、售后服务的自动化和优化

如进行客户服务人员管理、物流方案的售后跟踪、投诉记录、现场服务的预约与调度、服务结果跟踪、备件管理、服务合同管理、服务收费自动核算等服务，帮助物流企业提供有竞争力的售后支持和维护服务。

4. 通过合作伙伴关系管理为最终用户增值

合作伙伴关系管理是指提升企业的合作伙伴网络以更好地服务最终客户的战略。合作伙伴关系管理使得企业能够与其间接渠道（如分销商和增值商等）更好地合作，把它们与最终客户希望的增值目标结合在一起，这些增值目标表现在价格、整体质量、交易的轻松程度等许多方面。这样既可从间接渠道获得收益，减少服务投入市场的时间，也可以提高交易效率，使库存水平和最终客户的需求更加透明化，并有效改进服务的设计。

二、物流客户关系管理的步骤

物流客户关系管理的步骤如表7-5所示。

表7-5 物流客户关系管理的步骤

步骤	内容
1. 分析客户关系管理环境	① 3C 分析：客户（customer），竞争者（competitor），企业（company） ② 客户区隔、客户满意分析 ③ 竞争者基准、竞争力分析 ④ 企业信息技术解决方案分析 ⑤ 3C 分析结论
2. 构建客户关系管理框架	① 界定与相关者的关系、联盟、客户接触渠道 ② 客户关系管理理念与目标选择

续表

步骤	内容
3. 制定客户关系管理策略	① 客户分析工具运用（客户满意度调查、客户接触渠道分析） ② 客户关系管理策略体系（策略选择、策略模式） ③ 客户关系管理策略体系的展开（操作模式、效益模式）
4. 展开客户关系管理与企业流程重组	① 客户服务过程分析 ② 建立能够自动收集客户资料的组织架构 ③ 设定各客户接触渠道（客户服务中心、网站）的最佳案例 ④ 各种企业流程的重组优化
5. 建立客户关系管理系统	① 各种信息技术工具的制定 ② 以信息技术来实体模拟客户关系管理系统 ③ 将信息技术运用于客服中心、销售自动化、电子商务等
6. 运用客户关系管理信息	① 灵活应用客户分析工具（最近消费时间、消费频率、消费形态等） ② 调查与研究非企业客户与原企业客户群 ③ 数据挖掘（一对一数据库、大量定制化） ④ 商品开发、促销、提升服务的回馈
7. 利用客户关系管理知识	① 建立客户关系管理合作架构 ② 知识管理的架构与运用 ③ 作为客户关系管理基础的人力资源管理、人力资源发展 ④ 体系（教育、评估、目标管理等）

三、物流客户关系管理的技巧

（一）利用物流客户关系管理技术

物流客户关系管理技术主要有三种类型：运营型客户关系管理技术、分析型客户关系管理技术、协作型客户关系管理技术。其中，运营型客户关系管理技术主要是物流客户呼叫中心，分析型客户关系管理技术主要是数据挖掘或数据仓库，协作型客户关系管理技术主要包括电子邮件、电话、传真、网站页面等。

呼叫中心（call center）是提供给客户的便捷沟通方式，是物流企业客户服务工作成功开展的关键。呼叫中心是集电话、传真机、计算机等通信、办公设备于一体的交互式增值业务系统，也是一个集语音技术、呼叫处理、计算机网络和数据库技术于一体的系统。客户可以通过电话接入、传真接入、访问网站等多种方式进入系统，在系统自动语音导航或人工座席帮助下访问系统的数据库，获取各种咨询服务信息或完成相应的事务处理。由于它可以简单方便地获取信息，从而提高了对客户的服务质量，增强了竞争力，减少了管理开支，而且它可以24小时为客户提供礼貌而周到的服务，因此受到客户的普遍欢迎。

数据挖掘就是从大型数据库的数据中获取人们感兴趣的知识。这些知识是隐含的、事先未知的、潜在有效的信息，获取的知识表现为概念、规则、规律、模式等形式。物流客户关系管理中的数据挖掘就是利用数据挖掘理论和技术创建描述和预测客户行为的模型，以实现企业有效的客户关系管理。

电子邮件已成为普遍存在的通信和交流方式，其优势体现在开放性、及时性，成本较低、可衡量。

（二）建立个性化联系

物流企业通过电子邮件、QQ聊天、呼叫中心、网络社区、在线客服系统等工具进行调查并分析，可以与物流客户进行个性化联系并及时了解各客户群与其他客户群的不同之处，以及他们的真正需要（参见表7-6），从而可以为物流客户提供更有针对性的服务，提高物流服务的效率。

表7-6 与物流客户进行个性化联系的方法和内容

个性化联系的方法	与客户进行个性化联系的内容
调查：向样本客户询问他们的选择	收集到即时信息，可以增加对已有和潜在客户的选择及态度的了解
客户自我提交兴趣报告	客户描述，有助于与客户进行相关性交流
综合购物数据	跟踪客户购物史和服务档次，了解他们的需要，向他们提供高相关性的建议和推荐信息
综合客户服务	跟踪客户提出的每一个问题，可提高未来与客户进行交流的频率
建立模型进行分析	对客户进行分析并建立模型，以更好地了解客户，预测他们未来的行为

（三）完善物流服务营销策略

1. 售前服务策略

（1）进行物流客户识别管理。对物流客户的需求进行分析，利用物流客户ABC分类法对物流客户进行分类，并对不同的物流客户准备好不同的服务策略、服务措施和服务标准。

（2）发布服务信息和相关知识，培养消费需求。通过积极发布信息，介绍服务特色，宣传物流知识，培养购买观念等。设置通畅的渠道让客户了解服务方案信息，同时为客户资料保密，增强客户的购买信心，提高其满意度。

（3）利用网络展示服务形象，激发购买欲望。物流作为一种服务，无法满足物流购买者实际接触商品的需求，可利用网络展示服务流程，使购买者全面了解、深入感受到服务的存在。

2. 售中服务策略

售中服务策略侧重于进行物流客户关系管理。

（1）开展定制营销，满足个性化需求。对于一些服务可以由客户自主决策进行组装，在不影响服务性能和物流技术允许的情况下，可设计多种备选方案，为客户提供个性化的选择。

（2）建立实时沟通系统。建立及时、快捷的信息沟通系统，可使企业的各种信息及时地传递给客户，消除客户的顾虑，增强客户的信任。这就需要加强与物流客户在文化、情感上的沟通，并随时收集、整理、分析客户意见和建议。例如，快速高效的货物踪迹查询系统，可以实时地向客户报告，这样就向客户传递了一种可靠的信息。

（3）提供个性化服务。个性化服务包括：服务时空的个性化，在客户希望的时间和地点得到服务；服务方式的个性化，根据客户需要的物流服务特色进行服务；服务内容的个性化，根据不同客户和不同需求提供不同的服务。

3. 售后服务策略

（1）进行物流客户保持管理。

① 建立客户数据库，积极管理客户关系。企业应重视已有的、潜在的客户资源，建立客户数据库，积极主动地管理客户关系，提高客户忠诚度。

② 提供良好的自动服务系统，提高客户满意度。在客户购买物流服务后的最后一个阶段，即评估阶段，满意程度取决于其实际所得效用与其预期效用的比值。

客户满意程度=实际所得效用／预期效用

所以，给客户一个合理的预期效用，并尽量使其充分认识到实际所得效用都是很重要的。在售后服务中，自动适时地提供客户服务，是提高客户满意度的重要途径。

（2）进行物流客户流失与挽留管理。据调查，对物流客户服务不周到，将造成94%的客户流失；没有解决物流客户的问题，将造成89%的客户流失；每个不满意的物流客户，平均会向9个亲友叙述不愉快的经历；在不满意的物流客户中，有67%的客户会投诉；通过较好地解决物流客户投诉，可挽回75%的客户；服务及时、高效且表示出特别重视物流客户，尽最大努力去解决好客户投诉的，将有95%的客户还会继续接受服务；吸引一个新物流客户是保持一个老客户所需成本的6倍。因此，进行物流客户流失与挽留管理是非常必要的。

具体来说，进行物流客户流失与挽留管理的方法主要有以下几种：① 进行预防——积极从提供良好的物流客户服务着手，尽量为物流客户提供令其满意的服务。② 正确处理物流客户投诉——道歉，并承认错误，用积极跟进、确保客户满意的方式来弥补他们。③ 通过发送邮件或打电话等方式对流失的物流客户进行调查，了解客户流失的原因，找到导致客源流失的问题所在。客户因物流企业能花费时间了解他们的需求而觉得备受重视，从而增加重新购买该企业物流服务的可能性。

任务实施

任务背景：

迅达物流是一家由传统运输企业转型而成的现代物流公司。目前董事会需要通过对省内客户满意度测评来了解服务质量，为此批准了2万元的调查经费，并希望1个月内看到调查报告。请您的团队为其制订物流客户满意度测评计划并组织实施，形成物流客户满意度测评报告。

任务分析：

要完成物流客户满意度测评报告，就必须进行物流客户满意度测评。首先需要明确调查对象，基于物流客户服务和物流客户关系管理所包含的内容，设计物流客户满意度测评问卷，运用物流客户满意度测评方法，按照物流客户满意度的测评步骤，进行物流客户满意度测评和分析，最后撰写物流客户满意度测评报告。

任务流程：

任务流程如图7-11所示。

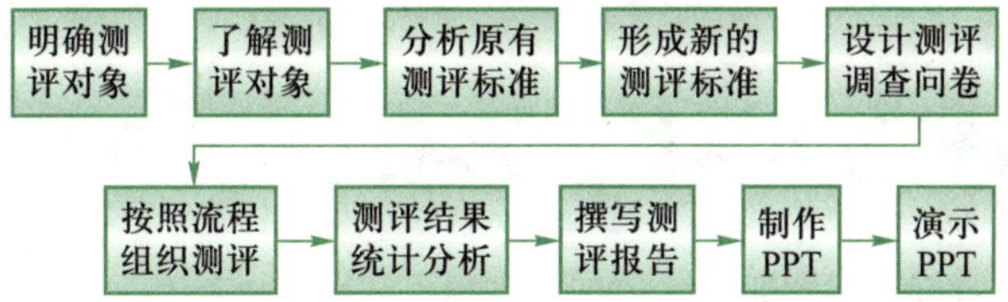

图7-11　物流客户服务满意度测评任务流程

任务要求：

● 每4~6人分为一组，并选出项目经理。

● 在讨论的基础上确定调查对象。集体讨论，确定时间进度安排。进行任务分工，保证每个人都有具体的任务及完成任务的时间要求、资金保证和质量要求。

任务成果样本：

2022年上海市邮政服务客户满意度指数测评报告（摘要）

一、项目背景及测评目标

（一）项目背景

邮政作为国民经济的基础产业，集信息流、物流、资金流、商流于一体，与生产、流通、信息传递、人民生活，以及国际交流等有着密切的联系。研究邮政服务客户满意度对邮政行业了解客户需求以便改进服务、对政府职能部门进一步规范和加强邮政市场管理都具有重要的意义。

为了解本市个人客户对本市邮政服务的满意程度、寻求本市邮政服务水平进一步提高的方向，上海市质量协会用户评价中心受上海市质量技术监督局委托，于2022年6月对上海市邮政服务进行第三方客户满意度调查评价。

（二）测评目标

探究个人客户对上海市邮政服务满意程度的构成要素；了解个人客户对上海市区当前邮政服务的满意程度；识别上海市区邮政服务中比较薄弱的环节，并针对这些薄弱环节提出改进的建议。

二、调查范围

对上海市区街道人群进行随机抽样，于2022年12月对市区个人做随机街头调查，涉及全市16个区，被测人群中既有本市居民，也有外地在沪人士。

三、概述性统计

（一）被测评者基本情况

本次测评发放问卷和回收问卷情况。

完成问卷的被测评者的结构。

（二）客户不满意的表现分析

1. 形象

2. 价格

3. 线上服务

4. 门店服务

5. 新业务评价

6. 投诉处理评价

（三）测评结果分析

造成客户不满意的原因如图7-12所示。

造成客户不满意的二八定律如图7-13所示。

四、解决客户不满意的办法

针对已经统计出的问题，可用如图7-14所示的反鱼骨法来寻找解决办法。

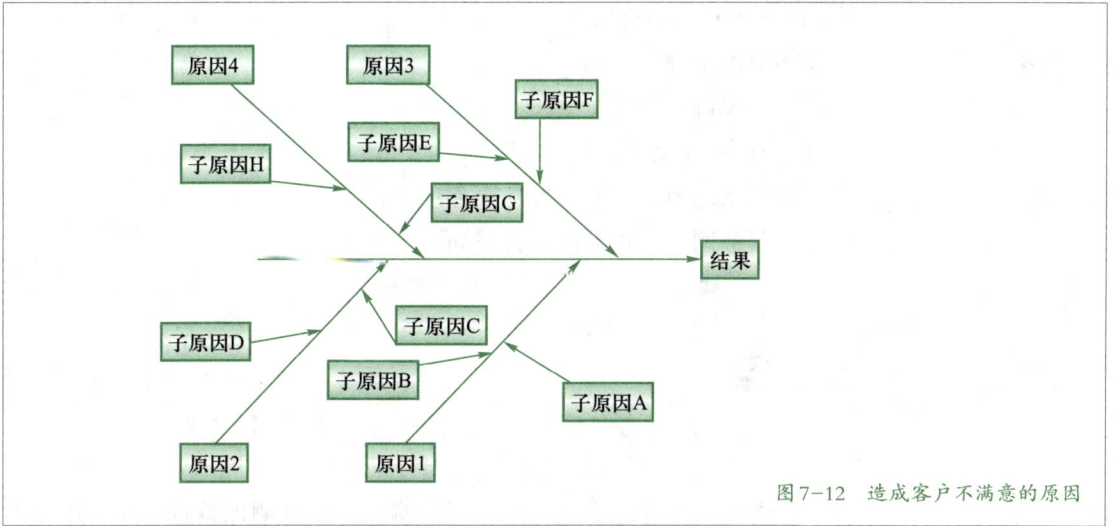

图7-12 造成客户不满意的原因

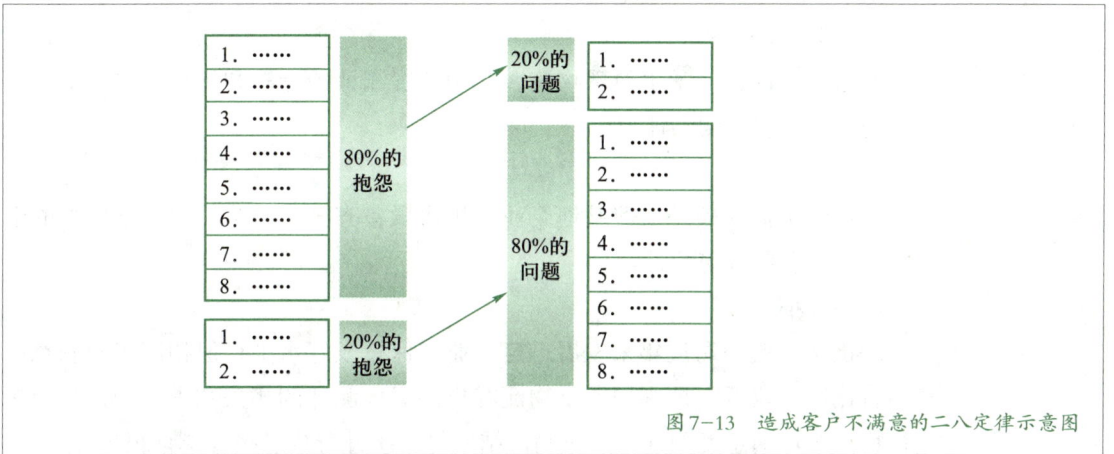

图7-13 造成客户不满意的二八定律示意图

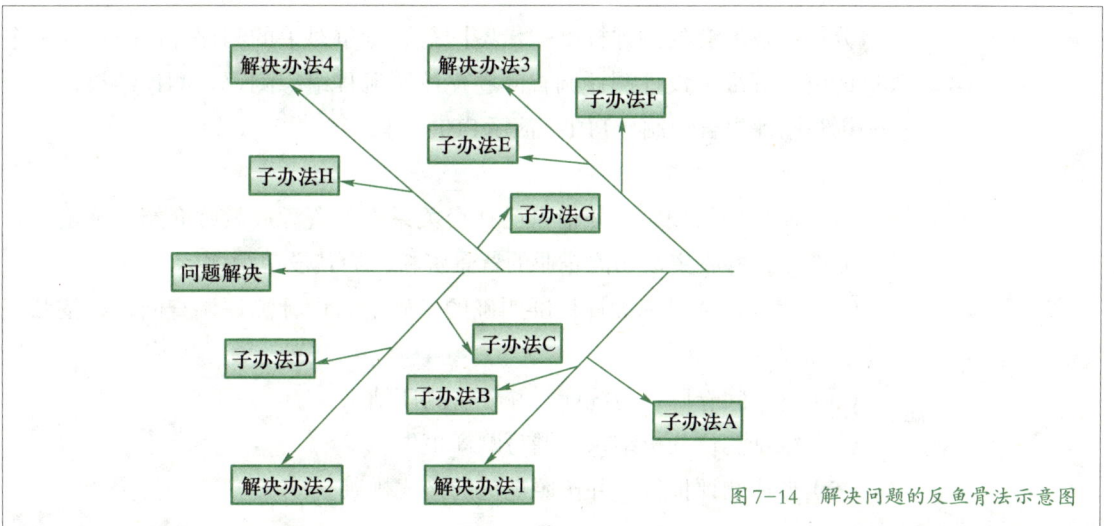

图7-14 解决问题的反鱼骨法示意图

五、改善客户满意度的建议

1. 增加增值服务

2. 改进对投诉的处理

3. 降低成本，减少收费

4. 提高创新能力，不断开发新服务项目

5. 增加服务网点，扩大网络覆盖面

<<<<<<<<<<<<< 技 **能训练** <<<<<<<<<<<<<<<<<<<<<<<<<<<<<<<<<<<<<

实训项目：物流客户满意度测评实训

为一个物流企业进行物流客户满意度测评，设计测评调查问卷，进行测评结果分析，并撰写测评报告。

实训目标：

通过实训，让学生熟悉物流客户满意度测评的方法和步骤，并能组织实施物流客户满意度测评。

环境要求：

物流企业或校外实习基地企业；机房设备齐全、网络畅通，学生能够上网进行问卷调查与统计。

情境描述：

迅达物流公司近年来发展迅速，业绩保持较好水平，但物流客户满意度一直比同行略低。请利用所学物流客户满意度测评的相关知识，为该公司进行物流客户满意度测评，并对测评结果进行统计分析、撰写测评报告。

工作流程：

分析企业原有的测评标准—借鉴同行、竞争对手的测评标准—形成一个改进的测评标准—设计测评调查问卷—按照流程组织测评—测评结果统计分析—撰写测评报告—制作PPT—演示PPT。

操作步骤：

（1）通过网络搜索，凭借自己社会关系中的资源或教师介绍，确定调查的物流企业，并收集该物流企业的背景资料，为其设定测评标准。

（2）在背景资料和测评标准明确的基础上，设计测评调查问卷，按照流程组织测评。

（3）进行问卷调查与统计，并分析测评结果。

（4）根据测评分析结果，撰写测评报告。

（5）形成测评报告，并按照规范的格式排版。

（6）制作PPT。

（7）上台汇报。

（8）学生交流收获与心得，教师点评。

（9）进一步修改报告和PPT。

注：（1）~（6）、（9）在课堂外完成。

注意事项：

（1）注意电话和见面礼仪，做到彬彬有礼、尊重他人。

（2）注意人身安全，一般以4人为小组进行集体调查，互相关照、帮助，明确意外事件发生后的处理方法和程序。

（3）注重多种调查手段的结合利用，如网上资料查找、现场提问、追问、现场观察、与一线营销人员交流等，将需要获得的资料一次性收集完整。如有遗漏，返校后也可以通过电话等进一步问询。

（4）测评报告的结构、文字、排版应规范，应有封面、摘要和关键词、目录、正文、结语、附录等完整的框架。

（5）PPT应有概括性、逻辑性，美观大方，演讲时间控制在10分钟以内。

（6）演示应分工，有人操作，有人演讲，演讲者应自信、大胆，语言流畅，演示前应有多次演练。

实训报告：物流客户满意度测评报告

（1）绪论。说明测评背景和目的，测评工作的事实情况，测评指标的设置，调查和抽样方法。

（2）正文。测评结论，主要测评变量与客户满意度之间的关联程度，主要测评变量与客户忠诚度之间的关联程度，对客户评价的各种分层分析，客户对物流服务的认知程度分析，客户潜在需求的调查分析，有形服务质量和服务各环节存在的问题分析。

（3）改进措施。针对物流客户服务质量提出改进的建议。

同 步测试 <<<<<<<<<<<<<<<<<<<<<<<<<<<<<<<<<<<<<<<<<<<<<<<<<<<<<<<<<<<<<<<<<<

一、单项选择题

1. 影响客户满意度的因素是（　　　）。

    A. 客户期望和客户评价　　　　B. 客户的抱怨和忠诚

    C. 产品的质量和价格　　　　　D. 产品的性能和价格

2. 物流客户关系管理是一个（　　　）的过程。

    A. 把握客户的消费动态

  B. 做好客户服务工作

  C. 获取、保持和增加可获利客户

  D. 收集客户信息

3. 售中服务策略不包括（ ）。

  A. 开展定制营销，满足个性化需求

  B. 建立实时沟通系统

  C. 进行物流客户流失与挽留管理

  D. 提供个性化服务

4. 物流客户服务是指物流企业为促进其服务的销售，围绕客户期待的物流服务、传递时间，以及（ ）而展开的相关活动。

  A. 质量   B. 数量

  C. 服务层次   D. 服务水平

5. 物流客户服务具有"（ ）个合适"的服务标准，即物流客户服务就是在合适的时间和合适的场合，以合适的价格，通过合适的渠道，为合适的客户提供合适的物流服务，满足客户的合适需求，价值得到提高的活动过程。

  A. 七   B. 八

  C. 六   D. 九

6. 物流客户关系管理是从"以产品为中心"向"（ ）"转变过程中的必然产物。

  A. 以客户为中心   B. 以品牌为中心

  C. 以标准为中心   D. 以广告为中心

7. 物流客户服务质量来源于（ ）、供给、关系三个方面。

  A. 设计   B. 研发

  C. 调查   D. 生产

8. 物流客户服务质量是在物流客户心目中形成的物流技术质量和（ ）。

  A. 物流功能质量   B. 物流体验质量

  C. 物流研发质量   D. 物流外观质量

二、多项选择题

1. 对物流服务活动过程进行质量管理，可以从（   ）等方面进行。

  A. 设立管理指标   B. 制定管理标准

  C. 运用管理方法   D. 进行绩效分析

2. 物流企业对客户满意度的测评方法主要有（　　　　　　　）两种。

　　A. 客户满意率　　　　　　　　　　　B. 客户满意度指数

　　C. 客户忠诚度　　　　　　　　　　　D. 客户维持率

3. 从物流客户服务过程来看，客户服务质量包括（　　　　　　　）。

　　A. 交易前客户服务质量　　　　　　　B. 交易中客户服务质量

　　C. 交易后客户服务质量　　　　　　　D. 交易时客户服务质量

4. 物流客户关系管理包括（　　　　　　　）等方面的内容。

　　A. 检测物流客户关系价值

　　B. 给物流客户完美体验

　　C. 维护物流客户的忠诚

　　D. 整合物流企业资源与客户资源

5. 物流客户关系管理技术主要有（　　　　　　　）等类型。

　　A. 运营型客户关系管理技术　　　　　B. 分析型客户关系管理技术

　　C. 自建型客户关系管理技术　　　　　D. 协作型客户关系管理技术

6. 物流客户关系管理的技巧包括（　　　　　　　）。

　　A. 利用物流客户关系管理技术

　　B. 建立个性化联系

　　C. 建立物流客户呼叫中心

　　D. 完善物流服务营销策略

第八章　物流营销绩效评价

【素养目标】

● 在物流营销绩效评价过程中，树立流程规范意识、降本增效意识、诚信意识，学会利用科学的评价方法进行评价

● 能够通过绩效评价在工作中增强过程管理和团队合作能力。

【知识目标】

● 掌握物流项目营销绩效评价的内容

● 熟悉物流项目营销绩效评价的流程和方法

【技能目标】

● 能够利用物流营销绩效评价的基本方法和程序，评价当地某个物流项目的营销绩效

● 能够从评价指标、评价流程、评价方法等方面评析当地某个物流项目营销绩效评价的得失，并设计更合理的评价指标、评价流程和评价方法体系

● 能够撰写物流项目营销绩效评价报告（包括绩效改进计划）

【思维导图】

物流营销绩效评价

- 物流营销绩效评价概述
  - 物流营销绩效评价的概念
  - 物流营销绩效评价的原则
  - 物流营销绩效评价的类型
- 物流营销绩效评价的内容
  - 客户认知度
  - 客户行为
  - 中间商
  - 市场竞争
  - 营销创新
  - 财务
- 物流营销绩效评价的流程
  - 制订评价计划
  - 确定评价指标
  - 明确绩效标准
  - 确定评价主体
  - 培训评价主体
  - 收集绩效信息
  - 实施绩效评价
  - 撰写评价报告
  - 制订绩效改进计划
  - 绩效评价反馈
- 物流营销绩效评价的方法
  - 平衡计分卡法
  - 关键绩效法
  - 目标管理法
  - 标杆法
  - 360度考核法

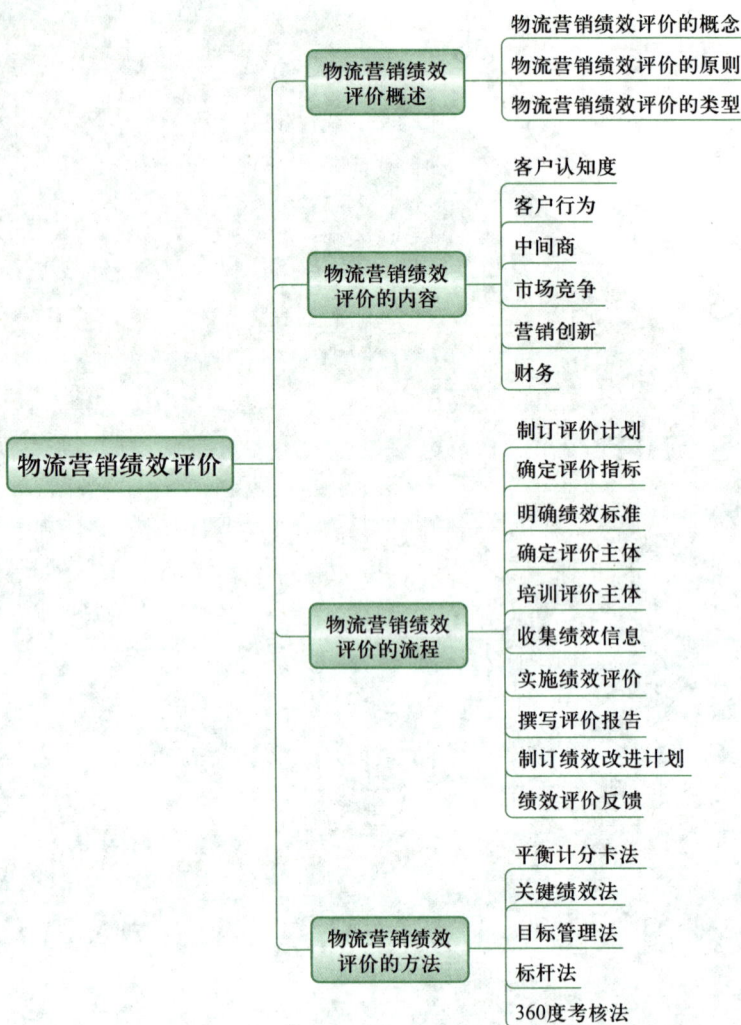

第一节　物流营销绩效评价概述

引 导案例

德邦大件快递项目营销绩效评价

德邦快递（简称"德邦"）以快运业务起家，其打造的精准卡航（快时效、全覆盖）、精准汽运（普通时效、高性价比）、精准空运（快时效、长距离）三类标准化服务是快运领域的标杆。

电商行业的快速发展既为快递行业带来了机遇，也给很多物流企业造成了危机。市场竞争的加剧，快递量增长放缓，让不少企业都面临"吃不饱"的问题。德邦基于家电、家具、建材等大件快递逐渐"触网"的现状，推出"重包入户"服务项目，该项目主打3～60 kg的大件货物寄递，包接包送，为个人客户提供优质的入户服务，同时为批量发货客户提供门到门服务。德邦大件快递以更加周到的服务、更加优惠的价格、更有保障的时效，得到市场认可，使其找到了业务新的增长点。

从业务积淀看，德邦深耕零担快运多年，积累了丰富的大件配送经验，在大件快递业务上具有先天基因优势。

从服务特色看，德邦快递承诺"上至40 kg，100%免费上楼""上至60 kg，包接包送""旺季不限收"。这三项服务在一定程度上改变了大件难上楼、重件难送达和旺季限收件等行业现状，解决了行业痛点。

从同类竞争服务看，顺丰速运的重货服务，百世快递的"惠心件"，优速快递的大包裹服务"330限时达"，中通快递、圆通速递和韵达速递的大件服务，都与德邦大件快递构成竞争。

从价格上看，德邦在3～30 kg的大件上具有明显的价格竞争优势，31～60 kg的大件价格在行业中偏高。但若德邦将"上至40 kg，100%免费上楼"和"上至60 kg，包接包送"的服务折现，仍具备较强的市场竞争力。德邦的报价有明确的重量、体积方面的单价，而顺丰速运、韵达速递、中通快递、圆通速递的计费方式不够透明，这也增强了德邦的价格优势。

从客户体验看，德邦"大件快递3.60"相比同类大件物流服务，速度快，价格实惠，能运大件，也能发小件，中小件货物用德邦体验感很好。

从技术支持看，德邦快递率先引入增强现实（AR）量方技术，最快10秒钟之内完成体积测量；首创大件分拣系统，通过车载称重和多层分拣系统，高效分拣；通过人工智能（AI）技术监控快递分拣，防止暴力分拣；投入腰部外骨骼机器人和爬楼机等先进科技设备，减轻一线人员的工作强度；成立独家数字孪生中心，实现了全链条数字化精细管理。

从员工激励看，为了鼓励快递员做好大件快递服务，德邦快递推出了系列福利政策：连续多年为金星快递员颁发10万元的金砖年终奖；入职德邦快递满一年的快递员都会享有暖心的"亲情1＋1"（公司和快递员各拿100元给家属发"工资"）。

从投入产出看，德邦近年对大件快递项目进行了持续投入，并获得显著回报。2021年德邦全年营业收入313.59亿元，其中快递业务营业收入为

197.33亿元；2022年前三季度，德邦快递实现营业收入228.17亿元，其中快递业务营业收入为150.68亿元，占公司营业收入的比重超过60%，且在持续增加，成为德邦核心业务板块。

从京东控股对德邦大件快递的促进作用看，京东在电子商务领域的业务优势，为德邦带来更加丰富的大件快递业务资源和渠道。随着逐步释放协同效应，德邦大件快递的业务量和营业收入还将持续增加。

凭借敏锐的市场洞察力，德邦挖掘出一个新的、前景广阔的大件快递细分市场。德邦应强化在大件快递细分市场的定位和品牌优势，扩大规模，同时协调好内部资源；持续投入，保持大件快递先行者、领先者的地位；适当调低31~60 kg大件快递的价格，保持价格优势；实施直营模式，聚焦中高端，把控好服务质量，提高客户满意度，实现与其他竞争者的差异化竞争。

引导问题：

1. 从德邦大件快递项目营销绩效评价看，德邦的大件快递项目是否值得继续开展？

2. 请预测未来大件快递市场的发展趋势。

一、物流营销绩效评价的概念

物流营销绩效评价是指在物流营销的组织管理过程中，依据特定的指标和测量标准，对物流营销的工作过程、组织效率、经济效益、实际效果及其对企业的贡献或价值等各方面进行评定和判断，得出评价结论，指明改进方向，以改善物流营销绩效的活动。

对于一个追求利润的物流企业（或物流服务项目）而言，必须经济、合理、有效地利用资源，争取达到预期效果，不断增强持续发展能力。因此，有必要对物流营销绩效进行评价。通过评价发现物流服务方案的设计、物流服务过程中存在的不足，并及时修正；通过评价，对物流营销活动结束后取得的效果做到心中有数，为以后的物流营销活动提供参考和借鉴。

二、物流营销绩效评价的原则

为正确、有效地进行评价，物流营销绩效评价应遵循公平开放、客观公正、科学可信、反馈提升、合理可行五大原则。

三、物流营销绩效评价的类型

物流营销绩效评价的类型如表8-1所示。

表8-1　物流营销绩效评价的类型

类型	着眼点	评价重点	特点	评价案例
效果主导型	做出了什么	结果而非行为，工作业绩而非工作效率	标准易定，易操作	目标管理评价
品质主导型	怎么做	工作中表现出来的忠诚、可靠、主动、创新、合作等品质	操作性与效率较差	员工忠诚评价
行为主导型	做什么	工作过程和工作行为	标准易定，操作性强	行为量表评价

第二节　物流营销绩效评价的内容

引 导案例

某物流公司的物流营销绩效评价指标体系

国内某知名物流公司为了在国际化平台上与国际物流企业直接竞争，采用与国际接轨的指标体系和方法评价公司整体或具体物流服务项目的营销绩效。该物流营销绩效评价指标体系如表8-2所示。

表8-2　某物流公司物流营销绩效评价指标体系

客户认知度评价指标	客户满意度
	知名度
客户行为评价指标	新客户总数
	客户投诉
	客户忠诚度
中间商评价指标	中间商满意度
	中间商投诉
	准时交货
市场竞争类评价指标	市场占有率
	相对的客户满意度
	相对的服务质量
营销创新评价指标	新服务数量
	新服务收益
	新服务利润

续表

	销售额
财务评价指标	利润率
	市场营销费用

引导问题：

1. 根据这个物流营销绩效评价指标体系，需要对哪些内容进行评价？
2. 如何理解这个指标体系？
3. 这个指标体系会对企业的物流营销起到什么作用？

　　完整的物流营销绩效评价内容构成一个物流营销绩效评价指标体系，反映了物流营销绩效评价的特定目标和具体数值，是衡量和评价物流营销活动的风向标。有效的物流营销绩效评价指标有助于改善物流营销组织的内部管理，增强组织的责任性，指引员工朝着正确的方向在工作中不断进步。

　　一个物流营销绩效评价指标体系一般包括多个指标，不同指标的权重不同。在具体的绩效评价指标设计上，SMART 原则可以作为参考（见表 8-3）。

表 8-3　物流营销绩效评价指标设计的 SMART 原则

英文名称	中文名称	内涵	举例
S （specific）	具体性	绩效评价指标应是具体、明确、特定的工作指标，而非抽象、笼统的工作指标	"增强客户意识"的目标不明确，因为减少客户投诉，提升服务速度，使用规范用语，采用规范服务流程等都是途径之一
M （measurable）	可度量	绩效评价指标是数量化或者行为化的，可获得、可衡量、可评价	减少客户投诉——把过去 3% 的客户投诉率降低到 1.5%
A （attainable）	可实现	绩效评价指标是通过努力可以实现的，不过高或过低	把 3% 的客户投诉率在一年内降低到 0 就不切实际
R （relevant）	相关性	绩效评价指标是与营销目标相关联的	不能因一个营销员通过陪客户打乒乓球签下一个订单就把打乒乓球作为评价指标之一
T （time-bound）	时限性	完成绩效评价指标有特定期限	到 2022 年 12 月 31 日，把客户投诉率降低到 1.5%

　　在 SMART 原则的指导下，物流企业（服务项目）营销绩效评价可以借鉴如表 8-2 所示的物流营销绩效评价指标体系。下面的物流营销绩效评价内容

就根据这一指标体系展开。

一、客户认知度

激烈的市场竞争致使物流客户成为物流企业的"上帝"，物流企业只有不断为客户提供高质量、细心周到的物流服务，不断提升客户价值，才能得到客户的认可，保证物流企业的持续发展。因此，客户认知度是物流企业营销绩效评价的重要内容。

（一）客户满意度

客户满意度是客户忠诚的前提条件，其高低反映了客户眼中物流公司服务的优劣。客户满意度的衡量指标是客户满意度指数，可以通过对客户群体进行访问调查得到。

（二）知名度

从客户心理的角度出发，物流客户在购买物流服务时，更倾向于从其已经熟悉的企业（品牌）中做出选择，因为一个熟悉的企业（品牌）特别是著名企业（品牌）在长期市场竞争中享有较高声誉，为客户带来了信心和保证。而购买陌生企业（品牌）的物流服务，就意味着有购买风险。品牌知名度划分为如图8-1所示的5个层次。

图8-1 品牌知名度的5个层次

二、客户行为

客户行为直接决定物流营销的成败，是物流企业营销决策的基础。研究客户行为对于提高物流营销决策水平，增强物流营销策略的有效性具有重要意义。

（一）新客户总数

新客户总数是指在一定时期内新增加客户的数量。客户数量的增加意味着收入和利润的增加，以及企业经营的蒸蒸日上。新客户总数从客户服务系统中可以统计出来。

（二）客户投诉

客户投诉是客户对物流企业管理和物流服务表达不满的方式，也是物流企业有价值的信息来源，为物流企业创造了改进服务、争取客户的机会。有研究表明，50%~70%的投诉客户，如果投诉得到解决，他们就会再次与企业合作；如果投诉得到快速解决，这一比重就会上升到92%。

（三）客户忠诚度

客户忠诚度越高，客户再次购买同一物流企业物流服务的可能性就越大，购买频率越高，承受物流企业有限范围内的涨价能力就越强，越有利于增加物流企业的销售额和利润，越有利于抵制物流竞争对手的减价或倾销。如中国邮政凭借服务质量赢得客户忠诚。

社会担当

疫情期间确保服务质量，中国邮政赢得客户忠诚

"邮政速度快、服务好，你们连夜赶过来，谢谢你们！" 2020年2月7日11时，一辆运载医疗器械及耗材的中国邮政集团有限公司浙江省分公司运输车，驶入武汉东湖新技术开发区。从杭州到武汉全程1 111千米，浙江邮政星夜疾驰。

疫情发生以后，中国邮政武汉邮区中心局扛起了"运得进、出得去、投得快"的任务，每天处理数万件来自全国各地的救援物资。湖北邮政派出100辆邮车，24小时轮岗值班，确保防疫物资随到、随卸、随分、随走，转运到全市48家医院、15个区属医疗机构。

坚持"不限量、不拒收、不限流、不打烊"，中国邮政全力以赴确保线网寄递运行安全、畅通、稳定，为全国各地的人们提供无缝隙、全覆盖、不停歇的服务。

医疗物资来了，蔬菜水果到了，生活必需品妥了……新冠疫情发生后，市民大多通过网购解决居家生活的"刚需"。"看到运送物资的邮政人，就像看到雪中送炭的亲人一样。"在网友们的留言点赞中，中国邮政赢得了客户好评，树立了良好的口碑。

三、中间商

中间商是物流服务推广的大动脉，是关键性的环节，是调节物流服务供求的蓄水池，是沟通供求的重要桥梁，对物流企业改善经营管理及提高经济效益、满足市场需求、稳定市场具有重要作用。

（一）中间商的满意度

中间商的满意度越高，越容易与企业形成长期合作关系，越会采取积极的行为促进企业和最终客户的沟通，从而使企业掌握客户的消费需求、市场信息和竞争者的情况，为企业采取适当的营销策略提供信息。

（二）中间商的投诉

中间商的投诉具有大客户投诉的性质，也可能代表众多最终客户的意见，效应更大，更需要快速反应、及时沟通、圆满解决。对口碑传播的研究表明：满意而归的投诉者，大多会比失误发生之前具有更高的忠诚度，有的还会成为企业的义务宣传者；一个不满意的客户会把他的经历告诉其他至少9个人，13%的不满意客户会告诉另外的20多个人，因为公开的攻击会比不公开的攻击获得更多的满足。

（三）准时交货

准时交货指标是反映物流企业营销效果的重要指标。准时交货是中间商满意的重要条件。准时交货率可以从售后服务部门的准时交货率统计表中统计出来。

四、市场竞争

从市场竞争的角度评价物流企业的营销绩效，可以说明物流竞争者之间营销实力的对比情况，以及物流企业的营销活动对环境的相对适应能力。

（一）市场占有率

市场占有率能直接反映物流企业所提供的物流服务对客户的满足程度，也能表明物流企业的物流服务在市场上所处的地位。市场占有率越高，表明物流企业的经营能力和竞争力越强，销售和利润水平越好，越稳定。市场占有率反映了竞争者的实力对比关系。

（二）相对的客户满意度

在与主要竞争对手的对比中评价自己的客户满意度，数据可以通过企业自己或行业协会或独立的第三方对比调查得到。

（三）相对的服务质量

物流服务质量是指物流服务能够满足物流客户现实和潜在需求的特征和特性的总和，是服务工作能够满足被服务者需求的程度。物流服务质量还是物流企业为了使目标客户满意而提供的最低服务水平和保持这一预定服务水平的连贯性程度。物流服务质量来源于服务设计、服务提供、服务中的沟通、与客户的关系等方面。相对的服务质量可以采取评分量化的方式获得，在与主要竞争对手的对比中加以评价。

五、营销创新

创新能力是物流企业竞争力的核心，营销创新主要利用企业新服务开发情况来衡量。

（一）新服务数量

新服务数量体现在企业对市场需求和市场竞争的反应情况。新服务数量越多，说明企业对市场和竞争的灵敏度越高，对客户需求变化的适应性越强。

（二）新服务收益

新服务收益体现了客户对物流企业新服务的接受情况。新服务收益越大，说明新服务的市场认可度越高。

（三）新服务利润

新服务利润是评价企业未来增长潜力的重要指标，是衡量新服务开发效果的有力依据。新服务利润越高，说明市场前景越好，企业新服务开发越符合市场需求的方向，营销效果就越好。

六、财务

物流企业的营销行为最终通向财务目标。财务效果是物流企业营销业绩的最终体现，是物流营销决策和执行产生的结果。财务评价指标越高，反映出企业的销售能力越强，市场竞争力越强。

（一）销售额

在一个固定周期内，物流企业销售额的提升取决于四个方面：物流服务销售量的提高、单位价格的提高、周期内购买频率的增加、物流服务种类的增加。物流企业销售额是企业影响力的重要表现，而且是物流企业获得利润及其他效益的前提，反映了物流企业在一定时期内实现的价值。

（二）利润率

利润率是物流企业营销的获利能力，是评价物流企业营销效益的主要指标。利润率越高，反映物流企业的获利能力越强，服务的附加值越高，营销效果越好。

（三）市场营销费用

市场营销费用直接反映企业对市场营销的重视程度。一般情况下，较高的市场营销费用会带来理想的市场营销绩效。

上述三个指标在物流企业财务报表上都能反映出来。

第三节　物流营销绩效评价的流程

项目绩效评价的世界银行实践

为了科学评价项目的实施过程和成果，各个国家和国际组织都在利用绩效评价工具对项目进行综合考核，并且随着社会责任越来越大，项目绩效评价工作也日益得到重视。国内早已实施了很多评价活动，但绩效评价在国内实施的时间并不长。世界银行在长期的项目绩效评价实践和理论研究中，提出了相对科学的绩效评价指标体系，尤其在绩效评价的设计与实施环节，对我国项目绩效评价指标体系研究具有一定的参考价值。

世界银行贷款项目绩效评价采用"五步法"，包括评价准备、评价设计、评价实施、评价报告和评价结果应用五个环节。在评价准备阶段，重点是编制评价任务书、成立评价小组等；在评价设计阶段，要设计绩效评价实施方案，包括开发绩效评价框架、设计调查问题清单、分解任务、制定时间表等；进入评价实施阶段后，需按照评价实施方案收集、整理、审核相关数据资料，评定项目绩效等级，剖析存在的问题，形成综合评价结论；然后在充分听取利益相关方意见的基础上，编写绩效评价报告；最后是评价结果应用，即项目实施部门运用评价结果，加强项目管理，提升绩效水平。在上述五个步骤中，评价设计和评价实施是整个项目评价的核心环节。

1. 绩效评价设计

在世界银行项目绩效评价设计中，在明确评价任务的基础上，需充分结合项目特点，针对相关性、效率、效果、影响、可持续性准则五个方面，设计和开发相关一级指标和二级指标，形成项目绩效评价指标体系。绩效评价指标体系是绩效评价工作的灵魂，起着引领全局的作用。五个方面的指标设计分别有不同的侧重点和评价要求，每个指标都客观反映了项目在立项、设计、实施、完工等生命周期各个阶段的完成情况。根据各个评价指标的内容、特点和要求，确定证据来源及收集方法，形成了绩效评价框架。绩效评价框架需包括整个项目的成果链条，即投入、活动、产出、成效和影响。

2. 绩效评价实施

在世界银行项目绩效评价中，为了保证实施方案的可操作性和科学性，需广泛征求各级主管部门和各级项目管理人员的意见。在方案设计思路上，可以采取"案卷研究+互联网检索→项目单位问卷调查→关键人物面访+项目单位座谈会→受益群体满意度问卷调查"依次推进的证据收集路线。

第一步，首先进行案卷研究和互联网检索。一方面熟悉项目，收集案卷中的证据信息，明确项目实施的政策背景；另一方面明确案卷未能提供而对评价至关重要的证据信息，从而明确下一步调查的对象。

第二步，对案卷未能提供且涉及所有子项目的普遍性证据信息，通过统一格式的调查问卷加以收集。

第三步，对案卷研究和调查问卷都难以获得的个性证据信息，采取"关键人物面访+项目单位座谈会"的方式加以收集。对不同关键人物和子项目设计有针对性的面访问题清单和项目单位座谈会问题清单。

第四步，对受益群体进行满意度问卷调查。

这些证据收集方式可以使每一阶段的评价工作有很强的针对性，从而提高评价工作的效率。同时，不同方式收集的证据也可以相互验证，提高证据信息的全面性和可信度。

3. 完成绩效评级

根据整理后的证据，基于评级方法，在征求各级主管部门和专家意见的基础上，制定项目绩效打分标准，并以此标准对各项一级指标和二级指标进行打分，形成项目绩效评分结果。最后，在此基础上，完成对项目相关性、效率、效果、影响和可持续性方面的绩效评级，梳理出项目的亮点和不足之处，有针对性地提出可借鉴的做法。

此外，世界银行的项目绩效评价体系在理念和制度建设上有其独到之处。早在1973年，世界银行就成立了专门的绩效评价部门，对世界银行援助项目进行独立、不受任何部门干扰的绩效评价，其评价结果直接向世界银行董事会汇报。在保证独立性的基础上，世界银行建立了一整套缜密严格的评价制度，并且不断修订完善。在实际执行过程中，世界银行会将类似项目组成一个项目集，集中对其进行评价，从而减少评价成本，提高评价效率。这些对我国物流营销的项目绩效评价工作具有一定的借鉴价值。

引导问题：

1. 按照世界银行的实践，项目绩效评价一般分为哪几个步骤？项目绩效评价的核心关键环节是什么？

2. 为什么说绩效评价指标体系是绩效评价工作的灵魂？

3. 在世界银行项目绩效评价中，为什么要征求各级主管部门和专家的意见？

4. 世界银行为什么要将类似项目组成一个项目集？

物流营销绩效评价可以分为物流企业营销部门绩效评价、物流企业物流部门营销绩效评价、物流企业物流项目营销绩效评价。下面从物流企业物流项目营销绩效评价的角度展开。

物流项目营销绩效评价是指根据一定的标准，对物流项目营销团队在一定时期的工作表现、工作效率、工作结果做出评价，并将结果反馈给项目营销团队所在营销部门及其相关领导，引导项目营销团队持续改进的过程。物流项目营销绩效评价在物流项目营销的日常管理中发挥着非常重要的作用，在物流项目的多项管理决策中都需要利用物流项目绩效评价的信息。物流营销绩效评价实际上是一个收集信息、整合信息、做出判断并给予反馈、促进改善的过程。物流营销绩效评价流程如图8-2所示，其中每个环节在绩效评价过程中都具有重要意义，各环节有机衔接构成一个有机整体。

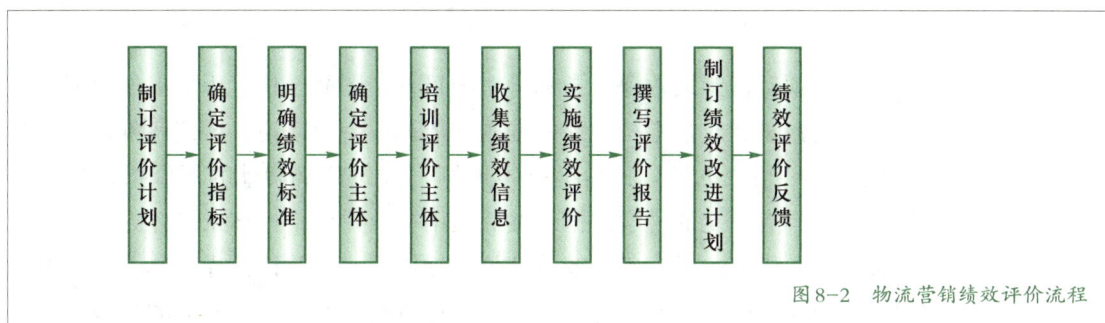

制订评价计划 → 确定评价指标 → 明确绩效标准 → 确定评价主体 → 培训评价主体 → 收集绩效信息 → 实施绩效评价 → 撰写评价报告 → 制订绩效改进计划 → 绩效评价反馈

图8-2 物流营销绩效评价流程

一、制订评价计划

为了保证物流项目营销绩效评价的顺利进行，必须事先制订评价计划，主要包括以下内容。

（一）明确评价地位

在物流企业营销部门内部确立项目绩效评价的地位，体现直属于营销经理的独立性和权威性。

（二）明确评价目的

物流项目营销绩效评价的主要目的在于通过对物流项目营销团队全面、综合性的评价，判断物流项目营销团队的工作是否称职、管理是否到位、营销是否有效率和效果，让营销团队及成员更清楚地理解自己在整个项目中的相对地位，为物流项目营销的未来发展指明方向，并以此作为营销部门管理项目营销团队的依据。

（三）确定绩效目标

明确具体的绩效目标应包括四个方面：目标的执行者明确（独立完成或协作完成）、目标标准明确（期望达到的数量、质量界限清楚）、实现目标的时限明确、保证措施明确。

（四）成立评价机构

成立绩效评价小组，由其制定具体的评价制度、方针、步骤、目标，明确评价项目及执行、控制、反馈等工作，确定绩效评价小组的组织架构，落实每个评价项目的主管人、负责人、执行人、协调人和其他配合人员。

（五）确定评价时间

明确的评价时间是一个时间段，并根据评价进程将时间段细化。

（六）落实后勤保障

通过后勤部门的参与，为评价人员做出适当安排，让他们摆脱后勤杂事，专心参与绩效评价活动。

二、确定评价指标

物流项目营销绩效评价指标是对项目营销团队工作过程、工作效率、工作效果的数量和质量进行考评的准则和依据。一般来说，要使评价指标科学合理，就必须依据绩效评价的基本原则，首先对所设计的评价指标进行论证，使其具有一定的科学依据；然后运用绩效评价指标体系设计方法，进行指标分析并修正；最后确定绩效评价指标体系。绩效评价指标体系实际上是要说明应完成的工作和应达到的目标。评价指标确立后，对应的绩效评价方法也需要确立。

三、明确绩效标准

有效的绩效标准能激发项目营销团队全体员工正确的工作动机，调动其工作积极性，提高其业务素质，提高团队的整体工作效率。绩效标准要明确何时完成，成本如何，需要动用哪些资源。

一套有效的绩效标准应具备以下特征：① 基于工作设立而非基于工作者设立，绩效标准尽可能反映物流项目营销团队的工作过程、工作效率和工作效果全貌；② 具体化、定量化，易于操作，对实在难以定量的部分订立任务完成程序表，并设定达成目标的明确期限；③ 让被评价者充分参与制定绩效标准，赢得支持和理解；④ 具有一定的灵活性，且每隔一段时间进行检查、修改；⑤ 与被评价者的实际能力相符。

绩效标准不应定得过高或过低，一般情况下，以项目营销团队经共同努力能达到的水平为评价合格分较为恰当，而评价中的优秀分则应是通过项目营销团队全体成员的充分努力才可以达到的，从而对其产生激励作用。表8-4为某物流公司医药物流项目绩效指标与绩效标准设计实例。

表8-4 某物流公司医药物流项目绩效指标与绩效标准设计实例

行为或结果	指标类型	绩效指标	绩效标准
新服务设计	质量	创新性	至少有三个方面与竞争对手服务明显不同
		实用性	至少有两个方面比竞争对手服务更加方便
		性价比	使用轻型、环保的新材料,服务的价值超过它的价格
		市场推广的可能性	在半年内,销售量超过原来的服务
		……	……
服务提供	质量	实际费用与预算的变化	实际费用比预算减少 5% 以内
		合格率	合格率与去年相比增加 2%~4%
……	……	……	……
服务销售	数量	年销售额	年销售额为 200 万~250 万元
		税前利润百分比	税前利润率为 30%~35%
		人工成本	人工成本比去年减少 5%~8%
……	……	……	……

四、确定评价主体

评价主体可以是企业自己,也可以是外聘专家或专业的公司。企业自评一般由企业成立的专门组织进行评价,也有的先请营销部门进行内部评价。

无论评价主体是谁,一般都需要听取至少五方面的意见。

(一)直接上级评价

营销经理在判断项目营销团队的行为与工作目标、组织目标的相关性方面处于优先地位,绝大多数物流企业的管理等级制度也强调了上级对下属评价和奖惩的决策权。但营销经理评价却容易受偏见的影响,导致绩效评价的信度和效度较低。因此,需要有不同于营销经理的其他人员对项目营销团队进行绩效评价。

(二)同级部门评价

财务、人力资源等同级部门能够从自己部门的特殊角度观察到上级无法观察到的某些方面,这就使其评价具有非常重要的意义。但同级部门评价可能会因部门领导之间的个人交情深浅而偏袒或贬低项目营销团队,使评价结果过于宽松,影响绩效评价的可信度。另外,当评价结果与部门利益分配、部门领导晋升等激励机制相结合时，部门之间会出现利益冲突，也易使评价结果缺乏公平。其他项目营销团队的评价有较高的参考价值，但因团队利益冲突也可能导致评价失真。

（三）团队自评

让项目营销团队自己评价自己的工作绩效，能有效降低其在绩效考核中的对立情绪，增强其参与意识，有利于绩效评价工作的顺利进行，也有利于其工作绩效的改进。但针对营销绩效的自评结果，通常要比其他部门和其他项目营销团队的评价结果高。因此，为确保评价结果公正，在评价前应对项目营销团队进行宣传教育，鼓励实事求是、客观评价本团队的工作绩效。

（四）客户评价

虽然客户不可能完全了解物流项目营销团队的工作标准与要求，但却能真实、详细地觉察和评价其工作态度和服务质量，从服务的角度进行客观评价。客户评价的信息一般可通过电话交谈或正式访谈、问卷调查获取。

（五）竞争对手评价

竞争对手评价可能带有一定的主观感情色彩，但也能从中获得一些更专业的评价。

正是由于从不同角度评价都存在不同程度的弊端，近年来又出现了多方位人员共同评价的360度绩效评价法，即组织中了解和熟悉物流项目营销团队的各个级别的成员，以及与其经常打交道的内部客户和外部客户，从不同角度对其绩效、重要工作能力和特定工作行为与技巧等提供客观、真实的反馈信息，从而避免单方评价的主观武断性。

五、培训评价主体

要使绩效评价体系的制定和实施更加科学、合理、客观、可行，就有必要对评价者进行培训和指导，以便改进其评价能力，保证评价过程的正常进行。评价主体的培训一般包括以下几方面的内容。

（一）避免评价误差的培训

评价误差是指评价者在判断过程中产生的结果与不受偏见或其他主观、不相关因素影响的客观准确的评价结果之间的差值。评价误差会影响评价结果，应尽力避免。在实际培训过程中，培训者可先向受训者放映一些反映营销人员实际工作情况的录像或幻灯片，并要求受训者对录像或幻灯片中的人进行评价。然后，把每位受训者的评价结果展示出来，并向其逐一讲解在绩效评价过程中可能出现的各种错误（如趋中倾向、晕轮效应等）。通过这种形式的培训，评价者能对各种评价误区有更深刻的认识，从而有效避免此类问题的发生。

（二）绩效信息收集方法的培训

为了使评价结果更有说服力，能给评价之后的绩效反馈提供充分的信息，评价者必须在绩效评价期间充分收集各种与营销绩效表现相关的信息。关于绩效信息收集方法的培训既可以通过讲座的方式进行，也可以通过生动的录像进行现场演示或练习，并在实际工作中根据有关绩效信息的获取渠道有针对性地进行。

（三）绩效评价指标培训

对评价主体进行绩效评价指标培训，主要是为了使其熟悉在评价过程中使用的各项绩效指标，了解其真正含义。只有在评价主体正确理解各个绩效指标的基础上，才能保证绩效评价有效进行。

（四）绩效评价方法培训

绩效评价的方法很多，每种方法都有其不同的优缺点，具体选用哪种评价方法，应当根据评价目的和评价对象来确定。通过对评价主体进行有针对性的培训，使其充分掌握实际操作中各种不同的评价方法，以便充分发挥各种方法的优势，并使评价主体对评价方法产生认同感和信任感。

（五）绩效反馈培训

绩效反馈关系到绩效评价能否达到预期目标。通过绩效反馈培训，评价者应该能有效掌握绩效反馈面谈中的各种技巧。

六、收集绩效信息

及时、准确、全面地收集绩效信息对于绩效评价的有效开展是必不可少的。收集绩效信息不仅能为绩效评价和改进绩效提供事实依据，而且能发现绩效问题和绩效突出的原因，甚至在发生争议时对评价结果进行说明。

由于收集绩效信息需要耗费大量的人力、物力和财力，因此，并非所有信息都要收集，也不是信息收集得越多越好，必须有选择性地收集信息，且信息收集的重点必须以绩效考核体系为核心。绩效信息收集要把握客观、准确、及时、持续、经济、适用的标准，收集绩效信息的内容除了绩效考核体系各指标的相关目标信息、完成信息外，还包括：来自竞争对手的积极信息和消极信息；工作绩效突出的行为表现；绩效有问题的行为表现。

绩效信息一般可以通过以下几种方法来收集：① 观察法，即直接观察项目营销团队及其成员在工作中的表现，并对项目营销团队及其成员的表现进行记录；② 工作记录法，即通过工作记录的方式将项目营销团队及其成员的工作表现和工作结果记录下来；③ 相关部门反馈法，即通过其他部门或其他项目营销团队的汇报和反映，了解项目营销团队的工作绩效情况；④ 项目营销团队汇报法，即根据工作目标和任务，项目营销团队及其成员汇报采取的措施和取得的成绩。

七、实施绩效评价

由于绩效评价结果往往与各种物质利益和非物质利益挂钩，绩效评价若实施不当，则可能引起各种利益冲突和内部矛盾，甚至影响物流企业的整体效率，因此必须保证评价的公正性和客观性，避免在绩效评价过程中出现偏差。

（一）绩效评价中常见的人为误差

1. 绩效评价标准理解的误差

同样是优、良、中、及格、差五等级，不同的评价主体对这些评价标准的理解可能会有偏差，如对同样的业绩，甲可能会选择"良"，乙可能仅选择"及格"，从而导致评价结果出现不公平。

2. 晕轮效应误差

评价者在绩效评价过程中，把绩效中的某一方面甚至与工作绩效无关的某一方面看得过重，从而影响了整体绩效的评价。晕轮效应可能会导致过高或过低评价。

3. 新近效应误差

评价者一般对项目营销团队及其成员的新近表现和成绩印象较深，而对远期发生的事情印象较淡薄。如评价者可能因为项目营销团队及其成员在近几个月表现良好而代替其在整个评价期的表现，从而造成评价误差。

4. 首因误差

首因误差也称第一印象误差，即评价者把对被评价者的第一印象带入评价结果，导致评价偏低或偏高。

5. 定势误差

定势误差是指评价者容易根据过去的经验和习惯的思维方式，在头脑中形成对人或事物的不正确看法。

6. 从众心理误差

当同级部门、其他项目营销团队对项目营销团队及其成员的评价欠佳时，即使有评价者对其印象良好，但迫于压力，也可能做出"不好"的评价。

7. 趋中倾向误差

在绩效评价中，评价者可能不是很了解项目营销团队及其成员的实际情况，或者出于明哲保身的目的，把评价结果定在中间等级，结果导致趋中倾向误差。

8. 过宽或过严倾向误差

评价者对被评价者所作评价过于宽松或严格，使评价结果高于或低于其实际成绩。

（二）应如何避免误差

1. 制定客观、明确的绩效评价标准

评价人员应对评价指标体系及参照标准各等级的内容做进一步检查和分析，删除重复部分，改正含糊不清的措辞，使每个指标的内涵清楚，参照标准各等级间的内容界限分明，并选择客观行为特征作为评价尺度。

2. 选择合适的评价人员，并对其进行严格培训

实施绩效评价时，所选择的评价人员应多元化，并赋予不同评价人员的评价结果不同的权重系数。评价人员的素养也应多元化。另外，还应对评价人员进行严格培训，使其不仅能有效避免绩效评价中的主观误差，而且能切实掌握绩效评价的相关技术，提高绩效评价结果的准确性。

3. 建立绩效评价申诉制度

建立绩效评价申诉制度，保持评价者与项目营销团队及其成员的不断交流，创造一个公开、通畅的双向沟通环境，为项目营销团队及其成员提供一种获得公正待遇的方法和途径。

4. 加强对评价结果的评审

当项目营销团队及其成员在每个指标上都获得相同的评定，就证明有晕轮效应；当缺少任何相对极端的评价时，就证明有趋中倾向。此时，企业就应该要求评价者给出合理的解释，或者要求评价者重新做出新的评价。

八、撰写评价报告

评价报告是对评价过程和结果的书面总结。

评价报告的基本内容至少应该包括：摘要、目录、评价目标、评价方法、评价机构简介、评价组织、数据来源、数据分析、结论和建议、局限性或不足、附录（如有必要）。

撰写绩效评价报告应换位思考的五类问题

绩效评价报告的基本要求包括：引用的数据真实、可靠；结构严谨，层次分明；主题突出，观点鲜明；分析到位，逻辑严谨；语言简练，浅显易懂；善用图表，生动活泼；设计美观，装订精致。

绩效评价报告正式行文之前，执笔者应有换位思考的意识，站在阅读者的立场设计一些自我提问的问题，并在报告中尽量清晰地回答和解决这些问题。

（1）什么（what）。报告都讲了些什么？哪些是我关心和有用的内容？报告能发现什么问题？报告能提出什么解决问题的方法或思路？报告会得出什么结论？报告会有什么价值？

（2）为什么（why）。为什么要进行这样的营销绩效评价？为什么该方案可以更客观地对绩效进行评价？为什么要接受这种绩效评价结果？

（3）怎样（how）。怎样进行评价实施？怎样提出新的绩效改进建议？怎样保证评价的有效性？这次评价能给企业带来怎样的影响？怎样面对这些影响？

（4）谁（who）。谁将受到评价的影响？如何预测他们的反应？谁将影响评价的持续开展？绩效评价体现的是谁的利益？绩效改进方案由谁来执行？

（5）何时（when）。绩效评价报告期间从什么时候开始，什么时候结束？报告完成时间是什么时候？为什么？

管 理创新

中兴物流有限公司精准快运项目营销绩效评价报告（目录）
摘要
一、背景
（一）引言
（二）企业营销与精准快运项目营销的概况
（三）精准快运项目营销绩效评价的背景和意义
（四）精准快运项目营销绩效评价机构的组成
（五）精准快运项目营销绩效评价的预期效果
二、绩效评价过程
（一）精准快运项目营销绩效评价的目的
（二）精准快运项目营销绩效评价的范围说明
（三）精准快运项目营销绩效评价的对象及实施者
（四）精准快运项目营销绩效评价的目标和标准
（五）精准快运项目营销绩效评价的方法
（六）精准快运项目营销绩效评价的资料来源
（七）精准快运项目营销绩效评价的进程安排
三、绩效评价结果
（一）原始数据
（二）数据整理和应用说明
（三）评价结果
四、评价结论
（一）本次评价的目标达成情况

（二）评价实施过程总体描述

（三）评价结果体现的问题

（四）对评价效果的总评价

（五）评价处理意见

五、报告建议

（一）绩效改进建议

（二）评价系统改进建议

（三）项目营销改进建议

（四）对企业组织结构、分配机制、竞争战略等方面的改进建议

（五）对下一次评价提出新的期望与要求

六、结语

七、附录

（一）报告引用的重要资料明细

（二）其他附件

（三）相关的法律法规和规章文本

管理创新

大连中远海运物流公司汽车物流项目营销绩效报告（目录）

一、绪论

（一）研究背景

（二）研究内容与结构

（三）研究方法与思路

二、理论基础

（一）绩效管理与绩效考核

1. 绩效管理相关基础理论

2. 有效绩效考核体系的标准

3. 绩效考核的方法

4. 平衡计分卡和目标管理考核体系

5. 绩效考核影响因素

（二）绩效考核指标体系

1. 考核指标的形成

2. 考核指标体系设计和选择的原则

3. 考核指标体系的作用

（三）考核指标体系设计方法

1. 评价因素确定

2. 评价要点设计

3. 评价标准设计

（四）绩效考核指标权重的确定

1. 权重的意义和作用

2. 确定权重的原则

3. 权重的稳定性和动态性

4. 确定权重的方法

（五）绩效考核发展趋势

三、大连中远海运物流公司汽车物流项目原绩效考核体系

（一）大连中远海运物流公司概况

1. 公司简介

2. 组织架构

3. 公司内外部环境

（二）大连中远海运物流公司原绩效考核流程

（三）大连中远海运物流公司原绩效考核体系问题分析

1. 定量分析

2. 定性分析

四、大连中远海运物流公司汽车物流项目营销绩效考核指标体系的设计

（一）营销绩效考核指标体系设计的思路

（二）影响营销绩效考核的重要变量

（三）一线营销人员绩效考核指标体系

1. 一线营销业务人员绩效考核指标体系设计

2. 一线营销管理人员绩效考核指标体系设计

（四）汽车物流项目营销绩效考核指标体系

（五）汽车物流项目营销绩效考核表设计

五、大连中远海运物流公司汽车物流项目营销绩效评价制度设计与适应过程研究

（一）制度设计

1. 总则

2. 考评对象和考评周期

3. 考评机构

4. 考评程序

5. 考评方法

6. 考评培训

7. 营销绩效评价结果的确定

8. 营销绩效评价结果的保存

9. 考核结果的运用

10. 考核评价

11. 其他事项

（二）营销绩效评价体系的适应过程研究

结论

九、制订绩效改进计划

绩效改进计划是指经过项目经理与项目营销团队充分讨论后，由项目经理为项目营销团队及其成员制订的包括改进方向、原因、目前水平、期望水平、改进方式、期限的计划。在制订绩效改进计划时要注意改进项目具体明确，切合实际，有明确的时间约束。

绩效改进计划的形式多种多样，但其基本内容大致包含在以下五个步骤中：① 分析团队或成员的绩效考核结果，找出团队或成员绩效中的优点和存在的问题；② 沟通绩效考核结果，分析问题存在的原因；③ 针对存在的问题，根据未来工作目标的要求及期望水平，在工作能力、工作方法或工作习惯等方面有待改进的问题中，选取团队或成员目前最迫切需要改进且易改进的问题作为未来一定时期内计划发展的项目；④ 制定合理的改进这些工作能力、方法或习惯的具体行动方案、实现期限及改进方式，并确保其能够有效实施，如团队训练、个性化培训等；⑤ 在下一阶段的绩效辅导过程中，落实、实施已经制订的绩效改进计划，尽可能为团队、成员的绩效改进提供知识、技能等方面的帮助。

十、绩效评价反馈

绩效评价反馈对项目营销团队具有重要的激励与培训功能。此外，被评价者总是倾向于对自身的绩效高估。因此，通过有效反馈能使项目营销团队了解绩效评价结果，并清楚地认识团队的优势和劣势，真正认识到自身的潜能。一般来说，绩效评价反馈采用面谈的方式，主要包括以下三个步骤。

（一）绩效反馈面谈的准备

1. 时间、地点的准备和安排

最恰当的时间应选择在双方都有充足时间的时候，最好事先征求项目营销团队的意见，照顾到彼此的实际情况；面谈场所应选择在比较安静的办公场所，且没有第三方在场。

2. 相关资料的准备

提前准备对项目营销团队的绩效进行评价的表格、项目营销团队日常工作表现的记录、整体的工作能力、工作意愿、爱好、性格特征等，以便面谈能够富有针对性和实效性。

3. 面谈策略和技巧的准备

可以针对项目营销团队的整体特点，准备面谈的策略和技巧，加强面谈的效果。另外，可以事先准备一些轻松的话题，营造面谈的融洽气氛。

（二）绩效反馈

首先，在面谈开始之前，应向项目营销团队说明面谈的目的和作用，这样有助于消除其紧张情绪。

其次，在面谈过程中，应多问少讲，用心倾听，并遵循二八定律：80%的时间留给项目营销团队，20%的时间留给自己，而自己在这20%的时间内，可以将80%的时间用来发问，20%的时间用来指导和建议，充分调动项目营销团队参与讨论的积极性，注意倾听项目营销团队提出的不同意见和看法，使其感到自己也享有一定的权利和主动性，而不是强迫接受不愿意接受的评价结论。对造成工作失误的原因要共同分析、讨论，指出应重点改善的地方，并提出改进方向，设定改善目标和完成时间。

最后，绩效评价主管应该以积极、热情的态度总结已经讨论并达成共识的事项，对项目营销团队的参与表示赞赏，强化对未来计划的承诺，同时公布针对无异议的考核结果的奖惩措施。

（三）评价面谈效果

面谈结束后，绩效评价主管应回顾面谈的过程，总结经验和教训，确认评价结论是否基本得到了认可、项目营销团队的意见是否得到了充分倾听、是否为改善绩效提供了指导性建议、项目营销团队是否对未来充满了信心。

第四节 物流营销绩效评价的方法

引 导案例

平衡计分卡法在物流企业绩效评价中的应用

平衡计分卡法是把财务指标与非财务指标相结合、将绩效评价与企业战略发展联系起来的绩效综合评价方法。

借鉴平衡计分卡法建立与现代企业制度、企业战略相适应的物流企业绩效评价体系，需要从所有者、经营者等角度，从企业组织效率、竞争能力、盈利能力、职工工作效率等方面全方位、综合性地评价企业的核心竞争力，以反映整个企业的运作效率。同时，应考虑物流服务产业具有的与相关行业关联性强的特点，建立反映物流服务产业与企业特点的绩效评价体系，以利于物流企业规范其经营行为，有效进行事前、事中、事后及定期和不定期的绩效评价。

利用平衡计分卡法对物流企业开展绩效评价可以从以下四方面进行。

1. 财务绩效评价

财务绩效评价指标显示了物流企业的战略及其执行对于股东利益的影响。企业的主要财务目标涉及盈利、股东价值实现和增长。相应的平衡计分卡法将其财务目标简单表示为生存、成功、价值增长，如表8-5所示。但是财务层面的评价指标并非唯一的或最重要的。

表8-5 利用平衡计分卡法进行财务绩效评价

目标	评价指标	可量化模型
生存	现金净流量	业务进行中的现金流入 – 现金流出
	速动比率	（流动资产 – 存货）/ 流动负债
成功	权益净利率	净利润 / 平均净资产
价值增长	增加额的相对市场份额	业务在规定的评价期内销售额的增加量 / 在规定的评价期内同行业企业总销售额的增加量

2. 客户绩效评价

物流企业不仅要获取财务收益，而且要考虑战略资源的开发与保持。这种战略资源包括外部资源和内部资源。外部资源即客户，为企业带来物流服务的市场，这是企业战略性成长的需求基础。而客户层面的绩效评价，就是对企业赖以生存的外部资源开发和利用的绩效进行衡量。平衡计分卡法将客户目标转化成具体的评价指标，如表8-6所示。

表8-6 利用平衡计分卡法进行客户绩效评价

目标	评价指标	可量化指标
市场份额	市场占有率	客户数量、服务销售量
保持市场	客户保持率	保留或维持同现有客户关系的比率
拓展市场	客户获得率	新客户的数量或对新客户的销售额
客户满意	客户满意度	客户满意率或客户满意度指数
客户获利	客户获利能力	份额最大客户的获利水平、客户平均获利水平

3. 内部流程绩效评价

企业赖以生存的另一个重要资源就是内部资源，即物流企业具有的内部业务能力，包括服务特性、业务流程、软硬资源等。平衡计分卡法将内部流程目标转化成具体的评价指标，如表8-7所示。

表8-7 利用平衡计分卡法进行内部流程绩效评价

目标		评价指标	可量化指标
价格合理		单位进货价格	每单位进货量的价格
服务质量	可得性	存货可得性	缺货率、供应比率、订货完成率
	作业绩效	速度、一致性、灵活性、故障与恢复	完成订发货周期的速度、按时配送率、满足个性化需求的次数、退货更换时间
	可靠性	按时交货率、对配送延迟的提前通知、延期订货发生次数	按时交货次数/总业务数、配送延迟通知次数/配送延迟总次数、延期订货发生次数
资源配置	硬件配置	网络化	采用JIT、MRP等物流管理系统的客户数/所有客户数
	软件配置	优秀的人员（完成常规任务的时间、质量，专业教育程度）	员工完成规定任务的时间、员工完成规定任务的出错率、接受过专业物流教育的员工数/员工总数

4. 学习与创新绩效评价

虽然客户层面和内部层面已经着眼于企业发展的战略层次，但都是将评价重点放在物流企业现有的竞争能力上，而学习与创新层面则强调了企业不断学习、创新并保持其竞争能力与未来发展的势头。物流企业学习与创新目标可以利用平衡计分卡法分解成具体指标，如表8-8所示。

表8-8 利用平衡计分卡法进行学习与创新绩效评价

目标		评价指标	可量化指标
员工学习	信息系统	员工获得足够信息	成本信息及时传递给一线员工所用时间
	员工能力管理	员工能力的提高，激发员工的主观能动性和创造力	员工满意率、员工保持率、员工的培训次数
	调动员工参与积极性	激励和权力	员工建议数量、员工建议被采纳或执行的数量
业务创新		信息化程度、研发投入	研究开发费用增长率、信息系统更新投入占销售额的比率/同业平均更新投入占销售额的比率

将平衡计分卡法应用于物流企业的绩效评价中，其重点是根据物流企业本身的特点和物流客户需求的特点，设定恰当的评价指标，从而提出一个全面衡量物流企业绩效的方法体系。采用这种全方位的分析方法，可以在物流企业的经营绩效与其竞争优势的识别之间搭建一座桥梁，有利于企业的战略成长。

引导问题：

1. 平衡计分卡法的一级指标有哪些？一级指标分为哪些二级指标？
2. 平衡计分卡法最主要的特征是什么？举例说明。
3. 除了平衡计分卡法，物流企业可应用的营销绩效评价方法还有哪些？各有什么特点？
4. 物流企业是否仅需使用一种营销绩效评价方法？为什么？

物流营销绩效评价方法，根据评价方法和结果的客观程度不同所作的分类如图8-3所示；根据评价对象不同，可以分为集体绩效评价方法和个人绩效评价方法；根据评价工具和对象不同所作的分类如图8-4所示。

各种方法都有自己的特点和适用范围，不存在最好的绩效评价方法，只有适合的绩效评价方法。在某个物流企业中使用有效的评价方法可能并不适用于另一个物流企业。即使在同一个物流服务项目中，不同阶段适用的评价方法也不同。因此，物流服务项目应该根据评价的目的、评价的侧重点、项目营销团队的规模与性质、项目成员的知识层次、物流企业所处的经营环境等来选择合适有效的评价方法。在评价过程中，评价者不应该仅仅局限于使用单一的评价方法，而应该以系统的眼光，综合考虑各种评价方法的优缺点，交叉使用多种方法，设计出适合要求的评价方法体系，这样的评价过程也许比较麻烦，但效果更佳。

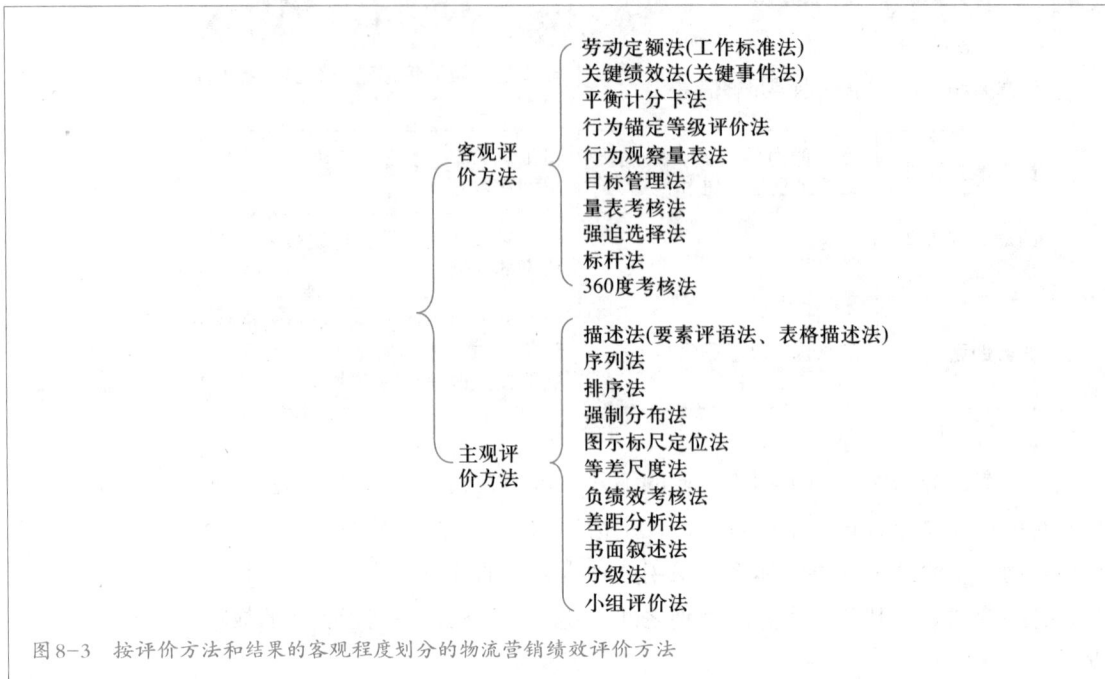

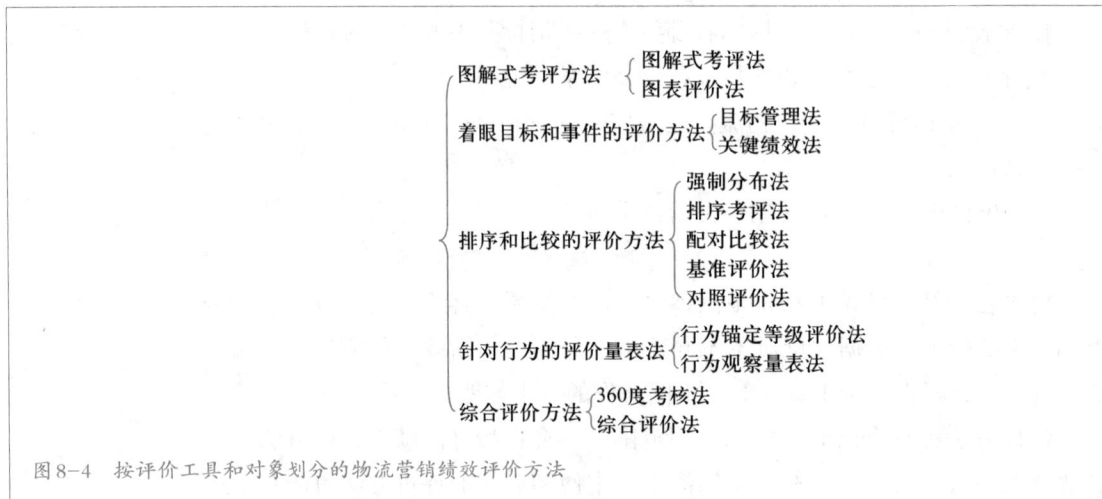

客观评价方法
- 劳动定额法(工作标准法)
- 关键绩效法(关键事件法)
- 平衡计分卡法
- 行为锚定等级评价法
- 行为观察量表法
- 目标管理法
- 量表考核法
- 强迫选择法
- 标杆法
- 360度考核法

主观评价方法
- 描述法(要素评语法、表格描述法)
- 序列法
- 排序法
- 强制分布法
- 图示标尺定位法
- 等差尺度法
- 负绩效考核法
- 差距分析法
- 书面叙述法
- 分级法
- 小组评价法

图8-3 按评价方法和结果的客观程度划分的物流营销绩效评价方法

图解式考评方法
- 图解式考评法
- 图表评价法

着眼目标和事件的评价方法
- 目标管理法
- 关键绩效法

排序和比较的评价方法
- 强制分布法
- 排序考评法
- 配对比较法
- 基准评价法
- 对照评价法

针对行为的评价量表法
- 行为锚定等级评价法
- 行为观察量表法

综合评价方法
- 360度考核法
- 综合评价法

图8-4 按评价工具和对象划分的物流营销绩效评价方法

下面重点介绍物流项目营销绩效评价中常用的平衡计分卡法、关键绩效法、目标管理法、标杆法和360度考核法。

一、平衡计分卡法

平衡计分卡（the balanced scorecard，BSC）法是指分别从财务、客户、内部流程、学习与创新四个指标体系制定绩效目标和绩效评价指标，并以此对团队绩效进行管理和测评的方法。这四个指标体系之间的有机联系如图8-5所示。平衡计分卡法的特点是：① 战略导向，将企业的愿景、使命和发展战略与企业的绩效评价系统联系起来，重视战略而非控制；② 未来导向，把企业的使命和战略目标分解、转变为未来要达到的具体目标和评价指标，以实现战略和绩效的有机结合，指出了绩效管理路线，指明了工作进步和工作管理的方向；③ 评价的范围更全面、更实际、更客观。目前，世界排名前1 000位的公司中，有40%的公司采用了平衡计分卡法。

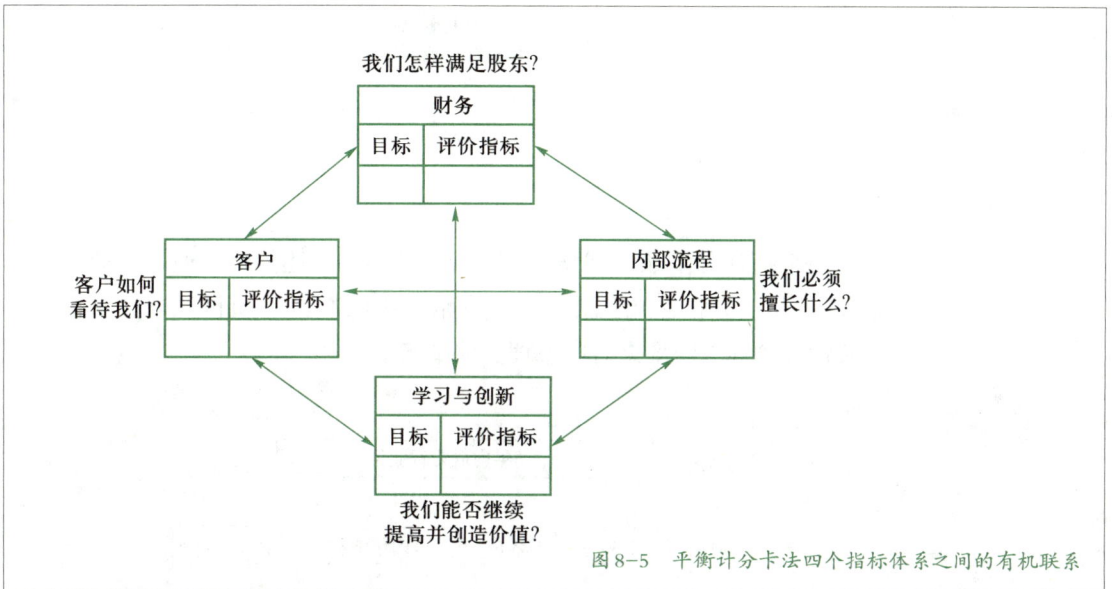

图8-5 平衡计分卡法四个指标体系之间的有机联系

平衡计分卡法的操作流程如图8-6所示。

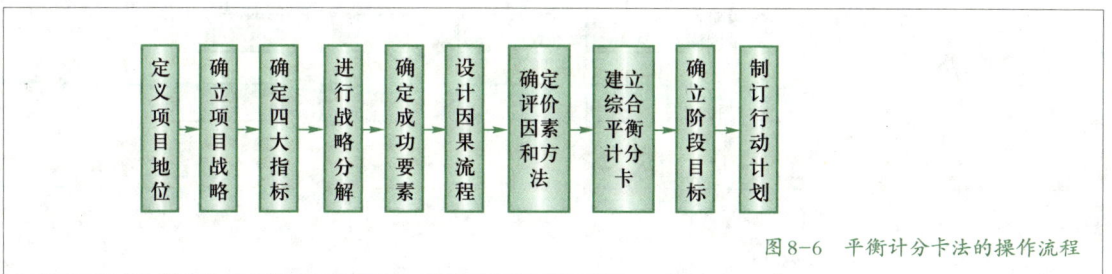

图8-6 平衡计分卡法的操作流程

327

1. 定义项目地位

在对产业发展和企业发展的分析中，对物流服务项目的未来发展进行定位。可用SWOT分析法、迈克尔·波特的竞争力系统分析法和四要素分析模型、决定国家或区域竞争力的"钻石体系"模型（见图8-7）来进行分析。

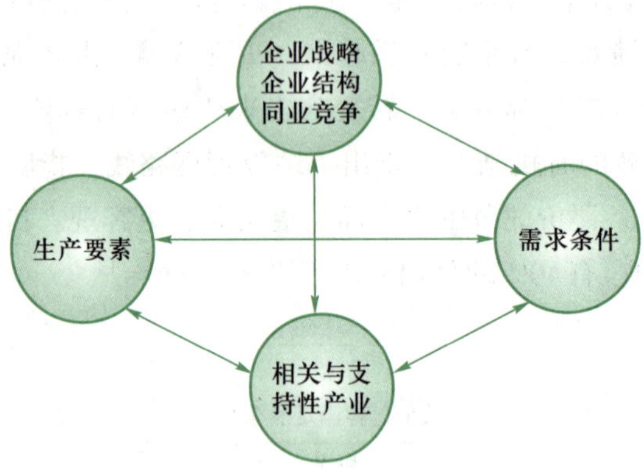

图8-7 "钻石体系"模型

2. 确立项目战略

运用平衡计分卡法的战略地图（见图8-8）描述战略。通过企业战略地图绘制、部门战略地图绘制、项目战略地图绘制，将项目愿景、目标、使命、营销理念等战略要素有序整理、清晰归纳出来。

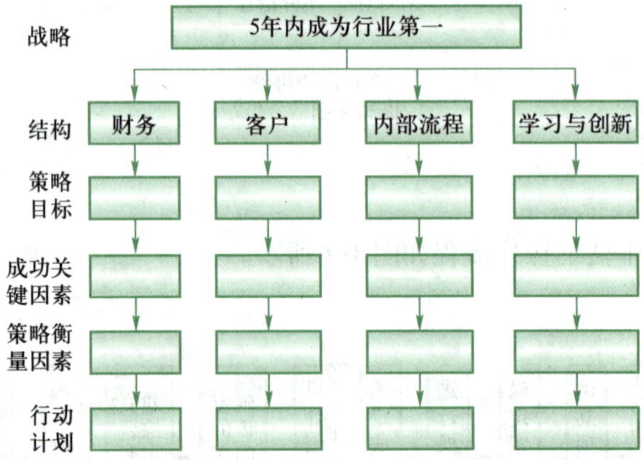

图8-8 平衡计分卡法的战略地图：将战略分解到行动

3. 确定四大指标

根据项目战略，制定能够体现或实现项目战略的指标，一般设立财务、客户、内部流程、学习与创新四大指标。如果项目还有其他指标，也可以添加。但指标不宜过多，否则会导致项目管理成本与考核成本的大幅提高，使考核工作失去可操作性。要根据各个项目的实际情况，抓住项目的瓶颈和要点，通过管理层的反复讨论确定评价指标，与项目战略关系不大的指标尽可能省略，并根据各指标的重要性确定指标权重。如项目采取总成本领先的战略，则与成本相关的指标（如生产成本、销售成本、物料控制成本）及管理行为就应该成为评价的重点。

4. 进行战略分解

将项目战略在财务、客户、内部流程、学习与创新四大指标中进行分解，原理如表8-9所示，指标分解实例如表8-10所示。

表8-9 指标分解示意表

指标维度	战略目标重点	主关键成功因素	次关键成功因素
财务	战略目标重点1	主关键成功因素1	次关键成功因素1
			次关键成功因素2
		主关键成功因素2	次关键成功因素3
			次关键成功因素4
客户	战略目标重点2	主关键成功因素3	次关键成功因素5
			次关键成功因素6
		主关键成功因素4	次关键成功因素7
			次关键成功因素8
内部流程	战略目标重点3	主关键成功因素5	次关键成功因素9
			次关键成功因素10
		主关键成功因素6	次关键成功因素11
			次关键成功因素12
学习与创新	战略目标重点4	主关键成功因素7	次关键成功因素13
			次关键成功因素14
		主关键成功因素8	次关键成功因素15
			次关键成功因素16

表8-10　指标分解实例

财务指标	现金流量、销售增长额、营业收入、市场份额上升幅度、净利润、资本报酬率、净资产收益率、总资产周转率、资本增值率
客户指标	市场份额、客户保持率、新客户获得率、客户满意度、合同准时率、优质项目率、投诉降低率、价格指数、客户排名调查
内部流程指标	技术水平、生产效率、生产周期、服务的设计水平和工艺改造能力、设备利用率、安全生产率、员工的能力和素质、售前售中售后服务的效果及成本、与客户讨论新服务的小时数、投标成功率、返工率、安全事件指数
学习与创新指标	员工满意度、员工学历结构、员工年龄结构、员工工龄结构、员工流动率、员工的知识水平及对新技术与新服务的学习和应用能力、员工的培训效果、项目管理组织适应市场变化的能力、新技术和新服务的开发能力、新服务的市场占有率、新服务开发及新技术应用所需时间成本及产出、新服务收入所占比例、新服务收入提高指数、员工合理化建议数、创新数目、员工人均收益

5. 确定成功要素

集体讨论，确定五个重要因素，按照优先顺序排列。

6. 设计因果流程

将分解的战略目标与重要因素设计成流程图，并梳理因果关系，使分解的战略目标能够平衡发展，避免扭曲资源分配，如不能因为某个重要因素而牺牲其他重要因素。

7. 确定评价因素和方法

在因果关系图的基础上确定评价的细分指标及相应的评价方法。

8. 建立综合平衡计分卡

将评价因素、评价标准按照财务、客户、内部流程、学习与创新四大指标分别建卡（见表8-11），提供完成平衡计分卡过程的详细说明与相关文件，保证每个营销人员知晓相关工作、流程可能发生的改变。

表8-11　某物流公司会展物流项目营销总监绩效考核卡

职位名称	营销总监		考核日期	2022.12.31
职位的主要使命	项目营销战略规划、营销策略制定、营销管理			
主要工作职责	量化考核指标			
1. 制定项目的营销战略	客户服务	☆客户满意率	价值贡献	☆大客户引进
		☆新增客户数		☆营销预算占营业额比重
2. 组织制定营销服务规范和标准		☆客户意见响应时间		☆超预算项目
		……		……

续表

3. 营销管理	运营效率	☆制定营销方案的时间	未来发展	☆参与培训次数
		☆配送效率		☆合理化建议数
4. 营销组织管理		☆回款时间		☆行业影响
		……		……

9. 确立阶段目标

将长期目标分解为短期目标，并在平衡计分卡上显示量化的阶段目标。在执行过程中应定时审查进度并及时采取行动。

10. 制订行动计划

配合组织与流程再造，拟订达到目标的详细措施、方法、步骤。

特别需要说明的是，平衡计分卡法是一个持续的改进过程，可能需要以上环节的周而复始。

二、关键绩效法

关键绩效（key performance indicators，KPI）法是通过对项目营销团队内部流程输入端、输出端的关键参数进行设置、取样、计算、分析，把项目营销的战略目标分解为可操作的工作目标，进行流程绩效的目标式量化管理的工具。关键绩效法是在对工作流程进行分析的基础上，把项目营销战略和使命转化为战术目标，再将战术目标分解到各岗位，形成绩效目标，在此基础上设定实现这些目标的关键业绩指标，并以此为评价工具对项目营销团队进行绩效评价，并为实现绩效目标进行一系列沟通、反馈、改进的过程。

（一）关键绩效法的原理

用KPI衡量项目营销绩效的原理如图8-9所示。

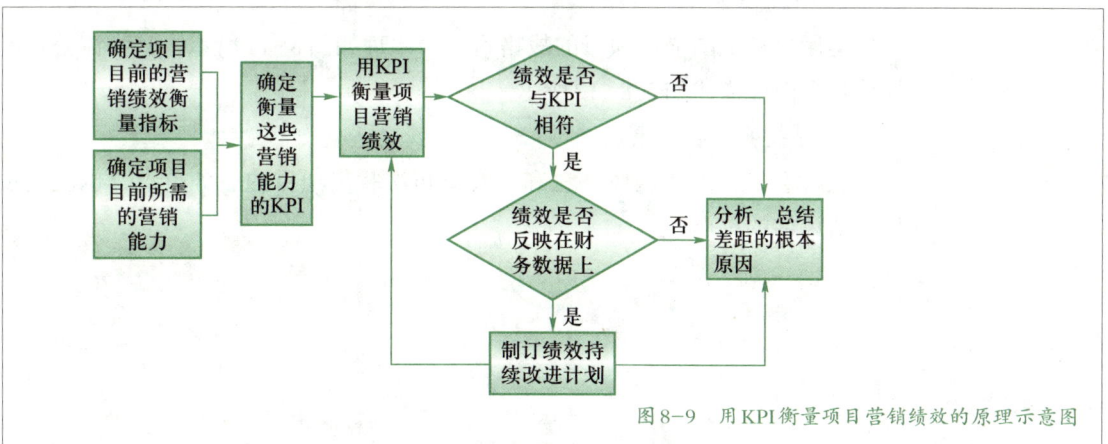

图8-9　用KPI衡量项目营销绩效的原理示意图

建立明确、切实可行的 KPI 体系，是做好绩效管理的关键。关键绩效指标是用于衡量项目营销团队工作绩效表现的量化指标，是绩效计划的重要组成部分。

关键绩效法符合"二八定律"——在一个项目的价值创造过程中，存在着"80/20"的规律，即 20% 的骨干人员创造 80% 的项目价值。而且在每一位员工身上"二八定律"同样适用，即 80% 的工作任务是由 20% 的关键行为完成的。因此，必须抓住 20% 的关键行为，对此进行分析和衡量，才能抓住绩效评价的重心。

关键绩效指标从战略目标分解，可分为财务层面指标、内部流程层面指标、周边关系层面指标和投入指标四种。关键绩效指标由三个层级构成：一是企业级关键绩效指标，它是由企业的战略目标演化而来的；二是部门级关键绩效指标，它是根据企业级关键绩效指标和部门职责来确定的；三是由部门关键绩效指标落实到具体岗位（或项目）的绩效评价指标。因此，基于关键绩效指标的绩效管理体系，根据组织的层级关系分为企业级绩效管理、部门级绩效管理、岗位（或项目）级绩效管理，这三种绩效管理构成一个统一的管理系统。

（二）关键绩效法的操作流程

关键绩效法的操作流程如图 8-10 所示。

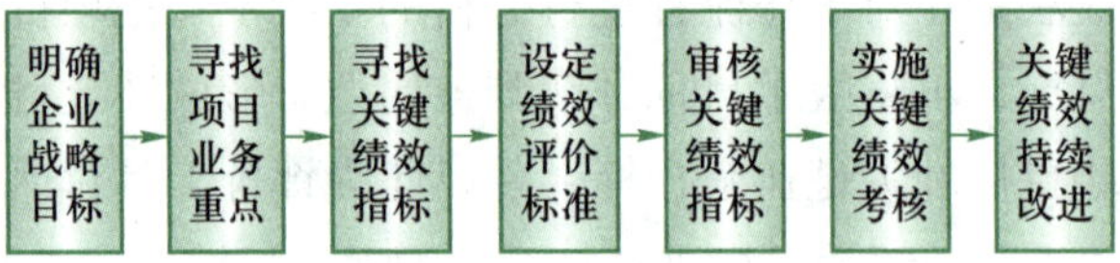

图 8-10 关键绩效法的操作流程

1. 明确企业战略目标

运用战略地图描述项目的战略目标，原理如图 8-11 所示，某物流公司的战略目标简要描述如表 8-12 所示。

2. 寻找项目业务重点

通过会议，以头脑风暴法和鱼骨分析法找出项目的业务重点，也就是项目价值评估的重点。

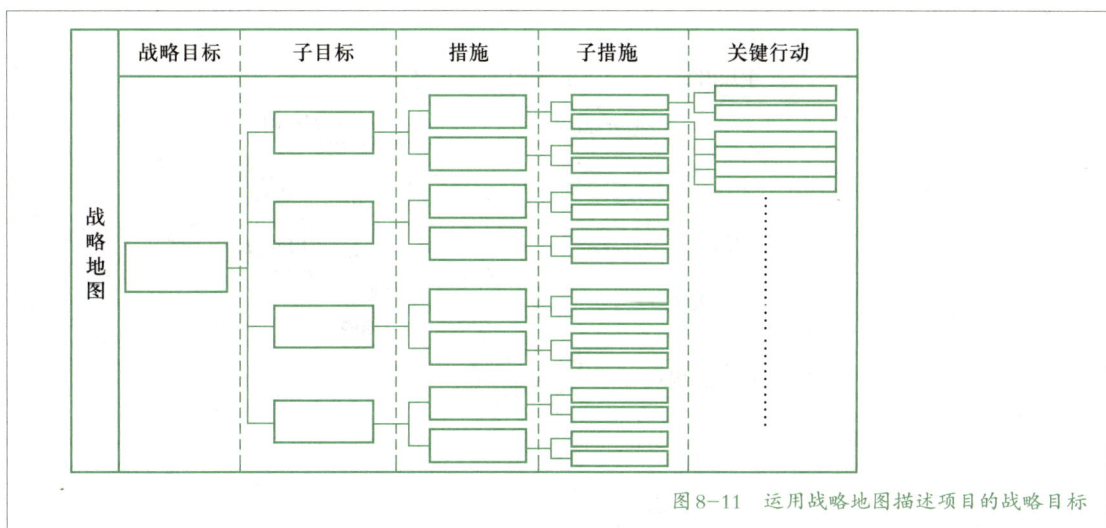

图8-11 运用战略地图描述项目的战略目标

表8-12 某物流公司的战略目标简要描述

目标	主要内容	说明
行业目标	以快递为核心，低度多元化	以快递为核心业务，逐步拓展货运业务
产品目标	快速、精准、优质服务	只提供中高档服务
市场目标	成为行业的隐形冠军，细分领域的冠军	通过市场细分和市场区隔，建立与重点客户的战略合作关系
区域目标	以华南市场为核心，逐步走向全国	在华南市场稳固地位后，向华东、华中扩张，最后覆盖全国市场
品牌目标	快递、货运品牌统一	只发展一个品牌

　　头脑风暴（brain storming，BS）法又称智力激励法，或自由思考法、畅谈法、集思法，是一种通过集思广益发挥团体智慧，从各种不同角度找出问题原因或解决方案的会议方法。头脑风暴法可分为直接头脑风暴法（简称"头脑风暴法"）和质疑头脑风暴法（简称"反头脑风暴法"），前者是尽可能多地提出设想和方案，后者是逐一质疑设想和方案，分析可行性。头脑风暴法有四大原则：严禁批评、自由奔放、多多益善、搭便车。

　　问题的特性总是受到一些因素的影响。通过头脑风暴法找出这些因素，将它们与特性值一起按相互关联性整理而成的层次分明、条理清楚并标出重要因素的图形就称特性要因图，因其形状如鱼骨，所以又称鱼骨图（见图8-12）。鱼骨图是一种发现问题根本原因的方法，也被称为因果图。

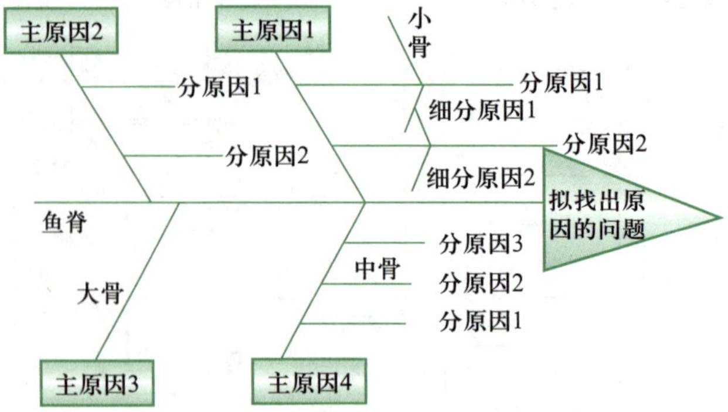

图8-12 鱼骨图示例

3. 寻找关键绩效指标

用头脑风暴法找出各关键业务领域的三级关键绩效指标（KPI），即企业级KPI、部门级KPI、岗位（或项目）级KPI，确定相关的要素目标，分析绩效驱动因素（技术、组织、人），确定实现目标的工作流程，形成业绩衡量指标的评价体系，即"评价什么"的问题。这种KPI体系的建立和测评过程本身就是凝聚项目营销团队全体成员朝着项目营销战略目标努力的过程。

管理创新

大化物流公司营销系统的KPI

1. 组织增幅

指标名称：销售额增长率

指标定义：计划期内，分别按照订货口径和销售回款口径计算的销售额增长率

设立目的：作为反映公司整体组织增幅和市场占有率提高的主要指标

数据收集：财务部

指标名称：出口收入占销售收入比率的增长率

指标定义：计划期内，出口收入占销售收入比率的增长率

设立目的：强调增加出口收入的战略意义，促进出口收入增长

数据收集：财务部

2. 生产率提高

指标名称：人均销售毛利增长率

指标定义：计划期内，服务销售收入减去服务销售成本后的毛利与营销

系统平均员工人数之比的增长率

设立目的：反映营销系统的利润创造能力和营销效率变化情况，促进公司盈利增长，提高经营效率

数据收集：人力资源部

3. 成本控制

指标名称：销售费用率的降低率

指标定义：计划期内，销售费用支出占销售收入比率的降低率

设立目的：反映销售费用投入产生销售收入的效果，促使营销系统更有效地分配和使用销售费用

数据收集：财务部

指标名称：合同错误率的降低率

指标定义：计划期内，发生错误的合同数占全部合同数比率的降低率

设立目的：促使营销系统减少合同错误，合理承诺交货期，从而提高整个公司的计划水平和经济效益

数据收集：生产总部

4. 设定绩效评价标准

标准是在各个指标上分别应该达到什么样的水平，解决"被评价者怎样做，做多少"的问题，实例如表8-13所示。

表8-13 某物流公司绩效指标量化标准设计

绩效项目	项目权重	绩效指标	绩效指标定义	量化标准	考核结果
				绩效指标的评价等级按7级划分，7级为最高，1级为最低	
绩效项目1	75%	销售总量	各类服务项目销售量之和	以85 000吨为4级，每增加3%，提升一个等级；每减少2%，降低一个等级	
		销售收入	各类服务项目销售收入之和	以5.4亿元为4级，每增加2%，提升一个等级；每减少1%，降低一个等级	
		资产利润率	利润额/量化资产额	以目标规定数额为4级，每增加3%，提升一个等级；每减少2%，降低一个等级	
		总成本费用	生产成本＋销售成本＋管理费用＋财务费用	以目标规定数额为4级，每减少5%，提升一个等级；每增加3%，降低一个等级	
		净利润	以事业部为单位的内部利润	以目标规定数额为4级，每增加3%，提升一个等级；每减少2%，降低一个等级	

续表

绩效项目	项目权重	绩效指标	绩效指标定义	量化标准	考核结果
				绩效指标的评价等级按7级划分，7级为最高，1级为最低	
绩效项目1	75%	货款回收率	回款数额/实际销售额	以目标规定数额为5级，每增加0.5%，提升一个等级；每减少0.5%，降低一个等级	
		服务合格率	合格服务量/全部服务量	以目标规定数额为5级，每增加0.5%，提升一个等级；每减少0.5%，降低一个等级	
		市场覆盖率	实际供货市场/目标供货市场	以目标规定数额为7级，每减少0.5%，降低一个等级	
		市场占有率	实际销售量/市场销售总量	以目标规定数额为4级，每增加1%，提升一个等级；每减少0.5%，降低一个等级	
		设备利用率	设备运行/设备能力	以80%为4级，每增加3%，提升一个等级；每减少2%，降低一个等级	
		安全生产	以人身伤残事故次数计算	以目标规定数额为7级，每发生一次重大人身事故，降低一个等级	
……	……				
合计					

5. 审核关键绩效指标

为了确保关键绩效指标能够全面、客观地反映被评价者的绩效，而且易于操作，需要从一些角度进行审核：这些指标的总和是否可以解释被评价者80%以上的工作目标？跟踪和监控这些关键绩效指标是否可以操作？多个评价者对同一个关键绩效指标进行评价，结果是否能取得一致？

6. 实施关键绩效考核

根据关键绩效指标对项目进行考核，并根据定性评价和定量评价指出明确的改进方向和改进措施。

7. 关键绩效持续改进

绩效考核要实现两个目标：绩效改进和价值评价。面向绩效改进的考核重点是问题的解决及方法的改进，从而实现绩效的持续改进。绩效管理最重要的是让项目团队、项目成员明白项目的要求是什么，项目团队、项目成员应如何开展工作和改进工作，有针对性地分配工作和制定目标。

三、目标管理法

目标管理（management by objectives，MBO）法是指让项目营销团队的管理层和成员亲自参加工作绩效目标的制定，管理层定期检查目标的进展情况，成员在工作中实行自我控制并努力完成可观察、可测量的工作绩效目标，管理层根据目标完成情况进行奖惩的一种管理制度和业绩考核方法。

（一）目标管理法的原理

在目标管理法中，管理者下放权力，成员参与管理并参加工作目标的制定，加之有明确的目标考核体系，促使团队成员实现自我控制，自觉努力地完成工作目标。而且因为对于团队成员的工作成果有明确的目标作为考核标准，从而对团队成员的评价和奖励做到更客观、更合理，所以可以大大激发团队成员为完成组织目标而努力。

目标表示最后结果，而总目标需要由子目标来支持。这样，团队及其各层次的目标就形成了一个目标网络，每个人对他所在团队的成果贡献都很关键。如果团队成员都实现了各自的目标，则团队整体的目标也就得以实现。

作为任务分配、自我管理、业绩考核和奖惩实施依据的目标具有层次性、网络性、多样性、可考核性、可实现性、富有挑战性、伴随信息反馈性七个特征。

目标管理法以管理理论中的Y理论为基础，即认为人们在目标明确的条件下，能够对自己负责。

Y理论是指将个人目标与团队目标融合的观点，与X理论相对存在。Y理论的主要观点是：① 一般人的本性不是厌恶工作，如果给予适当机会，人们就会喜欢工作，并渴望发挥其才能；② 多数人愿意对工作负责，寻求发挥能力的机会；③ 惩罚不是促使人们去为团队目标而努力的唯一办法；④ 激励在需要的各个层次上都起作用；⑤ 想象力和创造力是人类广泛具有的能力。因此，人是"自动人"。激励的办法包括：① 扩大工作范围；② 尽可能把职工的工作安排得富有意义，并具有挑战性；③ 工作之后会产生自豪感，满足其自尊和自我实现的需要；④ 使职工实现自我激励。只要启发内因，实行自我控制和自我指导，在条件适合的情况下就能实现团队目标与个人需要统一起来的理想状态。

目标管理法的优点包括：① 评价标准直接反映项目团队和成员的工作内容，结果易于观测，很少出现评价失误，也便于对项目团队、项目成员提供建议，进行反馈和辅导；② 目标管理的过程是成员共同参与的过程，成员工作积极性大大提高，增强了责任心和事业心；③ 如果所有项目团队、项目成员都实现了各自的目标，那么组织整体目标的完成也将成为现实。目标管理法不是用目标来控制，而是用目标来激励下级。

（二）目标管理法的操作流程

目标管理法的操作流程如图8-13所示。

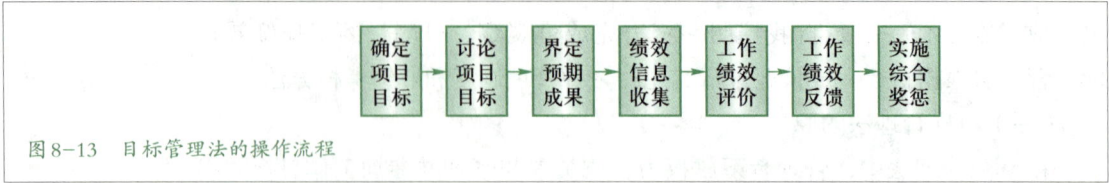

确定项目目标 → 讨论项目目标 → 界定预期成果 → 绩效信息收集 → 工作绩效评价 → 工作绩效反馈 → 实施综合奖惩

图8-13 目标管理法的操作流程

1. 确定项目目标

由项目经理及其上级共同制订整个项目下一评价阶段的工作计划并确定相应的项目目标。

2. 讨论项目目标

项目经理就项目目标与项目成员展开讨论，要求项目成员制定自己的工作目标和工作计划，并明确每一位项目成员如何才能为项目目标的实现做出贡献。

3. 界定预期成果

项目经理和项目成员共同确定项目和个人短期的绩效目标。

4. 绩效信息收集

基于项目团队和成员工作计划的实施，收集与实际绩效有关的信息。

5. 工作绩效评价

将每一位项目成员的实际工作绩效与事先确定的绩效目标相比较，同时把项目的工作成效与预期绩效目标相比较。

6. 工作绩效反馈

上级领导与部门领导、部门领导与项目经理、项目经理与项目成员定期召开绩效评价会议，分别对预期目标的达成情况和完成进度进行讨论，特别是要提出下一步工作的具体计划和新目标，以使目标管理形成一个完美的循环过程。

7. 实施综合奖惩

根据评价结果进行奖惩，包括各种评优的综合考虑、奖金的兑现、薪酬福利和待遇的相应增减、必要的行政处罚等。

四、标杆法

标杆（benchmarking，BMK）法将那些出类拔萃的物流项目营销绩效作为本项目营销绩效测定的基准，定量分析并比较本项目与其他项目的营销现状，以标杆项目为学习对象，采取措施赶超。该方法广泛地应用于建立绩效标准、设计绩效过程、确定度量方法和管理目标上。

（一）标杆法的原理

标杆法为物流项目营销提供了一个具体的卓越企业标杆，使之有具体的参照对象可以比较、借鉴、学习。物流项目既可以对比标杆项目，审视本项目营销的不足之处，做出仿效改善，也可以针对物流项目营销的不足之处，列举业界先进做法，进行仿效学习。

在物流项目营销中实施标杆法，首先可以帮助项目辨别优秀物流项目营销中的先进管理功能，并将其吸收到项目的营销计划中，以激励项目成员发挥更大的创造性，更好地改进工作绩效，并完成绩效计划。其次，实施标杆法可以克服项目进步的障碍，通过对比外界状况找出项目中深层次的矛盾和问题，并采取措施改进以促进项目的持续发展。最后，通过标杆法的实施过程可以使得项目内部的结合更加紧密。

（二）标杆法的操作流程

标杆法的操作流程如图8-14所示。

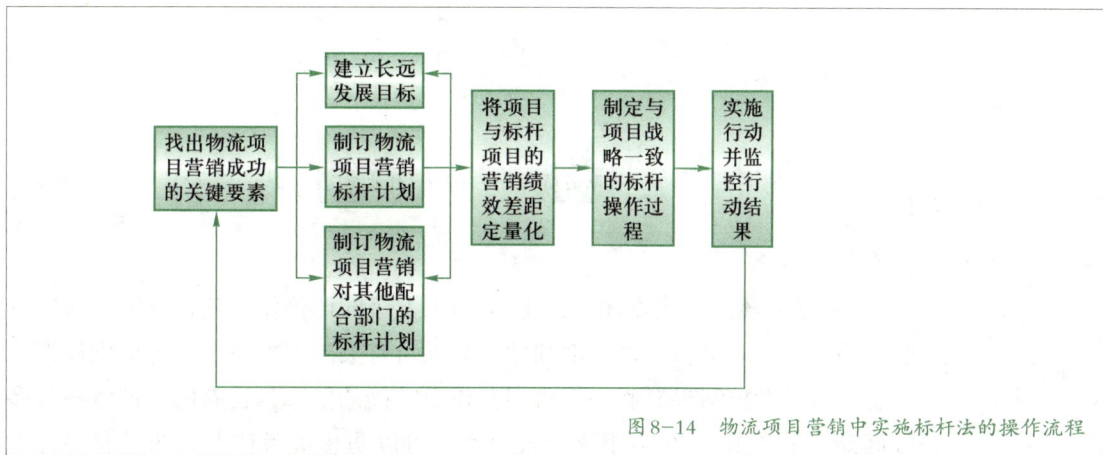

图8-14 物流项目营销中实施标杆法的操作流程

在标杆法实施过程中，项目营销团队要注意多方面收集相关数据；要尽量争取到营销经理的支持；项目经理应把标杆法看作向其他项目学习和改进本项目工作的有效途径；全体项目成员应把标杆法看作建立项目竞争战略的长久措施，共同努力以成功实施最佳基准的绩效衡量方法。

企业实施标杆法时通常会综合运用三种基准方法：① 使用专业顾问、期刊和科研机构出版的有用物流数据，这类物流数据容易获得，但由于其公开的性质，很难提供竞争对手的数据；② 针对行业内部或相关行业的非竞争性项目，形成项目专用的基准；③ 通过构建组织联盟而系统性地共享风险基准数据，这类方法需要更多的协作，通常也更能为项目提供重要信息。

五、360度考核法

360度考核法又称全方位绩效考核法和多源绩效考核法，即由与被评价者有密切关系的人分别匿名对被评价者进行全方位、多维度的绩效评价。

（一）360度考核法的原理

传统的绩效评价，主要由被评价者的上级对其进行评价，而360度考核法则由与被评价者有密切关系的人，包括被评价者的上级、同事、下属和客户等，分别匿名对被评价者进行全方位、多维度的绩效评价，其原理如图8-15所示。因此，这种评价更全面、更客观、更公正。

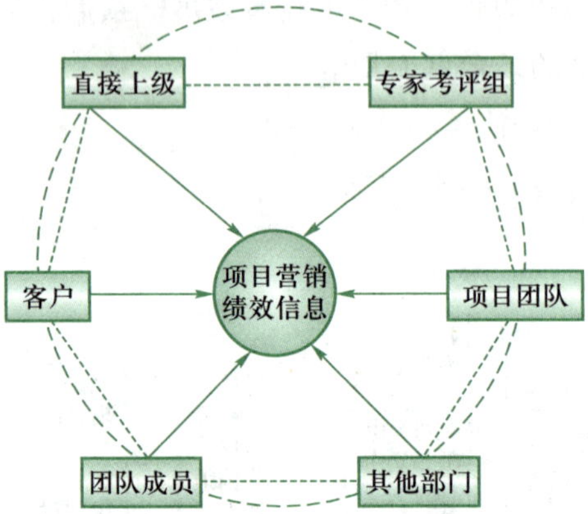

图8-15　360度考核法

360度考核法的优点在于：① 不是把上级的评价作为项目营销绩效信息的唯一来源，而是将项目内部和外部与项目有关的多方主体作为提供反馈的信息来源，考核结果有利于管理层获得更准确的信息，也有助于被考核者多方面能力的提升；② 由于指标较全面，可以防止被考核者急功近利的行为（如仅仅致力于与薪金密切相关的业绩指标）。

360度考核法的缺点是：① 一个人要对多个团队进行考核，考核成本较高，时间耗费多；② 考核培训工作难度大，需要对所有员工进行考核制度的培训，因为所有员工既是考核者又是被考核者；③ 有可能成为某些员工发泄私愤的途径，如某些员工不正视上级及同事的批评与建议，将工作上的问题上升为个人情绪，利用考核机会"公报私仇"。

（二）360度考核法的操作流程

360度考核法的操作流程如图8-16所示。

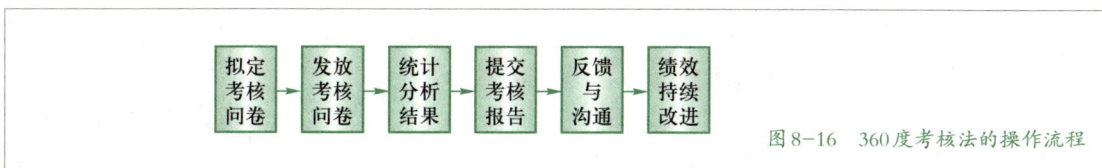

图 8-16　360 度考核法的操作流程

任务实施

任务背景：

迅达物流公司的商务信函快递项目通过对外营销和内部客户服务管理，销售额实现了较大提升。但项目是否获得利润？获得了多少利润？有没有达到行业平均水平？项目品牌塑造得如何？团队配合怎样？有哪些需要改进的地方？公司领导层心里不是很清楚。公司决定与学校开展合作，进行商务信函快递项目营销绩效评价外包，项目经费 4 万元。学校物流管理专业接下这个任务后，决定组织学生自愿组成项目团队，对迅达物流商务信函快递项目的营销绩效进行调查和评价，撰写项目营销绩效评价报告。

任务分析：

要完成物流项目营销绩效评价报告，就需要进行物流项目营销绩效评价。物流项目营销绩效评价前首先需要制订评价计划，然后在确定评价指标的基础上明确绩效标准，在明确评价主体的基础上培训评价主体，在收集绩效信息的基础上选择合适的评价方法，实施绩效评价。在撰写评价报告后，还需要制订绩效改进计划，并进行绩效评价反馈。

任务流程：

任务流程如图 8-17 所示。

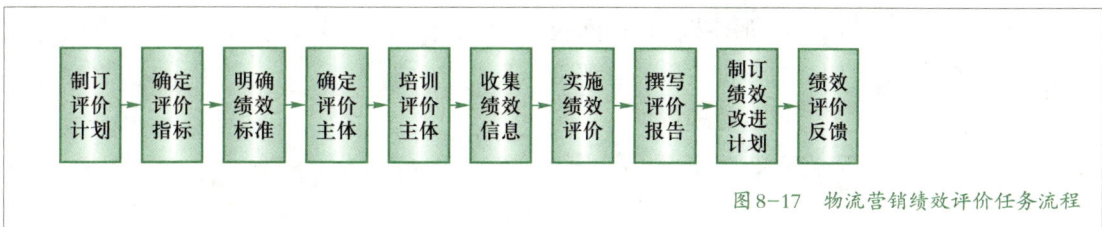

图 8-17　物流营销绩效评价任务流程

任务要求：

● 每 4~6 人分为一组，选出项目经理。

● 在讨论的基础上确定调查对象。集体讨论，确定时间进度安排。进行任务分工，保证每个人都有具体的任务及完成任务的时间要求、资金保证和质量要求。

任务成果样本：

大华物流有限公司石化物流项目营销绩效评价报告（目录）

摘要

一、背景

（一）序言

（二）石化物流项目营销概况

（三）营销绩效评价的背景和意义

（四）绩效评价机构的组成

（五）绩效评价的效果预期

二、绩效评价过程

（一）绩效评价的目的

（二）绩效评价的范围说明

（三）绩效评价对象及实施者

（四）绩效评价的目标和标准

（五）绩效评价的方法选用

（六）绩效评价的资料来源

（七）绩效评价的进程安排

三、绩效评价结果

（一）原始数据

（二）数据整理和应用说明

（三）评价结果

四、评价结论

（一）本次评价的目标达成情况

（二）评价实施过程总体描述

（三）评价结果体现的问题

（四）对评价效果的总评价

（五）评价处理意见

五、建议

（一）绩效改进建议

（二）评价系统改进建议

（三）企业营销改进建议

（四）对企业组织结构、分配机制、竞争战略等方面的改进建议

（五）对下一次评价提出新的期望与要求

六、结语

七、附录

（一）报告引用的重要资料明细

（二）其他附件

（三）相关的法律、规章文本

技 能训练 ‹‹

实训项目：物流营销绩效评价实训

实训目标：

让学生掌握物流营销绩效评价的对象、物流营销绩效评价的流程，能够熟练运用物流营销绩效评价的方法，掌握物流营销绩效评价报告的基本框架，并能够在物流营销绩效评价的基础上，熟练撰写物流营销绩效评价报告并用PPT演示。

环境要求：

（1）调查环境要求。物流企业或校外实习基地企业（若学生能够自己找到允许调查的物流企业，可自行联系；否则，由教师为之安排校外实习基地企业）。

（2）课堂环境要求。机房预装SPSS软件，网络畅通，学生能够上网查阅资料；有能够演示、播放的多媒体和投影系统。

情境描述：

迅达物流公司通过对外营销和内部客户服务管理，销售额显著提升。但公司是否获得利润？获得多少利润？是否达到行业平均水平？有哪些需要改进的地方？公司领导层心里不是很清楚。公司决定和学校开展合作，进行营销绩效评价项目外包。学校物流管理专业接下这个任务后，决定组织学生自愿组成项目团队，对迅达物流的物流营销绩效进行调查和评价，撰写物流营销绩效评价报告。

工作流程：

如图8-17所示。

操作步骤：

（1）通过多种渠道（包括专业报刊、专业网站和企业网站等）收集调查某个物流企业或物流服务项目的营销绩效评价资料。

（2）在对企业实际考察的基础上，收集企业或项目营销绩效评价表格和大致数据等，整理成完整的营销绩效评价案例并做分析。

（3）在参考有关企业营销策略组合的基础上，设计《××物流企业

（××项目）营销绩效评价方案》，制订计划表，明确评价标准。

（4）在对该物流企业（项目）营销绩效进行实际评价或模拟评价的基础上形成《××物流企业（××项目）营销绩效评价报告》，并按照规范的格式排版。

（5）制作PPT。

（6）上台汇报。

（7）学生交流收获和教师点评。

（8）学生改进报告和PPT。

注：（1）~（5）、（8）在课堂外完成。

注意事项：

（1）外出调查要注意人身安全，必须结队成行。

（2）调查前必须制订调查计划，明确信息渠道、调查对象、调查方法、调查工具和调查方式等。

（3）收集的调查资料和数据应该完整、可靠。

（4）案例应完整。

（5）案例分析应从物流营销绩效评价的内容、物流营销绩效评价的流程、物流营销绩效评价的方法、物流营销绩效评价报告的基本框架等角度，分析物流营销绩效评价的成功要素和不足之处，并对不足之处提出改进建议。

（6）报告应按照规范的格式排版。

（7）PPT应多采用图表，少堆砌文字，并注意字体、色彩的搭配和美观。

（8）PPT演示前，先要自己设定演示时间，确保演示不超时。

（9）PPT演示前，先要熟悉内容，争取讲得流利、自信。

实训报告：物流营销绩效评价报告

（1）绪论。说明绩效评价的背景、目标、本次评价的方法、评价机构简介、评价组织过程和进度安排、经费预算。

（2）正文。① 评价结果的定性分析和定量分析。用文字描述总体的评价结果，包括好的方面和需要改进的方面；用数字、现象、行为说明好的程度和问题的严重性。② 绩效改进计划。在工作的能力、方法、习惯等方面有待提高的方面；改进这些方面的原因；目前的水平和期望达到的水平；改进这些方面的方式；设定达到目标的期限。③ 主要结论和建议。

（3）参考文献。按照著录规范，列出参考文献。

（4）附录。附上一些必要的统计图表。

（5）致谢。感谢完成报告过程中的各位帮助者，说明感谢的理由。

同步测试 ‹‹‹

一、单项选择题

1. 物流营销绩效评价是指在物流营销的（　　　）过程中，依据特定的指标和测量标准，对物流营销的工作过程、组织效率、经济效益、实际效果及其对企业的贡献或价值等各方面进行评定和判断，得出评价结论，指明改进方向，以改善物流营销绩效的活动。

  A. 组织管理　　　　　　　　　B. 流程管理

  C. 运营管理　　　　　　　　　D. 人力资源管理

2. 物流营销绩效评价可以分为（　　　）型、品质主导型、行为主导型三种。

  A. 效果主导　　　　　　　　　B. 成绩主导

  C. 业绩主导　　　　　　　　　D. 过程主导

3. 物流营销绩效评价指标设计需要遵循SMART原则。其中，S是指（　　　）。

  A. 具体性　　　　　　　　　　B. 可度量

  C. 可实现　　　　　　　　　　D. 现实性

4. 物流营销绩效评价包括制订评价计划、确定评价指标、明确绩效标准、确定评价主体、培训评价主体、收集绩效信息、（　　　）、撰写评价报告、制订绩效改进计划、绩效评价反馈十个环节。

  A. 实施绩效评价　　　　　　　B. 统计绩效信息

  C. 绘制绩效表格　　　　　　　D. 制作绩效图形

5. 平衡计分卡法是指分别从财务、（　　　）、内部流程、学习与创新四个指标体系制定绩效目标和绩效评价指标，并以此对团队绩效进行管理和测评的方法。

  A. 客户　　　　　　　　　　　B. 绩效

  C. 利润　　　　　　　　　　　D. 价值

6. 关键绩效简称（　　　）。

  A. BSC　　　　　　　　　　　B. KPI

  C. MBO　　　　　　　　　　　D. BMK

二、多项选择题

1. 物流营销绩效评价的内容包括（　　　　　　　　）、客户行为、中间商、财务等。

    A. 客户认知度　　　　　　　　B. 供应商

    C. 市场竞争　　　　　　　　　D. 营销创新

2. 营销创新指标可以细分为新服务（　　　　　　）等细分指标。

    A. 数量　　　　　　　　　　　B. 收益

    C. 利润　　　　　　　　　　　D. 效用

3. 无论评价主体是谁，一般都需要听取（　　　　　　　）、竞争对手评价等方面的意见。

    A. 直接上级评价　　　　　　　B. 同级部门评价

    C. 团队自评　　　　　　　　　D. 客户评价

4. 市场竞争指标可以细分为（　　　　　　）等。

    A. 市场占有率　　　　　　　　B. 相对的客户满意度

    C. 相对的服务质量　　　　　　D. 竞争对手客户满意度

5. 绩效反馈面谈的准备工作包括（　　　　　　）。

    A. 时间、地点的准备和安排

    B. 相关资料的准备

    C. 对方人员背景的准备

    D. 面谈策略和技巧的准备

参考文献 <<<<<<<<<<<<

[1]曲建科. 物流市场营销[M]. 4版. 北京：电子工业出版社，2022.

[2]杨穗萍. 物流营销实务[M]. 2版. 北京：中国财富出版社，2013.

[3]袁炎清，范爱理. 物流市场营销[M]. 3版. 北京：机械工业出版社，2017.

[4]詹春燕. 物流营销基础与实务[M]. 2版. 北京：机械工业出版社，2010.

[5]胡延华. 浅析电子商务时代的网络营销[M]. 北京：中国商务出版社，2018.

[6]李朝辉，程兆兆，郝倩. 短视频营销与运营[M]. 北京：人民邮电出版社，2021.

[7]邹益民，马千里. 直播营销与运营[M]. 北京：人民邮电出版社，2022.

主编简介

胡延华，博士、教授、高级物流师、高级营销师、高级人力资源管理师、高级电子商务师、高级采购师、跨境电子商务师、深圳市人力资源与社会保障局供应链考评员，现任深圳职业技术大学物流智库协同创新中心主任。2020—2021年兼任全国物流职业教育教学指导委员会委员，目前兼任全国高职院校财经商贸类专业教学资源库专家、深圳智慧城市协会理事长、深圳市公路货运与物流行业协会理事、深圳国际货代协会行业顾问、深圳市创业服务协会专家顾问。曾获2009年、2019年、2022年广东省教学成果一等奖、2016年浙江省教学成果一等奖、2018年国家教学成果二等奖。2005年以来指导学生在"挑战杯""发明杯"、ERP大赛上获得20项大奖。主持国家、省、市教学研究课题28项，发表论文超过130余篇，出版专著15部（其中教研专著4部），发表教研论文42篇，主编教材15部，其中《物流营销》是"十三五"职业教育国家规划教材。

郑重声明

高等教育出版社依法对本书享有专有出版权。任何未经许可的复制、销售行为均违反《中华人民共和国著作权法》，其行为人将承担相应的民事责任和行政责任；构成犯罪的，将被依法追究刑事责任。为了维护市场秩序，保护读者的合法权益，避免读者误用盗版书造成不良后果，我社将配合行政执法部门和司法机关对违法犯罪的单位和个人进行严厉打击。社会各界人士如发现上述侵权行为，希望及时举报，我社将奖励举报有功人员。

读者意见反馈

为收集对教材的意见建议，进一步完善教材编写并做好服务工作，读者可将对本教材的意见建议通过如下渠道反馈至我社。

咨询电话 400-810-0598

通信地址 北京市朝阳区惠新东街4号富盛大厦1座

　　　　　高等教育出版社总编辑办公室

反馈邮箱 gjdzfwb@pub.hep.cn

邮政编码 100029

防伪查询说明

用户购书后刮开封底防伪涂层，使用手机微信等软件扫描二维码，会跳转至防伪查询网页，获得所购图书详细信息。

防伪客服电话 （010）58582300

网络增值服务使用说明

授课教师如需获取本书配套教辅资源，请登录"高等教育出版社产品信息检索系统"（http://xuanshu.hep.com.cn/），搜索本书并下载资源。首次使用本系统的用户，请先注册并进行教师资格认证。

高教社高职物流QQ群：213776041